電子復刻版
初期在北米日本人の記録／北米編
135

小笠原 鎌蔵 著
Ogasawara Kamazo

格州時事創刊四十周年記念
在北米日系人興信録　山東篇

Kaku-Shu Jiji Sokan 40syunen Kinen Zaihokubei Nikkeijin Kosinroku Santohen

Japanese American Who's Who: 40th anniversary of Colorado Times

(States on the east of the Rockies)

BDL
Bunseishoin Digital Library
Bunsei Shoin
Booksellers,Co.,Ltd.

Digital Reprint Series
Publications of Early Japanese in North America
Continental North American Edition
Management of Publishing:Onuma Yoshishige

格州時事創刊四十周年記念

在米日系人興信錄

（山東篇）

目次

発刊の辞

格州時事創刊四十周年を記念して、在米日系人興信録山東篇の発刊を企てでから三ヶ年、出来ばえは頗る不満ながら、この書を世に送り得ることを欣快とします。

此の事業は着手して見てから、事の容易でないことが判ったが、乗りだした船は後へも引けず、たとえ何年を要しようとも、彼岸へ漕ぎつける外はなかった。

その困難の第一は、斯かる出版は、山東地方には前に一度しかなく、それも一九一〇年の昔のことである。それ以来、今日まで活動している人はきわめて少く、取材には困難をきわめた。

次には山東という地域が、恐ろしく広くて大きい。何千平方哩の間に散在する同胞を訪問するのは、なまやさしいことではない。

西沿岸のような日系人が集中居住する所とちがい、遠方へは飛行機で行く外ない。テキサスやフロリダ、大西洋岸諸州、ミシシッピ平原など、隣りへ行くのに千哩もある。

この探訪と編集には莫大な経費と長いタイムを要した。茲に解説をして置かねばならぬが、山東という言葉は、ロッキー山脈の東という意味なのである。アメリカ大陸の背骨をなすロッキー山脈は、コロラド州を南北に走り、その連峰が大西、太平の両洋へ注ぐ水の分水嶺をなしている。そして此の山脈のイースターン・スロープが、即ち山東と呼んでいる。東はミシガン湖から大西洋、南東はミシシッピ平原、南はメキシコ湾である。

デンバー市は、ロッキー山脈の東がわの麓にあって、海抜五千呎の広野の西端にある。このデンバー市は、四、五十年前は、日系人の一世が血気さかんで、鉄道や工場に働くために入り、それから農業に転じて、大成功したところである。

格州時事支社長
小沢武雄氏

その後、何時とはなし、同胞が東や西へ移って寂れていたが、第二次大戦の初めに、西沿岸四州に日系人総立退（英語ではエバキュエーションと称した）という非常事態が起り、デンバー市に多くの人が殺到した。そのため政府は、日系のデンバー転住を凍結した。それでも自由立退の人と転住所より出た人を合せると、一九四四年ごろは一万を越えた。本書は主としてその当時からの歴史を書いた。それには理由がある。

西部の日系人が、キャンプ入りした一九四二年から、西沿岸帰還を許された一九四五年の間には西沿岸に日本語新聞が出ず、記録の拠るべきものがないので、本書はその間の全日系の歴史を残した。この興信録という名称を附けたのは、伝記を書いた人々より資金の協力を受けて出版し得たからであるが、総括的な歴史は、将来何時の日にか役立つ日が来るのではないかと思う。巻末の英文は小沢文雄氏のデンバー大学に於けるマスター論文であるが、主として古い歴史が書いてあり二世の人に参考に資したものである。

本書発行のために、東京支社長小沢武雄氏は渡米し、営業部長谷文男氏とともに、長駆大西洋まで往復六千哩を自動車を飛ばし、困難な取材を遂げ、本書完成の道を開いた。また各地の方々より一方ならぬ御援助を得たが、特に次の諸氏より御協力を得たので御芳名を記して謝意を表したい。

仏円幸彦氏　西原清顕氏　同 多賀子夫人　吉田栄一氏　藤井勝三郎氏
坂口勝兵衛氏　三河員馬氏　浦野かほる氏　梶田典水氏

一九五九年六月

小笠原謙三

歴史

——山東同邦発展史——

格州時事の歴史

（附　コロラド州日本字新聞史）

三代目社長　小笠原謙三

格州時事（英語では The Colorado Times という）は、一九一八年に中川角太郎氏により創刊された。今日一九五八年九月五日附が、紙齢は四十四巻七千九百卅七号になっていて、創刊以来の年数と合わない。ところが本紙創刊に到る迄の歴史を調べて見るとその訳が凡そ想像し得る。

デンバーに初めて日本語新聞の発行されたのは、伝馬新報であった。外園直市氏を中心とする血気盛んな連中が、桑港の日米紙や新世界紙を模範として、山東部で同胞発展の指針たらんとして発行した。伝馬新報が何時創刊されたものかは、知るべき材料がないが、一九一〇年には伝馬新報社が「インターマウン同胞発展史」という堂々五百頁の歴史書を発行していて、当時の卅歳前後の一世同胞の金字塔とも言うべき出版を残している。

それからすこし後に伝馬新報に対抗して、田原斐雄（たわらあやお）、仏円幸彦の諸氏が、テネシー大学に居た市川藤市郎氏を招いて、コロラド新聞を発刊した。

その後、一九一五年四月に伝馬新報が中川角太郎氏の経営に移り、山東時事と改称した。農業によって得た利益を注ぎ込んで辛うじて発行を続ける内、一九一八年にはコロラド新聞も経営難のため、両紙を合併することになり、中川氏は格州時事と改称した。これが本紙の誕生である。ところが中川氏は自ら山東時事を発刊した一九一五年に遡って、格州時事の紙齢としたもののようである。

それが一九三二年二月廿九日に、格州時事が経営困難に陥り、中川氏から貝原一郎氏に譲渡された。その際中川氏が書いた告別の辞を読むと、新聞を手放すことを痛く遺憾とされている。

しかし此の際の格州時事の譲渡は、正確には中杉岑治郎が、貝原氏を通じて、本紙を買収したものであり、その契約書を見ると、「中杉は本契約期間中格州時事社長たるものとす」とあり、また「中杉出資の金員全額（四千五百弗）返還済みとなりたる際は、本契約満了と見做し、爾後時事社の所有権は中杉、貝原に折半属すべし」とある。

その為め筆者が、本紙編集長として赴任して来た一九四三年の十月廿八日までは、本紙は社主中杉岑次郎、発行人貝原一郎となって居た。

筆者は貝原氏に招かれて、アリゾナ州ポストン転住所から、本紙としては初めての新聞記者として来たのは、当時第二大戦中に、本紙の発行部数が急増したためであった。

在米邦字紙は第二大戦前、羅府に羅府新報・加州毎日新聞・米国産業日報があり、桑港に日米・新世界朝日、サクラメントに桜府日報、シャトル北米時事・大北日報、ポートランドに央州日報などの立派なものがあった。

それが一九四一年十二月八日に日米開戦により、一九四二年三月西沿岸は加州全部、オレゴン、ワシントンの両州の大部、アリゾナ州一部の日系人は、市民たると外人たるとを問わず、アメリカ政府より立退きを命ぜられ、十三万同胞の約十一万が政府のキャンプに収容され、右の邦字紙が自然停刊した。そのためデンバーの格州時事、ロッキー新報、ソートレイキのユタ日報は、キャンプ住いの同胞に読まれて、ぐんぐん発行部数が増し、中でも本紙は最も売れ、部数一万を越える盛況であったので、一九四五年には、従来どほり週三回の発行ながら八頁紙が十頁に、更に十二頁になり、十二月四日には十六頁という大きなものを出し、アメリカ日系のだした平日紙としての記録を破った。

それが遂に一九四五年十二月十日から、日刊にして八頁紙を出した。ロッキー新報も同日に四頁日刊になった。これはロッキー山脈以東に初めて日刊の日本字新聞の出たことである。

本紙編集室には小笠原謙三、室中治夫、菊永実雄、阿部京亮、英文欄には田中董悟、安井稔、田村忠雄、高田澄子、潮下てるの諸氏が携はり、東京支局小沢武雄、シカゴに杉本幸太郎、後、田中義雄、桑港に夏目とし子、スポーケンに丸山貞子、長岡むめ、羅府に半田節有、シャトルに深野利一郎の諸氏の協力があった。また工場には合志忠道、寺田一雄、同　和助、阿部京亮、松村ロイ、中村要、林田隆子、久保田静子、竹田文子、滝聞たきの諸経験者、印刷部には小室昌一、営業部には的場三従、柳渡の諸氏を擁して、デンバー新聞の黄金時代を現出した。

社長貝原一郎氏は、アメリカ邦字紙の歴史に稀れな新聞成金になり、中杉氏にも借金を返した。

此処でロッキー新報の歴史に触れねばならぬが、この新聞は一九三三年に、時のデンバー仏教会開教使大内義直師が率先奔走して創刊され、直接運営の任にあたったのは、戸田四郎氏であり、第二大戦中は転住所の同胞に読まれて盛んであった。

編集局にも平賀、野村新一郎、竹内吉之助、佐野、菊永の諸君が入り代り在籍していたが、一九五一年六月六日限り突然発行を停止した。まだ当時は経営ができぬほどの状態とも見えなかったが、遂に十八年の歴史をとぢて再起しなかった。

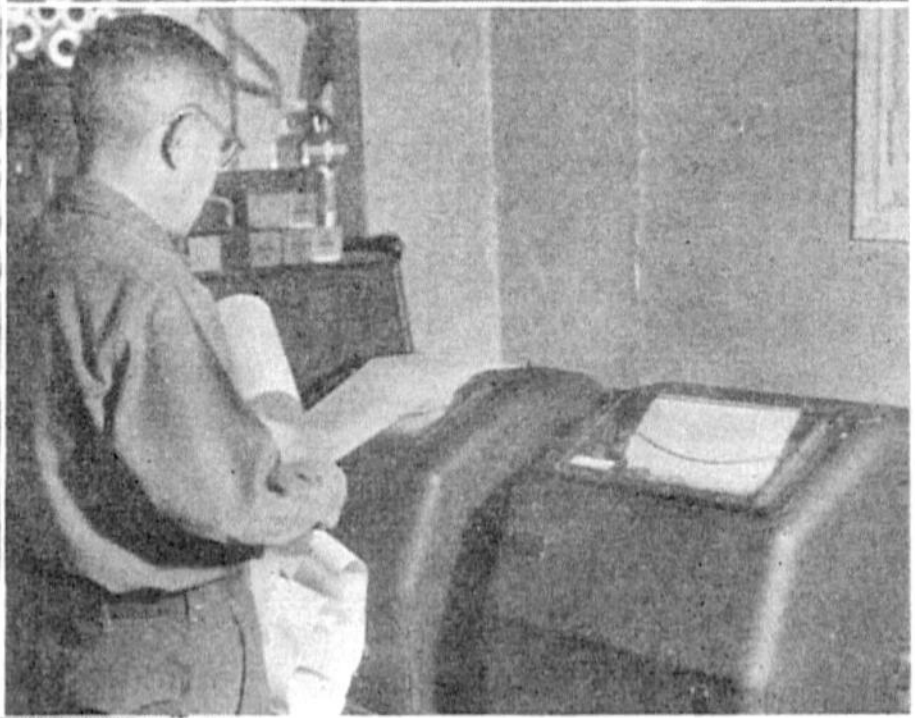

格州時事社。一九五八年

（右上より）社屋2017 Lawrence St. Denver, Colo.
発送部、編集室、
テレタイプを見るは小笠原社長。

（左上より）　社屋窓、文選場、
輪転機

同紙に最も不幸なことは、戦時戸田社長がインターンされ、好況の時に社に充分な基礎の立たなかったことである。

一九四五年一月二日、未だ対日戦闘継続中、米国政府は西沿岸四州へ日系の帰還を許可し、寧ろ館府の日系に、正常社会へ復帰を勧めた。

加州羅府は戦前の日系密集地であり、最も帰還復興のテンポは早く、まず羅府新報は、一九四六年一月一日に復刊し、翌一九四七年四月五日には、籾井一剣氏により新日米が創刊され、更に一九四七年八月十一日には藤井整氏により、加州毎日新聞が再刊された。

一方、加州桑港には、旧日米系の人々が、浅野七之助氏を中心として、日米時事を一九四六年五月十八日に創刊され、更に一九四八年二月十七日には、北米仏教団の肝煮りで、北米毎日が生れた。

華州シャトルでも生駒卓彦氏により、北米報知が右と前後して発刊された。

斯く邦字紙が発行されたということは、同胞の西部帰還が増したということで、従って山中部や山東部の新聞も、日を追うてその発行部数は減って行ったが、新聞の立つ基盤は、落ちついたというものだろう。

一九五四年暮から、格州時事の貝原社長は健康すぐれず、新聞から引退の希望を洩らし、一九五五年七月一日を期し、不肖小笠原が地方有志の支援により格州時事の経営に当り、以来三年有半本紙の発行を続けて来た。現在日刊四頁内一頁は英文で、週五回をだしている。

現在通信はユーナイテット・プレス・インタナショナルをテレタイプ二台を以って、受信取材し、一方東京の読売新聞と契約して、同紙の紙型を供給され、写真やカットを転載している。

ブライトンの略史

坂口勝兵衛

アタムスカウンテーは、州都デンバーに接し、東西に五十哩、南北二十哩、農耕地としては東部は不毛の地なるも、フラップト河流域は肥沃にして、特に野菜物に適しておる。郡内でデンバー市外には大屠牛所あり、此所の羊屠殺は全米第一と云われておる。又こゝには製油会社や、軍事工場もある。デンバー、ブライトン間二十哩は、U・Sハイウエー85の四レーン弾丸ロードが貫通して、交通の便は甚だよい。

ブライトンは郡の首都で、人口約六千、政治的中心にして、その機関はすべて整備して居る。この政治中心地が先年戦時立退きで多くの同胞が移住した為めに、低級な政治家が排日土地問題を策動したが、当時のガバナー・カー氏が、善処して拡大せずにすんだ。ブライトンには製糖会社あり、鑵詰会社、ミルク会社があって、近来年毎に市区が拡張され、目覚ましき発展を示しつゝある。

此の地に同胞が足を入れたのは、一九〇二〜三年頃で数人に過ぎなかった。一九一〇年頃に藤田駒作氏が、市の南にて農業を始められ、氏の弟や井畑、田沢氏等も、藤田氏の次ぎに従農され、彼等が郡内に於ける同胞の草分であった。其後に同胞が漸次南に進展し、尾座本勇太郎、田中孫三郎氏等が、ヘーズルテン方面の開拓者である。それ等開拓者の中で井畑氏の他は既に此の世にない。

一九一四年に日本人会を創立し、デンバーに於ける山東日本人会の第一支部となった。児童の長ずるに従がい、一九二七年に、日本語教育の為めに、日本ホールを建築した。此の建物は戦時中に日本人会を解散すると共に、二世のJ・A・A団体に譲り、其の団体はホールを売払い、それを元金に六千弗を投じ野球場を建設した。

日本語学校々舎建築は、会員が寝食を忘れて奉仕したゝき上げた。子供の教育と云へば、親は一生懸命だった。此の日本語学校は全然他から援助がなく、総べて父兄の負担で経営したものである。

一九二四年求道会を創立、精神修養と慰安の為めとであったが、尚ほ子供の精神教育の為めに、サンデースクールを設けた。それと共に会館の必要を思い、一九三九年、是れ又メンバーの熱心から、奉仕を以て建築し、爾来精神界の殿堂となって居り、サンデースクールは、角田開教使夫人のご指導と相まって大いに発展しつゝある。毎年お花祭りは大賑いである。

尚ほ教育の面では、我らの子弟は高校から大学に進学する者が多く、教育、修身共に他人種から決して劣ってはならない、優ぐれた子孫をと云うのが同胞の意気である。多くの人種と雑居する故に、この気慨を以って、子供の教育に当って居るが、この点は想像も及ばぬ苦心と努力を要する。

同胞の農業は砂糖大根、キャベジ、アニオン、セロリ、トメト、胡瓜等々の野菜耕作が多く、穀類には余り手を出さない。野菜物はすべて市場に左右される。だが同胞は耕作法にすぐれた腕を持つけれど、販売は仲買人任かせで、多くの利益は彼等にしてやらるゝ。こゝに於てか一九三三年に、同胞のみで独自の野菜組合を組織して仲買人の壟断を許さぬ事とした。尚ほ各団体の主要事項は別紙に認めた如くである。

アタムスカウンテー内に、日系人の土地所有者が約四十名ある。中にクリンハウスを持つ者が十名あって、花や苗物を作って居る。住宅所有者も五十名に及ぶ。

商業は至って振わず、二、三に過ぎない。日系人にして一人ピックル会社を経営して居るのがある。ジミ今谷氏がそれだ。彼れは仲々の敏腕家である。

堀内文吾氏は以前には、野菜物のシッピングをやって居られたが。今日では種子物、殺虫剤、農具等を商ない、シーズンには花、野菜、苗木等で大いに発展しつゝあり、同氏の長男清治氏は大学卒業後、父文吾氏を手伝って居たが、数年前ブライン市の商業会議所の会頭に挙げられ、昨年はコロラド州のジュニアーチャンバーオブコンマースの会頭に選出され、次いで又、今年は全米十名の副会頭に当選し、我が日系人の為めに気を吐いて居る。

ブライトン墓地には、四十余名我が先亡者が地下に眠って居る。毎年五月三十日のメモリアルデーには、玉井、角田両開教使が見えて、読経英霊を弔慰され、一般日系人も共に墓参する。コロラドの開拓者外園直市氏は、晩年デンバーからブライトンに居を移し、病を得て再びたたず、不帰の客となったが、故人には実子なく、先きに亡くなった舎弟募氏の遺児二人の娘を養女としたが、パイオニアの晩年のみじめさから遺産はなく、未亡人と養女とでは故人の碑を建てる能力がなく、ボールダークリークに於いて故人が不滅の業蹟を残したる此のパイオニアを、永遠に銘記置かんものと、ブライトン日本人会が発起して、故人が眠るリバサイド墓地に石碑を建立し、一九三七年五月三十日のメモリアルデーに除幕式を挙げた。

△ブライトン日本人会、創立　一九一四年

歴代会長　田中磯雄、岡本智太郎、古川寿美雄、尾座本勇太郎、中杉岑治郎、後藤十郎、上永亭作、坂口勝兵衛、室屋市次郎、増永孫喜

△日本語学園、建築　一九二七年

建築委員長　坂口勝兵衛

△ブライトン求道会、創立　一九二四年

歴代会長　小野寺次郎八、籾井春平、室屋市次郎、中田武志、坂口勝兵衛、会計　土斐崎時季

△ブライトン求道会館建築　一九三九年

建築委員　委員長　籾井春平、委員　水長長彦、元岡佐市、会計　竹馬吾太郎、小野寺次郎八

△ブライトン仏教婦人会、創立　一九三四年

歴代会長　室屋フジノ夫人、元岡重子夫人、山田かおよ夫人、田代マタ夫人、柴尾ヨシ子夫人、佐藤定子夫人

△ブライトン仏教青年会、創立　一九三三年

歴代会長　中田武志、竹馬恵

△ブライトン仏教サンデースクール、創立　一九二五年　一九五〇年父兄会組織

歴代会長　加藤富士雄、竹馬恵、佐々義次、会計兼書記　岸山長太郎

△福岡県人共済会、一九二八年創立

此の会は名称の如く会員相互の共済を目的として組織しデンバー、ブライトン、ラプトン、グリーリ、ロングモントの在住同県人に依るものであったが、後には主意に賛同して他県人の入会する者も多く会員の数七十余名に及んだ。当初はデンバー市に本部を置いたが、会員が田舎に多いのと会長に森光末吉氏が長年就任の関係からブライトンが本部の観があった。よってブライトンの歴史の中に集録した。その内容の一端を記すと、年に一人十弗の掛金で甲、乙二種の金融法を設け、不況時代には大いに益するところがあり、頗る有意義であったが戦時中解散した。情勢の好転した今日甚だ残念である。

歴代会長　中川角太郎、宮本富蔵、坂井喜太郎、榎本又三郎、黒木甚五郎、森光末吉、幹事　籾井春平

書き添えたい事は籾井春平は能筆家で、会の創立当時から綿密に記録して居ることで、之れなど貴重な文献の一つである。

△ブライトン、ジャパニース、アメリカンアソシエイション、一九五〇年創立

歴代会長　ジョウヂ増永、ジミ今谷、ローイ前田、ハリー坂田、田代政人、田代等、堀内直治、田代政人

△二世ウーメンス・クラブ、一九四九年創立

歴代会長　坂口国香夫人、岡田夫人、徳永夫人、片桐マミー嬢、谷夫人、田辺夫人、前田夫人、佐々夫人、田沢夫人、田代夫人、松野夫人

余　録

ブライトン日本人会創立頃の一九一四年には同胞間に自動車は無かった。交通には馬にボギーであった。農耕や作物生産は馬での運搬、砂糖大根を運び出すのも馬で、当時、馬は農家の貴重な財産であった。だから天高く馬肥ゆるの秋などと詩的でもあった。すべて機械化の今日、三世達は馬を見るのが珍らしいようだ。

一九二七年の春、日本ホール建築落成祝賀会は、芝居、舞踊凡ゆる芸事を持ち寄って大変な賑いをした。其後も学園の経費捻出に吹寄会を催した。尚、此のホールが出来て以来、新年宴会、四方拝の式や天長節など、総べて日本国家を背景としての行事であった。帰化不能外人としての境遇に置かれた時代だから止むを得ない。でも、日会の会則に日白人の融和をはかるの

条項をよく実行したものである。毎年ブライトン市の五十年祭祝賀には進んで参加し、農繁期に畑の仕事を打っちゃって市からの要望に応じて山車を作った。素人ばかりが集まって、工風して出来たのが、ツラックの上に富士山とそれに枝ぶりのいゝ木を立てゝ花を咲かせて美事な山車が出来て二等賞が贈られた。その後、日米間に闇雲が次第にこくなる頃、市の依頼によってまた山車を作って出した。之れには、吾々がお手の物の野菜物で米国国旗をこしらえた。之れにも二等賞が与えられた。

一世は夏期は忙がしかった。学園の教師物色、スクールバスの世話、公立学校の休暇後には学園の就業式、子供のピクニック、修卒業式、子を思う親心涙の出るほど一生懸命であった。是れ等はブライトン同胞の貴重なる記録だけれど、戦時中のどさくさで紛失しておる。惜しいことである。

学園の吹寄、釈尊降誕祭等の余興には、日本独特の芸で皆が喜んだもので、流石に祖国が芸術、美術の国の現われである。

碑にはブライトン日本人会の建立云々が日英両文で刻んである。

格州日本人野菜耕作組合の堀江孝幹事は、当初、日本人会幹事を兼ねて居られたが。戦時日会解散で専ら組合の幹事として活動された。同氏はボールダーの州立英文科卒で学識の高い人で、帰化学校の教師として又帰化試験には大いに尽力された。

高傑なる人格者でブライトンに此の人物のあることは、大なるほこりである。

親達が一介の労働移民で教育の不足を補わんが為めかのように、二世の教育には熱烈で進んで大学に進学させ諸学科の卒業生がざらに居る。市には藤崎内科医、竹馬歯科医が先年開業して千客万来の繁昌振りである。

給油所では片桐、片山其他があり、以前洋食店があったけれど閉店して年久しい。

岸山和洋食料鮮魚店も発展最中に火災で其の後は再開されず、先年開業した栃原二世のジャンクション、ストアも転業された。

堀内文吾氏は短歌や句作をされるが、其の他には詩人も歌人も居ない。然し詩を吟ずる人は幾人も居られる。

堀内文吾氏の長男正治氏は格州農科大卒業後父文吾氏のビジネスを手伝っていたが、昨年からマイルハイセンターにて有機肥料会社を経営、昨年格州のジュニアチャンバースコンマースの理事長に挙げられ、更に今年は、全米十名の副会長の一人に当選し、この氏の進出には将来は大いに嘱目されて居る。

前田ローイ君のビジネスは、アグリカルチュラル、コンサルタンツ。

ブライトン地方在留同胞

氏名	（家族人数）
中川深司	四
山本早助	五
薗田朝二	二
本田上次郎夫人	一
増永ゼシー	五
田辺ダン	四
片桐種美	一
松本ゼシー	三
船越サム	三
堀内文吾	七
堀内三郎	六
山田勝己	五
佐々木ヂョーヂ	五
中田忠	六
鍵山進	一〇
今谷肇	七
坂口勝兵衛	三
谷俊吾	一三
岡田実	二
田代政人	六
田代勇	二
二階堂松治	二
山口末蔵	六
佐藤作重	五
佐藤ビル	四
田中順造	二
唐木進	四
松本稲義	九
柳原清志	五
船越ケニー	三
堀内敬治	七
堀内正治	五
佐々木勇	六
中田武志	九
片山祖市	三
鍵山健三	二
田沢ハレー	五
坂口恭助	五
岡田茂	四
田代政記	二
田代均	三
栃原初太郎	三
栃原一之	四
大久保ヂョーヂ	二
村田嘉和	六
小屋野ウエスリー	三
山田千太郎夫人	一
坂田メリー	三
山本繁一	一
堀井澄次	五
緒方小三郎	二
宮本菊次	二
土居寅太郎	一
小林重賢夫人	一
山尾治八郎	二
藤崎ダクター	五
竹馬吾太郎	二
竹馬範雄	五
菱沼弥市	一二
片山茂市	四
前田ロイ	三
徳永新吉	五
柴尾太三次	六
佐藤ミサヲ	二
定村九市	一
栃原直之	三
大久保ビル	四
村田猛	四
山田実夫	八
佐々義次	六
坂田バブ	三
岸山長太郎	七
倉智夫人	一
松野太郎	四
土居タム	五
土居ヘンリー	五
加藤ゼームズ	七
蓼原武夫	五
竹馬ダクター	五
竹馬恵	五
水長長彦	一〇
森光末吉	三
前田光平	二
肥山増吉	五
古田一己	七
堀江孝	二
伊田ハレー	六
上原隆二	四
計　八八家族	三八二人

コロラド日本人野菜耕作者共同組合

本部　コロラド州ブライトン

The Colorado Japanese Vegetable Growers
Co-operative Association Brighton, Colorado

○創　立　一九三三年

○創立当時の組合員数　八十六名

○管轄区域

デンバー市近郊よりブライトン、フォートラプトン、ロングモント及びグリーリー地方の一部

○法人団体組織

一九三五年一月、コロラド州マーケッテイング法に準拠して組織せられたる法人団体としての認可を受く。認可状の有効年限は二十ケ年。更に、一九五五年に至りて、期限五十ケ年の認可状を下附せられたり。

○目　的

組合員の経済的生産を奨励し、農産物販売上の贅費を省き、生産、収穫、販売の便宜を計り、仲買商人その他の需要者或は本組合と同様な目的を以て組織せられたる組合と農産物販売に関し契約を結び、組合員全般の共同行為を奨励するを以て目的となす。

○歴代理事長

自一九三三年度　至一九三五年度　坂口勝兵衛
自一九三六年度　至一九三九年度　中杉岑治郎
自一九四〇年度　至一九五四年度　坂口勝兵衛
自一九五五年度　至一九五七年度　薗田朝次

○同　幹事

一九三三年度 及び 一九三四年度　高野可居
一九三五年度　上田一馬
自一九三六年度　至一九五七年度　堀江孝

○同　会計

自一九三三年度　至一九五四年度　堀内文吾
自一九五五年度　至一九五七年度　三浦常美

○団体解散

コロラド日本人野菜耕作者共同組合は、一九五八年一月三十一日その業務を終止し、その団体を解散せり。而して、兼ねての組合員は、日本人組合が一九三三年以降二十五ケ年に亘り、共に野菜物共同販売の任に当りしコロラド野菜生産者組合へ加入せり。

○解散当時の組合員数　百三十名

組合員数最大多数の折は第二世界大戦中にして、その数二百五十余名に達せり。

ブライトン帰化学校

○開校期間

一九五二年十二月初旬ブライトン求道会館にて開校し、翌五十三年五月末旬まで授業を継続せり。

○授業時間

毎週月水の両日午後七時より九時まで二時間

○講師　堀江孝

○課目

米国歴史、連邦政府の機構と機能、憲法の概要、並びにコロラド州史と州政府、更に郡、都市制度の大略。

○在ブライトン地方裁判所に於ける日系帰化市民数

一九五三年六月三日	帰化	二名
一九五四年二月十六日	〃	二十名
同　年六月二日	〃	二十五名
同　年十二月廿二日	〃	十二名
合計		五十九名

ブライトン英語学校

ブライトン及びフォートラプトン地方の日系帰化市民諸氏の発起に依りて開始せられたるブライトン英語学校は、一九五四年以来、十一月初旬より三月末旬までの期間をその学年として、毎週水曜日午後七時より九時まで二時間ブライトン求道会館に於て授業す。

学課は日常必要なる読み方と書き方、会話、並びに英文法の概説にして、所謂「プラクティカルイングリッシ」の修得に重点を置く。

講師　堀江孝

聴講生平均出席数　十五名

フホートラプトン

和多田又治郎

フホートラプトンを普通ラプトンと呼んでいるが、デンバー市を除いてはコロラド州に於て我同胞の最も初めに発展したる土地はラプトンを中心に南はヘンダソン、北はヒルクレストに到る間だと言われている。

フホートラプトンの開市は一八九〇年で十三年後の一九〇三年（明治三十六年）に外園直市氏がキャベヂ栽培の契約をなして同胞を就動せしめたのが始りである。

日本人の発展する所必ず農業から始まると言われている如く、一九〇七年頃農業経営者が現われた記録を見ると、熊本県人林田竹松、藤井万二郎、共同経営が最初である。

翌年頃よりラプトン、アイオン、プラットビール又はブライトン地方に農園経営者の数五十一戸、現金、歩合借地を合して、三千六百英加と報ぜられ、一九〇八年広島県人光石純瓊氏は五万弗の株式組織の農益社を設けた。玉場、飲食店、食料店、床屋等異状な発達に伴い開店する者があり、其れと共に種々の問題も惹起し、所謂、福利増進の目的から一九〇八年にブライトン、ラプトン、プラットビールの在留者をもって会員数百六十名、会長越智徹輔の下に、ラプトン日本人会が創立せられ立派な日本人社会（後に至り大和村と称す）が建設せられた。

日米戦争突発の翌年二月、三十三有余年の歴史あるラプトン日本人会を解散、現金を米国赤十字社、不動産を日系市民協会に寄附して幕を閉じた。

現在、日系人の中心団体としては戦争の始まる二年前に組織せられたラプトン日系市民協会がある。一九一五年頃は一世が一番多く居住した頃と言われているが、大正天皇即位式を記念として日本人会々館即ち大和ホールを購入した。落成式の行われたのは約二年後で日本語学校、修養、娯楽、宗教関係と邦人唯一の集合場所とし使用されていた。然し、戦争と同時に市協に譲られ、一九五七年（パイオニア諸氏の心血をそそいで所有していたものだが）取り壊されてしまった。

一九一八年妻帯者から子女が成長して来るに連れ語学問題が台頭し、大和小学校が創立された。越えて一九二四年、日本人会を離れて北格小学校の名称の下に、寄宿舎を備け、バスを購入して北格一帯、ブライトン、ロングモントと遠く東格方面からも児童を収容し四人の教師で教授していた。然し各地に学齢に達する者の数が増加するに従い数年後さらに分離してラプトン日本語学校と変更、戦争迄継続した。社会が安定するにつれ子女教育に伴い宗教問題が起り、一九一〇年デンバー日本人美以教会より随時牧師が出張しキリスト信徒間に家庭集会が催されていた。

仏教信徒に於ても、デンバー仏教会創立当時より開教師が出張伝道に務めていたが、一九二二年八月ラプトン求道会を設立、一九三八年デンバー仏教会より分離して、岡本智太郎氏を理事長としてラプトン仏教会を組織した。越えて翌年仏教会館を新築、理事長且建築委員長として和多田又治郎が之に当ったが、一九五一年に至り山東三州仏教会に復帰した。附属団体として一九二九年仏教婦人会（会長岡本文子）一九三〇年仏教青年会（会長榎本忠義）及び日曜学校が誕生した。尚現在二世夫人のみを以って二世友交クラブを設け相互の親交を温めると共に家庭生活上に就いても研究している。

顧みると同胞が当地に足を入れて既に五十有余年、其の間幾度か種々の問題或は暗闘も起ったが、所謂、浮沈盛衰の歴史を残して今や二世の中心時代に入ったのは何処の社会も変りはない。

一九三九年、当時、日会長の職にあった私は前記のラプトン日系市民協会組織を要望し創立した。今彼等はパイオニア諸氏が残した悪戦苦闘の開拓精神を継承し、よりよきアメリカ発展の為努力して呉れるであろう事を確信すると共に、地下に眠れる同胞先輩の英霊に対し誠を捧げペンを擱く。

ロングモントラフエット

下田軍一

一九〇六年頃杉谷秩一、本郷権六（熊本県人）の両氏が、百廿英町の農地を共同購入して、ラフエット北方二哩の土地に移住せられたのを嚆矢とする。同氏等は牛乳搾取の傍、農業に従事せられた。其後歳を追うてラフエット町四五哩を南北に続々と邦人が入り込んで来た。

一九一〇年前後下田亀吉、金本吾六、若杉大平、小田、上田、古家大次郎、谷口鉄之助の諸氏で各自八十英町乃至二百英加余の農園に、砂糖大根、麦、アルフワルフワ胡瓜（会社契約）を栽培して相当の収益を挙げた。一九一五年頃になるとレイ近郊キャンフイルドに前田政市同弁二郎同菊太郎の三兄弟ワイズ氏農園を借地して、大農的に経営せられた。近隣に松嶋末次同息喜平、宮崎国平、京田卯之助、松田元蔵、吉蔵兄弟、深江清蔵、加藤（樋口）貞市、渡辺寅吉、村中喜三郎、平尾奥蔵兄弟等家族と共に移転し来って従農。

一九一四年十一月父の呼寄に依って此地に於ける最先端を切って渡米したのは、若年十五歳の下田軍一であった。移住以来前田政市氏は玉菜の売行が悪いと、自費弁当持で出伝（デンヴアー）して売却方面に最善の努力を払われた。此頃から同胞の耕作作物もトメト、アニオン、レタス等と増加して来た。

一九一九年ロングモント北方バッサウドに在った山本種吉氏が、ラフエット・プリンス氏農場を借地せられた。一九二〇年若杉大平氏日本に帰国後の農園を借地して植野幾松、岡ヂエームス（岡正太郎氏息）両氏二年間農業を経営。

一九二五年第二世児童の成長に伴なって、日本語教育の必要を認め、夏期休暇三ヶ月間、邦人大学生を招聘して授業せしめた。翌二十六年山本、竹本品吉兄弟借地住宅前の空地に、小規模乍らも板造りの学校を建設。二十八年に至る四年間唯七人の同胞で、教師の俸給(三ヶ月)三百弗と学校費用一切を分担したのである。

筆を転じて、ロングモント地方同胞発展の足跡を回顧すると、先づ沖本熊吉氏が先住地バッサウドを引揚げて、チャレー・ペース氏農場を歩合耕作で借地せられたのが、一九一九年であった。倉智鹿吉氏も同年頃移住。

一九二二年下田亀吉、同息軍一、同弟栗岡梅吉此地移転に続いて、川野豊吉、太田豊吉、金本吾六氏等、二十五、六年頃には藤本唯雄、三吉仙太郎、同息政末、山本源次郎、京田卯之助、山親孫次郎、佐々木新太郎、村中喜三郎、神崎梅太郎、佐々木健一の諸氏が、ラフエット、イレ、又は他地方から陸続として蝟集して来て全部歩合耕作に従事。尚一介の労働者としては笠原、山田、林、伊藤捨次、山本善吉、益田盛三郎同息都、沓野熊吉氏等。

他方面でイレ炭坑(コロンバイン)に在って、邦人労働者提供とボーデング経営の任に当ったのは、最初に波多太郎氏続いて村中儀右衛門氏。一九二八年小林又三郎氏其の後任として、伝馬移転迄の数年間を過された。此地に於ける邦語学校はラフエットより一ヶ年遅れて、一九二六年六月に下田借地農場(現在金本ヂミ氏所有)南端にある白人公立小学校を夏季三ヶ月丈け借用して授業を開始。教師はコロラドカレッヂで勉学中の浅海数男氏(元日布時事編輯長庄一氏舎弟)で、下田住宅に起居された。同氏は暇ある毎に『日米外交政策』と云う英文書を飜訳して、遂に発刊せられた。学校は紫嶺学園と命名して二十八年迄同一教師に依って邦語教育を授けたのである。

越えて一九二九年になると、ラフエット、ロングモント両地方合併せる会館の必要に迫られ、再三在留民熟議談合の末遂にホール建立に議決された。先づ古家氏地主モントガモリー氏より、一英加の土地を四百弗で買収して、旧校舎を移動の上増築を加えて可成宏大な建物を完成。驚く勿れ!其全費用僅に一千弗に過ぎない。而して校舎としてはボールダ平原日本語学校、公開堂としては昭和ホールと命名。同年五月初旬落成式を済ますと同時に、松嶋氏所有の古自動車を買受け、六月開校と共にタム、憲一、小林（現在医学士）に運転して貰って各二世児童を通勤せしめた。其当時の父兄は松嶋、宮崎、古家、前田、渡辺、川野の七名。斯の如く此地方同胞は三十二年に至る迄、夏期三ヶ月邦語教育に専念したのであるが、折から到来した殺人的大不況と同胞他所移転に依って、遂に学園丈は閉校解散の止むなきに至った。過去八ヶ年間の教師は安藤、倉谷（チョウジ児玉の実母）の二夫人と田子、野口野薔薇、金屋（元陸軍参謀総長の息）加納、徳永良吉、村中修等の諸先生である。併し昭和ホールは維持会々員組織で経営し、祖国の四大節は日米戦迄、其後在留民の冠婚葬祭、仏教徒の求道会等に使用して今日に至っている。

一九五五年更に増築して、祖国から立派な御仏壇を迎え、盛大に入仏式を挙行した。

宗教面では一九二三年美似教会の馬場、吉田の両牧師が出張の上、各基教の家庭で集会を開く。一九二五年になると伝馬仏教会の小野徹照師が各信徒の家庭で、各月求道会を催して仏陀の教法を宣伝された。尚二十六年度から下田青年に依って仏教日曜学校を自宅に開き、ラフエット、ロングモント両地方二世児童を訓育した。補佐を益田都君に、廿七年からは三吉政末君に助力を仰いで同二十八年暮に至った。

約半世紀に亘る同胞盛衰興亡の跡を回顧すると、転々感慨無量！或いは祖国に帰り又は他地方に移動、けれどもその過半数は不慮の災難、病気に依り無念の涙を呑んで、幽明境を異にする不帰の客と成り果てゝいるのである。

蓋し見よ見よ。此地方第二世の進出一大発展振を！数こそ少なりとは言へ、宮崎、田中、佐々木、金本、西田、前田の諸兄弟は各自数百英町の大農園を所有し、現代最新式の器械を使用して好成績を挙げ、宏大なアニオン貯蔵所を設け、或いは現代的のフルーツスタンドを建て、又発明品の製造に、更に進んで自家収穫の作物を、直接巨大セミアイツラックに満積して、南部の市場へ運搬販売して好値段を得ているではないか。

併し此大飛躍の裏面を深く洞察する時、初代第一世の涙汗の結晶、粉骨砕心の絶えざる大努力が礎石となって、今日の大成功を齎らしているのである。

夏のレタス本場サンルイス平原の同胞

小笠原謙三

コロラド州サンルイス平原は州の南方で海抜七千六百呎の高原で、南北百廿哩、東西百哩というスリバチの底見たいなところである。大古の湖の底である。四面は夏なお寒い白雪を戴いた高峰が立まわしている。

冬はしばしばアメリカ中の最低温度を示し、零下四十度にもくだるが、夏でも汗をかくような日はない。その夏の低温に着眼したのが、日本人であり、夏のレタスを生産することにより、山東部に比肩するところなきほどの富有な農家の集まりである。

現在、モンテビスタに新田熊次郎（七十二）という人が古いが、この人はリオグランデ鉄道に五十年勤めたが、農業には関与していない。次にはブランカに浅岡伊三郎氏が古いが、やっぱり大レタス生産により、今日のサンルイス平原を有名にした先陣は、吉田栄一氏であろう。いま当地パイオニアの入植の年を記して見ると、

吉田栄一氏	一九二五年	大野吉五郎氏	一九二六年
藤井勝三郎氏	一九二八年	三宅密正氏	一九二九年
大庭貞一氏	一九三〇年	藤本勇次氏	一九二九年

右の諸氏より、当平原の現状を聴く座談会を、一九五八年二月九日に、ラハラ求道会で開いて次のような材料を得た。

第一、この平原は白人が日本人を好待遇し、交際が親しい。その証拠には日系市民協会の会員の三分の一は白人である。

日本人がレタスを年の内、七、八、九の三ケ月に、一万二千英加（五七年度）をつくり、七、八年カーロードのレタスをシップする。それによりバレーに入る金は莫大なものである。他にはポストと人参を作る。レタスは市価の高下があり、時には

危険もあるが、総じて大儲けするチャンスが多い。レタンのような集約農業は、白人には手が出せない。また危険率も大きいから、彼らはポテトや牧畜をやっている。

このバレーの中心はアラモサ市であり、人口三千余の内、日系人口二百六名ある。農業がその大部であり、その以外は次の如くである。

獣医一、プロデユス一、ジュエラー一、牧師一、鉄道ホーマン一、歯科医一、美容師一、農機商一、自動メカニック一団体では、日系市民協会員百十八人あり、その三分の一は白人である。

仏教求道会は、ラハラにあり、日系人会の使命も果す、一九三一年に結成し、一九三七年二月七日、現在の会館を建築した。第一回は六千弗を計上し、その半額は白人寄附、第二回は一九五三年に会員十一名により五千弗を拠出して増築し、家具その他の施設をした。平原に於ける日系の集会所の役を果している。

また美以教会の家庭集会がブランカにある。

現在当平原に於ける家長と家族数左の如し。

△アラモサ、吉田栄一6、吉田敏博6、川辺温8、三宅密正4、藤井勝三郎4、藤井弁3、勝本清7、植田勇三4、小倉耆助8、大庭貞一5、大庭泉5、大庭広4、榎本志郎4、小西弁4、小沢秀夫6　計　八十二名

△ラハラ、井上嘉憲3、藤本勇次6、大野吉五郎3、伊藤クニ6、倉松アネスト1、高橋徳造4、芦田昇4　計　廿七名

△サンカンヨ、田中徳米6

△モンテビスタ、愛垣チキ4、切刀ジミ5、新田熊次郎2　計　十一人

△ブランカ、溝上誠8、溝上進6、墨田秀雄8、林田武敏5、植村フランク5、林田フレッド3、林マイキ3、塩下デン7、塩下清4、浅岡伊三郎1、寄友壮次郎4、菱沼清次2、若杉フランク5、切刀ジョージ4、中野宗吾1、中沢惣太郎5、田中モーリス6、菱沼ジョージ4　計　八十人

グランド・ジャンクソン小史

林　篤　四　郎

当地は格州の西部中央部に位いし、コロラド河とガンツン河の接続地に依り、グランドジャンクソン市の名称あり。州首都伝馬市へ二百六十哩、ユタ州ソールトレーキ市に二百八十哩にて、伝馬と塩湖市の中間にあり海抜四千五百尺にして有名なるロッキー山脈に依り東北部の強風を避け、為めに気温は冬季にて十度より十五度、夏季九十五、六度前後なる為め果物の産地として有名なり。殊に桃の産地として其美味なる事全米に知らる。又石炭金銀の鉱石を産し特にウラニユーム及びバラニアムの産地として全米唯一の称あり。尚石油天然ギヤスオイルセールの産出殆んど無尽蔵と言わる。

又農業方面も気候は前述の如く殆んど温帯に等しく、あらゆる農作物に適し、亦潅漑用水は有名なるコロラド河の水を使用するのでいかなる乾燥の年と言へ水の不自由なし。

日本人移住の歴史は今を距る六十年程前広島県人児玉卓次兄弟、福岡県人中村喜十郎氏等を始めとし其後追々移住者増加し、農業を営み勤勉にして正直なる事一般白人に知らる。又市中に新世界洋食店なるあり経営者は香川県人塩田秀雄福岡県人加藤一雄共同経営にして市中随一の洋食店として繁昌して居りました。同氏等は市の公共には卒先して寄附し、貧民に能く施し個人大使として実に白人社会に称賛せられ、其後塩田氏歿後広島県人林篤四郎夫妻同店を譲受け、ホテル及び他に東洋美術店を開き、勉めて日白人間の融和親善を計る。殊に延人員数百を数える日本人唯一人の刑事被告者なし。かかるが故に白人一般の日本人に対する親睦感他に比類なし。宜なる哉、後年日米大戦起り加州よりの立退者数百名当地に来りしも、一人の反対者なく心より迎えて呉れしは日本人一同感謝の到りと思う。

以上誌せし小史は其大部分古老先輩の話の又聴き故、多少の誤聞なきにしもあらず、読者御了解を乞う。

ネブラスカ州日系史

加納久憲

私は一九一六年（大正五年）の暮れに、日本から桑港経由で、寧州に直行し、州立大学の大学院に入学しました。以来、本年の春迄づっと寧州に暮しました。詳しく申せば、その内五ヶ年は第二次世界戦争の為、危険なる敵国外人として鉄柵の中にインターンされたり、或は米国聖公会の神学校で勉強し乍ら終戦の日を待っておりましたので、その間ウイシコンシー、テネシー、ルイジヤナ、ニュメキシュの諸州に住んだ事もありました。

幸に在米四十有余年の間に、全米の各州を歴訪見学する事が出来て、色々の点について、寧州と比較し且つ反省し、将来の為めに資する事が出来ました。

寧州に於ける同胞移民史は、六〇年に近い様であります。昔、格州、倭州にいた同胞が、寧州に移住したり、山東三州の同胞は至極御縁が深いのであります。

寧州日系人（一、二、三世）の人口は、七〇〇人で、昔も今も変りません。昔は一世ばかりで約七百、今は一、二、三世全部で約七百。毎年一世は他界し、二世は大都市に出て就職しますから減るばかりであります。是れを補うているのは三世の遅々たる増加に依るのみで、戦争花嫁の数は極僅かであります。

統計に致しますと、

オマハ地方　一三〇人
リンコルン地方　七〇人
ノースプラット地方　一三〇人
スカッツブラフ地方　三〇〇人
その他の地方　七〇人

比例は一世二割、二世四割、三世四割位になります。以前は農村に過半数住居しておりましたが、現在では相半ばしております。

二世の九十九パーセントは高校を卒業致します。その内廿五パーセントは専門学校や大学に学び、その過半数は学位を得ております。理学博士も出ましたし、陸軍少佐もおります。

一世の殆んど全部は、渡米直後の若い時代は、鉄道労働に従事し、寧州の内外に通っているユニオン・パシフイック・ロックアイランド・サンタフイ会社の鉄道線路、架橋工事、石炭積場、製氷工場等は、同胞の労力に負う処が多いのであります。今格州で農業をしておらるゝ進半蔵氏、先年群馬県の郷里で、物故せられた大戸敏次郎氏等は通訳をしておられたそうであります。以上の大工事が済みますと、大部分の同胞は、名誉解雇となって各自好む方面に進出しました。第一はオマハ市の肉罐会社に多数就働した事。第二は洋食店経営。第三は帰農、この三つは主要なる進路でありました。

オマハは寧州最大の都市で人口卅万、家畜の売買、屠殺場は有名なもので、カドヘイ会社、アーマ会社等数箇の大会社があって、多数の労役者を使用しております。一時は三〇〇名の日本人を雇用しました。今では取壊してありませんが、南オマハの妖怪屋敷という五階建木造の寄宿舎に、合宿して一生懸命パッキングハウスに通勤しました。然し十年とはつづかず、そこから農業に転ずる人が沢山出ました。私は一九二五年にこの御化け屋敷を視察し、その外観を写真に撮り、妖怪の出没するという部屋にも入って見ました。昼なお暗い狭い階段を上って三階辺りにあった様に記憶しますが、誠に御化けが出そうな建物でありました。此頃にはもう同胞は四十名位しか、この寄宿舎におりませんでした。三年前他界せられた久東敏郎氏が寮長格で、舎内は立派に掃除が出来、石油ランプのほやも綺麗にみがかれて、妖怪もこれでは遠慮するであろうと思うて久東寮長に尋ねて見ましたら、御化けは日本人には出ないので、その為日本人がこの大建物を極安く借りているのである。目下四十名しかいないが家賃が安いから、生活が容易で貯金も出来るとの説明でした。

次は洋食店経営の話でありますが、現在ではスカッツブラフのイーグル洋食店が、一番立派で一番繁昌し、白人間に最も評判がよろしい。これは経営者、半杭重盛氏の手腕に依るもので、西部寧州に於ては一番でありましょう。最初私は調査もしないで来たので、寧州には日本人がいても、極々少数ならんと想像していたのです。処が寧州大学の所在地なるリンカン市（人口七万）に、着いて見ると同胞大学生だけでも、十五名位在学しておりました。市内には邦人経営の洋食店が四軒もあって驚きました。中でも伊東（駒住）川上両氏経営の基青館内のカフエテリヤは、設備に於て売上高に於て、市内最大のもので段々拡張して、三つのフロアを使用していました。その頃は一世洋食店華やかな頃で、リンカン市、オマハ市は勿論グランドアイランドの故進藤三郎氏のパレスカフエ、ノースプラット市駅前のホテルパレスのカフエー、これは鵜飼理一氏の経営で、和田弥一氏が支配人、ホテルも当時は市内第一流のもので繁栄し、門前市をなすの観がありました。須市のイーグル洋食店は、故松田久兵衛氏の創業になり、故小林多源太、故松村泰助、故野田大二郎氏の経営に移り、現在では福島県出身の半杭氏の所有経営であることは前述の通りであります。その外コロンバス、キイミイ、エルークリーキ、アライアンス、ベイヤート、ミッチエル、ゲイリング、ハイグ等至る所にあって繁栄しましたが、今日では三、四ケ所に過ぎません。

第三は農業方面に発展した同胞の歴史であります。元来一世は農村出身が全部であったと申してよいのでありますから、帰農して独立自主の生活を希望していた際、頂度スカッツブラフに大西製糖会社が、百万弗の工場を建て、此の地方に初めて甜菜（砂糖大根）の耕作が始まり、耕作面積一万二千英加を要するので、俄かに多数の農村労働力を要したので、鉄道会社から解雇せられた同胞は、多数此の地方に集まり、スカッチブラフ市から寧州時報という週刊新聞すら出たりしました。ベヤード市郊外の墓地に、福岡県糸島郡一貴山村出身の中山孤剣の墓標が立っていますが、四十年前には健筆を、この新聞に振った人でありました。今日では日系人の農家はレキシントン市以西で、二世が経営の責任者で、高度の機械化した農業をやって、一軒平均二百五十英加であり、州の中産階級に属し、文化生活を営んでおります。以前には一世経営の農場が、オマハやリンカン市外からコロンバス、セントエドワード、カーネー等にも点在しましたが、他州に移住したり、隠退したりして無くなりました。然し嬉しいことには日系人の農家は、農業労働者から小作農となり、大半は自作農にまで発展したことで、ノースプラット地方、スカッチブラフ郡一帯には、日系人の農家が健実で、堂々たる生活をしているのを見ることが出来ます。

公共団体には、日本人実業同志会、寧州日本人会、それが寧州日本人啓発会となり、第二次世界戦の開戦と共に解散して、納市にはセントジョジミッション、蜜市にはセントメリーミッションが出来、この両教会は永く精神的指導に当りました。本年春、此の両教会は理想通り、白人聖公会と合併し、益々地の塩となり世の光となって栄えつゝあります。

宗教、昔はキリスト信者は無いに等しかったのですが、一九二五年聖公会寧州監督（主教）ビーチャー博士の伝道が開始せられ、今日では大抵の日系人はどこかの教会に属し、感謝と平和の生活をなしつゝあります。

帰化市民の数、寧州の一世は二百人とおりませんが、新帰化法の通過以来、熱心に市民学校に通うて憲法歴史の大要を学び今日では九十八パーセント市民となりました。

山東三州仏教会史

和多田文治郎

一九一五年本願寺差遣の熊本県出身八淵幡龍師が渡米された際、当時、桑港仏教会駐在の小野徹照師が同伴、コロラドに巡教されたが、丁度、其頃仏教会の設立希望ある時とて、それが縁となり、翌十六年三月十四日小野師妻子一家の歓迎会を兼ね、創立相談会を催し、左記十五名を準備委員に選び発足した。

石郷磯吉、市川藤市、大坂力次郎、宮本孝内、国友信弥、大月正一、伊藤鎌太郎、松本菊蔵、柏野無事之助、徳永文治、宮城桂八、福島亀之助、外園直一、上原藤八、堀川秀作。

かくして山東仏教会、麓東仏教会、中央仏教会、伝馬仏教会の中より選んで伝馬仏教会と名称し、ローレンス街一九五〇番地の建物を借家し発会式を兼ねロッキー山東に於ける最初の釈尊降誕法要を、四月八日ピープルタバナクル会堂に於て催され、愈々仏陀の福音は説かれた。

創立当時の会員数は詳らかでなく、又教線も州内に止っていたが、現在では約五百家族の信徒は、コロラドを中心にネブラスカ、ワイオミング、遠くはモンタナ、ニユメキシコと広範の地に散在する程、異常の発展を遂げられている。此の遠きに及ぶ教線に心の友となり、如来の大慈悲を伝へて倦まなかった歴代開教使の姓名は

小野徹照師　一九一六年三月より一九二八年

大内義直師　一九二九年二月より一九三二年八月

玉井好孝師　一九三二年九月より現在

角田昇道師　一九四四年より現在

尚、此の間大学に勉学の傍ら伝道を補佐されし開教使は

広沢連蔵師　一九一七年七月　中神文雄師　一九一九年

池聴水師　一九二一年　永井慶哉師　一九二一年　柿本開教師　一九二四年

布教が各地に拡められるに従い、遂に求道会設立の必要に迫られ、一九二三年フホートラプトンに於て設立され、次々と他の地方に於いても創立せられ、それと共に会館も建立せられた。現在に於ては一世の数減少し、往年の如き活気は見えぬが、左記地方に二世信徒により継承されている。

ラプトン　一九二三年
ブライトン　一九二四年
グリレー　一九二四年
ロングモント　一九二五年
ラハラ　一九三一年
スカッチブラフ、ネブラスカ州
南格スインク　一九五五年
ウイルビー　一九五〇年
フホートモーガン
セッヂウイク
デンバー　一九二三年

一九三八年フホートラプトンは、伝馬仏教会より分離独立してラプトン仏教会の名称のもとに存在しあったが一九五〇年再び復帰し今日に及んでいる。

其他のワイオミング、ニユメキシコ、ネブラスカ等には随時出張布教が行われている。

求道会創立と共に蔭の母体をなす仏教婦人会が、デンバー一九二〇年、ラプトン一九二九年、ブライトン一九三三年、グリレー一九三〇年に誕生している。仏教青年会も一九一七年に呼寄青年を主として始められ、其後、各地至る所創立せられ、一九三二年山東三州仏青聯盟が結成せられた。

日曜学校は三世の成長と共に益々発展し、各区至る所壮年信徒が教師となり宗教々育達成に努力している。

布教の道場たる会堂は創立と共に、ローレンス街一九五〇番地であったが余りの狭隘の為マーケット街一九一七番地に移転、越えて一九一九年に同街一九四二番地の古い建物を購入し約一万弗の巨費を投じて、内部を改造し会堂の形にかへ腰を落ちつけていたが、時代の要求に従い一九四七年に十五万を投じて現在の会堂を新築すると共に、名称も山東三州仏教会と変更した。

越えて一九五二年二万弗の新事務所、日曜学校教室を新築、三万弗の開教使住宅の新家屋を購入した。

教会将来の財政維持方策として一九二〇年一般信徒より資金を募集し、壱百二十英加、価格三万弗でウイルビー附近に教田を購入したが、約三年後維持困難の為放棄した。其後、幾度となく企は論議されていたが実現されなかったが、一九五八年十一月篤信家、早野栄蔵氏の犠牲的奉仕に依り十万弗のケニーホテル建物を、十五年長期支払方法で購入した。

大谷尊由台下巡教　一九二六年

大谷照乗連枝　一九三四年

大谷光昭法主猊下　一九五一年及び一九五八年

最後に今や山東各地日系人の住む所、慈雨に浴し法燈ゆるぎなき一大団体として興隆した賜は、初代開教使小野師の滞駐十四ケ年間、郷里を離れて聞法の機縁を断たれていた一世パイオニア諸氏に道を開かれた多大の行蹟、小野師に代った大内師の教線の拡張と内面の充実、更に現在玉井師の日夜寝食を忘れて何百哩の遠きに及ぶ教線を随時出張、法縁を結ばれしこと、英語伝道を必要とした今日、角田師が二、三世はもとより大学又は白人クラブに進出し、偉大な東洋文明を説かれているお蔭に依る事は言を俟たない事である、と共に一般信徒諸氏のたゆまない援助と、教会運営の尖端に立って犠牲的奉仕された、左記顧問及び歴代理事長の氏名を掲げ感謝の意を表しペンを擱く。

顧問

前田菊太郎、中村清四郎、早野栄蔵、安田鉄一、河野富八、高木八十吉、吉田栄一、坂口勝兵衛、小倉豊助、宮本孝内、景山乙治、高峰房吉、城領奈良夫、尾崎喜代太郎

死亡　中田吾八、籾井春平、貝原一郎、戸田四郎

理事長

第一　徳永文治、第二　堀川秀作、第三　上原藤八、第四　戸田四郎、第五　坂井喜太郎、第六　安田鉄一、第七　岡本智太郎、第八　前田菊太郎、第九　中田武志、第十　中村清四郎、第十一　和多田又治郎

一九五六年度より別個の二世幹部会が設けられ左記三氏理事長

谷　伝、金本務、中川エドワード

山東歌壇略史

小菅白映

故国を遠く離れて異郷にある人々の等しく感ずることは寂寥である。肉身も居らず友もなく言葉も不充分な境遇にあって、春夏秋冬移り変る自然を眺めては郷愁が湧く、そのやる瀬ない情緒を誰かに訴えたい、それが詩となり歌となる。山東に住む歌人たちは、そのはけ口を新聞紙に見つけ、四季折々に発表したのであった。そうした個々の魂が相寄って山東歌壇が生れたのは一九三三年の秋だったが、三年後に第一山東歌集が出来た。これには加州方面の歌人たちも参加して二十名が出詠している。その後、日に月に新歌人が登場し選者の必要を感じて、一九四三年に、新万葉集に入選歌を出した長田星州氏を推薦したのであった。当時十四名の歌人たちは毎月、日をきめて出詠し、詠草が紙上に発表され、一九四八年には第二山東歌集を出版した

一九五〇年、作家木村毅氏と、リーダース、ダイゼスト日本支社長鈴木文四郎氏の提唱により在米同胞百人一首を、格州時事が募集した時、南米北米各地歌壇出詠合せて五千首が、斎藤茂吉、釈超空、窪田空穂の三氏によって選ばれたが、山東歌壇同人全部が入選し、池上耕涯氏は地位を占め、佳作にも教名が入り好成績を挙げている。

一九五三年四月、長田星州氏の帰国と同時に池上耕涯氏を選者に推薦し、歌壇はますます精進を続け、一九五六年には第三山東歌集を編纂したのであった。目下同人は二十名を越え、山東三州の他にユタ州、遠くはカナダよりも参加している。

歌人姓名

ネブラスカ方面

久保なぎさ、保坂友、萩原みつぎ、三好美登里、熊谷まゆみ、中田由紀子、中田紅つゝじ、脇本鉄龍。

コロラド州、デンバー及地方

池上耕涯、畠中菰舟、広瀬忠之、広瀬智恵、藤岡静枝、上野以知与、上田綾子、山口きゑ、吉田丈児、小菅白映、浦野薫佐藤哲郎、波多多浪。

ユタ州、塩　湖　市　　小　川　茜

カナダ、オンタリオ　　辻　　虹　森

日誌

山東三州同胞代表者大会（於デンバー市 1941. 3）
（小菅白映夫人提供）

最悪の事態に備えて

日米間の風雲急を告げた一九四一年三月八日、九日の両日、山東同胞は、時局対策協議会をコロラド州日本人会で開き、万一の場合に処する具体的方針を熱心に協議した。

山東同胞五十年の歴史に、この会合ほど熱心にまた真剣に討議されたものはないといわれ、この写真の人には故人もあるが、当時の同胞の代表的人物である。

第二大戦以来の日誌

一九四二年

一月

△**一日** モンタナ州収容所に、邦人六百三十三名。モンタナ州ミゾラ兵営の敵国人収容所の監守長の発表に依れば、同所に監禁中の敵国外人は只今千六百五十六名、その中に日本人六百三十三名、残部は総て、伊太利人であると。

△コロラド州在留邦人八百六十五名。合衆国人口調査局の発表に依れば、昨年四月一日現在、州内に在住する日本人（非市民）男女合せて、八百六十五名、日系市民はその倍数千八百六十九名あり、日系人は全州で二千七百三十四名、尚全米本土内の非市民日本人は四万七千三百五名で、その八割五分は太平洋沿岸の三州に在住すると発表。

△編集室より 今年に限って編集後記ではなく、頭痛後記である。不安過労焦燥にかられ乍ら、どうにか新春を迎えて、吾人はここに捲土重来、雨とも嵐とも何とも形容も期待も出来ぬ。一九四二年に向って、あらん限り、職責を果さんとするものである。

△**六日** 日独伊人の禁制品供託円満死線越ゆ。旧臘三十日と一日、華府司法長官に依って発布されし全米伊独日敵国人所有の短波ラヂオ聴取機、写真機及び銃砲火器は、一切各市郡官憲の手許に供託、又は装備変更の要ありとの指令に従い、その期限の五日の夜十一日に先立ち、三日土曜日頃から、各種禁制品は続々と当局に供託された。

△米国出生証明書 州庁衛生局では、開戦以来特に出生証明書の発行申請が頻繁となり爾来当局は増員昼夜兼行にて作製。

△壮丁登録 ルーズヴエルト大統領の改正徴兵法に依り、二月十六日午前七時より午後九時迄の間に、全米布哇ポートリコ、アラスカにわたり、一斉に当日満二十才に達する青年から満四十四才迄の徴兵登録を実施。

△**八日** 格州日会総会 刻下の重大時局とFBIの禁制に鑑み時局の安定を待つ事に決定。総会延期。

△在外敵国外人再登録 敵国外人取締を前大戦当時と同様写真附の登録証を携帯する事。

△邦人の借地契約三東三州にては、戦時と雖も変りなし。

△**十日** 敵国人の交通旅行。許可申請に市協は尽力。

△ブライトン青年の国防報告。米国の戦争努力の線に沿い、邦人間に国防公債購入と、赤十字社募金で乗出す。

△スタックショー 西部諸州の白眉と謂われるスタックショーが、戦時下第一年で至って淋しい。

△カナダ邦人三十八名監禁さる。潜行確実なる者のみ。

△**十三日** 日系市民の忠誠 サンルイス平原ブランカの植村正

生、春生の両君は鉄屑を満載、仲買商に担ぎ込み代価を寄附す。

△ラプトン通信　流言を排す。仏教会堂の使用法務一切何等禁止されて居らず。

△西格通信　日系二名応召、小田台、岡門積　米国陸軍に。

△**十五日**　戦時増産を画して、罐詰野菜値上さる。天井なしに農産物を作れと政府は呼びかく。

△ラプトン市協役員改選　会長小塩一、副会長加藤富士雄。

△外国人に狩猟漁釣鑑札発給拒絶せん。コロラド州ゲーム局では、検事当局に向けライセンスは敵国人でも友好外人へも発給すべからずと提議したと。

△ロングモント日系の国防参加運動。ロングモント・ラフエット地方の同胞は、戦時下米国の国防運動参加に万全一致四千七百五十弗の国防公債及び赤十字寄附に醵金したため、写真附の証明書を貰う。

△**十七日**　ブランカ日系市民の忠誠団体組織せらる。

△ロッキーホード日系壮丁続々入営。麦島、芦田、中山、原田兄弟、植野、植村の諸青年。

△**二十日**　ラプトン婦人会、時局安定する迄総会を延期各員その任に留る。

△**二十二日**　千弗以上の財産を有する在留邦人は、連邦銀行にその明細を報告を提出せよ。

△日系二世入営、市内天野ヘンリー、土屋勳、ネ州アライアンス牛尾信一、スカッチブラフ保坂ロー君。

△大根に対する労働賃金の相場の聴問会、州下院議事室にて開かる。

△敵国市民取締規則を米国司法省発表。

△**二十三日**　砂糖の不足確実二月中に切符制となる。

△**二十四日**　プエブロより村本写真屋を招き、昼夜日本ホールにて登録証用の写真を写す。

△メソジスト山東婦人修養会は、時節柄本年取止めとなる。

△赤十字縫物　キリスト教婦人会では、赤十字社の男児用シャツを牧師館にて縫う。

△**二十七日**　ネ州スカッチブラフで密入国邦人逮捕送還を待って塩湖市護送。静岡県人桜田吉蔵氏。

△プエブロ短信　入営森本繁、日高進、二侯ローイ、吉村勇雄の壮行会。教会援助の決議。

△格州野菜組合は時局に鑑み、総会開催を中止。

△ラプトン市協の手柄大根ボーナス問題解決インカムタッキス報告にも尽瘁。

△**二十九日**　ラハンタ前田寛太郎氏長男勇君は、この程華府陸軍事務局に速記者として赴任さる。

△格州西北部マウントハリス炭坑突如大爆発を起し三十四名惨死。

△**三十一日**　来る二月九日から二十八日までに履行の要ある敵国人登録の書式記入を、日本ホールでお世話しますと。

△受難重畳の加州同胞　要害地立退営業鑑札拒絶秘密団体検挙等々。加州国防委員会は、日本語学校再開にも反対の態度を執る可しと要求している。

△一九四二年度大根契約交渉　大西砂糖会社配下の格、寧、倭、門四州にわたる砂糖大根耕作者は各代表者を送り市内本部にて本年大根契約交渉を開始した。

△南格通信　岡山県人平田吟三郎氏は直腸癌にて危篤の状態。

二　月

△**三日**　ラプトン日会学園解散。北格に最も古い同学園は、時局に鑑み直に解散、ホール、校舎及び会計は、市民協会と協議の上始末される。

△合志弁護士公証事務所を開く。

△**五日**　全加州沿岸地帯の同胞往来局限、北は央州州境から南は羅府の手前五十哩の所に至る、太平洋沿岸約六百哩を幅三十哩から百五十哩にわたって、制限区域と指定しその区に住む敵国人は、午後九時から午前六時迄外出を許さずそれ以外の時間でも住宅と職場の往来に限られ又五哩以外に出る事を許さずこれを二月二十四日より実施。

△ラプトン仏教会組織変更北米仏教団の勧告にかかるアメリカ仏教団としての徹底を期するためなりと。

△**七日**　屑鉄蒐集に大童、プエブロ鉄工所が、ここ十日以内に原料が尽きるとの悲鳴を挙げつつあるので、ベースメントや裏庭に、不用の金物類を至急ジャンク商人に売渡されたいと緊急飛檄している。

△敵国人登録愈々月曜から開始　各地一二、等郵便局で挙行さる。

△**十日**　加州日本人の移動この上不要なりと、陸海軍当局と合議の上、敵国人監督官声明す。

△同胞四百十五名北部収容所へ、北ダコダ州ビスマーク市外のリンコルン収容所には二月九日四百十五名の日本人が加州から一列車に満載護送され一度に二十五名宛トラックに移され、機関銃を以って護衛する移民局巡査によって収容所に送られた。当局ではこれ等日本人の出身地を語らないがこの酷暑にタップコードさえもない所を見ると南加方面の人らしいと。

△沿岸同胞を大根園就働へ　羅府郡国防委員会は、今日敵国人監督官クラーク氏及び副官へ向け沿岸五十哩以内或は、航空作製工場兵営等の十哩以内の者を山東部に移動して、大根園に就働する案を提議。

△**十二日**　敵国人の財産報告違犯怠慢者の資産凍結。

△ブライトン日会ホールで指紋登録をなす。

△**十七日**　ユーピー鉄道邦人解雇、主に倭州内で約百名。

△帰米二世の調査　全米市協へ至急報告せよと。

△二月十日死亡
小西常太郎（六十二才）
次女　愛子（十九才）

三男　等
三女千鶴子（十才）
四男　滋
△十三日死亡
平田吟三郎（岡山県人）
△**十九日**　加州同胞総て監禁。
△加州沿岸同胞の移住反対の声、州外のみでなく、加州内に喧騒。二月二十四日と決められた最後の立退死線を間近に、加州沿岸地帯の同胞は、愈々奥地に移動を開始したらしいが、加州同胞の集団的山東部大根園就働案が、関係諸州ではねつけられた。昨今オレンヂ郡に集結しつつあるとかで同郡の官民は挙って反対の声を揚げそれが決行せられるなら、不祥な人種騒動さへ起らんとする形勢である。アイダホ州入信によれば知事クラーク氏は、真ッ平御免であると語りコロラド州知事カー氏は口を緘して日本人移住問題にふれず、州宣伝局のウォーレン氏のみが単独日本人排斥をしていると報ぜられる。
△亀坂某逮捕さる　登録法違犯と密入国で。
△**二十一日**　格州ブラッシュ日本人歓迎敵国人問題解決も忠誠の一方法であると。
△悪竦なる排斥に二世団結抗争。沿岸在住の日本人一世二世を、一括して、奥地に退去せしめんとする悪竦なる運動に対し約五百名の二世市民は、連合市民団を組織して断乎抗争。

△**二十六日**　外人日本人に官憲眼を光らす加州方面から多数の日本人が、コロラドに入来しつつあるとの報に、公道パトロール及び市内巡公に命令を発し昨今血眼で他州ライセンスを見附けている。
△死線を越えて、禁制禁足区の警戒を始む八千の同胞移動せん。
△皮製身分証明入れ六十五仙にて城領時計店より売出す。
△山東キリスト教婦人会総会開かる。議長植村夫人。

三月

△**三日**　敵国人の移動民衆の煽動を無視し、軍事上の必要に即応、西部八州の国防司令官デウット中将は今日声明を発して陸軍は近く、沿岸地区を画定してそれらの区域から敵国人民及び一部市民の退去を命ずる事となっているが、民衆の好むと好まざるに限らず実行すると、断乎干渉を排撃している。退去日本人の収容に関して西部十五州に諮問電報が打たれ今日まで九州から回答があった。そのうちコロラド州知事カー氏のみが、国策に即応して日本人の収容に反対せぬとの意向を表明した。
△登録財産報告成績良好に終了。
△団体行動　敵国人は、司法長官に依って指定されたる団体、会合、群集の会員役員となる事を得ず如何なる交渉にも応ぜず敵国人は斯る団体の主義方針行動に、参与、弁護、共鳴せず、宣伝冊子ポスターその他所持配布すべからず。
△**五日**　西部沿岸日本人立退有史以来の強制的人口移動。命令

を待たずに、移動を始めたる同胞二十万の退去で、野菜業界に大異変。

△移住同胞よ。新移住の人々は、ここは未開不踏の地にあらず既に立派な日本人住居の社会が建設されている故に、新人は徹頭徹尾この社会に消化同化され、断じて分立孤立的植民地生活はせず要は郷に入って郷に従わねばならぬ。

△**七日**　依然終熄せぬ敵国人検挙　桜府を中心とする北加では、昨日更に、六十二名が検挙された。

△日本人第五部隊運動の存在を立証する地図、南格学園で発見したと。ダイス委員会の董紙中より。

△加州日本人車を連ねてコロラドへ、アリゾナ、ニューメキシコ両州からの報道。

△**十日**　大根ボーナス停止は不能、農務長官国会へ回答。

△農園労働賃金標準を制定。ウエルド一般に適用か、一時間三十仙月給七十弗（住宅付）

△合志氏一家帰格　加州サンノゼに居住中であったが、去る土曜日帰着モリソンの奥の山岳農園に居を据えらる。因に同氏はコロラドの草分けなり。

△ラプトン仏教会報　花まつり家庭法話会寄附募集教会大法要の件　建築負債は、千四百弗と。

△グリーリーより応召三名

△沿岸同胞続々山東部へ。沿岸地方から退去した日本人が、汽車、自動車で山東部へ入り込んでいる彼等の一部は、日系市民で他は正式な、許可証を有する、敵国日本人で一応書類を取調べた後各自目的地に旅行を続けさせているとの事。

△**十二日**　州農産局農作増産奨励費用の貸出も緩和する。

△ネ州へ移住する同胞へ、好意的警告。加州方面よりの立退き同胞へ、疑惑の的とならざる様大陸横断鉄道線路や国防軍需工場の近くを避けて落着く事、直ちに地方郡セリフに届出る事。

△米官憲二世に警告　スポーツと云えども充分時局を認識し、謹慎する様又各団体のソーシャルの如きは、戦争終結まで遠慮す可きであろう。

△**十五日**　収監日本人四百名新墨州収容、CCCキャンプを敵国人収容所となす。

△加州に於ける第三次検挙　更らに二百余名の開教師と邦語学園教師を検束す。

△山東部移住片信　アイダホ州、クラーク知事の反対声明にも拘らず続々移住、中央政府から立退日本人の移住に干渉すべからずとの通達に接し如何共なし難し。

新墨州サンタフエ市郊外のCCCキャンプ収容所に土曜日桑港と羅府から一列車到着。コロラド、ネブラスカへも続々移住しつつある。

△**十七日**　ネ州検事総長禁制品警告。ネ州同胞の注意喚起。

△ホートラプトンの日会番人長原老人を郡立養老院に入れる。

△**十九日**　西部防衛司令官、デウイット中将は、今日声明を発

し第一軍の区内の敵国人及び日系市民立退第一着千名をマンザナ収容所へ移行させた。

△**二十一日**　立退同胞最初の犠牲者　石田順太郎氏の即死一。昨夕伝馬市南郊外で交通事故遺骸となって十年振りの悲しい入電。

△男子の登録　四十五才から六十四才迄、産業動員の準備工作へ。（四月二十七日から）

△南格に燃え揚る排日の叫び　スインク及びラハンタ米人団体の決議通過。

△市内の住宅　加州日本人に貸さず。

△**二十四日**　西部八州同胞に禁足令発布　軍事区域一帯に金曜日から禁足令を実施の報。

△合衆国検事警告す。当地日本人の旅行について。

△コロラド州知事の声明　余の立場は変っていないし、この問題について意見を異にする市民にも出逢わぬ、立退日本人の監視は、中央政府の仕事であるが、これ等の人々を全部収容所へ入れるなど以ての外である　彼等の多くは米国市民であって故なくして彼等を監禁する事は不法である。

△**二十六日**　再び二世の謹慎を要望する声あり。

△戦時下国策に平行　野菜物増作。

△立退日系人の移住、政府で監督ワシントンより州知事に通達。

△西都四州同胞の自由移住二十九日以後は、罷りならず。

軍監督の下に立退下命迄止まれ、山東部移住問題もこれで解決。

△グリーリー公道パトロール局では過去二週間内に、約百名ウエルド郡内に日本人が移住したと発表。

△**二十八日**　敵国人の法廷権利を持続す。ワシントン地方裁判所判事プロクター氏声明。

△ラプトン戦時委員会。屑鉄紙屑古ゴム古布類蒐集、農産物の最大量生産と、戦時下必須とせられるは作物生産なるが、第一着として、農園に放棄されたる屑鉄を当然商人の手に売渡す運動を開始する筈である。

△モーヘット時局下異変なし。

△往年の伴支店員、波多嘉郎九氏立退令にかかり来伝。国府田敬三郎氏視察のため来格。

△入営ますます盛なり。

△**三十一日**　加州で更に邦人検挙　黒龍会支部員七十二名。

△死線間際の立退同胞格州に殺到する昨今、汽車、自動車の大津波。

△兵隊さんの増給案上院を通過。

△福岡県人共済会積立金払戻し。（解散のため）

△桑港発、十万の日系人禁足　軍人家族も無特典。

△死　亡

三月　十　日　氏房堅七（ウオーランド岡山県人）

三月十九日　石田順太郎（岡山県人　五十六才）

四　月

△**二日**　ラプトン花まつり中止。合衆国検事、当市長の諒解は得たれど時節柄遠慮する旨信徒へ発表。
△カンサス州日本人を容れずと、縄張りす。
△旧伝馬人、石郷磯吉、柳瀬唯次郎氏帰還。
△**四日**　日本人移住問題漸次平静へ、ラプトンキャンプ日系収容南格大農園に植民地建設。
△往年のデンバー日本人町出現か、華々しく返り咲く、一葉亭とコロラド旅館。徐々に小東京化しつつあり。
△政治的立場を賭しても日本人問題意向を変えずと、カー州知事勇敢政争に乗出す。
△**七日**　郵便物の注意、日本にも出せる、但し米国赤十字社の手を経て。英文でなき場合用語の種類を英字にて表記する事。
△メソジスト教会地方聖集会　十二日グリーリー教会にて。
△沿岸同胞の強制立退開始、海岸通りの人は、今日サンタニタへ。
△格州の上院議事堂に於て、陸軍記念日を機とし、州知事カー氏更に立場を宣明。
△日本人移住問題市会に上程　日本人の家屋購入と借家を防止するため土地周旋業者の反省を促すこととなって閉会。
△**九日**　日系人の植民地に反対し必要なれば軍力を用いんと、加州日本人の新墨州植民地建設に抗争して、州知事マイルス氏躍起す。

△アラモサを収容地候補地として運動す。（コロラド選出ジョンソン氏を通じて）
△カンサス州は全面的日本人排斥、大学生の転校も不承。
△**十四日**　アイダホ州知事クラーク氏は、声明を発して陸軍省は約一万の同胞を同州に移動させると。
△五月二十二日迄に、沿岸同胞全部立退き。
△**十六日**　収容日本人に高給を払うと。チレット議員躍起となる日本人民権を剥奪せよと。
△格州カステヤ郡に排日の決議労働同盟と、郷軍団で。
△ワシントン発表危険敵国人として、収容された日本人四千四百四十三名。
△**十八日**　南加に邦字紙絶無となる、最後の産業日報十五日限り、加州毎日三月二十一日限り、羅府新報が四月四日限りで無期休刊となり沿岸では桑港日米沙港大北両紙のみが発行を続けている。
△農産保障のため同胞農園を凍結押収に等しい高圧手段、沿岸日系人の農園二千七百　英加数十万五千は既に新経営者の手に渡って農耕されている。
△**二十一日**　二世の集会立退二世と在来の二世社会の円満に資するため市内日本ホールにて集会開催。
△日系生徒の栄誉、サンルイス高原ラハラ吉田コヨ子さんが首席にて高校卒業告別演説をする。
△**二十三日**　砂糖消費統制へ、五月六日から切符制実施。

△登録　五月四日からの登録には、家族一人一人の姓名住所年令体重身長眼の色髪の色を記入する。
△東部十七州にガスリンの切符制。
△新墨州に大和村建設大反対の声揚る。
△**二十三日**　坂口生の両日閑談記初まる。
△**二十五日**　壮老登録月曜日七時から九時迄励行。四十五才から六十五才。
△週刊紙「モニター」は多数日系移住者に住宅区域を与えよと強調。
△雪解けと降雨にて河川氾濫して農作物被害甚大公道にも支障。
△**二十八日**　マンザナ収容所、米人記者最初の展描マンザナー自由機関紙編輯長森千恵子嬢に所感を質すと、同嬢は早速タイプライターに向い左の記事を綴った。「もし日本が今次大戦に勝てば我等の損失は多大である。米国が勝利の栄冠を早く獲得する様望んでいる。私達の自発的立退は、米国に対する忠誠の一証左であり戦時下国策遂行の線に沿って撤退したものである。我々は、米国民と共に一時的敗退の悲哀を味わい、最後の勝利の到来を望んでいる。我々は米国市民としての誇りを堅持し米国民と云う名称に重大関心を持つ者である」
△死　亡
仲宗根新五郎氏（沖縄明治五年生）

五　月

△**五日**　△在中加苫里芳彦氏流転雑筆をつづけられる。（格州時事紙上に）
△不和と嫉妬に駆られて本田正吉女房を斬殺す。自殺を遮られ一逐告白して投獄後死刑に合う。殺されたるは、ラプトン井山太吉氏の長女（雪江）三十二才なりと。
△綴字競争に日系代表出場　八日シャーレーサボイホテルにて、七十一名の内二名の日系南格クロレー郡代表芦田秀子プラワース郡代表谷合チャーレース。
△**十二日**　ドクター国友夫人エビーさん永眠さる。
△南格永本商会に火災あり　損害七、八千弗。
△**十三日**　△コロラド時事文芸にキャンプ生活その日その日をサンタニタにて、松井秋水。
△格州時事社の移転（四回休刊）
△日系学徒伝大卒業
　電気工科　新田義人
　文　科　益子貞雄
　同　　　江島信雄
△モンタナ州障壁を打破して、邦人歓迎。
△**三十日**　沿岸立退き同胞今や十八ケ所収容所に。
△コロラド州に新しい抑留所候補地、東南格プラワース郡ラーマーとハーリーの間の空地。
△移住間もなく秋元強之進氏死去。（南格通信）
△スポーケン通信ヤキマ平原の同胞立退きは六月七日迄に完了

するとある。「曰く喰って寝て起きて食う横着者にはベストプース。だが矢張り鉄柵外の娑婆がなつかしい。」（キャンプ生活）

△死亡　五月五日

本田雪江（三十二才デンバー）

国友ドクター夫人（五月九日）

藤川末吉（二十六日シャトル出身）

秋元強之進氏（新潟県人七十五才）

六　月

△**二日**　ブライトン堀内家の不幸六男秀治さん死亡。

△州立高師を巣立つ日系二名

文学士ラプトン　市川雪枝

同　ヒルローズ　糠谷文子

△花園写真館開業。

△立退悲劇今夏加大を二千名の内最高首席で卒業する板野秋夫君金メダル授与の栄誉を博し乍ら今は立退きの浮目に逢い遠く抑留所の人となり告別演説もならず寂しく当日の光景を夢想している事であろう。（バークレイ二日）

△**四日**　野菜組合事務所開く。ホームグロン青物の入荷頻繁となる。

△南格東南部に収容所設置愈々決定して、軍当局発表。

△**六日**　日本人の訴訟権完全に確立。南加控訴院で承認の判例。

△加州沿岸で日系人抑留　ミヅリー州レナード・ウッド兵営の一兵卒矢田部皎と云う一日系兵士が、休暇を貰い故郷オックスナードへ帰る許可を持つ者をベンチュラセリフ局に抑留された両親は、サンタニタ収容所に在りと報ず。

△ブライトンの坂口慎平氏州大医科卒業。

△**十日**　州立大学に海軍日本語科設置二十三日頃八名の日本語教師入用。

△南格州の邦人収容所肥沃な耕地に、七千同胞農作を主として収容せん。（ラーマー発）

△**十三日**　南格病院に最初の日系看護婦卒業生、前田久子嬢。

△リルトン仲栄真盛賢君州大工科卒業。

△**十六日**　臨時収容所の邦人永久施設へ、移動開始、約十万八百の日系人は近く奥地に移動。

△民権擁護協会の抗議日系市民の待遇について。

△**十八日**　楽園マンザナ（キャンプ）を語る記石川操。

△**二十日**　敵人交換船昨日出帆す。千九十七名の日泰人塔乗。

△サンタニタ集合所で同胞のストライキ。

△**二十三日**　農園労働者缺乏　救助に邦人、農務長官各知事に交渉。

△**二十五日**　州大日本語科に教師を求む、七月一日より授業開始のため一、二世に限らず十二、三名入用。

△帰米宣教師の邦語説教。ラプトン浸礼教会にて。

△加州集合所の同胞続々山中部へ移動。

△**三十日**　戦時移住局デンバーへ設置、格、倭、新墨、南北ダコダ、カンサス、ネブラスカ七州の管轄。

△日人収容キャンプ既に九ケ所決定す。

アーカンソー　二ケ所

加　州　二ケ所

アリゾナ　二ケ所

アイダホ　一ケ所

ワイオミング　一ケ所

コロラド　一ケ所

△農園の雪害勿驚百万弗　東格南格の被害。

△日系二世の市民権に抗争桑港連邦法廷で試訴開始。

△死亡　堀内秀治（ブライトン六月一日）

七　月

△**二日**　立退二世の自由移住　許容されんか忠良なる日系二世は希望によりキャンプ以外に移住を許される可能性濃厚。

△**四日**　加州第二区残余に立退令下る。全加州に、日本人なしの日近からん。

△**七日**　人手不足で難渋この上もない北格農園の現状に鑑み、各部官憲を動かして、日本人農労者の大量急援を求める考慮中。

△加州奥地へも立退令発布。

△羅府市教育局では、日系人の立退きに依って公校高校初等大学生六千八百名を失ったと。

△教会連盟日米人関係調査に乗り出す。（悪化をふせぐため）

△**十一日**　南格で一同胞検挙　政治的危険人物として。有動市次（五十八才）

△**十四日**　立退き日系市民の投票権確立。

△**十八日**　立退きを苦悩し日本婦人縊死。野川フサノ（五十五才）

△**二十三日**　全加州日本人八月十一日迄に立退き。

△**三十日**　沿岸集合所に、邦字紙禁断　七月初めから邦字の刊行物書籍は一切禁制。

△死亡　七月二日　中村利行氏（山梨県人）

八　月

△**一日**　日本語学園閉鎖案国会に提案、これは、今立退きに依って、閉鎖されている日本語学園の再開を禁ぜんとするものらしい。

△**四日**　マンザナ移住同胞欧州参戦を請願桑港コンモンウエルス倶楽部に於て、一場の講演を行ったマンザナ移住キャンプ所長ローイナッシュ氏は、「マンザナ居住の一部日本人は米軍に参加欧州出征を希望し先週連名を以って大統領にその請願を発送したと。」

△**八日**　転住キャンプの日本人報国奉任。科学奉仕協会と協力ゴム資源に貢献するためドライグランドを耕してガュール試作に乗り出す。

△予選に興味を示す収容所日系の投票。

△**十五日**　同胞よ気を弛めず隠忍力行を忘るべからずとコロラド時事にて警戒。
△南格転住キャンプ建設進捗工場施設と護衛配置。
△**十八日**　前田歯科医開業。
△**二十日**　倭州ハート山キャンプに第二班到着。
△南格グラナダ、キャンプに先発隊三百名到着。
△敵国人の大挙移動一段落を告ぐ。
△**二十二日**　日系市民の強制立退令に抗争して違憲の告訴提起。米国民権自由同盟が起つ。
△日本人キャンプの同胞を農園へ、倭州知事態度豹変（ハート山）
△竹越雄朗氏来格。コロラド州大日本語科教師として。
△**二十五日**　戦争の余波で邦人発狂者、六十六名。
△北格日本人野球団大会開催。
△**二十七日**　コロラド農園で野菜種子栽培。
△布哇より日本酒到着発売。
△**二十九日**　△裁縫学院授業開始。（萩原富子経営）
△川俣三郎青年惨死　乱暴な自動車操縦の犠牲となって。
△死亡　川俣三郎（デンバー十八才）

九　月

△**十二日**　モンタナ通信、佐々木レフティ氏は砂糖会社の委嘱をうけ人員三百名募集のためミネドカキャンプへ出立す。
△**十五日**　市場一朝の売上げを海軍恤兵基金に献納せん。（日白人野菜業者も協力。）
△**十九日**　日系人労働者保護地方の責任と知事は声明している。
△日系人一万五千近く山東部農園に出働加勢。
△ラプトン市川氏重態。
△**二十四日**　二重国籍者の市民権奪脱、憲法修正案を提出。
△全米挙って月曜から屑鉄蒐集に大童。
△死亡　平沢恒一氏（デンバー二十九日）

十　月

△**三日**　二世州大に奉職　工学士井畑実氏（リンカン大学助教授）日系人で同大学の教壇に登場するのは、彼を以て嚆矢とすと。
△**十日**　当市キリスト教婦人会では、収容所同胞のため古着蒐集。
△日系市民よ、選挙登録を怠るなかれと。
△ボストン通信米国赤十字社ボストン支部で今後日本行メールをとり扱う用紙はハガキ字数二十五字を越えざる事。
△**十七日**　死亡　中山善四郎氏（ニューメキシコ収容所にて）
△収容所行き小包荷物に検閲を実施。（外字新聞雑誌も同様）
△このごろより山東歌壇初まる
△**二十七日**　テキサス州にて五十二名の日本人検挙。

十一月

△**三日**　一世は収容所で満足文句のあるのは二世。

△スミス美以教会総理来訪。
△渡辺孝平氏グラナダにて死去。（五十九才）
△十七日　プラットビル西本千一（死亡）
大野ヨネ夫人（ラハラ死亡）

十二月

△四日　永本商会の新営事業。
△八日　グラナダセンターに、三十万校舎竣工。

一九四三年

一月

△十三日　オレゴン州ポートランドの安井稔氏の禁足令違反事件に、アイダホ州ミネドカ転住所同胞は、義捐金を募って、上級裁判所へ上訴運動起す。
△十四日　戦時転住局はシカゴに事務所を開き、日系の移住斡旋に努力始む。
△十五日　アイダホ州ミネドカ舘府を、スペイン代理公使ミルトン氏訪い日系代表七人より希望を聴取。
△十八日　ヒラ転住所殺人事件、同舘府山の町、元加州フレンチキャンプ住人津田尉平氏は、同室の仁田民甚吉氏をハンマーをもって重傷負わせ、翌朝被害者死す原因は家庭内の葛藤と報ぜらる。
△二十八日　コロラド州排日土地法案は下院で否決、ウエルド郡グリーリー選出タウンセード議員提出の加州類似の土地法は、下院司法委で十対二で否決。
キッドカーン郡のカリンス議員も上院へ同じ内容の土地法を提出しているが、日の目を見ず葬られん。
△三十一日　ポストン転住所に城戸三郎氏襲撃さる。きょう午前二時ごろ、二名の青年が、全米市民協会会長城戸三郎氏の寝込みを襲い殴打危害を加えたが、城戸氏夫妻は侵入者と格闘して戸外へ逃れ難を免かれた。犯人は帰米青年八名の共謀で重罪と決り、外部の上級裁判所へ廻された。容疑者として検挙されたるは長谷川忠雄、井野口鉄男、井上ジョージ、栗本光人、松田美義、田中安則、戸谷ジェームスト部の諸君で、十九歳から三十八歳、日米両国間に忠誠問題が動機であると新聞報ず。
△一月物故者
△一日　旧加州ハンホード浅本益次氏夫人みね刀自。
△元桑港籾井一剣氏、本名籾井喜左衛門氏はルイジアナ州リビングストンにインターンされ、その夫人満津子氏は、ユタ州トパッツ転住所内で死去葬儀のため、籾井氏六日、兵二名護衛附でデンバー通過西行す。
△七日　寧州スカッチブラフ原惣七氏病死△中村得一氏葬儀
△九日　デンバーにて小畑節二氏客氏

二月

△九日　ポストン転住所新聞発行第一舘府にミメオグラフ新聞

ポストン新報が出る。

△十九日　日系市民権控訴審開廷、西沿岸三州より市民に立退を命じた事実の合憲性に挑むフレッド是松、ゴードン平林、安井稔らを原告とする上訴、ツーレイキ舘府の遠藤光枝嬢の人身保護法要請の四件を一括して、巡回法廷は三判事で審理するのを常とするが、特に今度は七判事により厳しく考慮した。

物故者

△十五日　スポーケン笠井唯市氏　△二十日　谷川徳蔵氏

三　月

△五日　ユタ州知事モー氏は、州会通過の排日土地法に署名を拒否、食糧増産の必要なる戦時に適わしからぬ法案と声明す

△五日　陸軍はアリゾナ州ピナル郡全部、マリコパ及びユマの両郡の一部を第一軍事地区外と画定し、昨年夏この地区より立退いた日系人二百十五名は、身元調査の上帰還を許すことになった、その日系の二百九名はポストン転住所にあり。

△三日　ツーレイキ舘府日系十二名は、登録問題で暴動行為の故に体刑の判決受く。

△八日　アイダホ州ミネドカ舘府には、日系の兵役志願者三百名あり、志願者は三月十日迄各舘府とも受理と発表。

△六日　アーカンサス州デンソン舘府では襲撃事件、三月三日の兵役志願締切り、十日に延び青年中にも議論沸騰、反対者の一隊は、元羅府聖公会山崎牧師を強打し、他の者は元加州フレスノ市民協会会長谷田部デンテイストを、病院に襲い強打を加えたが、犯人は挙らず、両負傷者を収容せる病院は憲兵により厳重に警戒中。

△十三日　アイダホ州ミネドカ舘府は、エレゲート新聞を発行。

△二十日　桑港巡回裁判所は、去る二月十九日、二十日両日に、日系市民の四氏を原告とする上訴事件を審理したが、七判事の内六人までは、このケースに判決を好まず、意見書を附して最高裁判所に諮ることになり判決を下さず。

四　月

△三日　格州デンバー文芸協会に、日系歓迎。コロラド文筆家協会は日系の文士メリー大山夫人を招き、日系転住問題を議題としたが、戦争ヒステリのため十名ばかりはボイコットしたが、通例の如く四十六名が出席して、会頭バレット氏は、忠良なる日系市民を平等待遇を勧吾せるルーズベルト大統領の書翰を読みあげ、僻見不当待遇を思うものを非難した。

△二十四日　加州大城事件再審西沿岸立退に伴うホテル・リース契約履行のケースは、加州控訴院が再審を許可し、被告大城氏に有利になった。

△十九日　日系転住所予算四千八百万弗を大統領は議会へ要請した。

△十二日　舘府同胞を番兵射殺　ユタ州トパズ舘府のジェームス若狭初喜氏（六三）は、十二日午後七時半頃、哨兵線のフエンスを潜り抜けんとしたところ、番兵は四回警告したが、

無頓着なため一人の番兵が発砲したので、若狭氏は即死した。若狭氏は半ば聾であった。

物故者

△十三日　格州デンバー市川仁三郎氏病死

△二十三日　デンバー植村清次郎氏五女グレースさん病死

五　月

△八日　格州のデンバーポスト紙の日系中傷に、教会連盟は日系擁護を叫び、政府機関、軍当局も日系保護を強化す。

△十四日　マイヤー転住所長官は日系人を忠誠、不忠誠に館府を分離しつつあると発表。

物故者

△四日　デンバー平松一太郎氏夫人ひさよ氏病死

△時日不明　山梨県人中川益平、福岡県人丸林喜太郎、新潟県人坂上寅蔵の三氏、加州マンザナ舘府病院で死去

△十八日　岡山県人政岡二三男君、グラナダ舘府で病死

△九日　羅府の天理教布教師亀井秀彦氏、サンタフェ隔離所で病死

△二十三日　南加時事社主山田作次氏長男民雄君はポストン転住所で事故死

△二十四日　元桑港金門学園教師板橋福子夫人は、加州シャプバーグにインターンされ同所で病死

△二十六日　元桑港人渡辺善恵智氏はトパツ舘府で病死

六　月

△十日　アリゾナ州排日法が、日系一世は衣食以外の如何なる商行為も禁止は、繁雑な予言と新聞広告によるというもので、日系人はいよいよ裁判を起すべく申合す、同州はヒラとポストンの両転住所に、二万五千を収容しており、それらの日系がアリゾナ州に永住することを恐れた立州であり、今年三月二十四日より実施して来た。

△十六日　アリゾナ州排日法のため同州内ヒラ転住所内の消費組合は営業停止の難に直面したが、転住所長は州法に抗争中で結局法の適用外に立つ予想。

△二十一日　連邦最高裁は、上告中の平井、安井両原告の事件に太平洋岸三州で、日系人に課した禁足令、消燈令は合憲と判決。

物故者

△二日　ポストン第一舘府で、上野孝作氏夫人ムメ氏病死

△八日　グラナダ舘府で岡村博君事故死、氏は桑港勉強堂菓子店主岡村末市氏長男、父岡村氏はニューメキシコ州サンタフェにインターン中である。

△六日　ヒラ転住所で平文子さん縊死

△十八日　コロラド州遠藤栄松氏葬儀

七　月

△七日　アリゾナ州排日法は、同州最高裁判所へ市民協会によ

り試訴していたが、きょうアリゾナ州及合衆国憲法に違反と判決、原告はアリゾナ市協会長池田勤氏であり、ピーヤス商事会社相手のケースであった。この判決により数個の同法違反ケースが立消えになった。

△**十三日** 戦時転住者は、各舘府中で不忠誠者を、九月一日より十月二十日頃迄に、隔離舘府ツーレイキへ移すと発表した。隔離されるのは、帰国申請者、忠誠質問に所謂ダブルノーを答えたもの及び忠誠の疑わしき者、とされ、対米非忠誠回答者は、舘府居住の十七才以下の七万三千八百中の十パーセントあり、その移動費として政府は百万弗を計上した。またこの隔離された者は、戦争続行中は所外へ解放されぬことが判明した。

物故者

△三日 元桑港日米新聞専務島之内良延氏は、トパズ舘府内で病死

△二日 格州ラプトン村田豊次郎氏葬儀

△七日 デンバー宮原才熊氏病氏

△九日 同地古田庄蔵氏病死

八　月

△**三日** 国務省は第二回日米市民交換船が近く出航すると発表した。今度は印度西岸ポルトガル領モームガオで交換される。乗船は前回同様スエーデンのグリップホルム号が使われる。

△**十日** マイヤー転住長官によれば、在米日系人にして、日本政府より帰国要請者の内、交換船で帰る者は十パーセントであり、それに就いて日本がわが調査を求めたため第二回交換船の出帆は、今のところ九月一日の予定に延期したとデンバーで語った。

物故者

△十二日 アマチ舘府諸藤子之吉氏病死

△三十日 アマチ舘府馬場信良氏夫人トシ氏病死 △ヒラ舘府の山口県人増岡迫一氏病死

九　月

△**二日** 日米非戦闘員交換船グリップホルム号は、きょう紐育を出帆、日本人千三百名を乗せているが、途中アルゼンチンのリオデジャネロで、日本人百七十九名を乗せ、十月十五日迄に印度近くのポルトガル領ゴアのモームゴア港に着き、日本から交換船ティア丸の連合国市民千二百五十名を乗せ、十二月初旬に帰米の予定。

△**二十一日** アリゾナ州は排日曩に排日商業禁止法をもって日系入植を反対したところ最高裁判所より違憲と判決されたが、今度死法化した旧排日土地法を振り回して、日系虐めを初めた。フェニックスの岸田氏は市民たる令息名義で、かねて五英加をリースしていたが、開戦後舘府入りとなり、最近出所して旧土地へ返ると、それを検事局が知り、土地法違反で検挙され、目下ボンドで釈放されているが、更めて抗争を

計画中である。

物故者

△七日　シカゴ城市潔氏夫人倍子さん病死

△十一日　ポストン舘府より出でネブラスカ州ミナテヤの鉄道ギャングで就業中の広島県人岡本乾氏病死

△二十四日　椎名ドクターグラナダ舘府で病死、井上力氏も同上

十　月

△**十一日**　日系兵戦闘部隊戦功AP電報は初めて日系兵の欧洲戦場で輝しい戦功を樹てたと報じた。目下米第五軍団にある四四二部隊は日系兵のみで組織されているが、ベネベントの戦場で孤立せる米落下傘部隊を、敵の重囲から救出した。隊長は布哇生れ鈴木太郎大尉であった。

△**十五日**　加州農家日系送還を決議、第七十一回加州農業者大会は、加州サクラメントで開かれ、日系人を舘府より加州へ帰すことに反対し、全部本国へ送還せよ、と決議

△**二十八日**　オレゴン州奥地ベール地方は日系人の入植大歓迎とAP電報伝う。

△**二十八日**　加州上院の日本人問題聴問に証言せる作家パール・バック女史は、日系人を賞揚し、平等待遇すべしと強調した。

△**二十八日**　デンバーポスト紙は日系娘五人が独乙捕虜を援助したというので、FBIよりスパイ嫌疑で捕ったと報ず。

△**三十日**　**無届日本語学園を糾弾AP電は、ユタ州トパズ舘府**より外出の前スタンフォード大学生が、ユタ州ブリングハムで秘密日本語学園を開いて、シェリフが検挙したと報ず、同地方は舘府より多数の日本人ができ、大規模に農業経営中という。

物故者

△二日　格州ラプトンの宮原チエ夫人自殺

△十八日　アリゾナ州メサの佐藤信義氏病死

△同日　ツーレイキ舘府で鹿嶋達雄氏事故死

△七日　大分県人小野直氏のコト夫人ポストン舘府で病死

△二十八日　格州ヘーズルテンの三浦岩蔵氏は鉄道事故死

△三十日　湾東花園業者堂本兼太郎氏グラナダ舘府で病死

△二十八日　谷安次郎氏グラナダ舘府で病死、氏は元デンバー人

十一月

△**二日**　羅府エキザミナー紙によると、日本人柴田新（五）氏はサンタフェ舘府のインターンから釈放され、羅府で敵国と通商及びその共謀罪で検挙された。氏は南加州ロングビーチで、多数の漁船を持ち氏が敵国外資凍結法実施後、その財産を日本へ移転しようとしたものと見られ、保護のため郡監獄で収容されているという。

△**五日**　ツーレイキ舘府騒動　AP電報によると、北加ツーレイキの不忠誠組隔離舘府で、日系人千人が集会せるを警官と

軍隊は催涙弾を投げて解散させたが、その時揉みあって二十名が負傷した。五百名が検挙されたが、軍隊は銃を擬し、日本人に手を頭上に挙げよ、と命じて検挙した。この騒動の原因は、農園で働くことを拒絶し、食料の改善、道路に油を布け、役員の変更を要求したものであったと伝う。

△**十一日**　ハート山舘府は、豆腐とブレットを日本人が造りだす。

物故者

△二日　格州デンバーへ転住、元桑港人浜田虎一郎氏病死

△二日　デンソン舘府の所民葬、共同薪作業で自動車事故で、先月十三日負傷者二十名を出したが、重傷の元フレスノ人江藤春二氏は州都リッツトン病院で加療中前月二十九日死去、きょう所民葬を営む

△十日　羅府第一学園長として日本語教育で知られた島野好平氏は、サンタフェ、インターンメント舘府で病死

△十日　元聖林人森吉郎氏はハート山舘府で病死

△二十四日　元桑港人土井次郎氏トパズ舘府で病死

△二十五日　格州リッツルトンの宮本源市氏病死

△二十三日　佐賀県人牟田清吾氏ハート山舘府で病死

△二十六日　静岡県人小田宗平氏グラナダ舘府で病死

十二月

△**七日**　マイヤー転住局長官は、日系人二万五千は既に舘府より解放したと発表。

△**二十一日**　日本政府は十一月五日のツーレイキ舘府の日本人騒擾事件の調査を、西班牙領事に依頼し納得ゆくまでは、第三回交換船の交渉に応ぜずとアメリカへ回答したと報ず。

物故者

△十二日　格州ラプトンの南出安太郎氏病死　△格州ブライトンの大山慶次郎氏病死

△十六日　元桑港人栄ユウ夫人はツーレイキ舘府で病死

△二十五日　デンバー井上幸五郎氏病死　△デンソン舘府で細田栄太郎氏病死

△二十四日　ツーレイキ舘府で元シャトル人緒方万蔵氏夫人かめさん病死

一九四四年

一月

△**一日**　前駐日大使グルー氏は旧臘二十九日シカゴで演説して、日本国民に戦後懲罰を加えず、天皇陛下の統御により日本が立直ることをアメリカは援助すべし、と述べたこと判明

△**十五日**　ハート山舘府新聞に執筆せしビル細川の論文が、ヒァデルフィアの自由平和国際婦人連盟により冊子にして配布さる。細川氏は現在アイオア州デモインの米新聞で活動中。

△**二十五日**　日系人収容の各舘府へ祖国より慰問品到着、これは交換船グリップホルム号が、積んで来たもので味噌、

醤油、薬品、書籍から碁、将棋まであり、同胞随喜の涙をこぼす。或舘府では食堂のテーブルに積上げ、一同は天皇陛下に最敬礼し、感激して、声をあげて号泣したと報ぜられる。書籍の紙質が劣悪なのには一同驚き、物資不足し、祖国の苦戦を想像したという。

物故者

△六日　伝馬平田力松氏病死

△七日　同宮原イツ夫人病死

△十二日　デンバー転住の元南加サンピドロ人大月元太郎氏病死

△八日　ツーレイキ舘府で在原狂夫事長尾蜂三郎氏夫人マッさん病死

△二十日　元桜府人杉山一次氏夫人良子さんトパッ舘府で病死

二　月

△**九日**　コロラド州に排日憲法修正案出ずきょう討論盛ん、八日下院を四十八対十五で通過したが、上院では九日に十五対十二で否決さる。憲法修正には両院の三分の二の多数賛成を要するので、今度は完全に葬むり去られた。

△**十二日**　コロラド州排日の急先鋒ブライトン市長ウエルス医師及びブレストン州上議らは、州会で憲法修正に敗れたので、愈々全州内に請願書を配布し、定数二万七千の賛成署名を得て、来る十一月の総選挙に附議し、一般投票で排日を立法化せん策動を試み、州に十四日請願書配布の許可を得ることに決定と伝う。

物故者

△五日　格州ブライトン村田昇氏病死

△二十八日　格州ラフエットの川上健蔵氏病死

△二十九日　福島県人伊東祐作氏マンザナ舘府で病死

△二十八日　福井県人三好久吉氏マンザナで病死

三　月

△**五日**　日系を叛乱罪容疑　アリゾナ州ポストン舘府で、ジョージS藤井は、アメリカ政府が、日系の権利を擁護しない限り徴兵に応ずべきでない。との文書を配布し適齢二世を煽動したというので、FBIにより逮捕されたが、合衆国大陪審は、戦時叛乱取締法を犯したと決し告訴した。もし有罪になれば二十年の懲役、一万弗の罰金刑にあたる。

△**二十七日**　ハート山の市民十二名を徴兵法違反で、連邦マーシャルは検挙す。

物故者

△四日　安孫子約奈子夫人逝去前桑港日米新聞社長安孫子久太郎氏未亡人約奈子女史は、日米開戦後タンホーラン収容所より、ペン州フィラデルフィアに住居中病死

△八日　ヒラ転住所の井上庄太郎氏病死

△三日　亀井都良夫氏マンザナで病死

△五日　広島県人大森田三太郎氏ハート山で病死

△十九日　ヒラ舘府増田宮次氏病死

△二十八日　ツーレイキ舘府で野島仲蔵氏病死　△元加州フロリン大内田千之助氏デンソン舘府で二十六日死去、きょう葬儀

四　月

△**四日**　日系釈放　ビードル司法長官は、昨年下半期に、日系四百六十四人が疑はれて、拘禁所より釈放され、今インターンメント舘府に残っている人数は七百三十人であると発表

△**十二日**　日系兵に有罪　アラバマ州アクリラン兵営で、上官の命に服せず軍法会議に附せられた左の日系兵五名は有罪判決下り、五年以上三十年懲役と宣言。

片岡正夫、中村リチャード、谷口勝美、森中豊、許田サム

物故者

△一日　元南加エルモンテ熊本人坂本関氏、ポストン舘府で病死

△十四日　元加州スタクトン福岡県人横大路ヨネ刀自、格州ラプトンで病死

△十五日　和歌山県人畑下信二氏はトパツ舘府で病死

△二十一日　元央州セイラム、渡辺末吉氏夫人千代さんは、ミネドカ舘府より伝馬に転住のところ病死

△二十日　ツーレイキ舘府庄司喜蔵氏病死

五　月

△**二十五日**　ツーレイキ舘府で、歩哨が発砲、舘府表門で歩哨が、ガタループ生れジェームス岡本正一君を射ち重傷を負う。輸血を受けたが遂に同夜死去す。隔離舘府であるだけに所内は不安な空気漲る。

検死裁判は、日本人の証言もあり軍務執行の殺人と判定。

△**三十日**　日系に叛逆罪　南コロラドで独逸捕虜逃亡を援助したとして検挙された日系姉妹三人は、連邦陪審により叛逆罪容疑で告訴され、六月十二日公判と決定。

物故者

△六日　格州デンバー中村栄志氏病死

△八日　元羅府人福岡出身の山崎吉助氏、グラナダ舘府で病死

△十六日　格州ブランカ切刀長七氏息正男氏病死

△二十日　華州スポーケン西川良太氏夫人市代さん病死

六　月

△**一日**　ツーレイキ舘府分離　WRA発表によると、鶴湖隔離舘府の日系の半数は、帰国を希望しているが、日本政府は帰国要請せる名簿以外の日本人を受取らぬようだ。その人名には知名の財産家か高等教育を受けた人が多い。と、また鶴湖舘府内に更にストッケートと呼ばれる隔離所にいる者は、昨年十一月事件以来、軍隊の管理下にあったが、近くWRAの管轄下に入る。同時に七十五名から百名に上るツラブルメーカーは、アリゾナ州ループ隔離所を再開してそこへ移すと発表した。

△**六日**　ペン州大に差別待遇校則、費府生れ中野ナオミ嬢はペンシルバニヤ州立大学三年から、特待生であり今度卒業にあ

り哲学科から優等奨学金を提供し、卒業生協会もそれを承認したが、同大学には日系人に差別待遇の校則があってそれを許されぬ。中野嬢は常に級長であり、今年は学生政治協会会長、東部における学生基督教連盟の副会長であった、東部の新聞は写真入りでこの不公平な待遇を非難した。

物故者

△四日　デンバーの山口県人渡辺忠次氏病死　△ブライトン倉地鹿吉氏病死

△二十日　伝馬格州時事編集長小笠原鎌蔵妻とき、アリゾナ州ヒラ舘府で病死

△二十一日　デンバー中村誠二氏病死

△二十八日　格州ブライトン高橋喜代蔵氏病死

△二十六日　マンザナ舘府最高齢者半田菊次郎翁八十八才を以って老死

△二十日　元加州フレスノの垣内敏一氏夫人春枝さんオハイオ州リマで病死

七　月

△**二日**　ツーレイキ舘府で殺人、共同組合総支配人、元加州サクラメントで保険業を営んだ人見八百蔵氏は、二日夜自宅前で数名の兇漢に襲われ、鋭利な短刀で右咽喉部より左頸部にかけ深く刺されて即死、犯人は遂に不明、この兇報で組合理事十七名総辞職す。

同夜、前責任者議長高橋愛三氏も、数名の兇漢が待ち伏せ氏の外出を襲ったが、その刹那高橋夫人が見つけ救援を叫んだので、兇漢は氏を殴打したのみで逃走した。鶴湖隔離舘府は人心恟々である。

△**五日**　加州帰還を提訴　ポストン舘府白水静子、ネバダ州リノ馬場勝、トパズ舘府落久保ジョージの三氏は、西部防衛司令官ボンスチール中将を相手どり、日系西部立退の命令を憲法違反とし、加州帰還を許すよう羅府上級裁へ提訴した。論点は

一、法廷の判決を待たずして軍において撤退令を実施する権限なし

二、一九四二年春撤退令布告当時存在した如何なる軍事上の危険も今日では解消した。

この訴訟は民権擁護協会の後援により起された。

△**九日**　ユタ州日系営業権認む　ユタ州レートンで雑貨商を営む奥田クラレンス氏が、営業鑑札発給を求めて、町当局を相手に提訴した事件に、ソートレイキの連邦地方裁判は、原告日系に営業権を認むと六月十五日に判決。

△**二十日**　加州フロリン大火　北加フコリンの元日本人町といわれた区域に大火起り、エリスジョーンスビル内に保管された立退日本の家具、ピアノ、冷蔵庫、ベッド等戦時得がたい物品全焼した。

△**二十日**　開戦東条内閣総辞職小磯内閣生る。

△**二十二日**　新聞人に筆禍　伝馬のロッキー新報英文記者木村

ジェームス氏は、ハート山舘府の日系徴兵忌避事件に煽動行為ありとの容疑で、当市で検挙。十一月初旬に無罪判決下る。

△**二十九日** 日系に奨学金 ヒラ舘府の小笠原フランセス嬢は、本年六月同所内山の町高校を首席で卒業、代表演説をしたがマサチュセッツ州の有名な女子大学ウェレスリーより在学中学費寄宿費一切を支給する奨学金を受く、太平洋戦争以来、日系なるが故に差別待遇された事の多い内に東部一流大学が斯るスカーラーシップを出したのは初めての事である。

物故者

△三日 格州ブライトン当房英二氏は用馬に蹴られて死去
△四日 格州ブライトン下野福松氏夫人君子さん病死
△七日 トパッツ舘府望月新蔵氏病死
△十八日 羅府仲村権五郎氏夫人ヨネさんはテキサス州クリスタル市で死去△UP鉄道ギャング二番熊坂一男氏モンタナ州ミゾラ病院で死去

八月

△**十日** 南格ツリニダット日系叛逆事件判決、五日以来公判開かれた日系三姉妹に対する独逸捕虜逃亡扶助の理由で叛逆罪に問われた事件にきょう判決が下り、被告ワレス鶴子(三四)大谷静江(三三)谷越ビリー(三一)三夫人は、告発第一項叛逆罪に無罪、第二項の叛逆陰謀罪に有罪と認む、とデンバー連邦地方裁で十二名の陪審により判決された。

△**二十六日** ツーレイキ舘府内の特別鉄柵を撤廃し、全同胞を一般住居区へ還す。昨年十一月以来の特別監禁を廃す。

物故者

△八日 混血児河本イトさんデンバーで手術死、異人種結婚の哀話を残す。
△六日 旧桑港人三原常五郎氏ハート山舘府で病死
△八日 南格中谷謹三氏事故死
△十二日 デンバー松門寺辰三郎氏令息ヘンリー氏ツラックと汽車と衝突死 △格州ヘブロー炭坑柴田勝太郎長男健太郎氏イタリア戦線で散華、コロラド州初めての日系兵の戦死である。

△二十日 各舘府に日系兵戦死者の葬儀夥し。
△二十三日 格州カージー鮫島繁氏葬儀
△二十七日 グリーリー木内小太郎氏葬儀
△二十九日 グリーリー三吉仙蔵氏葬儀
△二十六日 グラナダ舘府本間久四郎氏病死
△二十八日 グラナダ舘府堀内儀一氏病死
△二十六日 ハート山舘府花村辰蔵氏自動車事故死

九月

△**八日** 戦時転住局は、舘府より入営せる日系兵戦死は四十五名と発表。

△ハート山初の帰還 丸勢三次郎一家は、前住地羅府へ八月二十四日出発帰還、同所初めての加州帰還である。

△十二日　格州排日土地法案に反対　美以教会のデンバー、グリーリー、グランド、ジャンクション連合教役者会議は、来る十一月七日に一般投票に附せられる排日土地法を否決すべく運動を起すという決議を通す。
△十三日　羅府落久保歯科医の加州帰還を要請せる訴訟は、二十九日まで判決延期されたが、更にポストン舘府の五日系入エルマー山本、戸田忠行、茂川清、江木本良雄、マリー・デユコの諸氏加州帰還を提訴。
物故者
△七日　格州ブライトン古庄ミツコ夫人病死
△九日　格州ラプトン弥永ハリー氏伊太利で散華と陸軍より発表
△十一日　ハート山舘府で木津由松氏葬儀
△十八日　スポーケン大賀松次氏病死
△二十五日　前住地加州ブローレー中村冬太郎氏ポストン舘府で病死
△二十六日　ポストン舘府浜井ツル夫人病死

十月

△一日　各舘府より特別許可により、加州帰還ぼつぼつあり。
物故者
△三日　ポストン舘府で間所文雄氏葬儀
△七日　鶴湖舘府吉田起一氏葬儀
△十一日　元南加ロングビーチ住居朗和舘府加納房吉氏葬儀
△二十五日　デンバー大重恵美夫人病死
△三十一日　元南加沿岸時報報長平賀重明氏は、サンタフェイ　ンターンより、ヒラ舘府へ帰り病死

十一月

△九日　今週火曜選挙で、民主党のフランクリン・ルーズベルト大統領は第四期に当選
△九日　同じく七日コロラド州一般投票では、排日土地法案が、現在判明せるところ、反対十六万九千八百三十一、賛成十五万九千四百六で、一万四百二十五票の差で排日案は否決された。排日を賛成せるは新聞では伝馬ポスト、教会ではカトリック派であった。
△九日　ハート山舘府で徴兵忌避を教唆の嫌疑の日系六名に、シャイアン連邦裁は有罪、一人は無罪判決。
△二十日　ルーズベルト大統領は記者会見で、日系人制限は永続すべき理由なしと語って、西沿岸解禁を暗示した。それによると政府は過去三ケ年の経験により、日系市民の対米忠誠その他あらゆる市民としての資格において、何等欠けるところはない、これ以上制限をする必要はない。
△二十四日　米陸軍は日系第一世の志願も受理と発表。
△二十二日　鶴嶺湖舘府より五十六名をクリスタル市へ移す。
物故者
△三日　伝馬橋本トリ夫人病死
△六日　元加州マウンテンビュ居住福島県人尾形治郎吉氏、ハ

ート山舘府で葬儀

△四日　元羅府大衆社書店主菅沼節氏ポストン舘府で病死

△十二日　本願寺布教師寺川湛済師ミネドカ舘府で病死

△十一日　スポーケン、王広ステ夫人病死

△九日　ハート山舘府隅広太郎氏病死

△十日　元中加パレアに居住の古月春枝夫人、格州ラプトンで病死

△トパズ舘府の元桑港人大河内竹次郎氏病死

△十一日　ハート山舘府の鈴木猪之助氏病死

△十二日　鶴湖舘府で雨宮宗春氏病死

△十八日　スポーケン名取林一氏病死

△二十三日　元北加桜府で薬店を経営せし竹本吾三郎氏グラナダ舘府で病死

△二十八日　ポストン舘府久保富三郎氏病死

十二月

△**四日**　前駐日大使極東課長のグルー氏を国務次官に任命。

△**五日**　政府発表によると、十月末現在、全転住所に日系人七万五千七百が留っている。

△**十七日**　日系に西沿岸解放　西部防衛司令官プラット中将の名において、米国政府は布告をだし、一九四二年三月に、デウイット司令官の発した西沿岸五州の軍事区より日系総立退を強制した軍令及び附属指令一切は、明年一月二日をもって撤廃する。しかし未だ戦局の危険絶無でないので以後軍は随時危険可能者を指名して、軍事区帰還を許可せざるべしとある。

△**十八日**　連邦最高裁は日系西部帰還許容、日系よりの二提訴の内是松事件で、六対三をもって、西部より日系立退軍令は、合憲と判決、遠藤事件には満場一致、忠誠なる日系人を舘府拘禁は不法と判決。

物故者

△六日　旧桜府人安里シゲ夫人病死

△十八日　元加州ヨーバリング、現在格州のオードウェイの土橋亘氏病死

△十六日　シカゴ太田丑太郎氏病死

△十七日　ポストン舘府岩下未吉氏葬儀

△十八日　デンバー太田徳市氏病死

△二十二日　格州グランドジャンクションの篠田熊一氏病死

△二十一日　南格ロッキーホードの長野盛高氏死去　△鶴湖舘府で河尻雪寿氏死去

△二十九日　日系兵の戦死の報各転住所に極めて多し

△十五日　トパズ神沢常太郎病死

△二十九日　トパズ仁井岡真市氏葬儀

△三十日　格州ブランカ溝上福太郎氏葬儀

一九四五年

一月

△**一日**　戦乱の裏に新年を迎う日米交戦四年目＝同胞社会は明朗に発展。

△**二日**　西沿岸四州、加州、オレゴン、ワシントン、アリゾナ一部へ日系人の帰還は自由に政府より解放実施さる。

△**六日**　羅府本願寺明渡要求に抗し黒人団は法廷に争わん。羅府西本願寺建物は立退以来黒人教団にリースされしが今回軍令撤廃で速時明渡を要求せるも応ぜず恐らくは法廷に持ち出されんと。

△**九日**　加州教育家大会では邦語学園の再開に反対＝四日州知事は教育者を集め諮問せるも猛烈な反対意見が多かった。

△**十一日**　（八日桑港）市民協力委員長バード氏は日系人の帰還を嫌って居るも一万五千の日系人を桑港工場に必要且農業方面にも勿論日系人を必要と発表す。

△**十三日**　日系帰還し人種宗教を超越せる協議会を、去る十日桑港で七十五団体二百名で協議す。

△**二十日**　放火、射撃、ダイナマイトを以て加州帰還同胞迫害さる＝ルーミス土井住男氏一家生命危し。

物故者

△セントルイス中井安松氏二日

△デトロイト沢田政治郎氏六日

△亜州楼和尾崎倉夫人一日

△トパズ松蔭伊佐緒夫人十六日

△ポストン浅井タイ夫人十一日

△ラハラ藤川喜助氏十七日

△倭州ハンナ野秋チョウ夫人三十日葬儀

△朗和石井耕四郎氏三十日葬儀

△トパズ寺沢久吉牧師三十一日

△伝馬田中幸雄氏二十日戦死

二月

△**一日**　加州人の多数感情は日系人帰還反対ならずとワーレン州知事は寧ろ歓迎と州各長官会議で報告す。

△鶴湖舘府より百七十一人戦時転住所へ移さる、大部分は市民権拋棄の出願者。

△**十日**　羅府野菜市場から同胞は閉出しAホステルは来月から開かれると市岡ドクターの羅府通信。

△**十三日**　舘府から転住は自由　伝馬禁止解かる、但し当局では一時に大勢殺到を警戒。

△**十七日**　真夜中弾丸三発を射られ中加帰還同胞命を拾う。ファラー在の尾崎帰還兵住宅襲わる―犯人は比島人か。

物故者

△紐育宮田竹一氏一日

△イリノイス州メルロース、竹村三郎氏一日

△シァトル村上三蔵氏二日

△マンザナ下田弥八氏二日
△ヒラ畑下寅松氏二日
△郷勝記氏十日葬儀
△ヒラ藤重槌一氏十四日
△トパズ執行七太郎氏十一日
△ヒラ戎安太郎氏十六日
△ヒラ江本弥次郎氏二十一日
△ヒラ上野佐市氏十二日
△鶴嶺湖浦津マツ夫人十五日
△シカゴ中川弥平氏二十日
△キングスバーグ波多ナカ夫人

三　月

△**七日**　サンノゼ武田氏住宅放火発砲さる―電話線を切り救援を妨ぐ―幸に家族一同難を免がれた。

△**十日**　華府転住局は入営中の兵士も加えて現在九舘府の総人口は七万九千余あり三万七千は今迄に外部へ転住と発表す。

△**二十日**　央州排日運動執拗を極め日本人帰還反対に躍起正義派は之に対抗して日系擁護の為奮起す。

△**十七日**　（華府）イケズ内務長官は日系人は排斥される太平洋沿岸より全米に分散こそ望ましいと声明す。

△**二十二日**　（エーピー）全日本に戒厳令を布く‖帝国本土の決戦迫り必死祖国を守れと。

△**二十四日**　転住所は今年末に閉鎖、政府は所定方策を変えずと声明。

△**二十四日**　在米西班牙領事は海外にある全外交機関に対し日本政府を代表して日本人臣民の保護及権利擁護をなす事は中止すべしとの命令に接し今後は同胞を世話せずと。

△**二十九日**　西沿岸で不祥事件頻発の為め日本人は徐々に帰還すべしとビッドル検事総長は語る。

△**三十一日**　（オマハ）寧州バッファロー郡でも二世家族に立退強要事件起り転住局は解決に奮闘中。

物故者

△六日　桑原才次郎氏五日葬儀
△ラプトン井上ヤス夫人十日
△鶴嶺湖久富ハル夫人五日
△伝馬雁部吉助氏十五日
△シカゴ藤井立衛氏十六日
△ミシガン州アンアーバー、黒坂義士六日
△ポストン秋山浅吉氏九日
△アマチ大浜梅助氏十六日
△イーストレーキ川野豊吉氏二十七日
△ヒラ平井綾子夫人二十六日
△トパズ片岡マツエ夫人三十一日

四　月

△**三日**　家屋明渡し裁判に桜府で日系人勝つ当市の更帰正雄氏帰還後借り主返還を拒絶したので提訴中の所本日原告の勝訴

となる。

△**七日**　央州スネル知事は三月二十七日外人土地所有禁止法案に署名し、現行土地法を強化し帰化権なき日系人を農園より追はん為めなり。

△**十二日**　（カーネー発）寧州排日不都合と同地宗教家奮起す。

△（シェルトン発）当地居住民大会を開き転住局に耳を籍さず日系排斥に寧州猛る。

△**十四日**　中加公正委員会が音頭を取り帰還日本人援護に乗出し転住局も猛烈に奮闘排日空気一掃に努力中

△**十七日**　排日の老将インマンも乗出し日系帰還反対運動を起しプラサ郡においても加州排日六個団体の代表郡庁に集合し全加州に亘る団体組織を協議す。

△**二十八日**　（加州オーバン二十四日）日系住宅を放火爆破しても加州法廷で無罪放免。　土井氏宅放火事件に意外な判決下る。

物故者

△ヘーズルテン片桐巳代夫人六日

△ハート山富田タケ夫人三日

△トパズ湯川賢太郎氏五日

△西羅府菅佐原ムメ夫人十日

△南格サンルイス高原、西川和作氏九日

△ポストン浦田剛毅氏十四日葬儀

△　北島徳次郎氏十八日葬儀

△朗和高橋昌吉氏二十日

△伝馬坂上一昭さん二十二日

△華州ポートオーチャド今本ウイリアム氏戦死八日

△デンバー山本清一氏二十八日

五　月

△**一日**　ミネソタ州スネリング兵営より、岸兄弟は、加州リビングストンへ帰還の家族に危険あり、その保護を華府転住局へ要請、家族は夜銃丸四発をその住家へ射込まれた。

△格州ボルダーにある州大内の海軍日本語学校長グレン・ショウ氏の名で数十名の日系教師を募集す。

△**五日**　日系帰還援助費十七万弗を、ワシントン政府は支出。社会保障局をして特別取扱せしむ。

△**八日**　陸海軍では一家に一人は残す方針を決定、戦死遺族は転住局へ申請すれば、危険少ない方面へ廻すと発表。

△**十日**　加州上院の日系対策委員会は、極力日系帰還に反対邦語学園や漁業禁止など一連の排日立法を提唱す。

△**十日**　加州メリスビルで帰還日系十一人を雇ったホイットン氏は、軍服着用の二人から脅迫されたので、シェリフは警戒中。

△**九日**　北加排日諸団体は、正式に加州保全協会を結成し、会長にプラサのデコスタ、副会長インマン、会計ビヤードの何れも職業的排日家であり、舘府より帰還日系に土地賃貸又は耕作契約を拒み、日系所有の土地没収の連邦立法を提唱す。

△**十五日** ポストンより加州フレスノへ帰還せし同地元老坂本節吾氏宅へ、九日の夜、銃弾二発を射たる、これは戦後フレスノ初の日系脅迫事件である。

△**十四日** ヒラ舘府の増田源助氏令嬢メリーさんは、南加オレンジ郡タルバートの米人家庭に居るが、附近の米人に脅迫され保護方を申請。

△**二十九日** 加州スタクトンのレコード紙に、帰還日系歓迎の一頁大の広告が、CIO荷役組合の名で出る、CIOのブリッジス会長は、日系排斥に大反対を既に声明している。桑港のCIO最高委員会は日系排日のスタクトン組合に資格停止処分をした。

△**二十九日** オレゴン州オレゴンシチー連邦巡回裁判所は、帰還日系藤本正行氏事件に、リース解除の判決し、戦争は終っていなくても、リースを失効せしめ藤本氏初めて勝訴。

△**三十一日** イキス内務長官は、帰還日系岩崎氏脅迫弾四発を射った被告を、中加パレアの公安判事が、執行猶予四ケ月の判決したのを憤り、加州は野蛮と声明した。

物故者

△デンバー森重久雄氏は四月十日にフランス戦線で戦死の報入る。

△デンバー遠藤ハリー氏は、四月八日伊太利戦線で散華

△七日 デンバー坪井かしこ刀自

△寧州ミッチエル田中ハレー氏は、四月五日イタリー戦線で戦死報来る。

△デンバー稲津正臣氏は四月十三日伊太利戦線で戦死

△ポストン転住所で並木孝氏の葬儀二十八日

△ポストン舘府保田舜孝氏は二日死亡

△南格ロッキーホード豆田精理氏二日葬儀

△デトロイト在住波多嘉郎九氏四男勝氏、四月五日伊太利戦線で散華

△七日 スポーケン海部高助氏葬儀

△十五日 デンバー神田賢造氏長男フランク氏は、四月十日伊太利戦線で散華の報来る。

同デンバー木村孝氏長男ポール氏、伊太利戦線で四月十八日散華

△十四日 デンバー伊藤伝太氏息隆氏葬儀

△格州イーストレイキ川野豊吉氏長男豊氏、四月二十三日イタリー戦線で散華の報入る。

△十四日 グリーリー島田作次郎氏長男政雄氏葬儀

△十七日 ハート山転住所谷口岩次郎氏の静栄夫人死去

△シカゴ在住正親町屯氏は、八日トラックにはねられ死去

シカゴ在住桑原光太郎氏は四日病死

△十八日 デンバー転住登作次郎氏病死

△二十六日 華州タコマ福井周一氏長男雪雄氏、四月二日ケマラ島で戦死

△ポストン舘府土井代次郎氏の千代子夫人の葬儀は二十六日あ

り。
△アマチ舘府の杉田儀重氏葬儀は二十六日営む。
△ツーレイキ阿部三四十氏葬儀は二十七日営む。
△グラナダ舘府高田徳次郎氏は二十九日病死
△ハート山舘府窺見チタ夫人二十五日病死
△二十四日　ツーレイキ舘府木村熊彦氏の末女夫人病死
同舘府の森本米吉氏病死

六　月

△**三日**　加州サクラメントに帰還日系のため二軒のホステス設く。
△**三日**　陸軍機関紙スター　アンド　ストライプは西沿岸帰還日系を迫害する西部を猛烈に非難す。
△加州サンデーゴ地方検事は、外人土地法違反として松本氏の土地没収の訴訟を起す。
△**九日**　加州上院へ羅府のテネー議員は、日系帰還反対の決議を提出した。
△**七日**　フロリダ州野呂伸佑氏と五島正英氏とは、合衆国官吏は、日本臣民の財産を捜索しその記録を押収する権利有りや否やに就き連邦大審院に上告したこの事件はセントピータースバーグで両氏の料理店へ、正規のワラントを持たず税関官吏が踏込み、書類を押収したケースで、一年の判決を受け、第五巡回法廷もこのケースは原判決を支持していた。
△**九日**　加州検事総長ケネー氏は、帰還日系保護に際し、州法励行を警官に命令した。
△ボストン舘府兵役服務拒否者九十八名の日系に、四日フェニックス地裁は有罪の判決し、十八日に刑を決める筈。
△**十九日**　本年一月二日、西部沿岸に日系帰還が許されてから五月末日までに実際帰還せる数は四千六百余にして内訳次の如し。加州三、八〇二、オレゴン州三六〇、ワシントン州四七〇、尚右の内南加州へ帰還一、二二八、羅府郡だけに九一一人である。
△**二十一日**　南加ソーテルの三上父子の土地は、加州土地法違反として、上級裁判所で没収との判決受く。
△**二十三日**　西羅府帰還の二同胞は庭園業をしていたが、家に投石され脅迫状を送りつけらる。
△**二十三日**　加州サンノゼ転住支局長エドミストン氏宅へ何者かが夕方一発射って逃走。
△**二十八日**　北米仏教団大会は、ソートレイキに開かれ、西沿岸帰還同胞のため寺院をホステスに提供。仏教教線を舘府より外部へ移すと決議。

物故者
△六日　グラナダ舘府で高田徳太郎氏葬儀
△三日　アマチ舘府の吉本恵吉氏病死
△九日　同舘府重実金三氏令息正雄氏戦死につき追悼会
△十二日　デンバー砂田造一氏長男一夫氏の葬儀
△十四日　ボストン第三舘府中村政義氏四日死去

△十日　ミネソタ州ミネアポリス在住竹内玄吉氏病死
△十二日　南格ラスアニマス柴小右衛門氏病死
△十九日　元羅府居住高橋逸八氏は、格州プエブロで病死
△二十二日　格州ラプトン土斐崎城次氏二男庸夫氏事故死
同日アマチ舘府で吉村荒吉氏病死
同元桑港河内屋主人現在デンバー辻坂なみ夫人病死
△二十一日　旧桑港人森岡枝楼氏トパズ舘府で病死
△二十三日　アマチ舘府で岡崎キョウ夫人葬儀
△シカゴ転住矢野豊一氏二十日病死
△二十二日　アマチ舘府で吉村荒吉氏病死
△格州ラプトン大野春子夫人二十二日葬儀
△ハート山舘府吉田フジ夫人病死二十日
△二十八日　ミネアポリス宍野文雄氏長男ジョニー氏葬儀
△二十九日　格州プエブロ在住、元加州ペンリン居住大森杢吉氏病死

七　月

△**一日**　美以教会は加州オークランドで四日まで、第四十五回年会を開き、牧師を西沿岸各地へ任命す。
△**二日**　羅府の歌人高柳沙水氏ハート山舘府を出て羅府へ帰還す。
△**五日**　商業目的のリースも加州は否認、須市興業会社のリースを日米通商条約失効を理由に無効と判決
△**十三日**　転住長官は、同胞収容左の舘府を閉鎖とその日取りを発表した。

グラナダ	十月十五日
トパズ	十一月一日
ミネドカ	同
ハート山	十一月十五日
ヒラ	同
ポストン	十二月一日
マンザナ	同
ローワー	十二月十五日

尚ヒラ舘府、山の町とポストン第二と第三は、十月一日閉鎖と決している。
△**十八日**　加州帰還日系人脅迫に初の体刑、北加州オーナッグロープのインサイン夫人は、独逸より帰った日系兵松岡義雄氏一家に、立退かねば放火すると脅迫した廉で投獄九十日の刑を言渡さる。
△**二十三日**　日本人転住者に対し家屋修繕のため、木材買得るプライオリテーが政府より認められる。
△**二十四日**　転住所内日系の徴兵忌避事件は、最高裁で受理を拒否され、下級判決が確定した。
六月十六日ワイオミング州シャイアンで連邦地裁が、ハート山壮丁二十二名に二年の体刑、同じくその前年のハート山壮丁六十三名に三年の判決も決定した。

しかしツーレイキ壮丁には、桑港地裁で、無罪と判決されて

いる。壮丁は不法な強制立退き、罪なき者を鉄柵に入れたのを抗議したのであるから政府は政治的不服者として待遇すべし、と民権協会は運動して来たものである。

△二十二日　舘府に日系四万三千華府転住局発表によると、一九四二年に十一万の日系人を収容したが、舘府閉鎖も迫り転住政策に拍車がかかり、本年は一月より七月十四日までに、出所が一万八千七百十三人あり、九個のセンターに総人口六万八千八十一人残る、内鶴嶺湖一万七千三百三十八人を差引けば八個所に四万三千五百四十三人ある。即ち

トパーズ	四、二七二
ポストン	八、九七六
ヒラ	七、一九六
グラナダ	三、九三二
ハート山	五、九九八
マンザナ	三、九八三
ミネドカ	四、五八一
ローワー	四、六〇五

△二十八日　加州スタクトンで日本人排斥の張本人五名を有罪、CIO仲仕、倉庫労働組合五名は組合の審問で有罪と決定さる。

物故者

△四日　北格グリーリーの中山庄助氏病死

△加州バークレー中沢巽氏九日葬儀

△七日　デンバー梅谷ミネ夫人病死

△十一日　格州ヘンダーソン居住庄村嘉蔵氏病死

△八日　ヒラ舘府石坂陸奥氏病氏

△六日　ポストン舘府浜郷要氏長男正知氏事故死

△十七日　デンバー新田登一氏四男寛吾氏は、テキサヘ州マキシー兵営に在ったが十四日事故死

△元羅府人近藤長衛氏夫人たつ子刀自は、オクラハマ州スチールウオターで十五日客死

△十九日　加州バークレー帰還の富沢次吉氏急死

△二十九日　デンバーに一九〇六年以来、運送店やドライグーズ商店を経営せし岡正太郎氏病死

△三十一日　加州サンノゼ木村俊雄氏葬儀

同　デンバー神谷時松氏のきみ夫人病死

同　ヒラ舘府で半田助太郎氏病死

△アイダホ州アンダーソンダムに就働中小山寛一氏は、二十三日事故死

△元羅府人中川正夫氏は、ニュージャージー州シイブルックに就働中二十三日病死す

八　月

△二日　車庫に隠匿の現金に課税中加ベーカース・フイールドの高木アーネスト氏は、日米開戦後その所有のデラノ薬店を売って、現金一万二千弗を自宅の車庫の底へ埋めて、中西部へ転住していたが、西沿岸開放により、本年四月に一寸帰り

巡査護衛の下に、車庫の底から一万二千弗を掘出し持去ったが、郡当局は二年間の税をその金に課すといき巻いて行方を捜している。

△**五日**　米軍は広島へ原子爆弾を投下。大統領は世界に初めて破壊力の強い原爆投下を六日発表した。

△**十一日**　日本の条件附講和申込に関し、過去二十四時間、華府政府が待ちあぐんだ連合国の回答出揃い、玆に連合側は日本の申込を正式に受諾するに決すと、午前九時三十一分発表された。但し連合側受諾には次の条件が附けられた。

一、連合軍が日本を保障占領する間は、連合軍最高司令官は日本国内に最高支配権を持つ。

二、休戦協定には天皇の御名を署すべし。

三、日本は本条件受諾と共にその全軍に戦闘行為停止を命令すること。

四、日本の収容せる連合側捕虜を直ちに指定の港に集め帰国せしめること。

右により第二次大戦は殆んど終局なり、太平洋では既に空襲を停止した。

この対日回答は、瑞西政府を通じて日本政府へ伝達された。

△**十三日**　戦争終る。今夜の東京放送は連合国の回答条項を、日本政府は受諾したと発表した。

右発表前、東京放送は国民に向け、仮令最悪の事態起るとも聖旨を奉じて過るなきよう戒めた。

△**十四日**　シカゴの人種関係委員会の機関紙八月号は、転住局を非難、西部沿岸より立退きを命じながら政府は今その責任を感じないで、政府の都合で転住所を年内閉鎖を決して日本人を嫌応なく舘府から追立てるのは不都合だと難詰した。

△**二十一日**　加州サンタローサで排日、最近アリゾナ転住所よりセバストポール自宅に帰還したK森田氏に対して「四十八時間以内に出て行かぬと命がない」と二人の白人が脅かし、シェリフ局森田氏農園を厳戒中。

△**二十六日**　加州オーナツグローブの日会ホールは、二十五日早暁何者かの放火により全焼し、隣接の林夫人と鶴田稚人氏住宅を全焼、加藤、山我氏住宅も半焼した。これら住家は立退後空家になっていて、フィリッピン人、メキシコ人が勝手に住んでいた。同地へ帰った吉原滋氏らが日本街再建努力中この災難にあった。

△**二十四日**　加州サンデーゴの大山嘉次郎氏所有農園は、一万弗の価値があるが、土地法違反として上級裁判所より没収の判決を受く。

△**二十九日**　加州サリナス池田栄蔵氏所有七十二英加の土地を、加州土地法違反で没収と上級裁判所ジョウゲンセ判事は判決。

△**三十一日**　東京湾上ミヅリー艦上で、日本降伏条約に調印。

物故者

△二日　三ヶ月羅府帰還の元保険代理業永森清一郎氏は神経衰

弱で自殺と発表

△六日　加州マンザナ舘府松村義一氏、弟勝蔵息子、松下、杉本氏ら五名はシェラネバダ登山して行方不明になり、きょう官憲の協力下に十二名の捜索隊出発

△ハート山松島敬一氏、十日葬儀

△十五日　アマチ舘府で吉岡賢秀氏のまさの夫人病死

△元加州コートランド居住アマチ転住所の山根信蔵氏長男哲郎氏は、戦前渡日し、日本軍に徴収されビルマ戦線に従軍中去る五月二十六日のコマ激戦で戦死しその遺品を、米軍の日系兵が集めて、在米の父に報して来て、山根氏初めて戦死を知り八月二十六日アマチ舘府で追悼法要を営まる。

△三十日　ヒラ舘府赤松七郎氏のスミ子夫人病死

△加州オークランド大石徳太郎夫人登代刀自病死

九　月

△**一日**　転住局は八月十八日の各転住所同胞の数を発表

トパズ	三、七九〇
ポストン	七、〇二九
ヒラ	五、八〇八
グラナダ	三、三七一
ハート山	五、三二三
マンザナ	三、五八八
ミネドカ	三、八六一
ローワー	三、四四二
合計	三七、一〇七

外にツーレイキ舘府に一七、三一七人居てそれを合すと舘府日系は、五四、四二四あり。

△また八月二十九日政府発表によると、西沿岸へ帰還せる日系一万二千に達したとある。

△桑港市電従業員の日系排斥八月二十二日、ツーレイキ舘府を出て、桑港市電に就働の深山武雄氏は、電機係として働くのにユニオンが紛擾を起したが、修理所昼間就業員は、投票の結果四十一対十八で罷業案は否決した。組合幹部は仕事は止めるな、罷業に依らず市当局に交渉するとまとめた、墨人インデアンは日系を支持し、白人は反対の空気が濃い。

△**八日**　中加バイセリヤ上級裁判所へ柴吉三郎氏夫妻は土地名義人の子ウイリヤム及び市民川村徳太郎の二件の土地を没収する提訴、加州各地に同胞帰還と共に、土地法違反の訴え多し。

△加州ローダイで日系脅迫　十三日午前二時頃、ローダイ附近の農園へ帰還の今田夫人宅へ銃弾二発を射込んだものあり、幸い夫人と二児は不在、これはサンオーキン郡初めてである。

△転住局発表によると、一月日系の加州帰還以来、発砲脅迫された事件。九月十三日までに二十一回あり、そのための死傷は全然なし。

△**二十日**　初めて日本の新聞、日本進駐軍に加わった日系兵より、九月八日附朝日新聞、初めて格州時事に届く、二頁で悪質の紙を使っているが、内容は興味深々。

△**十七日**　加州アラメダ郡に初の発砲脅迫、八月二十七日帰還せる日系ニュワーク元崎夫人、井戸田年秋氏宅へ昨夜銃弾四発づつ射たる、負傷なく窓を破壊さる。

△**十九日**　今夜八時ごろ桑港仏教会ホステルと、吉野芳一氏住居へセメントの破片を窓へ投込み、同二十分ごろ点火せるランプを投げ、九時五十分ビールビンを投込む負傷なし。

△**十九日**　加州へ帰れば家は焼失、北加ルーミス附近坂本家は戦死四名をだし報国の一家であるが、きょう舘府より帰還して見れば、我が家は既に焼失して灰となっていた。

△**十九日**　加州ワツソンビル商業会議所発表によると同地白人は、四対一で日系の帰還に反対多し、立退前には二千の日系がいた。

△**二十日**　加州グレン郡ウイロース地方へ、日系八家族帰還したが、郡シェリフ局は断乎日系を保護すると声明し、如何なる脅迫も用捨なく検挙すると述べた。

△**二十四日**　加州ワッソンビル仏教ホステルへ放火未遂今夜燃えつつある炬火を仏教会へ投込んだが消し止めて大事に至らず。

物故者

△マンザナ舘府よりシェラネバダの山へ赴き行方不明の松村義一氏の凍死体一ヶ月後の九月二日発見

△四日　羅府発東部向けサンタフェ列車、南加アーカデヤで脱線転覆して、死者七名負傷者百名出て、その中に次の日系が被害

　即死　板野信雄氏（五七）ラハブラ

　　　　安富米次（五二）羅府

　負傷　山岡かな、吉信ジェームス、木塚デイッキ

△七日　ソートレイキ太田重太郎氏自動車事故死

△五日　ヒラ舘府永松七郎氏夫人スミ子氏葬儀

△スポーチン中村正喜氏は、八月十三日沖縄上陸で戦死、九月二十日追悼会開く。

△十二日　シカゴ片野隆造氏病死

△元シャトル人シカゴ現住佐藤忠輔氏次男忠男氏、八月二十六日伊太利駐屯中事故死、三十日追悼会営む。

△十九日　加州レイトン成山一徳氏十五日病死、十九日葬儀

△二十一日　羅府竹田諫氏病死

△二十一日　ローワー舘府小野泰策氏病死

△二十五日　羅府横溝守三氏千代子夫人急病死

△二十九日　コロラド州ロングモント安井藤太郎氏病死

△二十三日　ローワー館府兼行定吉氏病死

△二十九日　ツーレイキ元須市人相良政蔵氏病死

△二十六日　アイダホ州アイゼ黒瀬浅野夫人病死

十月

△**一日** 加州サンデーゴ大山フレッド及び大山清両氏は、加州土地法違反ケースを、加州大審院へ上訴去る八月サンデーゴ上級裁判所で、チューラビスタの大山フレッド、後見同清氏の土地法違反事件は、修正憲法第十四を基礎に上訴す。

△**一日** セイルス・タックス許可拒否で加州収税局を訴う。舘府より羅府へ帰還せる一世杉野謙三氏は、加州収税局が日系なるが故にセイルスタックス許可証を発給しないのは、第十四修正憲法違反として、州収税局を上級裁判所へ訴え、十月十四日開廷の筈、加州収税局は本年六月十三日州都サクラメントで協議の結果、日系の加州帰還を思い止まらすため差別待遇する申合せをしていた。とワイリン弁護士の訴状で述べられている。

△**六日** 加州オーバンの土井澄夫氏一家をダイナマイトで爆破せんとした犯人に対する刑事裁判は、サクラメント連邦法廷で審理中、陪審官は無罪を答申す。

△**五日** 加州肺病療養院日系を追立つ。北加十一郡経営のプラサのワイマー療養所は、公立にも拘らず、日系患者十五名を引取られたしと移民局へ申入れる。

△**十五日** 加州一世にセイルスタックス許可。加州帰還日系人に州セイルスタックス許可証を拒否していた収税局は眼鏡店を開かんとした杉野氏が訴訟を起したところ、州検事総長は収税局を非とする決定を杉野氏によこし、訴訟撤回を勧告したが、既に収税局は一世西川一成氏にはセイルスタックス証を許可した。

△格州初の日本酒醸造。十七日コロラド州事務総長は、ブラッレー氏と山上合同でビ・ワイ商会の名でデンバー廿街一〇四一で、酒醸造を初めて許可された。

△**十八日** ツーレイキ舘府を、明年二月一日閉鎖と政府発表。

△**二十日** 布哇同胞間に、日本大勝のデマ飛び銀行取附く、無責任なデマの根源を官憲は調査中、布哇の勝った組は何百名に昇る予想。

物故者

△二日 羅府河野勝巳氏の芳子夫人病死

△五日 ソートレイキ田和正一氏病死

△四日 加州デルレー永松七郎氏病死

△二日 加州デルレー高山弥三郎氏の芳江夫人葬儀

△六日 ハート山舘府田和正一氏（元サンノゼ人）病死

同、ローワー舘府藤井玉之助氏病死

△十六日 ミネドカ舘府より格州ブライトン栃原農園に就働せし寺岡正恒氏急死

△十五日 フレスノ桑本修一氏葬儀

△十九日 加州スタクトン田淵政太郎氏病死

△二十日 格州フォートラプトン坂上辰次郎氏のハル夫人病死

△十八日 元南加アナハイム居住ポストン舘府棚原加那氏の豊子夫人葬儀

△加州キングスバーグ大町文一氏は十月十一日死去

十一月

△**六日**　格州時事は十二頁に拡大し、内四頁の加州版を発行。戦時、格州時事は舘府同胞に読まれて発行部数一万に達したが、本年に入り西沿岸へ帰還同胞が活発に事業を興し、社会活動も旺盛になったので、きょうより四頁の加州版を発行し各地に支社を置いてその報道任務を果した。支社には桑港夏目とし子、王府赤星信太、桜府宮川渓流、サンノゼ小倉、フレスノ石橋、ルーミス高橋、須市内田賢助、羅府木本豊助、シャトル木村周南、シカゴ杉本幸八郎、アリゾナ木村芳樹、マンザナ舘府山田忠三郎、ツーレイキ竹原、リビングストン柏瀬勝近、サンデーゴ中健、スポーケン丸山、ソートレイキ中条

△**八日**　加州エスピー鉄道会社は戦時雇傭せしメキシコ人の来る十五日契約切れと共に、日本人を雇うに決し、ツーレイキ舘府をでた元シャトル居住者藤井治三郎氏を主任とし、サクラメントに事務所を開き日系千五百名を募集始む。

△**十七日**　コロラド州に初の日本酒を醸造、伝馬酒醸造会社は日本酒「寿」と「白峰」を売り出す。

△**二十日**　戦時中止せし日本映画上映を、格州時事主催の下に、河合大洋提供の戦前映画を初めてタバナクル会舘で上映、大入り満員

△**二十七日**　加州土地法違反起訴が三十六件に達す、その諸氏

秋田　照光	サンオーキン	秋元　登	ベンチュラ
茶森民五郎	フレスノ	福井　チエ	羅府
林　夫人		平戸　与	サンオーキン
広瀬　正子	サンデーゴ	井口組太郎	サンデーゴ三件
井口　伊作	サンデーゴ	満内　満子	羅府
中田　正夫	コンタラコスタ	日本　商会	サンデーゴ
浙田　正助	オレンヂ	大谷　繁夫	
斎藤　郁子	サンデーゴ	篠原　正助	オレンヂ
白川　時夫	フレスノ	谷田　正人	サンデーゴ
藤山政太郎	ベンチュラ	豊原　梅吉	ベンチュラ
渡辺　清	サンオキン二件	山口　勇吉	羅府
安河内ミチ	サンデーゴ	大山フレッド	サンデーゴ
北原　謙次	フレスノ	近藤アスター	プラサ
宮長　鉄道	サリナス	柴　吉三郎	フレスノ
藤田佐賀太郎	フレスノ		

かくて市民協会中心に桑港に「市協権利擁護委員会」を特設し抗争することに決し、資金十万弗を募集し、全加州の土地所有同胞後援の下にこの目的を貫かんと計画中

物故者

△七日　デンバー松田午三郎氏夫人豊子刀自病死

△同　加州サンノゼ小畑滝蔵氏次男憲次氏病死

△加州アットウオター日南幾松氏十月三十日病死

△十三日　格州デンバー天野新一氏病死

△十日　桑港の安さん事、保田徳二氏ラグナホンダ養老院で病死
△十五日　加州サクラメント二階堂一男氏病死
△羅府塚本助三郎氏次男ダニエル義光氏、伊太利進駐中八月二十六日殉職の報あり、二十七日に追悼式
△十三日　羅府前田実氏病死
△十七日　加州サンノゼ吉岡豨市氏長男ジョージ氏不慮死
△十九日　加州リッチモンド谷口虎治氏病死、トパズ舘府ではコロラドの谷口さんで知られ、本紙の支社をしていた人
△二十日　ボストンより羅府帰還の吉村亀市氏夫人たつ子氏病死
△二十二日　新墨州ギヤロップ岩田博氏病死
△二十四日　加州サンデーゴ近藤兼次郎氏病死
△三十日　元羅府人ヒラ舘府より格州デンバーに転任せし三坂喜作氏病死

十二月

△**四日**　格州時事十六頁紙に拡大す。しかし週三回火木金発行は旧の儘とす。
△**十日**　格州時事紙きょうより日刊八頁を発行、週六日を発行す、西沿岸以外の地に日刊を出すは初めてである。同時にきょうデンバーのロッキー新報も日刊を発行した。
格州時事購読料は、週三回の時、三ケ月二弗なりしが、日刊になり三弗五十仙とす（月は一弗二十五仙）

△**十二日**　日系人自由を回復、伝馬連邦検事局はきょうより日本人に一部の自由の回復を通告して来た。昨日大統領令喚発され、旅行及び戦時禁制品所持に関する禁止及び制限は全部完全に撤廃された。
デンバーへは未だ大統領令全部到着していないが、決定的なことは、日本人一世は
㈠　旅行に許可を要せず
㈡　住所変更の通告を要せず
㈢　ラジオ、写真機、銃器、刀剣を所持し得る
㈣　但し登録簿は所持するを安全とす
右は一九四一年十二月七日の日米開戦と共に、大統領令をもって敵国人に対する諸制限が発令され、在米第一世に制限が加えられたが、今その一部が撤廃はされたが、まだ終戦宣言でないので、敵国人の資格が総括的に一掃されたものではない。
△**二十二日**　元桑港人にしてシカゴ転住の松本万六氏長男ジョージ氏は、シカゴ市都市計画案に一等に当選、賞金一万弗獲得
△**二十七日**　日系徴兵違反無罪ハート山舘府の徴兵犯五十六名上訴中、教唆として有罪判決の七氏はデンバー第十巡回法廷で無罪と判決

岡本　清	中舘　滝夫	若江　勤	江見　清一
為佐　実	堀江　勇	久保田軍太郎	

物故者

△二日　コロラド州デンバー山下三之助氏次男隆氏病死

△五日　加州ツーレイキ舘府筆谷吉雄氏長女スミレさん事故死

△十日　デンバー野村長範氏病死

△七日　ツーレイキ舘府亀谷為吉氏夫人とみ刀自病死

△十日　加州パサデナ渡辺正芳氏病死

△十五日　加州ソーテル佐方ハジメ夫人病死

△十三日　羅府工藤円治氏病死

△十八日　加州サクラメント石本国蔵氏夫人トモ氏病死

△二十一日　格州デンバー里愛次郎氏病死

△二十七日　加州サンタマリヤ小山三代松氏はフェニクス州立病院で十一月二十九日死去、きょうサンタマリヤで告別式

一九四六年

一月

△格州時事新年号三十二頁発行

△市俄古転住委員会創設　当地方転住局事務所の閉鎖も目睫の間に迫った今日転住局に代り奉仕機関の必要上、白人有力宗教団体より財源を得て一世二世協同のシカゴ転住者委員会(仮名称)を創立し左の幹部陣容成る。

△会長前田ハリー△副会長松永多平△書記西節子△会計杉本幸八郎△監査丸山保教△専務理事川崎徳義△理事増田志直、日浦ウイリアム、藤井寮一、桝中幸一、久保瀬開教使、大山牧師、森川牧師、九鬼松三郎、戸田栄、近藤市九郎、竹森松太郎、ブレントン・ロウター、ウォルシュ・ウォカーの諸氏

△一日　新日本建設に専進せよと大詔厳かに煥発さる。天皇陛下には元旦の佳日をトし詔書し給い敗戦で新日本の向うべき道を御教示され特に過激を戒しめ五箇条御誓文を引用し給うた。

△七日　羅府の間所事件愈々正式に裁判さる、本件は送還命令を受け戦時中抗争なし得ざりし理由で人身保護律の適用を申請せしものである。

△七日　伝馬常設舘二月開く　伝馬同胞の常設映画舘開設の儀は着々進行しラリマー街キーパー舘を買収二月初旬より開舘する事となった。

△十二日　戦時禁制品返さる　立退き当時西部防衛部に押収された禁制品は返還されることになった。

△伝馬仏教会大会堂新築　十二日総会で多年の念願たりし会堂の新築は直ちに委員を挙げて研究に着手し、材料の入手事情の許す限り一日も早くスタートする事に満場一致可決す。

△建築実行委員選挙の結果左を挙ぐ　前田菊太郎、中村清四郎、森光末吉、河野富八、籾井春平、室屋市次郎、景山乙治、山本源次郎、下田軍一、宮崎国平、中田吾八、尾崎喜代太郎、斎藤寅吉、水長長彦、川俣一二(二世側)本山政二、竹馬恵、古家轍、小塩一、加藤富士雄、深江清一、則行サ

ム、前田孝、金本務、水長啓治、家成ジミ、鮫島勇尚役員は改選せず旧年通り。

△**十六日** 本紙に依って祖国敗戦を知ると中南米同胞より本社に来状数通。

△加州土地没収事件に同胞始めて快勝—サンデーゴの篠原万作氏が四十英加の耕地と住居を十二の米国生れの子「はじめ」君に買ってやり自ら後見人なりしを土地法違反として没収され今日迄抗争し来たが今月州側検事のカーネス氏も証拠と理論に屈服して事件却下に同意した。

△**二十二日** 伝馬仏教会建築委員会は去る十八日第一回建築委員会を前田理事長議長とし協議の上建築部の幹部を左の如く改選す。

△建築委員長中村清四郎△副委員長籾井春平△同室屋市太郎（二世側より二名を仏青より選出する事）△会計中田吾八△同監査河野富八、同水長長彦

△**二十四日**（東京）日本放送協会は馬場恒吾氏理事長として逓信省協力の下に新発足。

物故者

△伝馬泉尾栄実氏一日

△シァトル中野千鶴子さん葬儀

△市俄古高木友吉氏十二日

△スポーケン山岸定平氏十三日

△羅府馬場小三郎牧師十四日

△伝馬今村幸人氏十六日

△加州桜府高井元吉氏十七日

△伝馬庄司留三郎氏十八日

△加州フード井上照代夫人十八日

△加州羅府石沢太十八日

△寧州ノースプラット岡本礒吉氏二十五日葬儀

△ラハナ 岡本喜蔵氏葬儀二十六日

△加州ウォルナッグローブ 大藤勇氏二十九日葬儀

△羅府渡辺郷平氏三十一日

△ネ州スカッチブラフ 友広文一氏三十一日

二月

△**十八日**市協全米大会準備と伝馬分会一万弗募集決定。

市協一世招待の夕は十七日ラリマーチャプスイで開かれ来会者百余名、一世側より安井、安保、玉井、貝原、加古、大山、星子、宮本の諸氏意見の開陳があり、市協側より全米大会が伝馬で開かれるにつきその費用及び分会経費として一万弗を募集することとなり近く委員を決めて大募集することに決した。

△**二十三日** カナダ同胞一万五千敗訴—（オッタワ二十日発）終戦の時、戦時拘禁を受けていた日本人、約一万五千に加奈多政府は送還命令を発したが、日本人はそれを不服として、大審院へ提訴し、送還停止を抗争中の所、本日大審院は政府命令を支持判決した。理由は帰国願い撤回が遅過ぎたと判決

さる。

△**二十八日**　市民協会第九回全米大会当市に開く―代表者全米より百五十名参集、コスモポリタンホテル大会本部で登録し開会式は市庁舎の市会場に挙ぐ、前田伝馬分会長及び市長スティプルトン氏の歓迎の辞ありて後大会の開会演説は正岡書記長が述べベン黒木軍曹の演説があった。尚城戸会長は全米市協の発展は一世と共に進むと抱負を語る。

五日間の大会収獲は帰化権獲得と同胞擁護に努力する。

物故者

△リツルトン平沢モトヱ夫人三日
△倭州パウエル沼本ます夫人六日葬送
△桑港井上エカ夫人八日
△コネチカット州ミッドルタウン板倉清芳夫人十日
△伝馬宮城島俊郎氏十二日
△加州ローダイ山田するゑのさん十四日葬儀
△加州エルセリト　馬淵彦次郎氏十八日
△加州クラックスバーグ　上野善次郎氏二十一日
△加州グインダ畑中ハル夫人　二十一日葬儀
△加州桜府大久保周太郎氏二十三日
△加州ローダイ山中セウ夫人二十七日

三　月

△**六日**　憲法改正案を連合側で承認、五日政府起草の憲法改正案をマックアーサー司令官は承認した。新憲法案は戦争を不法とし、日本国民は平和的国民生活を営み、民権は徹底的に擁護され、今後は天皇陛下は単に「名目上の元首」となられた。

物故者

△ブライトン畑坂綾子夫人五日
△桑港犬山源吾氏五日
△加州ペンリン高橋才一氏五日
△市俄古市山田与七氏六日
△ヘーブロー渡辺政次郎氏七日
△加州パリーア田中十代蔵氏八日葬儀
△加州サンノゼ吉永ツル夫人八日
△ミズリー州ペイントン田村勝造氏九日
△加州ウォールナッグローブ小川勇一氏十日
△テキサス州川畑実氏十三日
△フォートラプトン鈴木清五郎氏十七日
△格州グリーリー吉村才七氏十七日
△伝馬千葉敏雄氏二十一日
△羅府大橋万治氏二十一日
△伝馬中村クマ夫人二十五日
△オレゴン州オンタリオ玉田ミドリ夫人二十五日
△山崎富太郎氏三日
△サンタババラ市朝倉孝澄氏二十五日葬儀
△スタクトン市井上八重子さん二十七日

△ユタ州サニサイド筒井武氏二十七日葬儀
△市俄古森本タケ夫人二十七日
△湯川淳二郎氏三十日葬儀
△シアトル萩原良治氏三十一日葬儀
△亜州グレンデル高良松三郎氏三十一日

四　月

△**五日**　邦字新聞界の元老阿部照洋氏逝く、新世界朝日新聞社長たりし阿部豊治氏はテキサス州ダラス病院に於て三日逝去、氏は慶応義塾出身でオレゴン州ポートランド央州日報社長たりしことあり。
△**十一日**　歴史的日本の総選挙終る、投票高率前古未曽有であった。
△**十八日**　営業権に関する差別撤廃のためユニテー協会は市会へ提出し人種的或は宗教的理由で各種営業鑑札下附を拒絶するは米国精神に反すると市会に提案し強圧を加えている。
△**十八日**　銀星章伝達　欧州戦線で戦死せる遠藤恷雄氏の殊勲に対し今回名誉の銀星章を母堂に伝達さる。
△五大学の日系学生学生会　二十、二十一日の両日戦後初の試で伝馬、コロラド、ワイオミング、格州教育、コロラドカレッヂの五大学生会を当市に開催する事となる。
△**二十一日**　仏教会臨時総会で予算十万弗乃至十二万弗で大会堂新築を決議す。
中田吾八氏の会計報告によれば現在建築費二万六千余弗と他に最近の寄附予約が四万三千弗あるとのこと。
△**二十三日**　市俄古、中西部仏教会観劇の真最中全焼せるも死人はなかった。

物故者

△阿部豊治（照洋）氏四月三日
△　遠藤熊次郎氏三日葬儀
△中加パレヤ平田トモ夫人
△市俄古尾崎一枝さん六日
△伝馬井上満太さん十日
△タコマ市山崎邦夫人十二日
△伝馬安田定蔵氏十五日
△加州ハリウッド堀越徳次郎牧師十六日
△シアトル中原昇平氏十六日葬儀
△桑港山崎斉氏十八日
△羅府伊藤美恵子さん二十二日
△伝馬今田直行（三才）二十三日
△ブライトン大久保熊太郎氏二十四日
△アリゾナ州グレンデール阿部周蔵氏二十五日葬送
△ミネアポリス市宍野文雄氏二十六日
△シカゴ市志々田藤市氏二十七日
△スポーケン市門矢覚馬氏二十九日葬儀

五　月

△**一日**　日本政府はマッカーサー将軍暗殺の隠謀の報を受け

て、公式に司令部に陳謝す。
△**二日**　不正入国その他移民法抵触で伝馬同胞十名に送還命令下り来週早々沙港から乗船送還さるる筈。
△文化協会設立の運動起る　肝煎りは宮本ドクター、村井非物、須々木ドクター諸氏で目下有志の間に勧説中。
△**四日**　陸軍語学校では一世も雇傭すると発表。
△**六日**　東洋文化協会生る　伝馬に文化協会設立の運動が起っていたが五日宮本ドクター宅で有志十五名が集りその趣意に賛同し「東洋文化協会」と命名して発足することとなった。
△**十三日**　WRA支局は十五日閉鎖すると発表。
△植村環女史着米、戦後最初の日本人として日本女子青年会長の同女史渡米。
△**二十一日**　前格州知事カー氏の謝恩晩餐会は二十五日に変更。
△佐藤友人氏勝つ　移民局より送還命令を受けし同氏は人身保護律の適用で伝馬連邦裁判シムス判事廷で審問の結果同氏は送還すべき者でないと判決下る。
△**二十八日**　伝馬に写真学校、二十日吉村エデー氏ラリマ街一九四四に開校す。
物故者
△市俄古森田熊吉氏八日
△オハイオ州デートン浜武ミヨシ夫人十三日
△桑港安井恵喜太氏十五日
△伝馬高浜ミサホ夫人十一日
格州フォートラプトン高橋輝子さん二十一日
△東京　三浦環夫人二十六日
△中加マデラ橋本民五郎氏二十七日葬送
△シーブルック秦喜一氏三十日

六月

△**十七日**　盛会を極めた格州日系兵士感謝会＝一昨夕コスモポリタンホテルで開かれ参列者六百名、司会は伝馬市協前田孝氏、帰還兵京田ウイリ氏の宣誓謹誦、特別来賓は伝馬市民代表として市参事会議長、市長代理は前格州知事ラルフ・カー氏、マッカーサー将軍前参謀プラムレ大佐、四四二部隊第二大隊長ハンレー大佐その他有力者、当夜は帰還兵代表尾座木大尉の答辞、小塩一氏の感謝の辞を述べられて大成功裡に終る。
△**二十四日**　刀剣、名画展覧会は東洋文化協会主催で昨日日系人ホールで開かれ宮本ドクターは刀剣に関し、村井非物氏は書に関しそれぞれ講演ありついで尾座本夫人の筑前琵琶の演奏があった。
△松岡洋右氏東京で二十七日逝去
△**三十日**　O・P・A本日失効す。
△四四二連隊の解隊式―（華府十五日）欧洲から凱旋武勲赫々たる四四二連隊は上陸と同時に解隊式を行う筈なりしが、陸軍省は変更して布哇で行うことになった、トルーマン大統領

は本日閲兵式を行なった。

物故者

△北格オールト森田政太郎氏二日
△スポーケン来栖トラ夫人六日
△桑港島本イワ夫人十一日葬儀
△加州デルハイ山本六太郎氏六日
△伝馬山下留三郎氏十八日
△シカゴ市二瓶力氏十九日
△スポーケン市大木長兵衛氏十七日葬儀

七　月

△**十六日**　伝馬も不買同盟　十五日夜市庁前で伝馬反インフレ連盟主催の民衆大会が開かれ物価騰貴を攻撃しオー・ピー・エーの復活を要求した。七月二十三日不買同盟を決議した。

△家賃法市会を通過十五日の夜一割以上家賃値上を許さぬ法は通過した。

△**三十日**　伝馬演芸協会主催　故国難民救済基金募集演芸会の会計報告総計四千八百三十弗也。

物故者

△伝馬池田直彦氏五日
△ロングモント沖本ウイリアム氏（九）十日
△加州ギルロイ堀ハル夫人十日
△タコマ市今田善一氏十一日
△格州アイリフ世羅信四郎氏十三日
△格州ヘンダーソン入江ローナルド新次氏十七日葬儀。
△ブライトン米田末吉氏十七日
△中加フアーラ谷口重吉氏十四日葬儀
△ブライトン佐藤一馬氏二十日
△寧州ベーヤード横溝ヤエノ夫人二十日
△桑港井手己八氏二十四日葬儀
△市俄古志方ジョージ正弘氏二十一日
△ブライトン横見五六氏二十七日
△シァドル藤井マツ夫人三十日

八　月

△**十日**　羅府百年祭　本月十三日メキシコより占領されて百年になるが人口三分の一がメキシカンのため記念祝賀も盛大に出来ぬ。

△**十二日**　倭州より伝馬へ鉄管で油を引く。

△**十五日**　不忠誠ならずと加州へ釈明せよと前州庁日系勤務者へ注意ありき。

物故者

△市俄古鈴木田トク夫人八月四日
△タコマ丸本半蔵氏六日
△伝馬山下正幸氏十六日
△マサチューセッツ州ケンブリッチ日比野隼三氏二十四日
△中加セルマ森島つたよ夫人二十日
△伝馬橋本源蔵氏二十八日

△シカゴ村越頼之氏二十八日

九　月

△**三日**　藤間勘須磨の舞踊大成功、去る土、日の両夜ギバ劇場に開催され両夜大入り満員であった。

△**十日**　在米日本人の帰国を許すと（国務省発表）再入国許可申請も同時に出願せよと。

△**十三日**　日米条約は失効しても在米同胞の権利は動かず。在米第一世の営業権、ひいては居住権の問題で須市の林野氏の活動写真舘リースの効力訴訟は加州控訴院で同胞側の勝訴となり在米同胞の権利問題につき大きな決定を見た。

△**二十四日**　戦死、病没兵士の遺族は恩金貰う‖八月十日ソシアル・セキュリテー法修正と共に右恩給に浴する様になった。

物故者

△桑港森本ゲールさん一日

△シカゴ前田直太郎氏三日

△ラプトン津原正雄氏八日

△ラフエット石井久吉氏八日

△伝馬上島シヅ夫人十日

△格州アラモサ亀田リチャード氏十八日葬儀

△沙港木村九八（周南）氏二十一日

△伝馬江川芳松氏二十六日

△コロラド州オークグローブ渡辺トモ夫人二十六日葬儀

△寧州ノースプラット櫛橋源太郎氏二十七日

△フィラデルフィア吉田繁子さん三十日

十　月

△**十六日**　布哇の高校では日本語を正課とす。

△二十三日　桑港の有力政治団体排日に反対声明‖財界、政界、教育界に一流の人物を網羅するコンモンウエルス倶楽部は排日に絶対反対と声明す。

物故者

△スポーケン市梶川才二氏八日

△シカゴ市石橋直一氏十日

△スポーケン吉田氏十五日葬儀

△伝馬小早川元吉氏十五日

△ロッキーフォード板野英彦氏十四日

△シカゴ相沢金丸氏十六日葬儀

△スタクトン内田賢助氏二十五日

△伝馬原実蔵氏二十四日

△スタクトン渡辺謙作氏二十七日葬儀

△ブライトン吉住徳太郎氏三十日

十一月

物故者

△加州アイルトン相良藤四郎氏十四日

△格州ラハラ清水唯一氏十八日

十二月

△**二日**　故国難民救済会設立―山東三州の同胞は総立ちとなっ

て故国難民救済会を組織し大々的に運動を始める。日本人ホールに於ける一昨夜の相談会は市内各団体の代表者、有志、地方の代表等参集、宮本ドクター議長の許に阿部、小沢両氏を書記とし討議に入り、中央委員会（市内各団体より一名と有志による）を組織し、河野富八、鐘ヶ江善助、土井正一の三名を会計に、玉井開教使、植村牧師を顧問に挙げられた。来る五日第一回の中央委員会を開き幹部を互選することとなった。

△**七日**　本社気付で故国通信―外務省では在米同胞の関係者が故国に在って住所不明のもの多きにより本社気付で発信を慫慂している由、その通信配布方を依頼して来た。

△**十二日**　伝馬演芸協会から救済会へ四千七百六十五弗を転換伝馬演芸協会は昨夜日系人会ホールに最初の全会員相談会を開き、本年六月一日キバ劇場において催した故国難民救済基金募集の演芸会によって上った右基金を全部山東三州日本難民救済会へ転換することを可決したので声明書を発表すると同時に転換したのである。

△**十八日**　日本難民救済会の相談会を開き委員増補と具体案成る、幹事として小沢滋太郎氏就任

△**二十三日**　故国被害二府二十二県に及ぶ前代未聞の大地震、津浪。

物故者

△桜府石川種男氏五日

△格州ボールダー平野勝曹長日本において八日

一九四七年

一　月

△**三日**　日米間に商用及び個人用の手紙を許可。

△**十一、十二日**　デンバー演芸協会春芝居。

△**十四日**　大久保ミネ嬢著「市民一三六六〇」出づ戦後日系人の初の立退問題を扱った画本。

△**十四日**　デンバー仏教会の定期総会あり、今後山東三州仏教会と改称するに決議。

物故者

△三日　デンバー田中常太郎氏

△同　中村久一氏

△五日　デンバー柏田久直氏三女富子嬢

△六日　トポナス（コロラド）柴田ポール夫人トシエさん幼児自動車事故で遭難

△十一日　シカゴ田辺フキ夫人

△羅府柴田国太郎氏

△四日　シカゴ岡本勝氏

△二十一日　加州デルハイ弓削善四郎氏長女百合子さん

△二十六日　ワイオミング州ワイヤノ前崎幾太郎氏

二　月

△**十五日**　御題「あけぼの」に羅府の高柳勝平氏（沙水）の次の一首入選
あけぼのの大地しっかと踏みしめて遠くわれは呼ぶ祖国よ起てと
△伝馬の祖国難民救済募金二万弗を突破す。
△**二十八日**　政府の戦時転住局より、十冊よりなる転住歴史を出版。
歩兵協会より、日系第四四二戦闘部隊の歴史「アメリカンス」出版。

物故者
△十四日　デンバー上井谷留之進氏
△十七日　格州ラマー田代末彦氏夫人すなを氏

三　月

△**十五日**　デンバー杵屋勝千嫣師門下の長唄温習会を日会ホールで開く。
△**十二日**　ユタ州議会は、排日土地法を廃止、これは一九四三年日系人の西沿岸立退に際し、ユタに入れぬ目的で立法したものであった。
△**三十一日**　反差委員会は、在米日本人から敵人の称呼を撤廃方を大統領へ請願。
△デンバー故国救済募金は三万弗を越す。

物故者
△六日　デンバー小山四郎一氏夫人小末氏
△七日　加州エミグランド・ギャプ佐藤菊右衛門氏
△十日　加州サリナス玉井六郎氏
△十七日　デンバー橘政吉氏夫人ヨシ氏の葬儀
△十八日　シカゴ三島輝彦氏
△二十三日　スポーケン小倉駒治郎氏葬儀
△二十九日　タコマ野村与三松氏
△三十一日　オレゴン州アストリヤ林石松氏

四　月

△**四日**　デンバーの仏教会は、市公会堂で花祭り。
△**十日**　ブライトンの柴尾ハリー氏は、戦功により青銅星章受く。
△**十三日**　海軍は日系市民の志願者を初めて受理と発表。
△**二十五日**　デンバーに帰化権獲得運動を起すため一世大会開く、布哇募金より帰った国府田敬三郎氏や市協幹部来伝。

物故者
△一日　北格ギルの引土留楠氏
△十三日　格州美以教会創立者重田浜之助氏は、日本で死去の報入り、きょうプエブロで追悼会を営む。
△七日　加州パレア脇田満守氏の葬儀
△五日　加州サンデーゴ伊藤続氏
△九日　コロラド州ラプトン宮崎亀吉氏
△十三日　デンバー井岡清太郎氏

△十九日　桑港佐藤兼蔵氏
△二十日　桑港汐崎善之助氏
△二十一日　桑港藤原ますよ夫人

五　月

△**十七日**　格州ブライトンで在留民大会開き、山東帰化期成同盟結成支部を結成、役員左の如し。
支部長　坂口、副　小林、会計　堀内、幹事　堀江。
△**十三日**　陸軍省発表によると第二大戦に軍務に服した日系人三万三千三百三十名にして、その中に一世も四十名含まれている。
△**二十五日**　格州ラプトンで帰化期成同盟支部を開設、募金運動起す役員には、会長和多田、副会長太田、会計船越氏を挙ぐ。
△**二十八日**　コロラド州先駆者松平忠厚の建碑相談会を開き募金運動を起すに決す。
△**三十一日**　格州ロングモントも、帰化期成支部成り、役員に田中、吉原、竹本、宮崎、山本、金本、前田、谷川、佐藤の諸氏挙ぐ。
物故者
△五日　デンバー二反田スマ夫人
△一日　シカゴ鈴木正義氏
△六日　デンバー岩橋要氏四女トシ子さん
△九日　スポーケン上原イシ刀自

△十日　ワシントンの角田千万太氏
△二十六日　デンバー大山勝次氏
△三十一日　シカゴ高橋泰輔氏夫人イノ氏

六　月

△**十二日**　日系川北友弥氏反叛罪容疑で、羅府で起訴さる。
△**十三日**　デンバーで松平忠厚建碑の協議を開く。いまメリランド州エドモンストンに住む遺児松平金次郎氏は、市長にもなった人であり、プリンスジョージストン、ポスト紙一九三七年三月十九日附を送って来た、その数奇な自分の伝記をデンバー建碑本部へ送って来た。
松平忠厚氏は信州上田藩主の出であり、一八七四年日本から来て、ハーバート、ラトガス、マサチュセッツ工大を出て、工学士になり、コロラド州へ来てゴーデンに住み、鉱山大学の教授もした。デンバー市の技師もしたが、測量に卓越した人であった。一八八七年ゴーデンで死亡し、墓はデンバーのリバサイド墓地にある。
△**三十一日**　大山郁夫氏デンバーで格州時事主催で講演。
物故者
△三日　加州スタクトン渡辺粂次氏夫人シズヨ氏葬儀
△四日　デンバー大辻太蔵氏
△八日　南格ロッキーホードの白石庄兵衛氏夫人きくのさん
△十日　コロラド州ボルダー城戸弼氏息令幸一氏
△十三日　加州ダイニューバ坂口天留意夫人

△十六日　デンバー村元ツルエ夫人自動車事故で死去
△二十日　華州スポーケン鈴木節子氏葬儀
△二十一日　シカゴ鶴本子之八氏

七　月

△**四日**　南格ロッキーホードで帰化期成同盟支部を組織す。
△**二十三日**　昨日下院通過せる日系西沿岸立退損害賠償法案討議によると、賠償すべき日系数は十二万で損害見積りは一千万弗の見込みだと発表。

物故者
△十二日　デンバー山本新作氏
△十六日　デンバーの高田馨アルフレッド氏、釣魚事故で死去

八　月

△**三日**　デンバー市協主催で、戦後初めて在留民大野遊会を、アルバダの西方スタンレー・レーキで開く。
△**二十二日**　デンバー仏教会臨時総会で、会堂新築着手と決定した。総予算十六万五千弗、現在資金六万弗、予約二万弗あり、更に寄附募集の大運動を起すと決す。

物故者
△七日　シカゴ佐藤国治氏
△十日　アイダホ州ナムパ塚巻豊喜氏
△二十二日　アーカンソー州リッツルロック村岡久吉氏令息村岡恒夫氏
△二十一日　華州スポーケン片岡敏江氏葬儀
△二十四日　華州タコマ山根守一氏夫人ヨシさん
△二十七日　南格ロッキーホード平方辰之助氏葬儀

九　月

△**六日**　デンバー演芸協会主催で錦声流詩吟の夕開催。

物故者
△九日　華州オンタリオ斎藤郷三氏
△十日　沙港出身デンバーポスト記者ビル細川の母堂君代刀自

十　月

△**三日**　格州時事ブラジル同胞を啓蒙、東京国際タイムスによると、在ブラジルの古谷久綱氏の書翰を載せ、日本の敗戦を故意に認めぬ在ブラジル同胞の啓蒙のため、アメリカ領事の諒解を得てデンバーで発行する格州時事を輸入して配布しつつありとある。
△山東三州仏教会新築の起工式を挙ぐ。
△**十八日**　加州排日漁業法抗争の高橋事件、加州大審院で拒否
△**三十日**　トルーマン大統領の民権特別委員会は、加州排日土地法、漁業法を廃し連邦日本人帰化許容法を制定せよ、と提唱。

物故者
△十一日　在デンバー花園長次郎氏
△十三日　羅府井岡義人氏
△　同デンバー的場吟次郎氏長男通昌氏戦病死
△十九日　格州アラモサ津玉厳氏長男辰生氏

△二十日　格州グリーリー仁井田秀吉氏

十一月

△**十日**　デンバー同胞の祖国救済品寄贈に対し、一松厚生相より礼状来たる。
△**十三日**　デンバー日系美以教会は、四十周年祝賀会挙ぐ。
△**十九日**　在日米銀行支店を通じ故国送金許可さる。
△**十七日**　日系人帰化許容案初めて紐育選出セラー下院議員より提出さる。

物故者
△一日　羅府新山種蔵氏
△三日　加州スタクトン熊丸文吉
△十三日　デンバー免田伴次氏
△十五日　格州ブランカ切刀長七氏夫人つや氏
△二十六日　シカゴ奥原忠一氏二女晴美さん
△同　デンバー三宅鶴蔵氏
△三十日　シカゴ向井喜代一氏二男タム清人氏
△同　羅府居住上山浦路夫人

十二月

△**二十三日**　日系帰化案を、ミネソタ選出ウォルター・ジャヤット氏下院提出。
△**二十八日**　格州デンバー小川安助氏

物故者
△二日　格州ブライトン中園孝栄氏
△十八日　加州オロサ小夏真人氏

一九四八年

一月

△五日より日米間に電話開通三分間に十二弗。
△格州時事新年号三十頁を発行。
△六日　伝馬市協反差委員会の新旧幹部晩餐会で、募金一千七百弗を発表、新幹部は会長大橋ジョージ、第一副今村、第二副金子、第三副田口、第四副坂田ハリー、通信書記堀内チエ、記録書記中山マサ、顧問宮本ドクター、鐘ケ江善助、加古得哉、松田ベッシ
△東京伝馬会へ慰問小包を送るに決し、デンバー市内外に委員を設け募集を二十三日開始。
△加州外人漁業法を違憲なりや否やの高橋事件は、連邦大審院へ試訴す。

物故者
△シンシナチ前川嘉市氏二日に葬儀
△デンバー相良安興氏六日死去
△シャトル矢野浜一氏二日死去
△グリーリー本田徳次郎氏八日葬儀
△スポーケン岡本基氏十一日葬儀
△格州ブライトンの村田敏郎氏十四日死去

△伝馬居住板永弥十郎氏十六日死去
△ラプトン渡辺清市氏三男清次氏十八日死去

二　月

△**三日**　羅府のウイリン弁護士は、在日二世帰米斡旋のため渡日。
△**七日**　デンバー義太夫会開く。
△山東帰化期成同盟はテキサスより三千二百六十五弗を寄附受く。
△**十四日**　格州日本人野菜組合新幹部発表
理事長坂口勝兵衛、副畑坂定蔵、会計堀内文吾、監査栃原、黒河、幹事堀江孝。
△**十八日**　広島県知事重成格氏より在米同胞に対し慰問品贈与に礼状来る。
物故者
△デンバー丸本徳太郎氏夫人キタさんは一日死去
△新聞界の古老広瀬守令氏は三日羅府で死去
△格州タボナシの蕗野草太郎氏三日死去
△シカゴ在住田口甚次郎氏デンバーで十七日客死
△二十日デンバーの大脇為文氏死去

三　月

△**六日**　格州グリーリー求道会館落成式挙ぐ。
△**八日**　日系帰化法案マグラス議員上院へ提出
△**十日**　戦時敵人財として政府に押収された日系財産五千六百万弗返還絶望の旨市協は悲観説発表。
△**二十七日**　父殺し無罪、アイダホ州レキスパーク帰還兵三浦タネー氏は精神に異常ありとし無罪判決
物故者
△六日　デンバー在住徳永栄蔵氏死す、氏は田芥子と号し北米俳句界に知られていた。
△八日　デンバー斎木ヘンリー氏死す。
△シカゴ田中直吉氏十三日死去
△羅府在住岡島金弥氏十八日死す。

四　月

△高橋素山氏は雑誌時流を羅府で創刊、四月号を初号とす。
△**十七日**　元駐日大使グルー氏、日系帰化法案を支持して下院で証言。
物故者
△デンバー梶原勲氏長女メリー嬢一日死去
△十四日　グリーリー石黒善之助氏四男フランク氏死す。
ミネアポリス松下茂夫人久美氏死去
△十九日　北格オールト木下元馬令息アルバート氏夫人アイナさん死す。

五　月

△**十三日**　伝馬演芸協会総会で新幹部成立
理事長　川村栄次郎、副　岩橋要、小山四郎一、会計　河野富八、監査　黒木、大角、書記　阿部、林、大宮。

△**二十三日**　デンバー長唄グループ三園会を結成。
物故者
△六日　デンバー元日本商会主上原藤八氏未亡人初枝夫人死す。
△二十二日　スポーケンの青山辰太郎氏死去

六　月

△**八日**　加州外人漁業法を違憲とする高橋事件は連邦大審院で勝訴す、今年に入って大山事件で市民の権利として勝ったが、加州土地法を違憲とした提訴でなかった。その点高橋事件は、将来加州土地法に挑戦し得る基礎をつくったものである。
△**十八日**　日系西沿岸立退賠償法案は上院本会議をパス。
物故者
△三日　格州ヘンダーソン山田亀太郎氏夫人ちよ氏死去
△タコマの萬屋秀吉氏二日死す。
△六日　デンバー水野敏彦氏本名は水部勝千代氏死去
△十三日　倭州ダグラス新盛利幸氏二男ローイ君死す。
△二十日　羅府在住川俣一二氏死去
△二十一日　北米開教総長松蔭了諦師死去、葬儀は二十九日桑港本願寺で営む。
△二十七日　北格ラサール則行松太郎氏葬儀
△二十九日　西格グランドジャンクション林篤四郎氏長男達之氏死去

七　月

△**二日**　立退賠償法案に大統領署名、完全に成立。
△去る六月三十日開教使会議は、北米開教総長として重藤円了師を選挙す。
△**二十四日**　布哇在住日系一世の米大陸渡航禁止は近く解除の旨市協発表。
物故者
△四日　東格セイジウイック大塚虎吉氏死去
△七日　ダービー川上皓巳氏長男登君死す。
△二十六日　南格ホーリー佐藤哲郎氏夫人みつゑ氏葬儀

八　月

△**十五日**　デンバー大陸洋食店創業者宮城桂八氏は二十七日帰郷につき留別会を開く。
△山東三州仏教堂新会堂落成し、二十二日遷仏式を挙ぐ。
△**二十八日**　有毒醤油事件解決グリーリー地方同胞はイリノイ州ステレー会社製の有毒醤油のため損害賠償請求せし事件は保険会社より、それぞれ支払われて解決した。
物故者
△七日　スポーケン桐原米一氏四女定子さん死す。
△八日　スポーケン灘波源太氏死去
△南格クロレー柚木治六氏令息正治氏は仏国戦線で戦死され七日埋送式営む。
△二十四日　アラモサ大野初五郎氏葬儀

△三十日　デトロイト藤田万右衛門氏葬儀

九　月

△**三日**　大江山ミートボール事件と云われた二世川北友弥に対する反叛罪ケースは、きょう羅府地方連邦法廷で有罪判決。

△**二十六日**　シカゴ日系人商業会議所創立総会開く。

十　月

△**一日**　加州大審院は、日白結婚禁止法は違憲と判決。

△**十九日**　日系人の布哇より大陸転航禁止令廃止さる一九〇七年以来、日本移民問題に関係浅からぬ歴史的法令は撤廃された。

十一月

△**四日**　陸軍省は旨森一等兵の勇敢を記録する奮戦記を出版す。

△**九日**　欧洲戦場で散華せし日系兵遺骨五十四柱、始めて大勢で無言の凱旋。

△日系戦争花嫁が初めて渡米　羅府立身米兵リチャード・ロング君の嫁千代子さんは一九四七年八月二十一日神戸領事舘で結婚した。

△**十五日**　日の丸裁判上訴　布哇には敵国国旗を掲げると有罪という法があり、ヒロの大神宮は昨年四月二十九日、日の丸を掲げて二同胞が体刑と罰金刑を受け目下上訴中。

△**二十日、二十一日**　帰化期成同盟は山東五州大会をデンバーに開く、コロラド、ネブラスカ、ワイオミング、ニューメキシコ、テキサスより代表参集。

△**二十八日**　デンバー宮本孝内氏金婚式盛大に仏教会ホールで挙行。

物故者

△三日　デンバー岩橋要氏死去

△二十七日　デンバー伊藤隆氏葬儀

△二十九日　デンバー藤光勇氏死す。

十二月

△**十九日**　デンバー杵屋千園師匠、名取披露演奏会

物故者

△三日　倭州オーランドの林田ジョン氏死す。

△四日　リッツルトンの足立熊蔵氏死去

△五日　グリーリーの楢崎豊次郎氏死去

△六日　ブライトン堀内嘉伊作氏死去

△十一日　デンバー清武徳一氏死去

一九四九年

一　月

△**四日**　日系の紙幣偽造容疑　シカゴ日系一世二人と二世二人は、紙幣偽造の疑いでエフ・ビー・アイに検挙された。ウインザーホテルの一室に印刷機具隠匿せるを発見され、上田フランク、本田勇、遠藤清、河野ロバートの四氏送局さる。

八日　デンバー演芸協会は恒例春芝居を、今明両夜、仏教会で開き、歌舞伎義経千本桜、菅原伝授手習鑑寺小屋の段、彦山権現お染久松を上演、初音会、三園会、松下芳童、繁子夫妻助演す。

△**十一日**　布哇外語学校試訴に市民協会摘要書　試訴は反差委弁護士エニス氏提起し、日系弁護士の相磯、中間、城戸、前野、坂本、安井、茅野、樋口、林の諸氏署名す。

△**十五日**　山東三州仏教会総会を新会堂に開く。△本会議開会宣言　前田理事長、議長籾井春平、副三宅密正、書記中田武志

△会計報告河野富八

収　入	一〇八九六、四四
支　出	八〇八三、四八
残　金	二八一二、九六

△建築会計報告　中田吾八

収　入	九二二〇二、四三
支　出	八七一八五、九八
残　金	五〇一六、四五

△決議事項（重要なるもの）

㈠　落成祝賀会を二月二十五、六、七、八の四日間にわたり挙行。

㈡　建築特別功労者として玉井師、中村清四郎氏前田菊太郎氏、中田吾八氏を表彰する事

△役員選挙なし、全部留任。

二十一日　賀川豊彦師は「格州時事に寄す」の手記を贈られ、同胞の立場に理解ある励しを与う。

二十二日　帰米グループの「あけぼの会」新年宴会を仏教会で開く。

二十六日　東洋文化協会総会開く。

二十四日　御題「朝雪」詠進歌中加州の田名ともえ夫人の左の一首が入選した。

ふるさとの朝つむ雪のすかしさよ　加州にととせこひてやますも

△**二十九日**　デンバー花園譲辞氏故国送金の不仕末暴露、行方不明。

△**三十日**　祖国雑誌在米同胞に感謝　作家木村毅氏主宰の雑誌「読書展望」昨年十月号は、在米同胞感謝慰問号と銘打ち、アメリカ帰り諸氏の意見を載す。長谷川進一、海老名春舟郎、四至本八郎、村山有、高橋愛子、新妻莞、米山墨村、田原春次、成沢玲川、小沢武雄、村島帰之の諸氏執筆。

物故者

△二日　羅府山鹿牧師夫人召天

△二日　セージウイック小林千津子さん死去

△三日　タコマ市吉原栄吉氏死去

△四日　伝馬津田幾吉氏死去

△十四日　グランドジャンクション水島勝太郎氏死去

△十三日　ブライトン、当地仏教会で満洲で戦死せし村上光男

氏の追悼会を開く。

二月

△**五日** 伝馬義太夫会は、日会ホールで開会、青地師匠の一門高峰夫人など出席。

△**六日** 欧洲より日系戦死者の遺骨三十三柱帰る。内コロラド立身兵はヘンダーソンの川野ジョージ氏、カージーの鮫島ジョージ氏、伝馬の柴田ケニス氏、同白水清抜氏の四柱あり。

△**四日** 格州日本人野菜組合は左の新幹部発表。
理事長坂口勝兵衛、副中杉岑次郎、会計堀内文吾、監査栃原初次郎、中田武志

△**十日** 陸軍省は一世日本人の故国訪問を、六十日期間で許可す。

△**二十七日** シカゴ日系人実業クラブ定期総会を北ラサール街安住者会館で開く。

△**十七日** 占領軍発表によると、訪日は、近親訪問に限り、商行為は許さず、食糧六十日間に三百パウンドを携行すること。
。

△**十八日** ローヤル陸軍長官が、戦時アメリカは、日本を放棄しかねまじき発言し、日本朝野驚く。

△二十六日より三月一日迄仏教会落成祝式典盛大を極め、格州時事紙は六頁追加二頁特別号発行す。稚児行列、各芸能団体の出演、芝居などが三日ぶっつづき、山東三州同胞が集まる。

△**二十九日** オレゴン州大審院は、排日土地法は違憲と判決、西沿岸の排日法の一角崩る。

物故者
△二日 シアトル市豊川喜市氏死去
△十七日 ウイルビー三田小富夫人死去
△十八日 伝馬島田米太郎氏死去
△・・日 スポーケン市若林ヤス夫人死去
二十一日 モンタナ州ローラー藤尾徳太郎氏死去
二十六日 伝馬小川六次郎氏死去

三月

△**三十一日** 羅府都ホテル旅行案内部主任田辺英二氏、戦後初の日本観光団を計画、全米より団員募集、四月末出発、往復航空便、十一日間で団費千七百五十弗。

物故者
△六日 市俄古で一九四四年六月伊太利で散華せし国松勇一等兵の告別式を行う。
△六日 伝馬平田粂五郎氏死去
△十六日 伝馬川上助五郎氏死去
△十八日 故川野ジョージ一等兵の追悼会を仏教会に挙行す
△二十一日 一九四四年七月伊太利戦で散華せし柴田軍太郎軍曹の告別式を美以教会に挙行す。
△スポーケン市吉田重太郎氏死去
△二十二日 久家保一等兵の埋葬告別式をアーリングトン墓地で挙行す。

△二十九日　伝馬山口亀松氏死去

四　月

△**三日**　尺八の松下芳童氏と琴の同夫人は竹芳会をデンバーで発足、仏教会ホールで演奏会を開く。

△**四日**　羅府連邦裁判所キャバナー判事は戦時日本総選挙に投票した二世の市民権は失わぬ、と有川悦子、綱島宮子の両事件に判決した。

△**九日**　仏教会花祭り盛ん。

△**十六日**　山東初の戦後訪日者として高峰房吉氏及び夫人は、バイヤーの資格で出発。

△**十七日**　伝馬演芸協会総会を日会ホールで開く、二十一日の理事会で左の幹部を決定。

理事長高峰房吉、副中村清四郎、中村幸吉、会計河野富八、監査橋本清太郎、大角武夫、書記長佐野、書記谷文雄、各部委員長森下、仲、山崎、奥野、柴田

二十二日　シカゴ日本人共済会は日系共同墓地購入のため基金募集を始む、千百平方呎購入のため三千五百弗を要す、と格州時事へ広告。

物故者

△十二日シカゴ市中田貢氏死去

△二十七日　故鮫島ジョージ一等兵の追悼会をグリーリー仏教会に催す。

五　月

△**十一日**　読売新聞同胞の意見紹介、伝馬同胞の座談会記事を、五月四日附読売新聞は、二頁の紙上に一頁を費して報道した。これは高峰房吉氏が訪日に際し携行したものを笹森順造氏が、高峰氏歓迎会で朗読したものを読売紙が貰い受けて載せたものである。

△**十三日**　コロラド州アマチ転住所で物故されし同胞の建碑費一千弗を募集始む。

△**二十五日**　シカゴ同胞ホテルアパート組合創立総会を開く。

△**二十九日**　デンバー美以教会総会と四季会開く。

物故者

△一日　アリゾナ州グレンデル只野八重乃夫人死去

△十九日　寧州ミッチエル神原老人死去

△二十一日　市俄古市伊藤佐洲氏死去

△二十六日　伝馬久保末次氏死去

六　月

△**六日**　移民局発表によると、米兵花嫁法が適用され、一九四五年十二月二十八日より、一九四八年十二月二十八日の間に、戦争花嫁として日本人渡米数は三百十名である。

△**二十六日**　デンバー北加人会創立総会を仏教会で開く。

物故者

△四日　セントルイス市野沢保氏死去

△十一日　市俄古市朝賀彦四郎氏死去

△十九日　伝馬藤田駒作氏死去
△二十二日　フレスノ市平智山氏死去
△・・・・　ネ州ヘーグ田中次夫一等兵葬送
△二十九日　アイダホフォール塩沢六郎二等兵アーリングトン国立墓地に陸軍葬

七　月

△**六日**　デンバー格州時事は読売新聞と契約、読売紙上の記事カット一切を転載権を持ち、最初に石坂洋次郎氏の小説「山のかなたに」を掲げることになった。

物故者
△一日　アリゾナ州グレンデール只野猛氏死去
△七日　倭州トーリングトン藤原長一氏死去
△七日　華州スポーケン市高橋満三氏死去
△十八日　格州ヘンダーソン稲津カヨ夫人死去

八　月

△**二日**　日系初めて鉄道持つ　コロラド州ブランカの寄友荘次郎氏はマクリンタック氏と共同でサンルイス平原北ブランカから南端ハロサ間三十二哩の鉄道を買収した。主に夏の野菜運搬の線を、今後は乗客も吸収する筈。
△**二日**　社会党首片山哲氏一行来伝、視察及び講演。
△**十四日**　デンバー仏教会の盆踊り盛会。
△**二十七日**　伝馬演芸協会は納涼演芸の夕を、仏教会で開く。
△**二十六日**　作家石坂洋次郎令嬢路易子氏、デンバー戦後初めて留学生として着く　主婦の友特派員小笠原初枝氏は、石坂氏の依頼で「石中先生行状記」を売って旅費を造り、格州時事の貝原社長を身元引受人として東京総司令部より許可されたものでコロラド・ウイメンス・カレッヂへ入学

物故者
△九日　アリゾナ州グレンデール林斎氏死去
△十二日　格州スインク小坂儀平氏死去

九　月

△**二十四日**　主婦の友海外版九月号は、小笠原初枝夫人執筆によりデンバー号を発し、仏教会を観るの記、大橋美容院の展示などを載せた。
△**三十日**　東京ローズ事件に第一審判決　戦時東京にあって宣伝放送したという理由でド・アキノ夫人は、桑港で連邦大陪審で公判十二週、陪審評議四十時間で、反逆罪を有罪と決す。世の同情集まる。

物故者
△二日　伝馬中島キクヨ夫人召天
△十五日　ヘンダーソン近藤吉太郎氏死去
△十八日　王府中島菊太郎氏死去
△二十六日　伝馬古屋長吉氏死去

十　月

△**十七日**　大谷東本願寺法主大谷光暢師智子裏方の一行着伝。

物故者

△十二日　華府新聞記者の偉材河上清氏死去
△十八日　伝馬桑原政美夫人死去
△二十二日　南格スウンクス赤木猪八氏死去
△二十八日　伝馬山上ハキ夫人死去

十一月

△**三日**　コロンビア大学客員教授として戦後来任せし湯川秀樹博士は、きょうノーベル物理学賞を受く。
△**十九日**　伝馬日本人セブンスデー教会獻堂式を盛大に挙ぐ。
物故者
△・・日　ブランカ林明美さん死去
△十七日　加州アラメダ市井村坂之助氏死去
△二十日　伝馬古岡千太郎氏死去
△二十二日　セージウイック山田ミネ夫人死去
△二十三日　伝馬服部寛二氏死去

十二月

△**七日**　戦後初の映画女優として渡米せし田中絹代は、きょうデンバーに御目見栄、会場は市公園フイリップ公会堂で満員「かむろ」や「愛染かつら」の舞踊あり、河合大洋氏の司会で挨拶し、持参の自演フイルムを上映。
物故者
△六日　南格ラスアニマス丸山正郡氏死去
△八日　伝馬東松吉氏死去
△十六日　ブライトン岡本智太郎氏死去
△二十二日　シカゴ市谷藤吉氏死去
△二十三日　テキサス州サンベニト立石ハレー氏死去
△二十九日　イリノイス州アーリングトンハイト片桐貞子夫人死去
△二十九日　ブライトンの倉知新平並に坂田万太郎両氏は二十九日早暁アリゾナ州ホールブルック附近で、自動車事故のため死去。同乗の坂田ロバート氏は重傷尚坂田氏は、元加州アルバラトで農業に従事した人、第二次大戦中にコロラドへ移住す。
△三十日　寧州スカッチブラフ岸山一男君死去

一九五〇年

一月

△**九日**　尾座本ダクター競射で二年連続コロラド州選手権を獲得
△**十日**　グリーリー農業同志会総会　昨年創立せし同会総会を開き、全会員ベストをつくし農業発展に努力する決議を通し、左の役員を選出した。
会長三河員馬、副疋田新太郎、鮫島勇、会計篭原豊次、同監査桜井鉄次郎、同石黒善之助、幹事土本義人、理事楢崎三郎、岸山マス、星子勝馬、三好政末、進半蔵、西卓二、松田辰夫、村田敬司

桑港の熊本屋ホテルの土田節子氏は、タークホテルを購入し開業。

△**二十九日** デンバー北加人会総会開く。

物故者

△二日　市俄古市河中道雄氏

△五日　アーカンサス州スコット大島時代夫人

△六日　伝馬平田小一氏

△十二日　テキサス州ミッション中野惣兵衛

△二十五日　伝馬麻生作太郎氏

△二十六日　伝馬藤田与四郎

△二十九日　伝馬加藤亀市氏

△二十六日　セイジウイック小林精一氏

△**三十一日**　在米同胞百人一首発表

同胞文化史上の金字塔成る。

作家木村毅氏とリーダスダイジェスト日本支社長鈴木文四郎氏の提唱により、本紙は旧臘「在米邦人百人一首」を募集した所、南北米各地歌壇により熱烈なる支持を受け、集まる詠歌実に五千首、之を東京へ送ったが、安井東京都知事等非常に感嘆、直ちに歌壇の巨匠、窪田空穂、斎藤茂吉、釈超空の三氏の厳選を経て漸くきょう発表の運びとなった。

在米同胞七十五年の歴史に空前の盛事であり、実に文化的の大金字塔たるを失わぬ。

選評　窪田空穂

斎藤茂吉

釈超空

予選　鈴木実

感想　木村毅

小笠原謙三

天（東京都知事賞）

アメリカの国歌うたひて育つ子に　したがひゆかむ母われの道

ホノルル　田名ともゑ

地（講談社賞、旺文社賞）三名

第一席

大陸の入り陽はかなしあか〱と　ロッキーの嶺に落つるひととき

格州グリーリー　池上耕涯

第二席

アメリカに差別うけつつ住み居れど　皮膚の黄なるを恥じしことなし

羅府　泊良彦

第三席

街々を時に見ほけて夢を追ふ　十三階の工場の窓

シカゴ　長沼百合子

人（旺文社賞）二名

第一席

羅府　石岡雅憲

秋風は木むら吹き過ぐこの国に来て　水の逝く音を聞かずも

第二席

央州ポートランド　大場真末

汝が戦死せしキャッスルポギーは　伊太利の北部とききて地図ひろげ見つ

佳作（文章倶楽部賞）

（佳作　一）

格州伝馬　長田星洲

子を母国に送り学ばす父われが　生きのいのちのおろそかならず

（佳作　二）

羅府　児玉なを

吹き過ぐる風に乱りて中洲なる　枯葦むらは寂びさびと見ゆ

（佳作　三）

倭州トーリングトン　久保なぎさ

初もぎの枝豆食べつつ故郷の　月見のさまを子らに語るも

（佳作　四）

ミシガン州ファーミングトン　中川華枝

くに人のさまをし思へばアメリカに　貧しき吾も奢れるに似て

（佳作　五）

ブラジル　モテ　小池直雄

妻も我もただ子を育つる事のみに　心くだきて五十路過しぬ

（佳作　六）

加奈陀トロント　比賀日登志

思ひ出の森も丘をも無きまでに燃えてこはれし郷里沖縄

（佳作　七）

伯国リオプレット　横川孝二

蜂群るる声のしげきに見上ぐれば　マンガの花の咲きさかりなり

紐育　松本梅岳

ハドソンの河畔に秋の月みれば　故国恋しく幸ねぎまつる

華州モンタナ　園田平次郎

枯れなむと思ふ鉢木に芽を見付け　故国のニュース力してきく

羅府　海老原直子

春蘭と日本ねぎとを昨日蒔けば　土しめらして春の雨降る

華州シアトル　中津甲

真夏陽をさへぎるものなき電線に　つばめのひなの止るあやふさ

寧州ノースプラット　三好美登里

野にいでてわが働けば健康の　身にわきいづる力まだあり

寧州ノースプラット　熊谷まゆみ

去年のごと故国はぬくき冬なれど　冷えしきる夜をひそかに祈る

格州ブライトン　堀内仙岳
飛行機の音を見上げて闇の夜のおもひは遠き祖国の空へ

華州シァトル　仁熊登美子
なが病みより起ちて歩めばすがりつつ　しみじみ夫に頼る思ひなり

華州シァトル　小野喜美子
白人と黒人の児が睦み合ひ　働く温室に百合の明るさ

華州シァトル　中村ますず子
狭間より立ち昇りゆく朝霧に　深山の紅葉ひととき隠る

格州アーバダ　山下日米親
海越えて嫁ぎ来にける吾が妻は　船よりあがり来挙措つつましく

加奈陀サモンアーム　氏本竹子
ラブリーモーニングと窓開き来る看護婦の　明るきこえにわれはうなづく

加州ロングビーチ　内田静
国破れうから餓うるを戦勝の　国にわれありて白き飯はむ

華州シァトル　三原勝野
忙がしき用をつづめて今日も来ぬ　古衣繕らふ救済作業場
（日本難民救済事業にて）

格州伝馬　小菅白映
しなやかにおどるこの世の乙女どち　ここに故国のさまをさながら

シカゴ　松本登美子
秋すずし湖畔の芝に歌書よめば　黒人掃除夫笑みつつ通る

シカゴ　松本緑葉
親心如何にあらむ今日つひに　罪を着しとそ東京ローズ

寧州ノースプラット　和田ヒナ
ゆるされし国旗を立てず君が代も　歌はぬ便り悲しくおもふ

寧州スカッチブラフ　中田薫
デモクラシーの理念はよけれ日の本の　よき伝統は持ちつづくべし

寧州スカッチブラフ　中田由紀子
指先の動き細やかに衣縫ふ　吾娘の若さつくづくと見る

羅府　倉田英久
一世の辛苦今こそ実を結ぶ　二世やうやく世に立ちそめて

格州デンバー　波多多浪
淡雪の解けては消ゆる池水に　沈める鯉の動くともせず

オンタリオベネランド　好水
何故に六千余哩のとつ国に　君とはなれてかくも悩むや

羅府　桑原すみ子
購ひしばかりのテレビを離れざる　子等せきたてて寝かす今宵も

羅府　楠田高麗子
夢なるや夢ならすやとみ手をとりほほすりつけてまたも見直す

加州フレスノ　阿部秋野

吾子ありと思ふ伊太利戦線の　激しさ告ぐるラヂオ急なり

羅府　山下すずらん

あめりかの子らを教ふる子の親と　我も民族の誇りを持たむ

格州ラッセル　岩田愛子

花便り遠ざかり住む句友より　受けしあしたは雪の降りつぐ

華州シァトル　中川末子

健やかに働き得るを幸として　この貧しさは歎かずあらむ

格州デンバー　滝聞一郎

大洋のうしほの果の大和なる　美しき国ぞ忘れ難くなる

華州シァトル　藤堂秋栄

国賊とけなされし父母今はただ　感謝のこゑと代りて嬉しも
（二世兵の親達）

華州シァトル　富田ゆかり

黒人種の中にまじりてミシンふむ　たつきも楽し三とせを慣れて

加州ホンドウ　藤倉比総

病む故に戦時の加州に居残りぬ厳しきものを意識しながら

加奈陀モントリオール　甲山小郎

はつ春となれば幼時のしのばれて追羽根つきし故郷なつかし

ミズリー州クイプシウラド　鈴木邪不意

みはるかすしもの朝の野の果に朝陽かがやく大ミシシッピー

羅府　久留米哲吾

我が選手あやふしと見しそのせつな　思はず邦語で「頑張れ」と叫ぶ

央州フッドリバー　岩月静恵

ゆく船もなくてなかむるコロンビア河幅広し春陽の下に

華州シァトル　堀田武子

姿見の前に立ちつつ亡き母の　面影に似し我に見入りぬ

寧州ノースプラット　脇本鉄龍

浅漬のなすの塩味のよきを得ておどろくほどに食はすすみぬ

ミシガン州ブルームフイールド　田中葦城

いつの日かわれまたとらん我が児らの握れるこの手離し難かり（長男二世兵として出征の日に）

寧州アライアンス　萩原みつき

慰問品受けてよろこぶはらからの便りを読むは楽しかろきも

華州シァトル　越後桂子

新女苑入選歌「明日はなき米には触れず一つ灯に今宵も深く母と夜業す」を読みて

明日は米なき国びとの上おもひゆふべしづかに吾は米とぐ

格州アイオン　浦野薫

とことはに命と通ふ歎異鈔　黙誦するもかりそめならず

寧州ミッチエル　保坂友子

袋のまま菓子をテーブルに持ち来つ独り住居の友がもてなし

格州フォートラプトン　村田初美

自然の雄大な風光にみとれゐて思はずもおらぶ我こは高く

格州フォートラプトン　和多田ゑん

こま細と妻をいたはる吾子みれば　一世の代とは隔りのあり

加奈陀モントリオール　熊本トシ子

変る世に昔のままの故里を　吾娘に語れば思ひつ晴るる

加州桑港　古橋東魁

敗戦後われらは骨をアメリカに埋むる覚悟さゆらぎもなし

加州羅府　溝口直純

同郷のなまりなつかしく立聞ける我をいぶかしみ見向き給へり

加州羅府　萩尾太助

無意識に暑気と闘へる少年らに柔道教へてうまずゆうべを（ポストンにて）

加州　梅本静恵

陽のほてりなほ残りたる花園の遣り水に白く月のかげ散る

加州アンベリ　綾織謙介

綿畑白くなりきて郊外の　黒人部落賑ひ出しぬ

加州羅府　村山兼子

夕早く庭の何処よりか香いくるチャズミング（夜香花）に疲れいゆるが如し

加奈陀スメランド　上釜きの子

薄曇りうすら寒さが身にしみて　ふるさと恋へば今日も泣くなり

愛州コールドウイル　阿部民子

ふと気づく静かになりし子の視線　壁画の赤き花にあるらし（吾子生後五ケ月目）

シカゴ　尾松三郎

山峡に人となるわれアメリカの山野に立てばさびしかりけり

加州桑港　高山要造

言挙げの時は過ぎたり我民の　進みゆく手は永き眼に見よ

加州羅府　竹内美枝子

吾が身には着ることもなき華やげるドレス縫いつぐ内職なれば

加州バークレイ　松浦忍

落葉たく煙の末に見いでたり　金門湾に沈む夕日を

シカゴ　鹿島倫子

各国の異人種の中に交りいて　雪に遅れし夜汽車待ちおり

シカゴ　古山北堂

天地は揺げど更に変りなき　大和島根の君の礎

華州シアトル　糸井野菊

もろの手にあまる荷をおのもおのも　監視兵の視線に圧され乗り込む（戦時収容所入り）

加州リビングストン　桐原李村

己か手に干せるぶどうは海越えて甘味に餓えし児らに送らん

羅府　岡田文江

ハート嶺のみ冬の寒さ語るべき吾か夫ははやこの世に在さず

羅府　神部孝子

テレビジョンにて見参らする両陛下　ほがらかに笑めばただにうれしき
加州オークランド　飯野孝子

まだ見ざる嫁よりのふみ読み居つつ初めておぼゆ嫁のいとしさ
加州サンリアンドロ　江田清子

新しき自動車住居そなはりて　結婚の日を待つふたりなり
羅府　柳本錦子

太平洋横断飛行はいつの日と　語に古りしが吾娘越えゆけり
華州シァトル　氏本ステ子

セワードパークの日本桜見むと来し自動車おびただし日白人の
ブルックリン　西坂誉子

コミチノに吾子交りて募金する同胞市民権獲得のため
桑港　矢尾嘉夫

日本墓地清掃作業に従ひしけふ一日の疲れすがしも
加州フレスノ　加田おさむ

これでもサンシャインキャリホルニャかときく東都より来たる者（ロスアンゼルスの霧）
羅府　川原八重子

群山のお黒きなかに滝のみが　白くかすかにゆれ落つる見ゆ（ヨセミテ行）
羅府　川脇貞一

道もなき山の裾べに家ありて　裸馬に乗るインデアンの子
羅府　清時文子

百五度の暑熱にあえぎミシンふむ　わがどちの顔怒れるごとし
加州サンタフェ　赤星さと

いたつきの娘をしのびつついねやらぬ　耳にさびしく蟲か音きこゆ
オハイオ州クリーブランド　T秋田

天皇の民思はるる御こころを　しのびてわれは袖ぬらすかな
羅府　矢野緑

一億の民の中より湯川いでて　我が国びとをなぐさめにけり
ブラジル　スザノ　滝秀一

風の音ふとし止みたるたまゆらは　畑うつわれのくわの音のみ
ブラジル　リンス　渡辺十九三

誰が吹くか月のこの夜を流れくる　調べゆかしき笛の音の色
ブラジルイタリリ　井出ひろむ

洗濯を終えてしばらく岩の上にいねて眺むるあをき大空
ブラジル　リンス　佐竹安月

嫁しづきて幾度目かの友の文母になる日近しとありぬ
ブラジル　バカインプー　下田操

うす霞む遠山脈をながむれば　入植当時の思ひ出あらた
ブラジル　ゼラルドスール　村上実義

しまひ湯にひたりて居ればしとしとと　音しめやかに雨はふりつぐ
ブラジル　ゼラルドスール　金子準二
干ばつに二葉の西瓜しほれたり遠き井戸より水運びやる
ブラジル　インデアナ　伊藤民五郎
吹く風に白百合の花にほひくる此の山里の朝のすがしさ

二　月

△**一日**　ボストン市会は恰も訪米中の日本議員団の傍聴を、十一対八で拒絶したとの報入り、デンバー市会議長ハーリントン氏はそれを不当とし、きょうデンバー市は日本議員団を大歓迎すると陸軍次官へ打電す。

△**四日**　去る三十一日宮中で歌会始めの儀あり、御題若草を詠進せる桑港の吉橋宗平氏の左の和歌が、入選十六首の内にあり、

ふるさとに露をふくめる若草を見るはいつぞも加州に老いて

△**八日**　東京ローズに自由　叛乱罪に問われて上訴中のド・アキノ戸栗イバ夫人に、連邦大審院ダグラス判事は五万弗ボンドで自由を許容す。

△**八日**　日本の国際基督教大学設立に、その募金委員長にコロラド州大総長スターン博士就任。

△**九日**　日本国海外事務所開く　日本占領総司令官マ元帥は日本の海外事務所開設を発表した。第一に開かれるのは紐育、桑港、羅府、ホノルルの四ケ所で、この目的は両国の貿易の増進と国籍や財産問題を取扱うにある。駐在の日本官吏に領事の資格は認められず、宣伝や対米代表、査証事務は禁じられている。

△**十日**　コロラド野菜組合幹部会　一月二十七日の総会と二月六日の理事会で、左の役員を決定。

理事長　坂口勝兵衛、副　薗田朝次、会計　堀内文吾、同監査　中田武志、秋山松蔵、幹事　堀江孝、価格協定委員　畑坂定蔵、中田武志、柳原清、前田菊太郎、福井哲文、田代政人、小塩一、村田リー、金本務、田中ジョージ

△**十二日**　きょうデンバーのレニヤ倶楽部総会は左の幹部を決定。

会長　堀内衛司、副　福間滝人、会計　上西嘉永、事務理事　上野以知与、顧問　川口正次郎

△**十六日**　格州時事全米興信録に入る　ダン・ブラットストリートのレフレンスブック新版に入ったのは、未曽有のことである。

△**十九日**　在留民大会　本日午後二時より日会ホールに定期総会を開く。何様一九四一年以来九十年間休止中の日本人会の復活で、貝原会長開会を宣して、出席者点呼に応じた人は貝原、橋本、宮本、河野、高峰、斎藤、石郷、中杉、中村、黒木、寺崎、難波、籾井、河村、入谷、河上、大月、伊藤、佐藤、小菅、柴田の諸氏で総会成立会長より九ケ年間の会務報告に次いで、河野富八氏より左の会計報告があった。

前年度繰越　三二六、七四
収　入　八四〇、〇〇
残金合計　一〇六六、七四

決議事項（重要のもの）

△日会存続と決す。

△会則修正

一、名称は英語でジャパニーズ・アソシエーション・オブ・コロラドと云うは変えず日本名称は後日適当に考慮す。

一、会員制を廃し寄附とす。

一、役員選挙は在留民大会後とす。

一、三月十九日在留民大会を開く事。

△二十六日　デンバー福島懇親会開く。

△二十七日　戦後初の訪米日本外交官大野政務局長一行四名伝馬同胞を訪うた。一行は米国政府の招待で華府を初め各地を視察の帰途の訪伝で国務省よりは本社長宛戦後重要な同胞情報の提供方を依頼せられた。一行大野政務局長、土屋総司令部連絡官、奈良外務事務官、竹内調査局第二課長である。

△二十九日　日系立退賠償　二十二日司法省発表によると、日系西部沿岸立退賠償請求は、締切までに二万四千八弗あり、既に昨年議会はその支払予算百二十万弗計上、七月以後の来年度支払額は未定。

物故者

△十二日　北格グリーリー郷のぶ夫人

三　月

△十一日　三升会さらい　尾上多見治師匠により本年結成の三升会大さらいが今夜あり盛会、プログラム十五、内常盤津所作事は注目された。

△二十日　格州日会の新陣容　昨十九日日会ホールに在留民大会が開かれ、出席者三十名、左の決議事項と役員を推薦して散会貝原新会長の一葉亭における招宴に列し歓談す。

決議事項

一、名称はコロラド州日系人会とす。

一、維持費は年三弗の会員費で負担。

役員決定

△会員　貝原一郎、副　鐘ケ江善助、堀内衛司、奥野大助、会計　河野富八、同監査　加古得哉、黒木甚五郎、評議員　佐藤善、宮本、難波、大角、高峰、篭原、川上、小島、寺崎、小菅、稲井、川口、鳥沢、古田、川村、浦、土井、末松、大宮、平見、井口、籾井、佐藤源、谷、竹内

△二十五日　高野山の岩本権大僧正来伝及講演あり。

△二十七日　本紙の意見を日本で放送　吾社のボストン事件に対する社説を東京放送（各新聞社の社説紹介の時間）で全国に放送された。恐らくは在米邦字新聞の社説の紹介されたのはコロラドタイムスが始めてだろう。

物故者

△十二日　コロラドスプリング三浦辰次郎氏

△伝馬　益田美秋氏
△十八日　伝馬　井潟又次郎氏

四　月

△**四日**　本社主催の講演会　滞伝中の東京最高裁判所判事猪俣幸一氏、法務庁の小沢文雄氏の講演会は本社小笠原編集長司会で日会ホールで催され極めて意義ある集合であった。尚改造社長山本俊太氏は旅程の都合で出席出来なかった。
△**九日**　伝馬ガーデナー組合結成　初めて市内庭園業者二十五名により組合が生れた。
会長　谷野ジャッキ、会計　星島、高田、書記　木村、上田
顧問　小笠原謙三
△**十五日**　東京都は在日二世兵に歓迎会。
物故者
△六日　（元桑港）丸山茂敏氏、フォートラプトン伊藤トキ夫人
△八日　桑港酒井喜多市氏

五　月

△**七日**　美以教会友交館献堂式挙行
△**十三日**　松尾たまき、谷口光子両夫人共同経営で伝馬洋裁学校開く。
△**三十一日**　第二次大戦後初の日本芸能団来伝　古賀政男、市丸、二葉あき子、霧島昇、古賀兄弟が仏教会で出演大入満員の盛況でありデンバーからシカゴへ赴く、前夜三十日に歓迎会が市内二十街カフエで開かれ、地方有志殆ど洩れなく出席、席上小笠原編集長の挨拶好評。
物故者
△一日　シカゴ中村政太郎氏
△一日　伝馬加藤延雄氏
△四日　伝馬朝原丈蔵氏
△六日　シカゴ上野斧一氏
△二十二日　スポーケン猿渡種次郎氏
△二十五日　伝馬早野ツネ夫人
△二十六日　伝馬寺崎リチャード氏
△三十日　加州フレスノ小此木文九郎ドクター

六　月

△**五日**　芸能人第二陣　渡辺はま子、勝太郎、三味線佐藤ケイ子来伝、六日の両夜実演。
△**八日**　日系帰化案上院通過　修正附のため下院へ廻る、下院は既にパスしている。
△**十二日**　天中軒雲月改め伊丹秀子来伝　二日間デンバーで口演
物故者
△六日　シカゴ坂本久蔵氏
△十四日　シカゴ城戸護博氏
△二十日　伝馬実田栄子夫人

七　月

△一日　桑港海外事務所同胞の諸届受理。
△十五日　紐育日本政府在外事務所開設　五月八日以来スタトラーホテルに仮事務所を設けて執務せしが六月二十四日より左記の所に正式に事務所を移転す。
60 East 42 Nd st New York 17, Ny.　執務内容は一、貿易促進関係事務二、在留邦人戸籍及国籍関係事務、尚所長は寺岡洪平氏
△十四日　西式健康法の西勝造氏来伝。
△十七日　桑港在外事務所より本社に招待状　大要は七月一日から同胞諸届受理を開始したに就ては一般の意見を聴取したいと本社へ守山所長より招待状来る。
物故者
△十一日　グランドジャンクション神田善十郎氏
△二十一日　シカゴ樋川ケニー氏
△二十三日　伝馬後藤満一等兵南鮮戦場で散華

八　月

△三日　ホテル組合組織す　去月十八日満州楼に同業者集会を開き組合を組織し左の幹部を選定、会長　平見正義、副　溝上角平、山口宝一、幹事　北野マイク、会計　杉浦清人、羽生栄之進、会計監査　古川徳太郎、長島長太郎、顧問　末広茂郎九、金井薫作、土井正一、岩崎アーサー、大宮新一、二宮一作、田淵光男、鐘ケ江善助、山田静雄、片岡義男、山我いよの、法律顧問安藤俊夫

△十日　「アリゾナへの道」映画化　在米同胞の書いた小説「アリゾナへの道」が本年五月号より主婦の友に連載されているが、その筆者主婦の友特派員小笠原初枝夫人の許に、それの映画化を、日本映画会社より申込まれた。在米同胞の執筆が、日本の一流婦人雑誌に載ったのも初めてであり、それの映画化も亦最初である。この小説は第二次大戦で西部沿岸から日系人総立退を織込んだ小説であり、シナリオは菊田一夫氏が書く筈、在デンバー小笠原夫人は、一九四七年より主婦の友に多数の読ものを掲載されている。
△二十三日　桜井秀一氏経営の第十七街の伝馬ホテル、今暁出火し、死者二、負傷二名出づ。
△二十八日　松平忠厚建碑の声　文化協会代表宮本孝内氏らはデンバー先駆者松平氏の建碑のため、募金運動を起した。松平氏はコロラドへ最初に来た日本人で、今より六十二年前、一八八八年に骨を埋めた。デンバー市を設計した人で、土木技師であった。夫人はアメリカ人で、その令息は今メリーランド州にあり市長もした。一九二七年ごろ時の松平恒雄大使に手紙を寄せて知名である。
物故者
△一日　テキサス州ニクソン波多嘉郎九氏
△二日　伝馬赤間郁三郎氏
△七日　塩湖市堅山亮太郎氏
△十九日　シカゴ樋口豊氏

九　月

△**九日**　日系帰化法拒否　トルーマン大統領は、ウォルター法案に署名を拒否した。理由は所謂保障条項が明確を欠きナンバーツーの市民をつくらぬと大統領は述べた。

そのため新ウォルター案は、来週月曜十一日に再び提出の筈。

△**十二日**　日本芸能団、暁テル子、榎本美佐江、山茶花究、坊野三郎、益田キートンら来伝、仏教会ホールで公演。

△**十四日**　新ウォルター案　日系帰化法案は三〇七対一四で下院通過。

物故者

△一日　桑港　萩原すみ子夫人

△二日　銀星章の古川君、シャトル出身古川アイザック君は韓国戦線で七月末散華、その戦功は抜群として八月十九日銀星章を贈られた。

△八日　シカゴ菅野トラノ夫人

△九日　伝馬　佐藤千代吉氏

△九日　セントルイス　河原甲斐夫氏

△十二日　南伝馬リルトン　伊田幸太郎氏

△十八日　伝馬　田村芳郎氏

△二十四日　シカゴ抽冬吉蔵氏

十　月

△**五日**　桑港海外事務所長宇山厚氏来伝　満州楼において州内有志六十名の歓迎を受けられ明夜は講演会を仏教会に催した。

物故者

△二十二日　伝馬　浜井伊三郎氏

△二十二日　シカゴ　水上彦三郎氏

△二十四日　羅府新報社長駒井豊策氏

△二十九日　シカゴ　星賀福夫人

十一月

△**四日**　三木武夫代議士講演会盛ん　昨日飛来両新聞社及び旧知を礼訪、晩は満州楼において歓迎会八時より当市五団体並に有志主催で仏教会で政治講演会をなす。

△**九日**　伝馬市の清掃計画を解説　昨夜仏教会で住民大会を催し市内七百の同胞家屋に重大影響を及ぼす住宅改善問題につき市の計画主任カーツ女史出張して説明す。

△**十六日**　羅府の川北友弥被告は反逆罪で問われ、所謂大江山ミイトボール事件として、羅府連邦法廷で死刑判決を受け、その控訴審きょう開く、太平洋戦争中訪日した二世が軍籍に入り米捕虜を虐待した理由で、帰米後被害者というものにより告訴され、この裁判になった。

シカゴの戸栗アイバ事件と共に戦後アメリカへ帰って、反逆罪で訴追された二つの事件である。

△**二十九日**　広沢虎造市公園博物館ホールで浪曲をうなり、入場者立錐の余地なし。

物故者

△七日　ブライトン　片山チトセさん
△十日　桑港　絵垣益一氏ダリター
△十二日　シカゴ　大竹愛子夫人
△十七日　武勲の和田久伍長は戦闘武勲により戦線において赤銅星章を授かる。
△二十四日　プラットビル　牛沢鶴松氏
△二十五日　シャイアン　佐久間実氏

十二月

△**二日**　マイキ正岡白亜館に日系立法を懇談す。去る三十日白亜館を訪れ大統領側近者と日本人関係諸問題を協議す。
△**八日**　出直し日系帰化法案下院通過　昨日下院は日系人に帰化権を賦与するウォルター案を通過し、直ちに上院に廻付した。新法案には保障条項を含まず。
△**八日**　祖国人邦字紙に聴く　十二月四日附の読売新聞は本紙の論評をその編集手帳欄に紹介して祖国の人を警めている。
△**八日**　賀川豊彦師獅子吼　昨日教会において説教及び講演し夜は米人教会で講演す。

物故者
△二日　シカゴ市　笠井四方三氏
△四日　伝馬　大浦睦一郎氏
△十四日　桑港藤本ホツル夫人
△二十二日　ラプトン島本秀吉氏

一九五一年

一月

△**四日**　外人住所登録法による一世の登録記入にデンバー市民協会援助す。
△**一日**　保険附小包郵便日米間に再開。
△**十二日**　格州デンバー市美術展二世二人入選　黒岩チヨ夫人の「若き避難」と黒木ジョウ氏の「頭」の二点である。
△**十四日**　山東三州仏教会総会新役員には、理事長　中田武志　副　和多田又次郎、金本務、会計　坂口勝兵衛、谷博、監査　前田菊太郎、小塩一、特別会計　土斐崎時季、山本源次郎、書記　下田軍一、平岡正人の諸氏当選。
△**十七日**　加州ツーレイキ転住所の二世の市民権回復訴訟は日系四千五百の内、二千名以上は桑港第九州巡回裁判所で、下級法廷へ却下され、半数の未成年者は勝訴す。このケースは一九四八年に市民権回復が、総括的に許容されたが、政府が上訴したものである。未成年者は意思なきものとして法廷は回復を許容し当時成年は個々につき、脅迫の事実ありや否やを下級審で審理せよ、と判決した。
△**十九日**　下院司法委員会は日系帰化法案を採決。
△**二十六日**　宮中の歌会始めに、御題「朝空」に、羅府の阿部さつき夫人の左の一首入選。
天つ日の照りわたりたる朝空の深きしじまにこころすみゆく

戦後在米同胞の詠進歌の入選第四回目である。
△**三十一日** マッカーラン上議は移民帰化法案を提出。
物故者
△三日 シカゴ市 河田茂長氏死去
△三日 伝馬 井上七五郎氏死去
△四日 アツトウツド 山田朝松氏死去
△五日 伝馬 柳せつ子夫人死去
△七日 フォートラプトン 和多田龍一氏朝鮮において戦死
△八日 伝馬 島袋ナベ夫人死去
△十六日 北格フォートラプトン 井上六次郎氏死去

二月

△**一日** 格州日系野菜組合は総会の決定せる左の役員発表。理事長 坂口、副 園田、会計 堀内、監査 中田、秋山、幹事 堀江
△**一日** 格州デンバー庭園業者組合総会あり左の役員を選出、会長 谷野、副 大村、会計 星島、監査 竹田、書記 上田、顧問 小笠原格州時事編集長
△**六日** ペンシルバニヤ選出ウォルター下院議員は、移民帰化法案を提出。
△**十日** 朝鮮戦線で散華した格州デンバー立身、後藤満一等兵の武勲を記念し、東京郊外十八哩にある米軍射撃場を、後藤射撃場と命名さる。
△**十一日** 格州ブライトンの中田吾八氏死去に対し、山東三州仏教会は、氏、生前の功労を賞し仏教会葬をきょう営む。
△**六日** 日本船有馬丸が戦後初めてニューヨークに入港。
△**十五日** アイダホ州排日土地法撤廃案出づこれは一九四六年に成立せるもので、ユタ州のものと一対をなす。
△**十六日** 軍人花嫁の入米できる現行法は、十八日に失効するので急に米兵との結婚が殖え今までの日系花嫁は、二千三百人と発表さる。
△**十六日** 戦後初の渡米日蓮宗高僧三吉日照師デンバーで説教。
△**十九日** 下院は国籍法から人種差別を撤廃するウォルター案と軍人花嫁入米案一年延長を可決した。下院はこれで日系帰化案を五回可決した。
△**二十六日** 本紙募集の在米同胞百人一首を、東京女青会館で船越玲子嬢により、作曲独唱さる。
△**二十六日** 在米同胞百人一首を、木村毅氏著「夕閑帖」に全部採録される。
物故者
△四日 伝馬 田尻甚七氏死去
△六日 シャイアン 佐久間トモ夫人死去
△十日 布哇ホノルル市 奥村多喜衛牧師の昇天
△十一日 フォートラプトン 中田吾八氏死去
△十七日 伝馬 中村捨松氏死去
△二十二日 伝馬城寿治氏死去

△二十七日　南格ラハラ　伊藤捨次氏死去

三　月

△八日　日系が壁の設計等入選　羅府の足立一海氏と長野ダイク氏の合作せるフォート・モーヒルの記念舘の壁の設計が一等に入り、同じく真野ジョージ氏とブラッド・バラバラ両氏合作の設計が二等に入った。

△十六日　碁の高段者渡米　戦後初めて碁の福田正義六段が来伝、当地囲碁クラブ員を指導さる。

△二十五日　寧州ミッチエルの開拓者広島県人荒谷辰吉夫妻の金婚式を日会ホールで挙げられ来客百五十名の盛会。

物故者

△一日　寧州ノースプラット　軽米政人氏死去
△二日　倭州ヒルローズ　桜田徳蔵氏死去
△四日　伝馬　金沢岩吉氏死去
△十一日　伝馬　河原鹿之進氏死去
△十九日　伝馬　土井正一氏昇天
△二十三日　桜府　田村俊夫氏死去
△二十六日　伝馬　山本信氏（友人間にデンバー山と呼ばれた人）死去
△三十日　市俄古市　辻治郎吉氏死去
△三十日　格州グラナダ　森本友春氏死去

四　月

△二日　戦時接収財返還要求の羅府川崎事件勝訴す。松のずしの川崎安次郎氏息女妙子、幸子名儀の土地建物に連邦法廷は原告川崎氏主張を全面的に支持、勝訴を判決。

△二十三日　格州デンバー演芸協会新幹部を発表
理事長　中村、同副　坂口、会計　河野、監査　柴田、土斐崎山崎、書記長　佐野、幹事　谷

△二十四日　コロラド州大写真展に城戸昌弼氏が一等に入選。

物故者

△五日　伝馬　田村卯平氏死去
△八日　寧州ノースプラット　鵜飼シナヨ夫人死去
△九日　サンフォード　中沢トシ子夫人死去
△十一日　伝馬　国友信弥氏東京において客死
△十五日　市俄古市　大津フランク氏死去
△二十日　伝馬　平賀佐太郎氏死去

五　月

△十五日　格州デンバーに、二世投資組合生れ、第一回投資の募集を格州時事に広告、法律顧問安井稔弁護士、支配人谷三郎氏。

△十六日　帰化期成同盟の資金募集のため格州デンバーの鐘ケ江善助、安井稔の両氏、ニューメキシコ、テキサスへ赴く。

△二十七日　コロラド日会総会本年役員幹部左の如し。
会長　貝原、副　中村、会計　河野、監査　加古、黒木

△三十一日　戦前反米団体に加入者には再入国許可証を政府拒み、同胞間に重大脅威を与う。

物故者
△十四日　伝馬　梅田宇太郎氏死去
△十七日　伝馬　小早川ユミ夫人死去
△十九日　奥殿市　遠藤チャーレイ氏死去
△三十日　ロスアニマス　境弥一氏死去

六　月

△**二十三日**　川北友弥反逆罪ケース、桑港巡回裁判所で敗訴死刑判決動かず。
△**二十五日**　中加フレスノに日系青年の強盗事件あり。
△**二十七日**　加州で日系に強酒販売の鑑札発給を解禁　加州では一九四一年十二月七日の真珠湾以来、日系人に強酒販売を禁止法あり、市協の尽力により桑港マロネー議員の右禁止廃止案を上院で採択さる。
△**二十八日**　格州コロラド日会評議員会は会舘修繕を可決。
物故者
△五日　テキサス州ヒューストン　新居三郎氏死去
△二十四日　伝馬　古川勝平氏死去
・・・日　ブランカ　三宅弘子さん死去

七　月

二十三日　在米同胞よりの祖国慰問小包料金を、一斤十四仙に値下げ。
△**二十八日**　加州州会で、日系所有地を土地法違反として没収したのを賠償する法案が通り、その費用四十万弗を上下両院可決知事の署名により発効した。千九百十三年制定の土地法は茲に完全にぐらついた。曩に州会は、二十七万五千弗を支出して、土地法違反を調査、摘発せしめたが、大山事件の判決により検事総長は摘発中止を命じ、市協の努力で三分の利息を附けて賠償することになった。
物故者
△二日　朝鮮で散華せし後藤満一等兵の葬儀を営む。
△六日　グリーリー　桜井鉄次郎氏死去

八　月

△**一日**　格州時事招待により東京都参与作家木村毅氏、犬養正男氏と共に、若島丸で羅府へ「三十日上陸の旨、高柳沙水氏より入電。
△**二日**　連邦議会司法委立退賠償妥協案を支持、請求額の四分の三なら即時支払うことになり法的手続簡易化、賠償受領の期待明るし。
△**六日**　第二次大戦中報道に貢献せし格州デンバーのロッキー新報、本日附をもって発行されず直接の原因は給料不払にあるが、判明せるところによると、税金不払、用紙代その他種々の債務不履行あり、同紙十八年の歴史を閉じて廃刊と決す。
物故者
△十六日　南格ラハラ　井上シオ夫人死去

九　月

△**四日**　今夜対日講和会議桑港で開く　米代表はアチソン国務長官、ダレス大使、コンナリ上院委員長、ワイリー上院外交

委員、開会演説はトルーマン大統領、世界五十二ケ国代表集まる。日本は吉田首相を首席とし、桑港オペラハウスを会場とす。

△**五日** 在米同胞はフェアモントホテルで、日本全権団歓迎会を開く、出席者七百五十名。

△**五日** コロラド州日会は、今夜評議員会を開き、会舘修繕を決し、大挙寄附募集に乗り出す。総経費五千弗を計上。

△**八日** 対日講和条約四十九ケ国により調印、同時に日米安全保障条約も調印。

△**十五日** 西沿岸立退賠償の妥協に書込用紙全米へ配附。

△**二十日** 今明両夜、月丘夢路、千秋の姉妹、デンバーのキバ劇場で実演、戦後日本芸能人の渡米の一つ。

△**二十一日** 東京大相撲横綱前田山や藤田山、大の海、八方山ら、格州デンバーで相撲実演。

△**二十九日** 格州デンバー演芸協会秋季吹寄会開く。

物故者

△五日 ワシントン市 戸田助太郎氏死去

△十三日 シカゴ市 久家儀三郎氏死去

△二十四日 伝馬 高田岩雄氏死去

十月

△**九日** ツーレイキ舘府の市民権回復訴訟に連邦最高裁は上告を却下し、各人に恐怖の事実立証を命ず。

△**十八日** 市民権回復できぬツーレイキ舘府二世を米国は送還せぬ、と司法省発表。

△南格ロッキホード病院建設に際し、同胞がわより先亡同胞記念舘の七千三百六十二弗を寄附。

△**二十五日** 代議士堤ツルヨ氏、コロラド州デンバーで講演。

物故者

△三日 ブランカ 林田キヨノ夫人死去

△十二日 シカゴ市 桧山孝寿氏死去

△十九日 グランドジャンクション 熊本作一氏死去

△二十日 シカゴ市 仲谷房太郎国中氏死去

△二十七日 市俄古市 長谷川佐七氏死去

△二十六日 伝長東隆氏死去

十一月

△**十日** 戦前反米団体の会員は送還と、中央移民局発表し、同胞社会驚愕、控訴の外なし、この反米団体には日系諸団体、日本人会も含めて多数あり。

△対日講和条約批准書、きょう日本は米国へ寄託。

物故者

△六日 伝馬 西村伊三郎氏死去

△七日 日系兵中村亘(当字)氏の葬儀を市俄古仏教会で市協、定住者会、第五軍人代表その他参列の下に営まれた。氏は四四二隊の勇士でこのたびも朝鮮に出征、去る五月散華せられた。

△十五日 モンタナ州スリーフォクス 古賀けい夫人死去

△十七日　北格ピヤース　松田俊奏氏死去

△二十一日　伝馬　有田アイリン嬢死去

十二月

△**二十九日**　西沿岸立退賠償で同胞の千件余可決し、百万弗を近く支払わる。

物故者

△一日　伝馬　古田テル夫人死去

△七日　伝馬　児玉トメノ夫人死去

△二十日　プエブロ市　森本光平氏死去

一九五二年

一月

△**三日**　西本願寺門主大谷光照貎下、嬉子裏方訪米の旅を格州デンバーに伸ばされ、その歓迎に仏教会は未曽有の賑いを見る。

△**三日**　連邦最高裁判所は、第二次大戦に日本軍に服役せる日系市民の市民権回復に判決し、下級審の判決を破棄、個々のケースにつき事実を調査し、判定すべし、と宣告。原告は布哇の沖村清九郎及び村田久雄の両氏であった。

△**八日**　代議士植原悦次郎氏、四至本八郎氏来伝。講演あり。

△**十二、十三日**　伝馬演芸会の春芝居賑う。

△**十七日**　大陪審員に二世嬢デンバー大陪審員十二名はワールス判事の司式で宣誓式を行った。その中に古城（当字）サリー嬢あり。

△**二十日**　山東三州仏教会総会は、開教使舘建築を決す新役員左の如し。

▲顧問（終身）イロハ順　早野栄蔵、戸田四郎、河野富八、貝原一郎、尾崎喜代太郎、小倉豊助、吉田栄一、高木八十吉、中村清四郎、安田鉄一、前田菊太郎、宮本孝内、籾井春平

▲理事長　中村清四郎、副　河野富八、中田武志、同二世　小塩一、山本タッド

▲会計　土斐崎時季、二世　加藤サム、監査　津島信衛、福原始一、同二世　高橋フランク、矢成ハリー、建築委員長　坂口勝兵衛、副　籾井春平、同二世　金本ヂミ、建築会計　和多田又治郎、同二世　村田リー、同監査　前田菊太郎、同二世　森重プレストン

◇護寺会長委員　早野栄蔵、副　岩本作太郎、同二世　伊藤ヘンリー

◇映画部主任兼会堂監理　景山乙治、谷伝、記録書記　金井薫作、同二世　平岡フランク、通信書記　上田茂、同二世　吉川サム　報道部　金井薫作、同　中川エッド

△**二十二日**　司法省は可決の日系立退賠償は、昨年度百五十八万五千七百十一弗八十一仙と発表。

△**二十四日**　総合移民帰化法案は下院司法委員で賛成可決。これは移民帰化に人種、性別平等待遇を規定し、所謂ウォルタ

ー下議案である。
物故者
△一日　伝馬　萩原友右衛門氏
△二日　加州桜府　元老佐藤力太郎氏自動車事故
△十日　伝馬　篭原ノキ夫人
△十二日　西格グランドジャンクション吉永明吉氏
△十三日　桑港　京野義友氏夫妻事故死
△十四日　グランドジャンクション長下部弥七氏
△二十三日　伝馬岸本作太郎氏
△二十九日　塩湖大山次郎氏

二　月

△**一日**　立退賠償妥協申請は、三月十五日限りと発表。
△**三日**　コロラド州日会総会、帰化期成同盟と協力して、藤原義江独唱会を開催、帰化期成同盟へ利益を寄付することとす。幹部役員は前年と同じ、全部留任。
△**九日**　格州デンバー義太夫は、竹本越駒太夫を迎えて仏教会でうなる。
△**九日**　格州野菜組合新陣容を発表。
▲理事長　坂口勝兵衛▲同副　薗田朝二▲会計　堀内文吾▲会計監査　中田武志▲同　秋山松蔵▲幹事　堀江孝▲価格協定委員　一世…畑坂、前田、三浦、中田、中曽根、薗田
二世…金本、小塩、佐々木、田中、田代、浦野
▲理事●ブライトン地方　土斐崎、畑坂定、堀内文、三浦、中田武、坂口勝、佐々木、薗田、田代政、柳原清
●ラブトン地方　秋山、京田、小塩、L村田、T浦野
●イーストレーク、ウエルビーリルトン地方　中曽根、竹本、田中、山下
●ロングモント地方　金本、前田、J宮崎
●グリーリー地方　三河
△**八日**　布哇県会計局長に日系高橋栄氏初めて重任に就く。
△**十七日**　藤原義江、戦後初めて伝馬で独唱会を開き、利益を挙げて帰化期成同盟へ寄付。
△**二十三日**　加州サウスサンフランシスコは日系人に住宅を拒む。
物故者
△一日　央州ポートランド中央日報社長小山巌氏
△四日　シカゴ市長谷川辰江夫人
△十五日　羅府高岸サムエル牧師
△十九日　伝馬岡本徳三郎氏
△二十三日　プラットビル安田タミ夫人
△二十四日　加州ウ村　宗音重牧師
△二十九日　テキサス州サンベニト　棚町熊蔵氏

三　月

△**七日**　日系立退賠償予算千四百八十万弗を下院予算小委員会承認。
△**十三日**　下院本会議は、委員会案の日本賠償予算を呑む。

△**二十一日** 米国上院は、六六対十をもって対日講和条約を批准を承認。
△**二十四日** 桑港在外事務所長として田中三男氏着任、四月に初の日本総領事になるまでは公式挨拶を延期す。
△**二十七日** 紐育に初めてジャパンソサイティ生る、会頭にロックフェラー三世氏、ジョン・ホスター・ダレス氏理事会議長に、理事中に湯川秀樹博士も加わる。
物故者
△十三日 伝馬 細田丈七氏
△十四日 羅府 安川伝兵衛氏
△十六日 伝馬 尾座本主税氏
△二十三日 加州 ダイニューバ 前田寛次郎氏
△二十八日 シカゴ市 古田純二氏

四 月

△**七日** 講和後初の駐日大使として、ロバート・マーフィ氏上院へ承認を求む。
△**十五日** トルーマン大統領は対日講和条約に署名、対日理事会十一国中、アメリカの外尠くとも二ケ国が批准すれば発効する。
△**十七日** 加州土地法違憲判決加州大審院は藤井整を原告とする試訴に対し、加州土地法は憲法違反なりと、四対三を以って判決、歴史的排日法にに引導、一九一三年以来の禍根を絶つことになった。
△**二十五日** 移民帰化法下院本会議を二〇六対六八で通過。
△**二十八日** 午前九時三十分、対日講和条約は発効、この日初代駐日大使マーフィ氏は東京に着任。
物故者
△六日 ブライトン 船越源七氏
△十二日 グリーリー 高橋弥太郎氏
△十四日 格州スインク 波多タキ夫人
△十七日 スポーケン 市江又雪氏夫人
△二十二日 格州ブランカ 佐々木猪之吉氏
△二十八日 格州セーヂウイック 山下弥十氏

五 月

△**六日** 戦後初代駐米大使に新木栄吉氏任命さる。
△**七日** 戦時市民権を放棄せる二世三百名の送還命令を取消しの旨司法長官代理パールマン氏より発表。
△**十二日** 加州土地法失効 ブラウン加州検事総長は、四月十七日の藤井事件に対する州大審院の違憲判決に上訴権放棄を声明、茲に日系を多年虐めた歴史的土地法は、完全に頓死した。
△**二十二日** 移民帰化法案は、上院を通過、下院との合同委へ廻付さる。
△**二十四日** 今夜の羅府の講和祝賀会のため「在米同胞の歌」を募集し、一等に左の由利直美（本名角素子）孃入選、古賀政男氏の作曲により斉唱することになった。

一等　　　　由利直美

一、燃ゆる希望を握りしめ
海を越えたるアメリカの
土を踏みしめ若き手で
熱の誠意をひたすらに
篭めて下した一鍬が
拡げし我等同胞の
静かに強き奮闘史

二、寄せ来る高き荒波も
バラック叩く暴風も
忍ぶ心に尚つのる
高き理想の茨路を
たゆまず進む幾星霜
業は光りて日系の
名は大陸に刻まれぬ

三、あゝ誇らかにふり返る
固く築きし礎に
雄々しく立つは第二世
自由の国に堂々と
翼ひろげて果てしなく
我等の夢は栄え行く
響け祖国へこの凱歌

物故者
△八日　モンタナ州ハロートン　山本ビクター氏渡日中戦歿
△十二日　シカゴ市　九鬼松三郎氏
△十四日　伝馬　宮崎展一氏
△二十一日　伝馬　平見さすの夫人
△二十二日　伝馬　吉崎時枝夫人
△二十九日　シカゴ市　塩田徹四郎氏

六月

△**六日**　日系立退賠償妥協支払い第三次追加予算千二百五十万弗決定、政府は支払を開始。
△**七日**　戦後初代駐米大使新木英吉氏、ワシントンに着任。
△総合帰化移民法両院通過す　上下両院協議案は、下院で二〇五対五二で通過し、上院は呼称投票で多数決し、署名を求めて白亜館へ進む。
△**二十一日**　格州デンバー三桝会は春期大温習会開く。
△**二十五日**　トルーマン大統領は、マッカランー、ウォルター総合帰化法案に署名を拒否す。
△**二十七日**　総合移民法遂に成立　大統領拒否の本案は、下院は二十六日に二七八対一一三で容易に拒否を乗越え、上院は二十七日、三分の二を僅か一票多く、きわどく拒否を乗越えた。
物故者
△八日　北格グリーリ篭原てや夫人

△十七日　伝馬及川房松氏
△三十日　伝馬長田ネリー夫人

七　月

△**三日**　美以教会年会は、前月二十四日より加州サンノゼで開かれ戦後最も盛会であり、左の牧師を任命した。

総　　理　後藤牧師
西北部長　町田牧師
中加部長　藤森牧師
格州部長　大柳牧師
南加部長　佐々木牧師
二世部長　山下牧師

デンバー及び北格、南格
一世　植村（襄治）牧師　二世　大柳和一牧師

加州（ABC順）
アラメダ　一世　原谷牧師　二世　長井牧師
ベーカスフィルド　坂上牧師、副　高木牧師
バークレー　一世　藤井牧師　二世　鈴木牧師
ダイニューバー　井上牧師
フローリン　藤森牧師
フレスノ　坂上牧師、（副）高木牧師
リビングストン　後藤（正）牧師
ルーミス　桑野牧師
ロスアンゼルス　一世　山鹿牧師　二世　山下牧師
オークランド　一世　堀越牧師（副）山鹿ウエスレー牧師
オクスナード　佐野牧師
パロアルト　益子牧師
リバサイド　河野牧師
サクラメント　一世　藤森牧師　二世　村上牧師
桑港　一世　藤井牧師　二世　和気牧師
エルモンテ　横井牧師
サンタマリア　大下牧師
サンノゼ　一世　大須賀牧師　二世　入谷牧師
西ロスアンゼルス　佐々木牧師
ウォーナツグローブ　今井牧師

▲ワシントン州
シャトル及びタコマ　一世　町田牧師　二世　荻谷牧師
スポーケン及びワパト　島田牧師

▲オレゴン州
ポートランド　林牧師
オンタリオ　矢崎牧師

▲アイダホ州
東アイダホ及びフッドリバー　丹羽牧師

△**十一日**　立退賠償次年度予算七十四万五千弗を上下両院で承認。

△**十一日**　シカゴにおける共和党大会アイゼンハワー元帥を、第一回投票で満場一致で、共和党大統領候補に決定。

△**二十六日**　民主党大会は、シカゴで開かれ、第三回投票により、アドレイ・スチブンソン氏大統領候補に決定。

△**二十九日**　市民協会は立退賠償を受取った人から、五パーセントの寄付を仰ぎ、市協資金百万弗を造り利息で会を運営する案を発表。

物故者

△二日　伝馬　青木勝右エ門氏

△十日　モンタナ州ハロートン　山本ヴァレー潔氏

△十五日　市俄古市　中村学一氏

△二十二日　インディアナ州ノックス　池田源三郎氏

八　月

△**二日**　ヘルシンキ・オリンピックでアメリカチームに参加せる布哇生れ日系フォード・コンノ君千五百米自由形水泳に優勝して、日系の名誉あぐ。

△**二日**　ソートレイキに大自動車事故あり、同胞八名即死すアメリカに前例なき惨事とす。

△**二十日**　第二次大戦勃発以来、十年をコロラド州デンバーに転住せし加古得哉氏加州桑港の旧住地へ帰還、氏はコロラド在住中帰化権獲得運動に貢献するところ多し。

△**二十五日**　市民協会本部加州へ第二大戦により、ユタ州ソートレイキに本部を遷していた市協は来月加州へ移動するに決す。桑港へ本部を、パシフイック・シチズン紙編集部を羅府へ移すこととす。

△**三十日**　高野山和田管長伝馬へ　高野山の和田性海管長はきょうデンバーへ巡錫、大師講お盆法要盛ん。写真は松平忠厚碑前の和田管長（右より二人目）右は高橋北米開教総長、左端は星嶋数雄氏、その右は宮本孝内ドクター

物故者

△十九日　伝馬　田代末彦氏

九　月

△**五日**　日本保安隊に、アメリカより貸与せしフリーゲイト艦

による海上警備隊訓練を初め、きょう初めて吉田茂首相検閲に越中島へ赴く。

△**四日**　日本の三大新聞朝日、毎日、読売は共同通信を脱退す。

△**四日**　格州デンバーの連邦政府機関に、日系の就職は八十三名がいると市民協会は発表。

△**五日**　正岡マイキ氏初めて訪日　来る十月二日に、ノースウエスト航空機で日本へ向け出発と発表、氏は同航空会社が日系嬢をスチュワーデスとして採用しているので、今度の訪日に同社機に乗ると説明した。

△**五日**　格州時事紙は、今週より週五回とし、六頁紙を発行ときょう社告をもって、明土曜紙なきを発表した。一九四五年十二月以来の六回発行は前週をもって終りとす。理由は連邦労働法、週四十時間の労働制を布いたためである。

△**五日**　元代議士中村嘉寿氏、格州デンバーで講演す。

△**九日**　加州土地法は藤井整氏事件で憲法違反と判決されたに就いて、日系の没収土地代を返還訴訟が二世ら十八名により提起され、去る六日、サクラメントの上級裁判所ヘンリー判事法廷で勝訴し五十四万八千八百二弗の返還せよ、と判決さる、その原告及び請求額は次の如し。

▲ステート　ファミング会社（国府田）十万弗　▲森本栄一万二百九十弗　▲岩村（阿部）メリー一万二千六百二十九弗　▲赤堀文子一千八百八十七弗　▲茶森明及び泰一万四千五百二弗　▲岩村明一万　千弗　▲森下アリス及び中尾忍二万四千弗　▲寅岡花子　万四百弗　▲山口時枝一万二千弗（以上フレスノ郡）　▲内藤富枝　万五千五百弗（マデラ郡）▲浅野秀則三千四百七十九弗　▲秋田秀子　六千七百六十七弗（ウンオーキン郡）▲渡辺英子六千七百六十弗（ベンチュラ）▲光内文子二万弗及び七万五千弗（羅府郡）▲谷田文子　万八百十三弗　▲池末久子九千四百八十六弗（サンデーゴ郡）

（以上音訳）

△初の人形造り講習　富米野絹子女史（旧内田絹子、羅府で二十年前文筆で知名）渡米し、シカゴで十三、十四、デンバーで十八、十九、日本最新の人形造り講習会開く、二世の若い妻君が大勢受講したのには、世人驚く。

△**十六日**　政府の公営住宅に、反米リストの団体に属せし日系の住込みを政府は拒む。

△**十九日**　日本送り慰問品四弗くらい迄無税と桑港臨領事は発表。

△**二十五日**　きょうより大阪銀行紐育支店開業、戦後初の日本銀行のアメリカ進出である。

△**二十九日**　シカゴ定住者会総会開く。

△**二十九日**　格州デンバー元日会幹事笹森順造氏、日本の選挙に立候補を後援する会を発足、運動費を募集す。

△**二十九日**　新移民帰化法により、日系人にして滞米二十年、年齢五十歳以上のものは、日本語で帰化試験を受く、但し歴史や憲法の知識を要す。

物故者
△四日　格州コロラドスプリング　川本フエ夫人
△五日　グリーリー　緒方弥一氏
△九日　伝馬　北川謙吉氏
△十三日　クリーブランド市　生田寅吉氏
△十八日　ミネソタ州セントポール市　六谷ツルヨ夫人

十月

△**三日**　格州デンバー美容師大橋ジョージ氏は同市フロレンスビル内に、エアスタイルリング専門学校を開設す。
△**七日**　コロラド日会は、評議員会で、日米講和及び帰化権獲得祝賀会を、十一月九日の祖国における立太子及び成人式当日に開くこと、帰化学校開設を決議す。
△**十五日**　日本保安隊十一万東京をパレード示威す。
△**十五日**　格州デンバーの笹森順造氏後援会は、五百六十弗を送金。
△**二十一日**　新木駐米日本大使、桑港歓迎会で卒倒す。
△**二十四日**　第四次吉田首班選出。
△**二十五日**　格州演芸協会吹寄せ会は成功。
物故者
△十三日倭州アラパホー　平沢義一氏
△十三日　格州ウイギンス　中川正人氏
△十四日　伝馬　近藤精一氏
△二十九日　愛州ワイザー　西村熊太郎氏

十一月

△**四日**　アメリカ大統領選挙行われアイゼンハワー元帥は、圧倒的多数をもって選挙さる。判明せる州は三十九州その選挙票四百四十二票を獲得（当選必要数は二百六十六）
△**六日**　四日選挙の結果、共和党は僅少ながら両院支配。
△**九日**　明仁親王の立太子の礼と共に、コロラド日会は、平和回復と帰化権獲得の祝賀会を日会ホールで開き、出席者三百余名、第二式は各芸団の参加を得て盛大を極む。
△**十七日**　初の水素爆弾　アメリカ政府は、史上初めての水素爆弾を去る十一月一日太平洋エニウエトク礁で爆発の旨、きょう発表。
△**十六日**　訪日同胞拝謁　パイオニヤ観光団のデンバーの宮本孝内氏十七名に、十三日天皇陛下は拝謁を許され御言葉を賜う。
△**二十日**　コロラド日会帰化学校盛ん　十日開校以来、受講登録者は二百九十四名、貝原会長を講師として熱心に聴講。
△**二十日**　市川房枝女史来伝、講演会開く。
物故者
△十七日　伝馬　川島ハル夫人
△二十日　伝馬　三国マリー茂子嬢
△二十四日　プエブロ市　竹内吉次氏
△二十八日　加州サンノゼ　岩永トクヨ夫人

十二月

△**二日**　日系人口三十二万

一九五〇年の米国国勢調査結果の最後的報告書は、州別にまとめて米政府国勢調査局において作成中で、来年二月頃には全部印刷完了の予定であるが、アラスカを除く米大陸の日系人は総計十四万一千七百六十八名布哇は十八万四千六百十一名と判明した。米大陸の日系人総人口は、一九四〇年度の十二万六千九百四十七名に比して一万五千三百九十三名の増加となっている。

戦後日本人が急増した州ではシカゴを中心として日本人が多数転住したイリノイス州で、戦前の四百六十二名が、一万一千六百四十六名になっている。コロラドは戦前の二千七百三十四名が五千四百十二名へ、ユタは戦前二千二百十名が四千四百五十二名へと増加している。またミネソタは五十一名から一千四十九名へ、ミシガンは百三十九名から一千五百十七名へ、ニュージャジーはシーブルック農園の関係で、二百九十八名が一千七百八十四名へ、オハイオは百六十三名が一千九百八十六名へ、ペンシルベニヤは二百二十四名から一千二十九名へと何れも大幅に増加を見せている。紐育州は戦前の二千五百三十八名が三千八百九十三名に増加しただけである。

加州の日系人人口内訳を見ると、流石に羅府市は多く二万五千五百二名、桑港は五千五百七十九名、王府一千二百五十、麦嶺二千百四十七、サンノゼ八百七十二、桜府二千八百八十四、須市八百七十八、布市八百十五などである。

郡別になると、第一位は羅府郡の三万六千七百六十一、次いでサンタクララ郡五千九百八十六、桑港郡五千五百十九、サクラメント郡五千二百九十八、フレスノ郡五千百四十八、アラメダ郡四千九百三十四、サンオーキ郡三千百二十六などが目星しい。

太平洋沿岸三州の日系人数は加州八万四千九百五十六（一九四〇年九万三千七百十七）、オレゴン三千六百六十（四千七十一）、ワシントン州九千六百九十四（一万四千五百六十五）、しめて九万八千三百三十一名で、一九四〇年の総計は十一万二千三百五十三名である。

これによると戦前は太平洋沿岸三州以外居住の日系人が僅か一万四千五百九十四名であったものが、戦後は四万三千四百五十八名へと二万八千八百六十四名の増加になっている。理由は戦時中西沿岸立退かされた人々が東部から中西部諸州に移住、戦後もそのまま引続き移住地に土着しているからである。

戦後の太平洋沿岸三州の日系人人口動態を見ると、戦前に較べて加州は九・三パーセント、オレゴンは一〇パーセント、ワシントン州は三三・四パーセントの減少を示している。

最も減少しているのは、ワシントン州で、戦前の一万四千五百六十五名が九千六百九十四名になっていることである。その他各州の日系人口は加州、オレゴン、ネバタ、ノースダコタ、デルウェヤー、ワイオミングが減少しているだけで他は全部増加をたどっている。

△十日　格州デンバーの吉村ユニーさん、シカゴの洋裁高等部で、全米選手権獲得。

△十六日　コロラド・タイムス故国送金停止　講和以来、在米同胞のために、故国に送金を取扱っていた格州時事社は、日本の為替銀行の在米支店開設により今月二十日限り停止を社告で発表した。

△二十二日　山東三州仏教会は臨時総会を開き、開教使住宅購入を決議す、建設委員長　坂口勝兵衛、募集委員長　中村清四郎氏を挙ぐ。

△二十四日　日系帰化を許容せる移民帰化法はクリスマスイブを期し効力を発生す。

物故者

△二日　シカゴ市　宮本スチーブ君

△二十七日　プエブロー市　大上熊太郎氏

一九五三年

一月

△五日　初の日系帰化か　テキサス州エルパソで、日本生れ柳川君江夫人が帰化す。六歳から当地に住み、公立学校の教師をしている人。

△加州柑橘業者は、日本青年七千を招く案を推進し、それに農業労働組合は反対声明。

△十一日　山東三州仏教会総会幹部は全部留任と決し、市内エーツ街開教使新宅購入を承認す。

△十三日　日本レコード再生訴訟　終戦以来在米日系人の手で再生売出した日本レコードは、正規の手を経たものでない、と日本のレコード協会は、羅府同胞を特許権侵害で訴え、きょう羅府で開廷。

△十七、十八日　伝馬春芝居、演芸協会の歌舞伎は両夜とも盛大に演出。

△二十日　アイゼンハワー氏は、三十四代大統領に就任。

△二十一日　全米市民協会本部、懸案のソートレイキより加州引越しは桑港へと決定。

△三十日

△伝馬帰化学校第一回終る　昨年十一月七日以来の日会帰化講習は、三十日をもって第一回を終る、受講者三百余名は試験成績極めて良し。

△布哇日の丸事件特赦　三日系の罪は知事により昨年十一月特赦、この事件は布哇の敵国国旗掲揚禁止法に触れた一九四六年のケースで布哇大審院まで行って敗訴したものである。

物故者

△十日　伝馬　加村祐爾氏死去

△十二日　格州ブリストル　谷合伊太郎氏死去
△十三日　デンバー　稲井豊氏夫人の母堂桜府で死去
△十九日　シァトル市　児玉金助氏死去

二　月

△**二日**　加州東銀及び住友銀行桑港と羅府で開店。△桑港では日系百六十名に一束帰化試験行う。
△**五日**　宮中の歌会始めに同胞入選　ジョージヤ州ホワイトォーク仏円幸彦氏夫人あい女史の左の詠進歌が入選。御題は船出であった。
船出して三十年あまりをアメリカに国を思はぬ日とてなかりき
△**二十一日**　シカゴ日米会創立総会　旧日本人実業クラブと日米クラブを合併結成され、左の新幹部を選出。
▲会長　戸栗遵▲副会長　永田繁▲同　向山英文▲幹事　岩室吉秋▲会計　西栄蔵▲監査　花木栄三▲同　城市潔▲同　加藤喜三郎
物故者
△十二日　伝馬　茶堂初一氏死去
△十八日　伝馬　竹本勝君死去
△十七日　伝馬　吉田与四松氏死去
△二十二日　デルタ　猿渡ゲーリ氏死去
△二十六日　伝馬　堀内衛司氏永眠
△二十七日　シカゴ在住永田繁氏病死

三　月

△**十二日**　通訳附日本語帰化試験にコロラド初めて鳥羽みさを夫人受験、良成績で合格。
物故者
△一日　戦時デンバーで商業せし竹入信高氏、加州アプトスで事故死
△十八日　倭州リバトン　伊藤新助氏死去
△十九日　グランドジャンクション　山根亀太郎死去
△二十日　倭州リバートン　伊藤新助氏死去
△三十日　シカゴ定住者会専務安武嘉一郎氏病死

四　月

△**三日**　日米通商航海条約調印マーフィ駐日大使と岡崎外相により戦後初めて通商条約を締結　この条約は一九五一年四月二十八日に、日本が独立を回復すると共に両国間に永い交渉を重ねて来たもので全文二十五条あり。
△**十一日**　皇太子明仁親王、桑港にお到着、初めて訪米さる。
△**二十日**　ボストンマラソンに日本の山田敬蔵選手優勝。
△**二十七日**　デンバー柔道道場組織なる。
物故者
△三日格州ヘンダーソン　本田上次郎氏死去
△七日　伝馬船山新作氏死去
△八日　オクデン　仲手川牧師夫妻輪禍死
△十一日　格州エリー　田中磯雄氏死去

△十一日　伝馬　京田スタンレー氏葬儀
△十四日　倭州イセテー　横田竹子夫人永眠
△二十五日　格州ラフエット　山本種吉氏召天

五　月

△五日　司法省の反米団体リスト問題化　日系二十一団体が、依然反米リストにあるは、その旧会員を脅威するので、市協は抹殺方を政府へ交渉開く、その団体左の如し。
黒龍会、米国中央日本人会、南加中央日本人会、大日本武徳会、兵務者会（北米兵役義務者会、在米日本人兵役義務者会、在米兵務者会）日の出会、日の丸会、北米在郷将校団、米国日本人会、海外同胞中央会、日本海外協会（東京一九四〇年）、日本人擁護協会、時局委員会、帰米青年会、南加帝国軍友団、日米興業会社、西北日本人会、桜会、神道神社（シントー・テンプルス）、祖国会、水交社（羅府）
物故者
△十二日グリーリー　前田辰之助氏
△十五日　伝馬　早野ローイ氏
△十九日　羅府現在の青地忠次郎氏
△同　日　格州ロツキーホード　田村フジ夫人死去

六　月

△十九日　市協は戦争避難移民を日本人に拡張方を議会要路に交渉開く。
物故者
△三日　ネ州リンコルン市　松島ノラ夫人死去
△十六日　サンノゼ　岩永末松氏死去
△二十七日　シカゴ市　田中雅春（柊林）氏死去
△二十九日　伝馬　飯田茂次郎氏死去

七　月

△十八日　ミス日本が三等　加州ロングビーチの世界美人競争ミス日本伊東絹子嬢三等に入選。
△二十六日　朝鮮動乱停戦協定板門店で調印。
△二十八日　下院は特別移民法案通過　二十一万七千を特別入国許容案は、日系も二千入国を規定す。
△二十九日　上院は特別移民案通過この案には日本人入国の条項なく両院協議会へ案を廻附す。
物故者
△七日　テキサス州マクアレン　中野とみゑ夫人死去
△六日　塩湖市　牧師中条維隆氏昇天
△六日　ワシントン　D・C東源之助氏死去
△二十日　ヘンダーソン　室屋節子（生後二ケ月）死去
△二十七日　寧州オマハ市　松並柳代夫人死去

八　月

△四日　日系千五百特別入国　特別移民案は、両院協議会で総数を二十万四千名に減じ、日系も三年間千五百入国許容に妥協案なり、両院を通過した。
△七日　戦災特別移民法に大統領署名す。

△八日　日本水害見舞運動は全米各地に起る。
△十四日　ダレス国務長官は東京に立寄り、アマミ大島返還を約束。
△二十日　新メキシコ州ギヤロップの宮村博氏は朝鮮戦場の勇敢を賞せられ、議会より殊勲賞贈らる。
△三十一日　留学生が二世娘と結婚して永久居住権獲得の例開く、羅府の東銀勤務の粕治明氏のケースを初めとす夫人は布哇生れ二世。
物故者
△十三日　倭州カーゼー　洞光子夫人死去
△二十日　伝馬　橋本重太郎氏死去
△二十八日　加州サンデーゴ　綱田マツ夫人死去

九　月

△八日　デンバー立身波多テッド氏朝鮮戦場で行方不明のところ捕虜交換により無事東京迄帰る。△アマミ大島返還は十一月一日と決定。
△十五日　外国行郵便値上げ　十一月より日本へ一種八仙になる。
△十八日　「大陸日系初の判事　羅府の相磯ジョン氏は、市下級裁判所判事に指名さる。
△二十九日　日米行政協定改訂調印、日本は米兵裁判権持つ。
△三十日　ウォーレン加州知事最高裁判所長に任命。
物故者
△二日　伝馬　進長蔵氏病死
△十五日　伝馬　小室昌一氏自動車事故死
△十七日　伝馬　岸山久太氏病死
△二十八日　ポートランド市　木村寛道遷化
△二十八日　東京にて室屋ふじの夫人病死

十　月

△一日　極東米軍及び国連軍総司令官として、ジョン・ハル大将着任、前任者クラーク大将事務引継ぎ初む。
△五日　立退賠償受領者の寄付あり、市協基金五万六千弗越す。
△七日　デンパー的場交通社の訪日観光団出発無期延期す、理由は移民法の解釈未だ判然とせず再入国のトラブルを警戒したため。
物故者
△七日　伝馬　岸山周作氏病死
△十三日　伝馬　当房栄吉氏病死
△十六日　伝馬　宮内マキ夫人病死
△二十四日　羅府　谷文五郎氏病死

十一月

△三日　川北友弥減刑　第二次大戦中、大江山ミートボール事件の二世川北友弥は、反逆罪に問われ、一九四八年十月五日死刑判決を受けていたが、きょう大統領は減刑して、十年懲役、罰金一万弗とした。

△日米通商条約発効により一時訪米者として渡米中の日本商社員は、国際商人に資格変更を許され、永久滞米権附与さる。
△**十二日**　司法省は反米団体リストを発表したが、市協の抗議にも拘らず、日系十四団体はリストから抹殺されず。
△**十六日**　シカゴ戦争花嫁ブレントンえつ子さんの幼児殺し自身は自殺未遂で、殺人罪として起訴さる。戦争花嫁の愛情悲劇。
△**十七日**　山東三州仏教会の新寺務所落成。
物故者
△二日　南格クラウレー　柚木チエ夫人病死
△九日　格州グラナダ　田中英雄病死
△十六日　羅府の中村友福氏病死
△二十八日　伝馬　岩崎万作氏病死

十二月

△**三日**　フロリダ州マイアミの須藤幸太郎氏夫妻、船で日本をきょう出発帰米の途につく　氏は在米生活五十三年を切りあげ去る七月神奈川県下へ帰郷したが、郷里で楽しめず却ってアメリカの友に懐しがられ帰米したが、その物語りはジャーナリズムにより広く喧伝されて有名。
△**九日**　日本国際法廷加入　日本は国際法廷加入案は、国連総会で五十一対〇で可決。
△**十五日**　駐米大使に井口氏、新木初代大使は二十日ごろ帰朝し、その後任としては、カナダ駐在井口貞夫氏を起用。
△アマミ大島帰日来月　ダレス長官訪日の際約束されしアマミ大島の日本復帰は一月一日と決定。
△**十六日**　在米日系人口　このほど公にされた一九五〇年度米口人口調査の最終報告書によると、米大陸居住日系人十四万一千七百五十八名中外国生れの日本人（一世）は五万二千二百五十五名であるという。このうち三千三百六十名は米国帰化者によって占められている。
　加州在住の日系人は八万四千九百五十六名であるが、その四分の一、二万二千九百四十三名は一世である。

　一方ハワイ居住一世は日系人人口十八万四千六百十一名のうち三万八百八名で、一世、二世の割合は一世が六分の一である。その点米大陸はまだまだ一世が多く、全体の三分の一に当る勘定になっている。
△**二十八日**　日系帰化試訴勝つ　桑港の辻数一氏のケースで所謂五F条項の第一次大戦に徴集免除になった日系帰化に勝訴判決は連邦判事グットマン氏により宣言された。
物故者
△一日　伝馬　森下岩吉氏死去
△十日　伝馬　谷ジャッキ氏病死
△十四日　格州イートン　木下元馬氏病死
△十八日　伝馬　筒井盛寿氏病死
△十九日　ブライトン　古田辰人氏病死

一九五四年

一　月

△**五日**　日系ポスター一等　伝大四年田村ローイ氏のポスターは百名の競争で一等に入った。コロラド・スプリング美術舘募金のダンスの宣伝用であった。

△**十二日**　日航一番機

日本航空の桑港乗入れ記念一番機、在米新聞人を招待して日本へ向う、そして日本から来る時は鷹司平通氏夫妻、女優高峰秀子や議会代表を乗せて来て、その帰港にはグルー前駐日大使、日英新聞記者を無料招待。

△**十二日**　シャトル三原源治氏受賞　日系人会長三原氏島根県に帰郷のところ、日本政府より暮の三十一日、勲五等瑞宝章授与。

△**十四日**　難民救済移民法拡大日本の戦災者にも資格拡大。

△**十七日**　デンバー山東三州仏教会総会、新役員左の如し。

理事長　中村清四郎、同副　中田武志、和多田又次郎、同二世側　高橋フランク（他二名は未決）、会計　土斐崎時季、同二世側　加藤サム、監査　河野富八、景山乙治、同二世側（未決）、記録係　下田軍一、通信書記　上田茂、

△**十二日**　詠進歌に在米同胞入選きょうの宮中歌会始めに、左の在米同胞の詠進歌入選

異国の林かなしも落葉ふめばかすかにきこゆるふるさとの音

加州　井上通政

△**二十四、二十五日**　伝馬　演芸協会春芝居賑う。

△**三十日**　コロラド日会総会新役員左の如し。

▲会長　貝原一郎　▲副会長　小沢滋太郎　▲会計　河野富八

▲監査　稲井豊、同　高峯房吉

物故者

△十七日　伝馬　宮城綱彦氏病死

△北格オールト　徳永ハツォ夫人同上

△二十二日　北格オールト糠谷五良氏病死

△三十一日　デンバー中村善之助氏病死

二　月

△**二十三日**　男子帰化頓挫解決　市協発表によると新法の下に男子帰化に停頓理由たる五F問題につき、司法長官より各移民局に帰化を受理するよう通知された。

△**二十六日**　日航赤字　去る二日より荷客輸送を初めた日航桑港航路は赤字つづきで悲鳴あぐ。

物故者

△五日　格州ブライトン田代登氏輪禍死。

△九日　デンバー桑原寛市氏病死

△二十日　同木村新蔵氏病死、同西崎庄八氏病死

三　月

△**二日**　的場帰化試訴勝つ　男子帰化の試訴デンバー的場吟次

郎氏原告の訴件は、ナウス連邦判事は、桑港のグッドマン判決を支持したもので同胞がわは全勝した。

△十八日　第五福龍丸被爆　三月一日のアメリカのビキニ礁水爆試験に、日本漁船第五福龍丸乗員二十三名被灰して発病し、吉田首相はこれを重視せる発言をきょう行う日本国民沸騰す。

△十九日　アリソン駐日大使は福龍丸被爆の損害賠償を日本政府へ誓う。

物故者

△六日　グランド・ジャンクション岡川スズ夫人病死

△三十日　新墨州グラント李真一氏病死

四　月

△十八日　戦災難民第一号　山口県立身柳原睦夫氏、新移民法の戦災移民として、加州サイルス・オビスポ豪農江藤為治氏の保証で渡米。

物故者

△一日　桑港の指導者山手笹人氏輪禍死

△十一日　加州コートランドの豪農、熊本県人坂田辰喜氏病死

△二十三日　テキサス州サンベニト豪農古川義一氏羅府で病死氏は戦前中加の豪農だった。

△二十一日　格州アラモサ豪農植田勇作氏病死

五　月

△十七日　連邦最高裁は、南部の黒白隔離公立学校に、違憲と判決、アメリカに重大波紋描く。

△十九日　デンバー日系秀才に栄誉　山田耕人氏二女アイリーンさんはマサチュセッツ州のウエズレー女大より、千四百五十弗の奨学金を受く。この大学は宋美齢夫人、植村環女史を輩出した東部で有名な女大、曩に小笠原礼子嬢について、日系にこの大賞の奨学金を支給した。

△三十一日　デンバー文化協会は、コロラドの先駆者松平忠厚建碑と共に、歴譜埋箱式あぐ。

物故者

△十四日　格州ダービイ　児玉作次郎氏病死

△二十九日　格州ツリニダット　上村伴造氏夫人病死

六　月

△二十四日　格州へ空軍士官学校　過ぐる六年間コロラド州民が熱望した空軍士官学校は、遂に達成された。全米候補地四百余の中から、コロラド・スプリングが最良とタルバート空軍長官より決定の旨発表され、来年七月入学の第一期生はデンバーのローリー空軍基地を臨時校舎とし、一万五千英加の敷地に、今度だけに一億五千六百万弗を投じて新校舎を建築する。

物故者

△一日　デンバー　松門寺辰三郎氏病死

△同　デンバー久我建三氏病死

△七日　同　切刀アヤ子夫人病死

△十二日　伝馬　山本源之助氏病死
△十三日　格州ウイルビー今田弘氏病死
△十九日　格州ボルダー　緒方米作氏病死

七　月

△**一日**　日本は自衛隊を公式に発足、初代長官に木村篤太郎氏を任命。
△**十三日**　賀川豊彦氏十八日より二十一日にかけコロラド州内で説教。
△**十四日**　日本難民三十四名に渡米査証す。
△**二十日**　帰化一世のために選挙権使い方を実演、日系人会主催で、仏教会で行う。
△横田基地の米軍司令官と日本の総評と悶着　新書記長高野実の如き左翼の人物の指導する基地労組との交渉を拒む。
物故者
△二十八日　上山草人氏東京で逝く
△東格アット・ウッド森嘉一郎氏令息義雄氏シカゴで病死

八　月

△**四日**　アメリカは大陸防空司令部を、格州コロラドスプリングへ設置。
△**十日**　米国政府は向う三年間に十億弗の対日援助の計画立つ
△**十四日**　伝馬市は仏教会の盆踊りを招き、市庁前で踊らせ観光客に観せる。
物故者
△二日　ワイオミング州ダグラスの新盛利幸氏、伝馬で病死
△十一日　伝馬　山本佐七氏病死
△二十一日　オレゴン州元老洞上日蔵氏ポートランドで老死

九　月

△**二十三日**　被爆福龍丸の久保山ラジオ技師死す。
物故者
△八日　伝馬　芦沢広吉氏病死
△同　西格オレセの大井憲次氏怪死
△二十九日　移民法起草者ネバダのマッカラン上議演説中に昏倒不帰の客となる。
△三十日　伝馬堀内あや夫人病死

十　月

△**一日**　円預金払戻し難　羅府の木村松南氏は一九四七年以来、戦前の正金及び住友銀行への円預金払戻しを、四千人の預金者のために当局へ請求していたが解決捗々しからず、その交渉方を、市協の正岡マイキ氏に依頼したと各邦字紙上に広告。木村氏は開戦直前の為替レート二十三弗四十仙で換算を主張し、敵人財産管理局は三百六十円を主張して譲らずと報ず。
△**一日**　吉田首相ワシントンへ十億弗借款を交渉と伝う。
△**五日**　戦後北米向け移民　東京ニュースによると終戦後、永住目的の渡航者は、北米向け一万一千中南米へ七千と伝う。その北米向け移民は、戦争花嫁と在日二世の帰米である。

△**二十九日**　市協基金八万弗　稲垣会長によると、市協基金への寄付は、立退賠償はかどるに従い増加して、八万弗に達し信託預金の利子二千五百弗は市協運動費に使うという。

物故者

△十二日　伝馬　山本源治氏母堂とりえ刀自病死

十一月

△**二十二日**　日系入国三千七百余　移民局発表によると、過ぐる年間一九五三年七月一日より、一九五四年六月三十日迄に、日本人移民三千七百七十七人あり、その内割当移民は二百九十二人で、非割当移民は三千四百八十五人である。その内訳左の如し。

市民の妻	二八〇二	市民の夫	一〇五
市民の子供	二八五		
市民権回復者	一	宗教家及びその家族	二七
西半球からの市内の配偶者及びその子	一一		
その他	一一六三		

前年度には日本人移民の入国数は、二三九三人で、割当移民九三、非割当移民二三〇〇であるが、マッカーラン移民法が実施されたのは、一九五二年十二月二十四日であったから、右は移民許可六ヶ月間の実績である。しかし二年間を通算すると、日本人六一七〇人（内割当移民三八五）がアメリカへ移民した。

△**二十九日**　桑港の貿易斡旋所店開き　これは紐育に次ぐ開設であり、サンソム街三十八はきょうは賑わつた。

物故者

△八日　伝馬　秋山吉郎氏病死

△二十二日　デンバー　高田ツヤ子夫人病死

△二十九日　加州桜府元老よろず商会主岡田治郎氏は、桑港金門学園で開かれた全加州川柳大会に出席し、歓談中に不快を覚え、須大病院で手当を受けたが、遂に不帰の客となる。大往生である。

十二月

△**九日**　鳩山首班生る　戦後四人目の首相に当選。

△**十五日**　ポートランド元老故竹岡大一氏に、勲五等瑞宝章を叙勲の旨重光外相より今城領事に通告来る。

物故者

△九日　オレゴン州ポートランドの元老竹岡大一氏逝く

△二十三日　羅府の加州毎日新聞社長藤井整氏卒倒遂に起たず

△二十五日　格州ブランカ潮下清一郎氏病死

△二十七日　格州ラプトン松本惣次郎氏病死

一九五五年

一月

△**四日**　福龍丸損害賠償本極り　日米政府間に福龍丸損害賠償は、二百万弗を日本へ支払うことに決定。

△**五日**　インタニー　教会、法人へ立退賠償　下院立退賠償小委員会は、昨年九月桑港と羅府で公聴会を開き、十五項目の修正を下院へ勧告し、その内にインタニー、教会、法人への立退賠償も含まる。

△**十二日**　在米同胞詠進歌入選　宮中歌会始めに、シカゴの松本登美子夫人の左の歌入選。

御題「泉」

木の間がくれ湧く真清水に月光のすがしきさまはこの国に見ず

△**十六日**　三州仏教会総会　決議の中に、前田菊太郎氏を委員長に挙げ、仏教会記録を作製する、との一項あり、新役員は理事長　中村清四郎氏、副には和多田又次郎、鈴木賢市、坂口勝兵衛の一世三氏、谷伝、竹馬恵、本山正二の二世三氏、会計は一世中田武志氏、二世は平岡政人氏。

△**三十日**　コロラド日会総会、左の新幹部成立。

会長　貝原、副会長　早野、会計　河野、監査　高峰、鈴木

物故者

△九日　デンバー麻生たか刀自病死

△二十一日　元ロッキー新報記者佐野新氏、デンバーのホテルで病死さるを発見、氏は愛知県出身で本名は佐野新左工門。

△二十八日　デンバー平山五郎氏病死

二　月

△**一日**　一九五三年の災害避難民特別入国法を、日本人にも適用することに国務省は決定。

△**一日**　戦後鶴嶺湖館府で、市民権放棄の二世に、その回復が認められ、昨年九月以来、四回に亘り二百五十八名が市民権を再び得た。即ち

昨年九月五十八名、十一月二日百名、十五日五十名、十二月二十三日五十名

△**三日**　在日家族呼寄せ運動　市民協会中心に、主として加州より声挙がる。

物故者

△十一日　デンバー河西カネ夫人病死、同守田伊作氏病死

△十二日　華州スポーケン　黒田訥氏病死

△十九日　格州ブライトン　城山丈作氏病死

三　月

△**十八日**　鳩山一郎氏再び首班当選。

△**同**　デンバー在住戦争花嫁さん達コロンバインクラブ（おだまき会）を組織す。

△**二十五日**　昨年度日系入米三千八百人　上下両院合同調査発表によると、一九五四年六月末に終る年度内に、日本から割当移民百九十二名、非割当で永住権を持つ入米者三千四百八十五名であった。移民以外の入米者は八千二十七名である。

△**二十六日**　大口立退賠償四十四人解決、二千五百弗以上の大口賠償二十四万弗余、六月三十日までに支払予算成立。

物故者

△三日　篭原栄次氏デンバーで病死
△九日　デンバー　合志募氏病死
△二十七日　倭州オーランド　永田太一氏病死

四　月

△二日　格州内の新聞論説に日系嬢入選　デンバー生れ河村キャソリン嬢は一等に入る。目下西格デルタの英字紙にあり、週刊論説は一等、日刊論説は三等に入った。

△八日　格州ブライトン美談　コロラド州ブライトンは、かつては州内で排日土地法提出の火の手をあげたところであるが、坂田ハーリー氏は癌で入院し、弟のバブ君が春の耕作が手遅れになっていたところ、近隣の白人が大勢でトラックター二十五台で、坂田君の畑を耕して援助し、近頃の美談としてデンバー英字紙は三頁を埋めて報じた。

四　月

△十五日　格州ラハラ美談　格州ラハラの豪農大野吉五郎氏は心臓病に臥し、長男は火災で重傷し娘さん一人で、七百英加の土地の耕作は到底出来ず途方に暮れているのを見兼ね近隣日本人、白人三十一人が同情しトラクターその他の農具を持ちより二日間にさしも広い大野農園に春の植付けをすました。サイルイス平原の美談である。

日系初の連邦判事　布哇生れ田代ベンジャミン氏は従来布哇の副検事総長であったが、大統領により、ハワイ第五区巡回裁判所判事として永久的な椅子に任命された。

△十九日　ボストン　マラソンで浜村優勝。日本の浜村秀雄は、ボストン・マラソンで一位に、内川七位、田辺八位に、日本人の気を吐く。

△苗もの加州法に同胞勝つ　多年抗争中の加州対浅本ケースで、加州の苗もの市販売の州法は、州最高裁で違憲判決を支持し、同胞がわ勝つ。

△二十八日　日系を誣う教科書抗議　紐育のクロウエル刊行社のカレッヂ教科書モダン・ウォルド・ポリチックスに日系を不忠誠と書いた章あり、市協より厳重抗議す。

物故者

△十二日　戦後デンバー居住松田午三郎氏、加州華村で病死
△十六日　格州イーストレイキ入谷佐市氏病死

五　月

△四日　戦争花嫁二万渡米　横浜米領事ローレンス・ティラー氏によると今までに日本人戦争花嫁が二万人入米査証を得て海を渡った。一九五四年度だけでも三千名以上渡米、一九五四年四月より一九五五年三月の間に、非割当移民の査証を得た日本人は、四千百七十六人、その内訳は孤児二百三名、戦争花嫁が三千二百十名である。と

△十八日　デンバーに滞在中の手なし沖縄青年に永住権　この人は沖縄米軍に雇われ仕事中電機に触れ両手を失ったが、肺を病んでいたので、デンバー陸軍病院へ送られていた。全快はしたが、永久滞在を希望し、市協やセブンスデー教会の運

動によりコロラド選出、連邦上下議員を動かし、個人法案として永住権許容案をだしてもらったが、きょう議会を通過した。

物故者
△十日　デンバー　久坂貫一氏病死
△十一日　格州ウイルビー　室屋君子夫人病死
△十七日　南格ロスアニマス　平野三四郎氏病死

六　月

△**二日**　戦前の正金銀行預金払戻提訴　羅府に本部を置く横浜正金銀行へ円預金者会数千の日本人は、米国政府を相手どり千万弗の払戻訴訟を起した。正金は第二次大戦に敵国財として政府にその財産を凍結されており、円預金者は、司法長官を相手に請求している。
△**二日**　日系帰化七千四百二十四名、帰化法発効し、日系帰化可能になってから、一九五四年六月末日までに、日系の帰化せる数は右の如しと政府発表。
物故者
△十九日　デンバー　山本重太郎氏病死
△二十二日　デンバー　江嶋延次郎氏病死

七　月

△**五日**　加州サンリアンドロに相手歯科医住家買入れに、近隣白人反対
△**七日**　格州時事代替り　コロラド州デンバーの日刊新聞格州時事は、七月一日より貝原一郎氏より小笠原謙三氏に譲渡の旨、社告をもって発表。
△**二十四日**　格州ブライトン岸山商店に大火。
物故者
△四日　華州スポーケン　平田一馬氏病死
△二十四日　デンバー　樋口貞一氏病死、同寧州ミッチェル荒谷辰吉氏病死
△三十日　格州時事前社長貝原一郎氏病死、日系人会と格州時事と合同して、八月三日美以教会で通夜、四日ホフマン葬儀社で葬儀と発表。

八　月

△**十二日**　コロラド日会評議員会は、貝原会長逝去により早野栄蔵氏を会長に選挙、小沢滋太郎氏を副会長に選ぶ。

九　月

△**十六日**　代議士田原春次氏は世界日本人会議を東京で開催すべく提唱した。
物故者
△七日デンバー　宮本孝内ドクター夫人ひで子刀自病死
△同　伝馬野村信一郎氏急死
△三十日　伝馬平沢俊作氏病死

十　月

△**二十八日**　格州日会評議員会は、養老ホーム開設を決議す。
物故者

△三日　伝馬　柳瀬唯次郎氏病死
△十八日　同　奥野平二氏病死
△二十七日　同　中山シズ夫人病死
△三十一日　同　沖本熊吉氏病死

十一月

△**四日**　梶田国典水氏デンバーで錦友会の詩吟を教授し初む。
△**四日**　二世から新聞協会長　デンバー・ポスト紙、日曜附録編集長細川ビル氏は、全米新聞の日曜附録協会会長に選挙さる。
△**十二日**　コロラド青年友交会発足　帰米二世、戦争花嫁、留学生などの向上社交の目的で、仏教会で三十余名参集、会を結成し初代会長は太田秀夫氏を挙ぐ。
△**十三日**　山東三州仏教会四十周年、お寺は祝賀大会で大賑い。
十九日　追放団体は祟る　連邦政府の建てた住家には、司法省の追放団体に入った者は、住み込み資格なしとのウイスコンシン州大審院判決確定。

十二月

△**十日、十一日**　カナダ仏教五十周年慶讃　トロントでこの祝典挙げられ、伝馬の玉井好孝師招かる。
△**十三日**　伝馬の谷レイ子嬢がウール着競技に入選、二年前に伝馬の吉村嬢入選に次ぐもの。
△**十五日**　在米時代の養老金に日本課税　アメリカ政府から支払われるソーシャル・セキュリチー養老金を、日本で受取る者に、日本政府の課税を問題化す、羅府中心に反対陳情の議起る。
△**二十六日**　北加産黄金平原に大洪水、日系人の被害甚大。
物故者
△二十日　格州ホートモーガン　三吉広吉氏病死
△同　格州ブライトン　坂田ハーリー氏病死
△同　シャトル指導者　奥田平次氏病死
△二十四日　伝馬岡本ちか夫人病死

一九五六年

一月

△**一日**　日系入米四千名近し　移民局によると、一九五五年度に、日本移民入米総数は、三千九百八十四名、内訳は割当移民二百名、非割当は三千七百八十四名であり、その非割当移民の内訳は、市民の妻二八四三、市民の夫一二五、市民の子二八九、西半球より七、前市民一、布教師及びその妻子五三、難民四一三である（この数字合計合わず）
△**六日**　暮の三十日死去のシャトル奥田平次氏に、日本政府は勲三等旭日章を追叙、在米同胞最高の叙勲である。氏八八才で逝き、昨年六月北米報知社長に推されて来た。
△**七日、**八日　デンバー演芸協会の春芝居。

△七日　野口英世博士遺品日本へ　昭和三年死去せる野口英世博士の遺品にして、ロックフェラー財団保管中の十九点を、東京新宿の同博士記念館へ寄贈。

△十二日　在米同胞詠進歌入選宮中歌会始めに、加州の竹内美枝さんの次の一首入選。

　御題　早春

早春の庭のつばきに向ひつ、帰化せんとする心寂しむ

△十五日　山東三州仏教会総会で次の新役員選出。

理事長　中田武志、第一副理事長　和多田又治郎、第二　矢鳴繁雄、第三　坂口勝兵衛、会計　土斐崎時季、監査　鈴木賢一、同　津島信衛

△二十二日　格州日会総会　左の幹部、評議員を選出。

会長には早野栄蔵氏に全票入り再選、その他は

▲第一副会長　小沢滋太郎　▲第二副　的場吟次郎　▲第一会計　河野富八　▲特別会計　星島数一　▲会計監査　鈴木賢一、稲井豊

次いで評議員を左の如く選定した。

藤岡譲、福間滝人、井口将邦、神田金治、鐘ヶ江善勉、川村栄次郎、小島隆丸、小菅七郎兵衛、宮本孝内、溝上角平、中村清四郎、中杉岑次郎、難波清市、野田甚三、鳥沢保邦、奥野大助、大角武夫、大月正一、笹田藤次郎、佐藤善右衛門、末弘茂郎九、竹内吉之助、寺崎政右衛門、上西嘉永、高峯房吉、小笠原謙三、野中定蔵、熊谷郁次、岡崎暉一、津島信衛

尚総会で、北加の水害見舞金を日会、北加人会、格州時事の主催を募集するに決す。

△二十六日　格州伝馬の香川伊津基氏に、囲碁三段、日本棋院より免状届く、ロッキー山脈以東では最高。

△二十七日　首都の桜観光団　デンバー初めてワシントンの桜観光団を的場交通社募集。

物故者

△二十日　格州アトウッド　間辺藤助氏病死

△十八日　西格　佐藤伊勢吉氏病死

△三十日　伝馬で西田金兵衛氏客死

二　月

△一日　テキサス米献上　テキサス州ウエブスターの西原清顕氏は、その産米を宮中へ献上、初めてテキサス米を皇室で受納さる。

△同　格州野菜耕作者組合　前月二十三日の総会で次の役員選出。

理事長　薗田、副　深江、会計　三浦、監査　中田、中曽根、

幹事　深江

△二日　農業講習開会に仏教の祈り　格州ブライトンで、郡の農業講習会に、伝馬の角田開教使により仏教の祈りをもって開く、全米で公の催しに仏教で開会したのは、前例なし。

△十一日　格州デンバーに詩吟米国錦友会の支部を発会。

△二十三日　日系非難に抗議　山本リンコルンの名で、ニュウ

ス・ウィク誌に、日系の忠誠を疑う文載り、全米の日系二世より抗議の嵐起り、同誌の軽卒な編集を痛く難詰す。

△**二十五日**　日系判事大陸二人目　倭州シャイアン市警察判事に末松俊氏就任、曩に羅府市判事に相磯ジョン氏が就任したが、末松判事で米大陸で日系の判事二人出づ。

△**二十七日**　日系農家格州　ブライトンの坂田ロバート氏（三九）は州青年商業会議所より、最優秀青年農家として表彰され、全米競技へ赴く。

物故者

△四日　加州リッチモンド花園業大島勇平氏病死　氏は早大を出て、花園に身を投じ、組合を組織して、同業者数十軒を指導せる功績大。

△十二日　寧州ライマン野地佐七氏病死

△十三日　元南格クロレー加来守夫氏羅府で病死

△十五日　格州ロッキホード　田口吉松氏訪日中に病死

△二十四日　格州グリーリー　石黒善之助氏病死

三　月

△**三日**　北格農業組合総会　左の新役員を選出。理事長　三河員馬、副理事長　赤星国三郎、同星子明、会計　樋崎源三郎、特別会計　三好政末、監査　鮫島勇

△**六日**　大雑誌ニュース・ウィク誌は山本リンコルンの投書を載せたことを陳謝す。

△**九日**　格州日会、北加人会、格州時事共同主催の北加水害見舞金は千百八十一弗五十仙に達し、無名寄付合せて千二百弗とし、千弗をメリスビルへ二百弗をスタクトンへ送る。

△**九日**　南加パサデナに、日系中傷の手紙を何百通も送ったものあり、郵便法違反で当局調査中手掛りなしこの者は二世オブ川北ソサイティの名でガナデナ方面に多数郵送され、市協も当局を援助して調査を進む。

物故者

△二日　伝馬北村藤太郎氏病死

△六日　倭州シャイアン松山増次郎氏病死

△十二日　伝馬繁村エミ夫人病死

四　月

△**四日**　格州日会は、ラリマー街二一四三に養老ホームを開設。

△**九日**　伝馬の格州時事紙は、四十周年記念に在米日系人興信録を発行計画を発表次のように声明した。

格州時事は、紙齢すでに四十年を越え、ロッキー以東唯一の日刊紙として、日系発展の燈台の役を果して来ました。ことしは四十周年記念として、「在米日系人興信録」を発行し同胞の貴重な歴史を永遠に保存したいと思います。これは広く全米にわたり、一世、二世の日系人各層における活躍を調査し採録するもので、画期的な大事業です。

顧みれば、本紙の前身伝馬新報は、明治四十三年に「インターマウンテン同胞発達史」を発行しました。これは六百五十頁の堂々たる人事録です。

今を去る四十六年前に、先輩のなしたこの偉業をついで、本紙は後世にかざる興信録を発行すべく、かねて諸準備を進めて来ましたが、それには全社員総動員をもってあたるべくいよいよスタートを切ることになりました。

この破天荒の大業の完遂は、一に懸って世の人々の支援に俟たねばなりません。

何卒各位のご協力をお願いしてやみません。

一九五六年四月九日　　格州時事社

△**十五日**　格州ブライトンの坂田バブ君（二十九）名誉　ビッツバーグで開かれた全米青年商業会議所大会で、四十八州及び領土の代表と審査され、最優秀模範青年農家四人の内に入り、日系のため気を吐く。

△**同**　伝馬日系ホテル、アパート組合結成　相互の利益擁護に乗りだす。理事十一名を選出し、役員には組合長　小沢滋太郎、副組合長　古川徳太郎、笹田藤次郎、福間滝人、書記　土井ピーター、会計　鐘ケ江善助、井口将邦、監査　大月日一、免田初子、吉原正男の諸氏

五　月

△**四日**　伝馬頼本カール君名誉　本年マニュエル高校を卒業する頼本君は、伝馬のボエチャー財団奨学金志望者州四百二十五名中より選ばれた二十六名に入り、大学四ケ年の費用一切を支給される。

△**十六日**　伝馬尾座本勇氏射撃格州選手権　ドクター尾座本氏は、伝馬ローリー基地で、コロラド州射撃の選手権を重ねて維持す。

△**十七日**　伝馬古田ベル君空士入学　空軍士官学校へ本年詮衡で、日系唯一人の合格者であり、同校入学は日系として二人目である。

△**二十四日**　格州ラプトン高校卒業演説に日系田中ナンシー嬢が卒業演説をし、卒業生の一位より三位までは日系で占む。

物故者

△十七日　格州ラプトン村山辰馬氏病死

六　月

△**十九日**　立退賠償大口妥協法案両院通過　これにより二千五百万弗以上十万弗以下の日系立退賠償請求を検事総長に妥協解決の権限を与えた。現在千九百三十六件の大口が未解決であり、内三件は十万弗に近い請求額である。

物故者

△十二日　格州ホートモーガン岸本まさ夫人病死

△二十二日　格州ラプトン　杉原七郎氏病死

△二十六日　倭州アラパホ　平沢かずよ夫人病死

七　月

△**十日**　アイゼンハワー大統領再び立候補すると公言。

△**同**　米市民と結婚せる日本人の資格変更手続き容易化す　留学者、一時訪問者、その他渡米日本人が、米市民と結婚すれば、永住権を得るが、その手続は極めて簡易化した。

△**同**　日系初の連邦判事　布哇第五巡回連邦判事に田代ベンジャミン氏、同じく村上ロバート氏、丸本正二氏の三氏それぞれ任命さる。

△**十六日**　上院司法委員会は、日独へ戦時抑留財を返すと決議。

△**十九日**　大統領は割当移民法を改正するよう共和党のワトキンス上議へ書簡を送り、現在入国数十五万四千人を三十二万に増し、北欧西欧の割当数だけの移民を送らぬ国の余った数を、他の入米希望国へ流用し、移民から指紋をとる条項を廃せよ。と提言した。

物故者

△十五日　格州ヘンダーソン　山田亀太郎氏病死

△二十四日　格州ブランカ　墨田三四吉氏病死

△三十一日　伝馬　平沢菊次郎氏病死

八　月

△**七日**　日本の短期農業移民五百名が、加州へ渡り、期間三年以内の滞在が決定、第一陣百二十名は九月初旬渡米すると報ぜらる。

△**七日**　政府は今年上半期に日系の帰化百名と発表。

△**七日**　デンバー野田百合子夫人倭州シャイアンの美術展に最高賞。

△**十日**　立退賠償大口二十八件に十八万七千弗を妥協支払わる。

△**十六日**　民主党はシカゴ大会で今年大統領候補として、アドレイ・スチブンソン氏を再び指名。

△**二十二日**　共和党は、桑港の党大会で、満場一致アイゼンハワー氏を大統領候補、ニクソン氏を副大統領候補に指名。

△**二十五日**　藤原オペラ格州デンバーのレット・ロック野外劇場で大成功収む。

物故者

△五日　伝馬高橋富美雄氏夫人れい子さん病死

△七日　シカゴ在住竹野好信氏とマサ子夫人とは、寧州キンボールで自動車事故死

△七日　デンバー　中島サキ夫人病死

△十四日　格州グラナダ日下亀吉氏病死

△十五日　ニューメキシコ州メシヤの田代国治氏病死

△十六日　格州グリーリー　田尻熊雄氏病死

△二十八日　倭州エセテ　横田忠純牧師病死

九　月

△**二十日**　格州デンバーで、桑港貿易斡旋所は、日本商品展を開く、三十日までの十日間を、新築のマイルハイ・センタービルで開き来観者極めて多し、今夜谷大使代理、桑港総領事、日航支店長等に、日系人会主催の歓迎会開く。この展示は日本祭の名で催し、日系人会は協力費三千弗を支出した。

△**二十八日**　南部のアラバマ州と南カロライナに、日本商品排斥の立法成立、谷日本大使は米国政府へ強硬な抗議書を提出。

物故者
△六日　デンバー　重村富雄氏病死
△十六日　同　中野三千代夫人病死
△二十二日　伝馬　籾井春平氏病死仏教会葬として氏の生前のお寺に対する功労を表彰す。

十　月

△一日　藤原オペラ再び格州へ今明両夜を南方コロラド・スプリング開演成功を収む。
△十三日　日系女性記者賞　伝馬の松浦慶子嬢は、きょうの新聞週にコロラド女性記者賞を受く、慶子さんは二十才、現在コロラド州立大学の新聞科に在学、奨学金などで一切を自分で働きだして勉強しているが、在学中級の優等生。
物故者
△四日　北格オールト　桑原清一氏急死
△六日　伝馬　前川重雄氏病死
△十二日　華州スポーケン　笠井梅之助氏病死
△十五日　伝馬　森たき夫人病死
△十四日　テキサス州エルパソ　鳥越関治氏病死
△十八日　元伝馬人　村中喜三郎氏、加州キュパチノで病死
△二十四日　倭州ウォーランド氏房万平氏病死

十一月

△七日　昨日のアメリカ大統領選挙は、共和党のアイゼンハワー氏が、圧倒的に勝ち抜いたが、上下両院は民主党の支配に帰した。当選大統領に両院ともに支配権なきは、百八年目の奇観である。
△七日　加州の排日土地法抹消　昨日の選挙に加州排日土地法の存廃を一般投票に問われたが、その結果は二対一で抹消と決す。加州土地法は一九四八年の大山事件、一九五一年に加州大審院が憲法違反と藤井事件、正岡事件に判決され、既に完全に死滅しているが、加州市民協会は法典から抹殺すべく、州会の承認を得て一般投票にかけたものであった。
物故者
△十四日　戦前加州コートランド　山根信蔵氏桑港で病死
△二十二日　元羅府の米国産業日報社長村井蛟氏、デンバーで病死
△二十四日　伝馬　平井幸作氏病死

十二月

△四日　マックァーサー二世を新駐日大使に指名、アリソン大使の後任となす。
△四日　米国にアジア協会発足ロックフェラー三世氏を初代会頭とし、本部を紐育に置く。
△十二日　国際連合安保理は、日本の加入を賛成。
△十四日　石橋湛山氏、日本の民自党総裁に当選。
△十八日　国連総会は、日本を第八十国目に、加入の案を満場一致賛成す。
△二十日　国会は石橋湛山氏を首相に選出。

興信録

向つて右より二人目阿久根正雄氏
一人おいて夫人

原　籍　鹿児島県加世田市万世町
現住所　6150 North Federal Blvd Denver. 11. Colo.

MR. AKUNE, BEN, MASAO

阿久根正雄

温室植木栽培業並に野菜果物花類マーケット経営

一九〇六年二月二十一日、鹿児島県加世田市万世町、鍛冶屋業、阿久根堅次郎の長男として生れた。

渡米後加州ベニスに於て温室植木栽培業に従事すること数年後、サンピドロに移って農業に従事、約五ケ年を経て渡米当初の温室植木栽培業に復帰し加州イングルウッドに転住したが、第二大戦の勃発となり、自由立退により、コロラド州カージーに転住し同地で約二年、次でヘンダーソンに約三年、次でアバーダに移りこの間、農業に従事し、目的の温室植木業の再建の準備を進め一九五〇年、現在の場所の土地を購入し、温室の建設と同時にハイウエイに面して野菜、果物、花類のマーケットを開店したが、総力を挙げての努力奏功し、今日の成功をみるに至った。

氏の事業所たるこの場所は、ロッキー山方面、ボールダー方面並にマーチン会社の近代設備大工場への通路たるハイウエイに面し交通頻繁のため当野菜果物花類のマーケットも発展が期待される。

氏はまた加州オクスナードに何業にも好適する土地を所有し将来は加州に於ても事業を開始するの態勢を整へている。

寡言にして温厚、人情に厚くしかもその人格の蔭に潜む逞しき実行力は稀にみるものであり将来に期待すること大である。

宗教は仏教。趣味は日本映画。コロラド州日系人会役員、山東三州仏教会理事等公共につくすことあつい。

妻たち子との間に三男二女あり。（一九五六・七・五）

MR. ARAI SHIGEJI

新井繁治

（米国籍）

エー・シー・ボックス会社勤務

原　籍　香川県仲多度郡高見島村

現住所　**3051 Lawrence St. Denver, 5. Colo.**

新井繁治一家

一八九六年三月三十日、原籍香川県仲多度郡高見島村、農、新井久米吉の長男として生れた。

一九一一年渡米し、ワシントン州ケントに於て農業に従事すること約十年、その後、製材所勤務を経て再び農業に転じ以来ケントに於て農園経営に一貫したが太平洋戦争勃発し、加州ツルレーキ、アイダホ州ミネドカ収容所に入りキャンプ生活をつづけたが一九四五年、デンバーに転住し、米人会社のエー・シー・ボックス・カンパニーに勤務、爾来、今日に至っているがその技能、人格を高く買われ、現在は同社工場のフォーマンとして優遇されている。

氏は気骨隆々一本気の熱情家で義理人情に厚く、自れの信ずるところに勇往邁進する気質で過去を一貫している。

デンバー大師講役員、レニアクラブ等に関係、また初音会の世話役等にも当っている。

宗教は仏教。趣味は演芸。

妻なる（一八九八年生米国籍帰化）は香川県丸亀市福島町、宮崎伊勢松二女で、三味線を能くし、杵屋福直の芸名で初音会の師匠として数多くの子弟を指導しているが、時折、米人社会に於ても公演し、日本文化の宣伝普及につとめている功績は大きい。

家庭に四男一女あり。長男敏男（一九一九年生）はハイスクール卒、タコマに於て米人経営の製服業会社のフォーマンを勤め同人妻時枝は在タコマの山口県出身、道源しづ家より嫁し一男がある。次男治男（一九一九年生）はハイスクール卒デンバーのラジオ学校卒で現在シャトル郵便局に勤務同人妻幸子は在ポートランド、岡山県出身の森岡家より嫁し一女がある。三男良明（一九二一年生）はデンバー大学卒でデンバーのベテラン・ホスピタルに勤務しおり同人妻文子は在デンバー静岡県出身の木下タキ家より嫁し二男がある。長女千代子（一九二三年生）はニューヨークで裁縫学校を卒業し、陸軍中尉伏見カーロ（在ソートレーキ岡山県人伏見ユキ次男）に嫁し一男一女があり現在日本に駐留している。四男幸男（一九二六年生）はデンバーのラジオ学校を卒業し、ラジオ、テレビ商に従事し同人妻ルビーは在ネブラスカ州富山県出身林栄二郎家より嫁し一女がある。

右のうち次男治男、三男良明四男幸男の三人は戦争中同時に出征し四四二部隊に属して欧洲戦線で赫々たる武勲をたて、家門に朽ちぬ栄誉を飾っている。（一九五六・七・一〇）

土井家の人々

MRS. DOI YONE

土　井　よ　ね

ドラッグストア並にホテル経営

原　籍　山口県玖珂郡通津村

現住所　1899 York St. Denver, 5. Colo.

一八九一年三月十六日、広島県安佐郡深川村、山手善松の長女として生れた。

一九二三年故土井正一氏と結婚加州サクラメントに於てグロサリーを経営、つづいてホテルの経営、並にアグネス病院の経営等にて繁栄していたが太平洋戦争勃発し総てをおいてツールレーキ、ジイローム、グラナダ等のキャンプを経て一九四六年デンバーに転住した。

デンバーでは直ちに旧業。ホテル業を開業したが一ケ年後には現在の場所にドラッグストアをも開設し今日に至っている。

夫正一は一九五一年病没し、爾来子女を家業に当て、デンバー市公園の傍らに美麗広壮な住宅を構え悠々自適している。

宗教は基督教。趣味は日本人形、小鳥等。

家庭に二男三女あり。長男ハワード（一九二一年生）はミゾリー州セントルイス薬科大学卒でドラッグストア経営、同人妻フロレンスは在羅府福岡県人小野武雄長女で二男がある。長女ミルドレース（一九二三年生）はミゾリー州セントルイス薬科大学卒で現在自家経営のホテルの管理を為す福岡県系西村義郎に嫁し二女がある。次男ピーター（一九二六年生）はデンバーのカイロプラクター学校卒で陸軍に従軍除隊後、ドクターの旁らドラグストアを助けている、同人妻エミは在デンバー滋賀県出身奥川重吉二女で一男がある。次女昭子（一九三一年生）はコロラド大学修。三女良子（一九三三年生）はハイ卒で柴田ローイに嫁し、一男一女がある。

福間滝人氏

MR. FUKUMA GEORGE TAKITO

福間滝人 （米国籍）

食料品店（土地家屋所有）
貿　易（美術骨董品）
ホテル、アパート経営

原籍　広島県御調郡今津野村字福井
現住所　**3325 E. 31st Ave Denver, 5. Colo.**

一九〇二年三月十八日、広島県御調郡今津野村字福井、農、福間賢三の四男として生れた。父の呼寄により中学を中途に退学して渡米、一九一八年十二月シャトルに上陸した。

直ちに古屋商店に入社し一九二三年まで勤務したが、修学を目的に同市のKCW家具店に転職し同店勤務をしながら苦学しつつグラマー、ハイスクールを卒へビジネスカレッヂを卒業した。

次で一九三三年、独立して、エイテイフキフス・エンド・オロラ・グロサリーを開店し、食料品商として隆盛の一路をたどったが太平洋戦争勃発に依り閉店となり、自由立退によって、ワシントン州スポーケンに、次でワイオミング州オーランドに転住したが一九四四年四月デンバーに移住し最初はクリーニング業に従事したが、半歳ならずしてグロサリーを開業、商況活気を加へるうち、アパート、ホテルの経営、レストランのオリエンタル・ガーデンの開業。美術骨董品商等々積極的の事業を次々に展開し今日の成功を博している。

事業の合理化のためオリエンタル・ガーデンは他に譲渡し、美術骨董商を拡大強加し、米国に於ける有力美術商社たるジョリフキー貿易商会と提携し一九五三年には日本に赴き有力美術商社と連絡して緊密なる取引関係を結び帰米したが、ジョリフキー氏は日本の業界でも知名の為め福岡＝ジョリフキー提携による美術骨董品の貿易業は着々として成功し其の業績は年と共に隆盛をみている。

氏は勤勉力行、断固たる意志の人で苦難に屈せず積極的に勇往邁進、今日の成功をみているが日本美術に対する愛着深く日本文化の対米宣伝普及には極めて熱心な点は、今後同氏の果す文化的使命は多大のものと期待される。

公共関係では、コロラド州日系人会、マイルハイ・ゴルフ倶楽部等の役員のほか社交性広く米人の諸団体等にも関係を有している。

宗教は基督教。趣味は、ゴルフ、釣、美術骨董等。

妻ますえ（一九〇九年生）は在タコマの奈良県出身松村由太郎三女で、家族には一男寛・ポール（一九三〇年生）あり。デンバー大学卒業後、米陸軍に勤務、除隊後、父と共にグロサリー経営中である。

妻スミ子は在デンバーの福島県出身の伊藤家より嫁しており家庭に二女がある。

（一九五六・七・四）

MR. ASANO YOKICHI

浅野与吉（米国籍）

原　籍　岡山県吉備郡昭和町下倉
現住所　3423 St. Paul St. Denver. 5. Colo.

一八九一年九月十五日、岡山県吉備郡昭和町下倉、農兼商、浅野永蔵の五男として生れた。

令兄の呼寄により一九一六年渡米し、ロスアンゼルスにて令兄の経営する球場と、農園に従事すること約二ケ年に及んだが、独立農園経営を企図し、モンテベロに於て四ケ年、次でベルに於て四年、次でカンプトンに於て農園経営中、今次大戦の勃発となり、サンタニタよりグラナダ転住所に入ったが一九四五年出所してデンバーに居を定めた。

デンバーでは、最初、ゴルフ場に二、三ケ月勤務したが其の後ブラウンパレス・ホテルに勤務し八ケ年に及んだが最近健康を害し退社し目下悠々自適している。

宗教は仏教。趣味は読書。伝馬大師講の熱心な信徒である。

妻しか（一八九四年生＝米国籍）は岡山県吉備郡昭和町、橋本藤蔵の三女で、家庭に一男二女がある。

長女みき子（一九二一年生）はハイスクール卒、在デンバーの食料品商広島県系の森本義之に嫁し一男三女がある。次女ひろ子（一九二六年生）はデンバー大学卒で米人商社に勤務中。長男定雄（一九二九年生）ハイスクール卒、陸軍に勤務し除隊後、デンバーにてグラーヂ業に従事している。同人妻しづ江は鹿児島県出身故小石源吉二女で、日本舞踊に堪能で在留民社会に於ける日本舞踊家として著名である。

MRS. FURUYA MOTO
(KINEYA CHISONO)

古屋もと（杵屋千園）（米国籍）

日本芸能師匠
原　籍　東京都浅草須賀町
現住所　2116 Tremont Pl. Denver. 5. Colo

一八九一年十二月十一日、東京都台東区浅草須賀町に於て、商、滝山竹太郎の長女として生れた。

父と共に一九〇二年渡米し、桑港、羅府、ハリウッド等各地に在住、大戦勃発と共に、マンザナ、ツルレーキ等のキャンプを経て一九四六年デンバーに転住し、米人の家庭勤務の旁ら、日本芸能の師匠として在留民に親しまれ、三園会の指導者となっている。

幼時は、当時東京の芸能界でその盛名を謳われた杵屋千代（通称駒形のお千代さん）師の指導を受け、いまも尚、壮者を凌ぐ元気で子弟の指導をしている。

夫君の古屋長吉は山梨県人で一九四九年に病没した。

生粋の江戸っ子で、すっきりした性格を在留民の間から親しまれている。

宗教は仏教。趣味は日本演芸。

古屋もとさん

早野栄蔵氏

MR. HAYANO FRANK EIZO

早野栄蔵 （米国籍）

早野歯科医院長並に土地家屋業経営

原　籍　神奈川県津久井郡内郷村

現住所　**2103 Larimer St. Denver, 5. Colo.**

一八八二年二月五日、神奈川県津久井郡内郷村、江藤縫ヱ門四男として生れた。一九一一年東京歯科医学専門学校卒業後直ちに米国留学の為め翌一九一二年渡米、シヤトルに上陸し、シカゴに赴き、ノースウエスターン・デンタル・カレツヂに入学し一九一三年同学を卒業した。

一九一三年独立記念日の七月四日デンバーに居を定め、翌一九一四年十二月一日開業ライセンス許可となり現在のラリマー街の医院を開業し以来四十有余年、歳月移り人変るも早野歯科医院はこの場所を占め一貫してデンバー人の厚い信用の上に厳として存在している。

家族は、妻つね子（横浜市で永年歯科医院を開業していた故早野連之助長女で氏今日あるの内助の功大きかったが可惜一九五〇年五月十五日死去した。長男ミルトン・ハジメがワシントン大学卒業後歯科医として父を助けつつあり同人妻メリー、キヤンサスシテイ在、江馬氏長女。長女妙子は在横浜の早野稔に嫁し、次女初枝は在東京神田三郎に嫁し、三女ドロシーは在コロラド州オロラの中岡ウイリアムに嫁しているが四子いづれも米国生れである。

過去の歩みは極めて社会的に地味ではあったが、天賦の明徹な頭脳は老来益々冴へ、その温厚、篤実、加えての誠実さは優れた人格者として在留民の信望を一身に集め、一九五五年、推されてコロラド州日系人会長に就任し、現在に及んでいる。

宗教は仏教で、山東三州仏教会の終身顧問であり、趣味は読書で、日日多忙のうちにも修養と新智識蓄積に努力を怠らない。

歯科医院経営の傍らアパートを所有し之が経営をも為し在留日系人社会に於ける経済的成功者としても著名である。

星島数一氏

MR. HOSHIJIMA KAY KAZUICHI

星島数一

（米国籍）
シャーケット株式会社勤務

原籍　岡山県倉敷市字早高
現住所　3822 Franklin St. Denver, 5. Colo.

一九〇二年十月十日、岡山県倉敷市字早高、農、星島金平の長男として生れた。

加州ホイッテアに父が在留し農業を営んでいたので、父の呼寄にて渡米、一九一九年四月桑港に上陸し、直ちに父の許に赴いた。

ホイッテアに在ること十ケ年同地のハイスクールを卒業し、両親が帰国したのを機にパサデナに転住し同地で果菜マーケットの『リンコルン・マーケット』を開業し、盛業をつづけたが、太平洋戦争に直面し、インターンさること、四年八ケ月、ミゾラ、ローズバーグ、サンタフエ等の配所の月に苦心をなめた。

その後、テキサス州クリスタルにて家族と合同し一九四六年デンバーに居を移しロッキイマウンテン・ピックルス会社（ボニー・セイルス部）に入社し三ケ年勤務したがその後、食料品を広く取扱う大会社の、シャーケット株式会社に入社しその工場の現場監督として、既に六ケ年を勤務し今日に及んでいる。

氏は、稀にみる勤直、誠実の人格で、公共に尽すことあつく、また敬虔な仏教信者として高野山大師講の先達者として多大の犠牲を払いつつ熱心な努力を捧げている。

戦前パサデナに在住中は、パサデナ日本人会の会計及び岡山県人会の会計をつとめ公共に奉仕したが、日支事変に際しては陸海軍に輸送航空機の献納や、遺家族慰問金を送る等、財的寄附に努めたほか故郷の公共機関に対しても多額の寄附を惜しまずその功績は挙げて数多い。現在も、また、コロラド州日系人会の特別会計、並に厚生部会計をつとめ財政確立のため献身的な努力を傾注しており在留民の信用極めて深い。

家族は、母たけ（一八七八年生）は今尚健在で同居し、妻千代（一九〇五年生＝米国籍）は岡山県倉敷市大字羽島、農、小林滝三郎二女で現在一男あり、その長男清・バービー（一九四四年生）があり、シュニア・ハイスクール在学中。趣味は釣、読書で、妻は生長の家の信者で、現在、生長の家誌友会会計と白鳩会の記録書記をつとめ、夫の公共活動に内助の功が大きい。

星島数一氏、米国高野山開教総監高橋権大僧正、星島母堂、高野山総本山管長和田性海大僧正、星島数一氏夫人、高野山大学教授中川善教僧正、星島二世

MR. INAI GEORGE YUTAKA

稲井　豊

（米国籍）グロサリー経営

原籍　徳島県阿波郡土成村字郡

現住所　1946 Larimer St. Denver, 2. Colo.

一八九三年一月五日、徳島県阿波郡土成村字郡、商、稲井萬吉五男として生れた。

兄が米国に於て果樹園を経営していたので、共に米大陸での活躍の雄図を抱き一九一五年七月二十三日桑港に上陸、直ちに兄の居住する加州スースンに赴き、果樹園に入って労働、つぶさに、辛苦を体験し更に市川、稲井共同の大農園、次でバカビルに於ける果樹園等を経て大陸の生産業に対する経験を体得した。

一九一九年、当時、米作農家として著名の国府田敬三郎氏と共に千五百英加の米作農場の共同経営に参劃し労資を投じたが、奮闘空しくこの共同事業は失敗に終り、三年後の一九二一年、債権者に対する責務を果し、己れはアーミー・スーツ一着の裸となって、サクラメントに転住した。

かくて数年に亘る農園生活の清算は転業再起を志し、食料品商に指向、一九二二年サクラメント市の土井正一氏経営の土井グロサリーに入り、デリバリー・ボーイの修業第一歩を踏み出し六ケ月余の実地修業を積んだが、その後、迎えられて同市のアメリカン・ポーツリー・コムパニイに入り、同グロサリーの経営に参劃、五ケ年に及んだ。この間現夫人と結婚し、生活の基盤を築き、独立して同市T街に『ステート・グロサリー』を開業したのは一九二七年のことであった。爾来、三ケ所に支店を構え業態繁栄の一途を辿っていたが、偶々太平洋戦争突発し、ツルレーキ、トパッツ等のキャンプ生活を経て、一九四四年十一月、デンバーに移住し種々苦心の結果現在の場所に、グロサリー業を開いた。同店は最初は日本商会と称したが当時は日米交戦中のため当局の注意もあり『パシフヰック・グロサリー』と改称し今日に及んでいる。

資性活達、社交性豊かで、商機に敏、その円転滑脱の人柄は世人に愛さるること深く、在留日系人の間で知らぬ者無い存在となっており、その勤勉無比の活動ぶりも有名である。日本商品万般の商店だけに市内は勿論、遠方各地からの同胞が、この店頭に集り、あたかも日系人社交倶楽部の観を呈している。

家族は妻たか（一九〇六年生米国籍）＝和歌山県出身武内由太郎二女で、二男二女がある。

長女直美・ネオミ（一九二六年生）はデンバー大学卒、在加州リードレー市、鹿児島県系の眼科医田尻昭に嫁し一女あり、二女鈴子・スザンナ（一九二八年生）はデンバー大学卒、在デンバー鹿島県系会社員永井ローイに嫁す、長男和夫・サミユエル（一九三〇年生）はデンバー大学修業、現在父経営店業務に従事中、二男昭夫・ロバート（一九三二年生）はコロラド州立大学修業、現在米陸軍に服役中であり四子共に孝心厚く家庭円満である。

宗教は基督教、趣味は書道、詩吟。コロラド州日系人会、デンバー北加人会の役員のほか公共団体に尽すこと多く、また各種団体の事業に対しても蔭の力となって支援すること大きい。

MR. JORYO JOE NARAO

城領奈良夫 （号南洋）

原籍 岡山県勝間田郡勝間田町大字平　宝石、貴金属商

現住所 1203-07 19th St. Denver. 2 Colo.

一八八七年一月十五日、岡山県勝間田郡勝間田町大字平の地主城領千松の二男として生れた。

養中学校（校長日岐憲太郎は海外発展教育を施した人として有名）卒業後、同校長の斡旋にて渡米、一九〇三年三月七日タコマに上陸した。

最初、ポートランドにて伴商会に依って鉄道労働を二年つとめたが語学勉強の必要を感じてグランマースクールに五ケ年間通学し、旁ら市内に古家屋を借求め、主として伴商会斡旋による鉄道労務者を対象とするホテル、レストラン、撞球場等を経営した、と同時に当時伴商会支部長なりし寺崎政右衛門氏の業務をヘルプした。

其の後、ネブラスカ州アライアンス、ワイオミング州キャスパーライン等にてセクションフォーマンとして労働に従事すること二ケ年、困苦労働をつづけ、壱千弗の学資を貯えることに成功して、これを資にイリノイ州ピオリアの時計学校に入学刻苦勉学の上、卒業、時に一九一四年、第一次欧州大戦の頃であった。そこで時計工として出征者願をしたが痔疾のため許可されず、止むなくまたワイオミング州シエルダンに赴き時計商を営んだ。

偶々、当時同地に於ける伴商会の支店長寺崎政右衛門氏が、デンバーに転勤となり、同氏の招請により、二ケ年間勤務の約束で、デンバーに移住し伴商会に勤務したが退社後、一九二一年二月ラリマー街二〇一〇番地に時計商を開業した。然しながら経営半ばにして、この店を大角武夫氏に渡し、独立再起の覚悟固く、ほとんど無一文で、また一介の鉄道労働者に還り、ワイオミングの山に入った。

春風秋雨十有八ケ月、この間激しい労働で右手中指一本を負傷して失い、厳寒の中で身を切らる、苦痛の重労働をつづけ再起の資本金六百弗を貯蓄し、デンバーに帰り、現在の店舗の場所に、ささやかな時計商を再開、時は一九二五年であった。当時のこの店は日覆の設備さえも無く、その商売の苦労は並大抵ではなく彫身縷骨の健闘をつづけたが、時に利あらず、月十七弗のレント支払にもこと缺きかちとなり、遂に私財挙げて十弗五十仙という窮況に追いつめられた。

万事休す、再び鉄道工夫に還り七転八起せんものと、店を閉じワイオミングに向ふべく用意を進めているとき、一名の支那人が馬鹿票を売りに来たのに興を寄せ、運試しに五十仙を投じ

たところ、八十八弗の当りとなり、引つづいてまた二百二十弗と当り、一気に当座の資力が生れ、微苦笑のうちに商売を続けた。これが機運となり商況は上げ潮の順調さをつづけ、精励今日に至ったが、資性勤勉に加えて天運豊かの人といえよう。

現在の店舗には一流の宝石、時計、貴金属、万年筆、その他の商品を潤沢に準備しておりその商品内容と量に於てデンバー屈指と評されている。

一時、米婦人を妻帯していたが離婚し、以来一生独身を決意し、孤独生活を通し事業を妻として、午前八時から午後五時まで、年中休むことなく三十年を貫ぬいている。

資性、剛直、徹底した一本気で、可否然諾の直情径行は、偶々人の批評を買うも敢て異とせず断固我が道を往くの人生行路は厳しさ限りないが胸底に潜む愛情の焔は時に人を衝いて感銘させるものが多く氏もまた多情多恨の男児である。往年は文学を愛し明治、大正の文豪の作品に触れ今尚、興至れば文学論も華やかであり、かくれたる氏の一面といえる。

宗教は基督教で、公共のことに対する蔭の力は、自ら語らず知る人も少いか、その尽している実績は多大である。

左は川村栄次郎氏

川村栄次郎

MR. KAWAMURA EIJIRO

食料品店、並にアパート経営

原籍　静岡県清水市三保

現住所　701 E. 22nd Ave, Denver. 5. Colo.

一九〇〇年二月十九日、静岡県清水市三保、農、川村栄吉の三男として生れた。

沼津中学卒業後、当時父がユタ州ソートレーキ市で旅館業を営んでおり、父の呼寄にて渡米、一九一八年シヤトルに上陸した。直ちにソートレーキに赴き、同地で、ハイスクールを経てユタ大学政治経済科に学び同大学を一九二八年に卒業した。

其の後、父がアイダホ州ポカテロにて農園経営を初めたので同農園に赴き、農園経営の体験をも積んだが一九三〇年、南加州に出て、サンデーゴ日本人会の幹事となり、勤務すること五ケ年、在留同胞社会のため多大の功績を残した。

同日本人会を退任後、当時羅府に於いて盛大な業務を展開していた酒類ホールセール業、『ボヘミヤン・デイストリビューテイング・コムパニー』の南加日本人部主任として販売に従事し好成績を挙げ、同社の重要地位についていたが太平洋戦争勃発となり職を離れるとともに、サンデーゴ日本人会幹事当時の公職が原因でインターンされ、ミヅラ、モンタナ等のキャンプ生活をやむなくされたが一九四二年に至り、リリースされてアイダホ州ポカテロの父の許に転住した。

一九四四年、海軍士官に日本語教授の為めコロラド州ボールダーに赴き同地に約一ケ年滞在したがデンバーに転住独立事業経営を企図し、同地に転住した、時に一九四五年である。

デンバーは当初、第廿街に店舗を買求めて『マンダリン』と名称のレストランを開業し三ケ年経営したが同店を譲渡してグロサリーに転向し『ワシントン・マーケット』を関業し今日に至っている。尚一九五六年にはアパートをも買求め経営に当っている。

氏は教養深い文化人の一面資性豪快、奔放、卒直な言行で決断力に富み人情的快男児の風格は、清水港生れの颯爽たるものがる。

芸能面に於いても優れた才能を有し、其の見識は極めて高いが自からも舞台に立って古典歌舞伎を演ずるが素人ばなれの演伎ぶりで中村駒蔵の芸名で在留日系人社会の名物的存在となっている。

潤いの缺け勝ちな在米日系人社会に、文化的諸計劃をうち立てることの指導者であり、定期的日本映画上映機関たる興行会社をも主宰している。

家族は妻こと（一九〇三年生）＝島根県羽賀郡都野町、材木商、小松原貫一長女で浜田高女出身で長男栄一、ジョーヂ（一九三六年生）はコロラド州立大学在学中である。

宗教は基督教で、趣味は演芸、スポーツ。現在デンバー演芸協会理事長コロラド州日系人会評議員、ロッキーキネマ株式会社々長等に就任し活躍している。

MR. INOUE TOM TEIZO

井上貞蔵 （米国籍）

伝馬スタックヤード勤務兼農園経営

原　籍　福岡県八女郡横山村

現住所　**Rt 1, Box 624. Denver, 16. Colo.**

一八九六年六月二日、福岡県八女郡横山村、井上貞吉の長男として生れた。

父が在米し、その呼寄により一九一六年渡米、コロラド州に入り、フォートラプトン、ブライトン等にて農業に従事し、またワイオミングでユニオンパシフキックの鉱山にて労働したり鉄道工事のフォーマンとして、活動したりしたが一九四二年、現在の場所に農地を購入し、農園経営を初めたが、太平洋戦争にて沿岸より立退き転住し来り就職を求めつつある同胞の為に、この農地を移譲し、また、勤務先のデンバー、スタック・ヤードの自己の職場に、職を斡旋する等その努力は多大であった。

資性豪放侠気に富むの一面音楽を愛好し自らも楽器を奏ずるほか、玩具（ユー・ニー）を発明しその特許を得る等多趣味の人である。

妻たつよ（一九〇四年生）は福岡県八女郡横山村字飯塚、井上与吉長女でハワイのカワイ島生れで、貞淑よく夫の活動を援けて内助の功多い。

家庭に四男一女あり、長男ジョージ（一九二二年生）はハイスクール卒でデンバーのコロラド・ウノメニス・カレッヂ料理部に勤務中。次男ヘンリー（一九二四年生）はデンバー大学修業し、現在デンバー市の米人テレビ商社にて勤務中。三男ラーヂャー（一九二六年）はデンバー大学修業し、羅府に於て自動車販売業に従事。四男パトリック（一九二八年生）は羅府に於て同じく自動車販売業に従事しており、同人妻ミサオは滋賀県出身西田新太郎家より嫁しており、一男がある。長女サッキ（一九三一年生）は、バーンス・ビジネスカレッヂ卒でネブラスカ州、ノースプラットの薬剤師黒木実に嫁し一男一女がある。

山東三州仏教会役員で宗教は仏教。趣味は釣、音楽、玩具の発明。

（一九五六・六・一六）

MR. KAWANO TOM TOMIHACHI

河野富八

原籍　熊本県宇土町善道寺

現住所　1894 Gaylord St. Denver. 6 Colo.

河野富八氏夫妻

四八七六年九月十七日、熊本県宇土町善道寺、農、河野善七の男として生れた。同地の中学卒、明治二十九年（一八九六年）第六師団司令部付にて台湾守備歩兵第六聯隊の陸軍銃工長として台湾に赴き、除隊後、一八九九年、ハワイに渡航、ホノルルで銀治屋業を営んだが、次で大陸渡航を志し、一九〇四年桑港に上陸した。上陸後農園経営に興味をもち、その資金を貯うべく、農園労働に入り北加州各地（サクラメント、サンタクララ、サンノゼ、カヨテ、ヨウロウ、ビックス等）を転々として農園労働に従事其の後ユタ州オグデン、ソートレーキ等では、労働者を卒いて大かかりな労働斡旋を営んだ。次で、ビンガム銅山の米人会社の会計係として勤務したがこの時、会計事務に因縁をもち、これが後年、在留日系人社会の公共団体の万年会計の地位に宿命ずけられている因ともいえようか。

一九一〇年、同会社を辞してデンバーに来り、シカゴ・バーリントン・エンド・クインシイ鉄道会社に入社し、同社のドリブル・プレス・オペレーターとして、勤務すること五十年に近く社員として最長年勤務者として同社から敬意を以て遇されている。

資性篤実温厚、信義に厚く稀にみる几帳面な性格で明治二十年代から今日に至るまでの自己の行績に関する諸記録を克明に整理保存し当時の一枚の受領証さえも、おろそかにせず五十有余年の転々としたアメリカ生活の間、身を離さずに保存しているその人生態度は当世稀な人物といえよう。

摂生、身を持するに謹厳、健康優れ、いまだ壮者を凌ぐ元気と容貌で日々の会社勤務を怠らない。氏はデンバーに於ける日本人会の会計役員を担当すること二十余年、山東三州仏教会の会計役員また多年に亘り同会の財政建直しと発展の為め尽した功績は在留民に高く評価され、表彰を受くること再度にとどまらない。また演芸協会の会計役員にも就任し文化運動の面にも努めている。

夫人は、仏教会の有力メンバーで、仏教婦人会々長として教会活動に尽し、同胞婦人界からの信用が厚い。

家族は妻静枝（一八八七年生）＝熊本県八代郡吉本町内山政喜長女で、長男富雄（一九一九年生）は、デンバー大学、シカゴ・ノースウエスターン大学卒の歯科医で現在デンバーに於て開業中、その妻光子は在デンバー寺崎政右衛門四女でコロラド州立大学薬剤科出身。二男善雄（一九二一年生）はイリノイス州ピオリア時計学校出身にてデンバーのビジネスセンターに宝石時計商を開業、その妻ベリーは在ラファエット高峰氏のアメリカンポテト会社の書記長を勤務している農竹本家より嫁している。三男昇（一九二四年生）はコロラド州立大学に学び現在では兄善雄の営業に協力中で同人の妻ケロ＝ボールダーの州立大学卒＝は在ブライトン農村田家より嫁し、一女がある。いづれも孝心あつく、家庭は春風駘蕩の気持ちで平和である。

MR. KATO HARRY KOZAEMON

加藤幸左衛門

（米国籍）
庭園業

原　籍　宮城県仙台市南小泉字屋敷

現住所　6701 Irving St. Denver, 11. Colo.

加藤幸左衛門氏一家

一八九三年八月二十日、宮城県仙台市南小泉字屋敷、加藤丑太郎長男として生れた。

父は渡米し、母の手により育てられ仙台市東北中学卒業後、一九一一年渡米した。

桑港でスクールボーイを初めとして加州各地の農園労働等幾多の辛酸を経て一九二五年、インペリアルヴァレーのブローレーに農地を求めてトメト、メロン等の耕作を為し、之が農園経営は一九四〇年まで続けたが、翌年太平洋戦争勃発し、自由立退によって、コロラド州フォートラプトンに転住し農園のヘルプ等を為しつつあったが、ウイルビーに農園を開設して一九五五年に及んだ。

同年、現住所に新居を購入し移転と共と庭園業に転向し今日に及んでいる。

生長の家の信者で、優れた人格者として知られ、現在の庭園業師の仕事を、光明主義の思想につなぎ、太陽とともに、自己の愛を以て庭園のグリーン化するためのサービスを天職として、明朗な労働の明け暮れに余念がない。

妻のぶ（一九〇三年生）は仙台市柳町境市郎五女で宮城県立第一高等女学校出身で、家族に三男二女あり。

長女さち子、ヘレン（一九三二年生）は商科専門学校卒で、在ウイルビーの農、福岡県系福井鉄也に嫁しデンバー市の米人商社ビーツ・ミルク商会に勤務している。

次女理智子、メリー（一九三四年生）は姉と同様、商科専門学校卒、デンバー市の米人商社デビー・クック商会に勤務している。

長男久明、ハロルド（一九三九年生）はハイスクール在学中。次男文雄、ジョウ（一九四二年生）はハイスクールに、三男久男、リー（一九四三年）は、ジュニア・ハイ在学中である。

氏は生長の家の運動には極めて熱心に活動しており、内また一家円満、明朗な家庭を営んでいる。

趣味は読書。

（一九五六・六・一五）

鐘ヶ江善助 （米国籍）

MR. KANEGAYE ZENSUKE

原籍　福岡県久留米市大石町
現住所　3900 Wyandot St. Denver. 11. Colo.

一八八六年五月二十五日、福岡県久留米市大石町、商、鐘ヶ江庄太郎の長男として生れた。

幼少の頃から海外発展の雄図を描いていたが、偶々当時北米加州でポテトの大農園を経営していた牛島謹爾氏の令兄を知り、同氏の連絡によって牛島氏を頼り、勇躍渡米の途に就き、桑港に上陸したのは一九〇五年一月、同氏十九才の春であった。

直ちにスタックトンの牛島農園に赴き、馴れぬ農業に従事したが、その優れた人物は、ポテト・キングの名を以て一世を風靡した大豪農牛島氏に熱愛され、日々の勤労を通じて厳しい薫陶を受け、心身ともに修養を積みつつ、牛島農園の重鎮として勤務すること約十二ヶ年に及び牛島農園の繁栄の蔭の力となった。

其の後、独立してスタックトンの大地に取っ組み、農園経営二十有五年、（戦時最後の年）六百英加のポテト農園の声名を継ぐ豪農として、米人間に有名となり巨財を蓄えたが、大戦勃発によって、惜しくも血と汗で開拓した大農園を捨ててアーカンソー州ローアのキャンプに移らざるを得なかった。

一九四三年、再起をコロラド州に求め、デンバーに移住し酒醸造、ホテル、アパート業等を以て再建の努力を傾到し着々としてこの地に基礎を築き、現在の成功を見るに至った。

就中、デンバーに於ては、市民協会の活動を支援し、戦後、在米日本人の帰化権獲得運動が日本民族の米国に於ける発展と、日米国際親善、ひいては米国繁栄の為め絶対必要なことを痛感し、巨額の自費を投じて、加古得哉氏其他同志とともに各地を遊説し、その運動資金の調達にあたった。

老軀に鞭うちつつこの遊説の足跡はコロラド州の外、ユタ、ワイオミング、ネブラスカ、オクラホマ、キャンサス、ジョージア、テキサス、モンタナ、ルイジアナ、ニューメキシコ、アラバマ等の広範囲に亘り前後四ヶ年その集めた運動資金はマイク正岡等の運動を強力たらしめて遂に目的を達成したが、この遊説行脚その他に投じた自費も巨額に達しその物心両面の犠牲は、挙げて限りが無い。

この運動こそ鐘ヶ江氏の生涯で最も大事業であり、日米国際関係の歴史の一頁に残るものであるが、この大業を遂行せしめた蔭には、かつ代夫人の深い理解と協力の内助の功が裏づけられていることも見のがせない。

家族は妻かつ代（一八九六年生米国籍）＝福岡県久留米市地主松井熊次二女、高等女学校卒で、一男二女がある。

長女すまこ・ベテイ（一九二一年生）はスタックトン・ビジネス・カレッヂ卒、次女よし子・ドロシー（一九二三年生）はミネソタ州ミネアポリス・セント・キャソリック大学卒で、在アラバマ州大阪府出身沢田幸作長男タム（椿栽培業）に嫁し二男あり、長男善勝・ローレンスは二十年前に死去し、次男善隆・ジャッキー（一九二八年生）はデンバー大学商科卒業で羅府に在住、その妻ユキと共にドレス製造業を手広く経営しているが妻は在シヤトル市広島県出身荒瀬家より嫁し欧洲で洋装研究を積んだデザイナーとして有名である。

宗教は基督教、趣味は釣。夫人は活花、長唄、三味線等日本趣味が深い。

（追加）　氏は一九五九年六月二十日病死され、葬儀は二十四日夜、デンバーのキャピタル葬儀社で営まれたが、稀れに見る盛んなものであり、日頃の人望の程が伺はれた。

岩橋道子 （米国籍） グラーヂ業

MRS. IWAHASHI MICHIKO

原籍　和歌山県那賀郡南野上村

現住所　**2913 Larimer St. Denver, 5. Colo.**

一九〇四年二月十一日、和歌山県海草郡仁義村、農、坂口丈助の二女として生れた。

和歌山市技芸女学校を卒業し故岩橋要と結婚渡米、夫は加州スタックトンに於て自転車業、グラーゲ業等を営んでいたが今次大戦の勃発となり、アーカンソー州ローア転住所に入り一九四五年出所してデンバーに転住、現在のグラーヂを開業した。

夫要は明朗快活の社交人であり在留民に親しまれ山東三州仏教会で年中行事となっている盆踊りの主唱者であり一九四八年初の盆踊りを実行した功労者でもあるが病を得て一九四八年没した。

夫人は夫亡き後八人の子女の養育にあたり苦心を続けたが現在では、子女も立派に生育し一家安泰の境地にある。宗教は仏教。趣味は活花。

長男美郎（一九二四年生）はハイ卒後、ガーデナーを営み、長女定子（一九二五年生）はハイ卒で、在羅府長野県系の自動車会社勤務の大井誠に嫁し一女がある。次男辰男（一九二九年生）はハイ卒、現在のマイルハイグラーヂの業務に従事中で同人の妻エスタは在格州広島県人岡川家より嫁し一男一女かある。三男三千雄（一九三三年生）はハイ卒で令兄辰男と共にグラーヂ業従事。次女陽子（一九三六年生）はコロラド大学に。三女正子（一九三八年生）はデンバー女子大学に。四男進（一九四二年生）はハイに。五男和人（一九四五年生）はジュニアイハに在学中である。

畑坂定蔵 （米国籍）

MR. HATASAKA, TEIZO, FRANK.

原籍　熊本県下益城郡益南村北部田

現住所　**2745 Adams St. Denver, 5, Colo.**

明治三十二年六月十三日、畑坂五太郎長男として生れた。郷里の高小を卒えると、在米の父の呼寄せにより。一九一五年十二月桑港に上陸し、父の許へ直行して、コロラド州ラプトンに来て、農業に従事し、更にブライトンにも移ったが、約二十六年間をブ村に送り、三百英加の沃地を所有して、今日の地位を築いた、更に一九五六年二月に、その農園え貸して、自身はデンバーの現住家を買入れ、タウン生活を享楽しつつあり、夫人露氏との間に四男三女を挙げ、円満な家庭である。

長男健蔵氏は、一九二四年八月二十四日生、夫人ふじ子リリアン氏は布哇立身で日本興味ふかく、デンバーに居住、長女てる子氏は、一九二六年一月二十五日生、藤井ジョウ氏と結婚して、デンバーに居住、次男秀男氏は、一九二八年五月九日生、歯科医のインターンの任務のため、軍医として布哇に在勤、その夫人は定子氏で、カンサスの松下氏の息女である。二女文子氏は、一九三〇年二月十一日生、不幸一九五四年十二月若くして死去。三女道子氏は、一九三三年八月三十一日生で未婚。三男武男サム氏は、一九三七年八月三十一日生、目下コロラド州立大学医科に在学未婚。四男勝スタンレー氏は、一九四三年七月八日生、目下ジュニアハイに在学、四女雪子氏は、一九四五年四月十三日生、現在グランマーに在学。

畑坂氏は熱心な基督教信者でデンバー美以教会の有力者であり日系人会評議員として、公共に尽力中である。趣味は読者。

（一九五七・四・五）

MR. AOYAGI SAM SHUN

青柳　駿

（米国籍）ホテル、アパート経営

原籍　千葉県香取郡東庄町五五六八
現住所　929 18th St. Denver, 2. Colo.

一九一三年十二月二十二日、千葉県香取郡東庄町五五六八番地青柳啓助三男として生れた。小見川農学校在学中に桑港在留の元老塚本松之助氏のスポンサーにて呼寄せられて渡米、桑港に上陸したのは一九二八年であった。

塚本氏経営の桑港のピープルス・ランドリーに於て就業の傍らナイトスクールに通い語学修業につとめた。

その後北加州デイクソン市に於て、父、兄弟と協同にてデイクソン・ランドリーを経営したが、中途、斯業の技術研究を深めるためオークランド市に赴き、マーケット・ランドリー・エンド・クリーナーの副支配人として経験を積んだ。

この当時、オークランド市及び其の附近の在留民の懇請にて剣道指範をつとめ八十名の子弟に剣道を指南した。

父の帰国に依り再びデイクソン市に帰還し、ランドリーの経営に当っていたが、太平洋戦争勃発となり、ワラガ仮転住所を経てツールレーキに収容され約三ケ年配所の目を見たが次いでグラナダキャンプに転じ、同所より就職を求めてシカゴ市の最大のホテル、エジワラホテルに職をとり一ケ年半、業務に従事した。

其の後一九四五年デンバーに転住し、クリーニング業を開業し資本蓄積に成功し、アパート、ホテル経営に転業し今日に至っている。

資性磊落豪放、事業家的肌に恵まれその積極的な事業推進ぶりは将来に期待されるもの多く在留日系人社会に於ける少壮事業家として嘱望されている。

豊かな体格はスポーツに適し、野球初め各種スポーツをよくするが特に剣道は三段の腕前である。

妻照・テル（一九一七年生）は在デンバー広島県出身溝上角平氏長女でハイスクール卒、加州々庁に勤務せることあり、家庭に三女あり。

長女妙子・メイ（一九四三年）はジュニア・ハイ通学中。次女あき子・ナンシー（一九四七年生）三女しづ子・アン（一九四七年生）は共にグアンマースクール通学中。

宗教は基督教。趣味は釣、スポーツ。

コロラド州日系人会北加人会等の役員で公共活動にもつとめている。（一九五六・六・一八）

MR. IWASAKI ARTHUR.

イワサキ・アーサー

（米国籍）

原籍　アメリカユタ州オクデン
現住所　2700 Milwaukee St. Denver 5, Colo.

一九一四年六月二十九日生、日本では青山学院、アメリカで加州大学に学んだ。目下時計テレビの修繕、ランドスケープなどを業とす。詩に造詣ふかく、戦前、戦後に過去二十七年間加州、コロラドの邦字紙に寄稿し、また多数の文芸雑誌に関与した。その方面では業績浅くない。筆名が沢山あって、枚挙にいとまないが、その情熱の詩は、同胞社会をうるほすこと大きい。

氏は父に天辰吉秋氏、母は孝子刀自、夫人はエルシー米子さんは純二世であり、長女ジャネット信子さんは、一九四四年十二月二十四日生。初等高校にあり声楽、舞踊、戯曲に秀で、長男アーサー和男君は、一九四六年十月六日生、初等高校にフットボールやバンドに選手として活躍。また少年警官として、日系初めての警部に任ぜられた。将来を有望視されている。

氏は一家を挙げて、浸礼教会の信者であり、趣味として詩歌を楽しみ、また園芸のたしなみも素人の域を脱している。

MR. KAJIWARA HARRY ISAO

梶原　勲　（日本籍）

もやし製造並に野菜卸商

原　籍　広島県芦品郡藤尾村

現住所　**1926 Lawrence St. Denver, 2. Colo.**

一九〇二年五月二十一日、広島県芦品郡藤尾村梶原弥三郎次男として生れた。

一九一八年四月父の呼寄に依り桑港上陸渡米し、加州スタックトンに於てグラージ業に従事した。以来、自動車販売業務に携わり、その間ホテル業にも従事した。

エデー梶原君の舞台姿

大戦によりアーカンソウ州ローア収容所に入ったが一九四二年伝馬に移住し、市内にて豆腐製造業を初め、次で、新事業開拓に着想し、『もやし製造』を開業したが、製品の良質は需要に投じ、得意筋は増加の一途をたどりデンバー市内食料店、支那料理店のほか、他州にも伸び現在ではその品質、生産量に於て山東三州随一の盛大さをみるに至った。

家族は妻はま（一八九七年三月三日生）＝愛知県海部郡美和村片岡甚七三女、で家族は長男重信（一九二一年生）在日本、次男重美（一九三〇年生）三男ジミー（一九三一年生）同妻ジーン、四男ヘンリー（一九三四年生）五男トニー（一九三七年生）六男エデイ（一九四一年生）のほか長女ひな子（一九二五年生）は在ミゾリー州の雛雌雄別鑑定業桑原ジミーに嫁している。

同氏は稀にみる勤勉さと商才で戦車の様に事業に挺身しているが、趣味も深く、六男エデイ君を二世としては珍らしい男子の日本舞踊の師匠尾上多見治に師事させて現在では山東三州の名物というべき踊り手に仕立てている。

宗教は仏教、趣味は日本演芸。

城戸昌弼 （米国籍）

MR. KIDO MASASUKE

原籍　熊本県玉名市富尾

現住所　1155 Pleasant St. Boulder. Colo.

一八八九年二月四日、熊本県玉名市富尾、官吏城戸三郎長男として生れた。玉名中学卒業後、英語修業、商業視察の目的で渡米、タコマ上陸は一九〇七年十一月二十五日であった。直ちに南下して羅府に赴き同地でスクールボーイ、農園労働つづいて野菜園の経営後、一九二三年、羅府市七街市場に所在した日加種子株式会社が赤字で苦況に在り、その再興を依頼されたので之を引受け、日加種苗商会と改称し経営を開始し加州各地の農家に優良な種苗を配給して好評を博し、前身会社の借財を返済し、大戦直前まで経営し他に譲渡した。

大戦突発とともに同氏はニューメキシコ州ローズバーグ収容所に入り、夫人は一九四二年四月、コロラド州ボールダーに旧知を求めて落つき、城戸氏は一ケ年後、ボールダール到着し、同地のコロラド州立大学庭園師として奉職し十ケ年間勤務の後退職した。

其の後、日本からの留学生の世話に献身的努力を捧げ、戦後最初の留学生、早大講師今西基蔵氏女大助教授宮崎孝一氏外多数の留学生の世話をしている。

家族は妻タツ（一八九六年生）＝熊本県下益城郡小川町佐野小七郎長女、福岡高等女学校卒、義兄には元毎日新聞社長城戸元亮が在る。宗教は基督教、趣味は図芸特に菊の栽培、スポーツの外、写真は玄人の域に在り、ロッキー山脈各山域の写真は多数あり、これは記録的なものであり、資料として貴重である。

木村一男 （米国籍）グロサリー経営

MR. KIMURA KAZUO

原籍　熊本県菊地郡津田村

現住所　1851 LariMer St. Denver, 2. Colo.

一九〇二年三月十五日、熊本県菊地郡津田村、木村竹松長男として生れた。父が加州で養鶏業を営んでいたので、呼寄せによって一九一八年一月渡米、桑港に上陸した。直ちにサクラメントに赴き、英語修学のためグランマースクールに入学、スクールボーイの修業などした後、サンタローサに居を構え、セバストポールにも事業所を置く、ドライ・アップル工場の経営に着手し、その生産は一期百五十屯を越え、CPCやローゼンバーグを通し広く販路をもち、業績は盛大をたどったが、大戦突発し、工場閉鎖の止むなきに立至った。

サンタフエ、ニューメキシコ等にてインターン生活をつづけグラナダ・キャンプを経て、一九四五年デンバーに移住した。デンバーでは現在のラリマノ街にてグロサリー業サンシャイン・グロサリーを開店し今日に至ったが営業盛大である。

氏は熊本県出身の気骨隆々たる偉丈夫で、夫人また内助の功高く四男一女いづれも孝心深く和やかな家庭である。

家族は母ひで（一八八〇年生）はいまも健在で同居し、妻つるえ（一九〇三年生）＝熊本県上益城郡白水村、吉山子之吉長女で、長男尚夫・ジャッキ（一九二五年生）はデンバー・カイロプラクテス・カレッヂ卒でデンバーにて医院開業中、二男学・マナブ（一九二六年生）はデンバー・ビジネスカレッヂ卒で、ダドナ・ルート・ビヤ会社に勤務中、三男正治・ショージ（一九二八年生）は、セントルイス・デンタル・カレッヂ卒。長女あや子・ベリー（一九三一年生）はハイスクール卒にて家業をへルプしつつあり、末子の四男登・ジョウ（一九三五年生）はデンバー大学在学中である。宗教は仏教、趣味は野球、釣等明朗なスポーツファンである。仏教会、日系人会、北加人会、市民協会等、熱心な活動をつづけている。

MR. IGUCHI MASAKUNI

井口将邦 （米国籍）

ホテル経営、アパート並にオフキスビルディング持主

原籍　静岡県駿東郡原町

現住所　3201 E. 26th Ave Denver, 5. Colo.

一八九二年三月二十一日、静岡県駿東郡原町町長井口諦三次男として生れた。沼津商業卒業後鉄道院に勤務したが、志を海外に求めて渡米一九一三年十月桑港に上陸した。

加州スタックトン市に赴き。農園経営を為したが食料雑貨商を開業し以来大戦まで営業を継続した。

太平洋戦争とともにアーカンソー州ローワ収容所に入ったが、出所してデンバーに来り一九四四年二月、デンバー最初の食料品店『ラッキー・マーケット』を開業した。と同時にアパートをも経営したが、時誼に適したその営業は見事に繁昌し同氏の勤直、誠実と相まって繁栄一途、今日の成功をみるに至った。家族は妻真子（一八九九年生）在加州スタクトン広島県人藤森寿一氏長女。郷里の進徳実科高女卒、生花や旅行を楽しむ長女澄子（一九二三年生）は、シカゴ市グレープ・ビジネス・カレッヂを卒え、広島立身の山岡実氏と結婚し、夫妻で父の創業せるラッキー・マーケットを継ぎ、繁昌している。次女凉子アスター（一九三四年生）は、シカゴ市のボーグ、スクール・オブ・ファッションを卒え、在デンバー大江巌氏と結婚し、コノコ・ギヤス・ステーションを経営す。この夫妻の長女シャロウ（一九四八年生）がある。

井口将邦氏真子夫人

コロラド州日系人会会計、北加人会会計及びホテル・アパート組合等公共団体の評議員、会計等枢要な役員として永年公共に尽すこと厚く、その資性温厚篤実は在留民から敬意をあつめている。一九五二年に現在の住宅を建築したが、デンバー市公園前の住宅区域オーナッヒルの高台に位置しシティ・ゴルフ・コースの芝生を前に遠くロッキーの連山を望むその絶景地に立つモダンな住宅は、主人の清高な気風にふさわしく快適なホームである。

趣味は俳句登山、釣、庭園作り等多岐に亘っているが特に登山はロッキー山脈有名な山には足跡余すところがない。また同氏の令弟井口史郎氏は三菱重工業副社長として業界に活躍し、同弟和民氏は静岡市にて譲造業を営み一家繁栄している。

MR. KANATANI KANSHI TOM

金谷寛之 （日本籍）

原籍　岡山県苫田郡高倉村

現住所　3501 St. Paul St. Denver 5. Colo.

明治二十三年十一月十五日出生、一九〇七年四月二十三日、雄志を抱いて、シャトルに上陸した。当時盛んなりしオレゴン州ポートランドの鉄道労働に赴き。三年間を送る内、農業に注目し、遂に、附近の農園経営に身を投じて、第二大戦まで留まったが、他の同胞と共にアイダホ州ミネドカ転住所に収容された。一九四五年四月に出所を決意しシカゴへまず赴き、六年間をクックとして送ったが、一九五一年十一月にデンバーへ移って現在に及んだ。ふじえ夫人との間に、二男二女あり、家庭は賑やかである。長女の米子さんは、明治四十五年七月七日生、現在ポートランドの栗原フランク氏と結婚して二男二女の母である。長男太郎氏は、一九一八年一月二十日生、現在大阪にあって、小間物化粧品店を経営して成功す。次女つる子さんは、一九二一年六月生れ、豊岡ジミ氏と結婚して、ポートランドに居住、二男一女に恵まる。次男フランク氏は、一九二二年十月生現在デンバーにあり、父を助けてランドスケープ庭園業に従事す氏は熱心なるクリスチャンであり、趣味としては釣りを楽しみ、現にデンバーのカムループ釣クラブの評議員である。

MR. KUMAGAI IKUJI

熊谷郁次

（米国籍）農産物加工業

原　籍　広島県豊田郡本郷町南方
現住所　3211 Josephine St. Denver. 5. Colo.

熊谷郁次氏

熊谷郁次氏夫人

一八八三年十二月十五日、広島県豊田郡本郷町南方、農、熊谷多作次男として生れた。

忠海中学に学び、一九〇〇年布哇に渡航、次で一九〇二年米本土に転航した。

米大陸に転航後は、農業に志し加州サクラメントに於て、堅実なる農業を年と共に強加進展、主として野菜類各種を耕作し農園経営一業に徹底したが今次大戦の勃発となり、ノースダコタ州ビスマーク収容所に入り次でツールレーキ、グラナダキャンプ等を経て一九四五年出所しデンバーに居を定めた。

一九四七年より農作物加工々場たる Mrs Condie Salad Co に勤務し、老いて益々矍鑠今日に至っている。

氏は資性温厚篤実、誠意の人として知られその堅実無比の歩調は今日の成功を見ているが、一面極めて楽天明朗なる性格で家庭は常に円満明快にみちて平和な明け暮れを楽しんでいる。

公共活動につくすことも厚く、サクラメント在留当時は、在米日本人会農事部役員、サクラメント日本人会理事農事部長、桜府広島県人会々計、サクラメント農産会社副社長等の諸団体に関与し、デンバー転住後は、コロラド州日系人会役員、北加人会役員に就任している。

宗教は基督教。趣味は読書。

妻信与・のぶよ（一八九〇年生）は岡山県赤盤郡五城村伊田、立古新吉次女で。（米国市民権取得。）

家庭に五男三女あり。長女初枝（一九一一年生）はハイスクール卒後、看護婦学校卒で、在アリゾナ州グレンデールの鹿児島県系、医師宮内幸夫に嫁し二女あり。長男勉（一九一三年生）はハイスクール卒、陸軍軍曹で現在欧洲に在留し米駐留軍の農産物買入業に従事中、同人妻イバン（仏人）との間に二男あり。次男潔（一九一六生）はハイスクール卒、花園業。三男寿（一九一八年生）はハイスクール卒、陸軍軍曹で除隊後デンバー市の米人商社に勤務。四男サム（一九二〇年生）はデンバー大学卒、州公認経理士として開業中で同人妻秀子は在デンバー静岡県出身芹沢徳吉二女である。五男多美男（一九二三年生）は陸軍中尉で現役除隊後デンバー大学医科在学中。次女昭子（一九二七年生）はフォートカレンス・カレッジ家政科卒で在シカゴ福島県出身渡辺松弥長男、建築設計業渡辺ジョージに嫁し。末子の三女敏子（一九三七年生）はデンバー女子大学在学中である。

（一九五六・七・七）

久恒留次郎氏　赤松志茂夫人　久保頼氏　赤松安次郎氏

MR. KUBO RAI

久保頼

レストラン経営

原籍　愛媛県西宇和郡八幡浜市

現住所　2715 St. Paul St. Denver. 5. Colo.

一八九四年四月二十九日、愛媛県西宇和郡八幡浜市、酒造業久保徳造の長男として生れた。

一九一七年渡米、加州ヘイワードに於て農業に従事、以来、羅府及び桑港に於てレストラン勤務ルーミングハウスの経営等を初め幾多の事業に従事した。

太平洋戦争勃発によりポモナ転住所、ワイオミング州ハートマウンテン転住所等を経て一九四五年デンバーに出て、デンバー酒造会社に勤務すること約二ケ年半、その後、転住所時代の親友赤松安次郎、久恒留次郎の両氏と三名協同にてミニュッ・レストランを開業した。

僅少の資本で当時最も古風な老朽の店舗に開業し、創業当初三年の間は無給にて年中無休毎日十六時間勤務という辛苦の経営を忍耐強く続け、現在では店舗を改装美化し米人専門のレストラントとして安価良質の料理は人気に投じ開店時刻前に門前に列を為すほどの顧客で隆盛一路を辿っている。

資性実直、友誼に厚く侠気満骨その誠実な営業ぶりはこの店の今日ある要素を物語るに充分である。

一九一九年妻まんと死別以来独身を通しているが、日本には一人娘、松野（一九一九年生）が在り現在大分県に在り久保忠男に嫁し二男二女がある。

協同経営事業が、とかく困難なものに関らず、今日の成功をみているのは、代表者格たる久保氏の協調精神の賜に外ならないものといえよう。

宗教は仏教。趣味は散歩。

久恒留次郎　　レストラン経営

MR. HISATSUNE TOM TOMEJIRO

原　籍　福岡県築上郡千束村吉木
現住所　2715 St Paul St. Denver. 5. Colo.

一八九四年七月七日、福岡県築上郡千束村吉木、農、久恒幾平の五男として生れた。

中学修業後。九州鉄道局に勤務すること三ヶ年、後一九一四年ヒリッピンに渡航しマニラ初め各地に在留したが一九一六年同地で得た友人の米人と共に渡米し、最初はネバダ州に於て、レストラン、ホテル等の業務に従事したが、その後加州に赴き農業、カンサス州にて自動車のメカニック等をつとめ一九二四年に帰国、同年再渡米後は桑港に於て則尾商会に勤務して十余年に及んだが今次大戦勃発となり、ポモナ転住所ワイオミング州ハートマウンテン転住所を経て一九四五年出所してデンバーに転住し、デンバー酒造会社に勤務したが、キャンプ時代の親友、久保頼、赤松安次郎と共に三名協同にてミニユック・レストランを開設し、同店の業務に従事し、久保、赤松の両氏と共に同楽同苦の友愛精神にて協力をつづけ今日の成功をみるに至った。

寡言にして実行力に富み、勤勉な力行主義者として共同事業の大黒柱となっている。

宗教は仏教。趣味はスポーツ。

妻福枝（一九〇四年生）は福岡県築上郡西吉富村猪方の徳永家より嫁し、日本に在住している長女美智子（一九三五年生）は高女卒後洋裁学校を卒業し現在母と共に日本に在って洋裁業に従事している。

赤松安次郎　　レストラン経営

MR. AKAMATSU YASUJIRÔ

原　籍　和歌山県新宮市三輪崎
現住所　2715 St Paul St. Denver. 5. Colo.

一八八七年一月一日、和歌山県新宮市字三輪崎、農、赤松駒彦の二男として生れた。

一九〇七年渡米、羅府に於て庭園業を営むこと四十余年に及んだが太平洋戦争勃発し、ポモナ転住所、ワイオミング州ハートマウンテン転住所を経て一九四五年デンバーに転住した。

デンバーに於てはデンバー酒造会社に勤務したが、転住所生活時代の親友、久保頼、久恒留次郎氏と三人協同にてミユニット・レストランを開業し今日に至った。宗教は仏教、趣味は読書。温厚篤実の人として協調精神強く、協同事業の成功をみている。

妻志茂（一九〇〇年生）は和歌山県新宮市三輪崎、商、尾崎丑松二女で、右レストランの業務を助け開設当時は三ヶ年の間、休日無しにて十六時間の勤務を強行し同店をして今日の隆盛をみせた蔭の力となっている。

家庭に四女あり、長女きくえ（一九二二年生）はハイ卒、在オグデンのキングスーパー・グロセリー勤務の三重県系山本忠氏に嫁し二男がある。次女公子（一九二五年生）はハイ卒、在羅府の飛行会社フォーマン三重県系野村良平に嫁し一男がある。三女和子（一九二九年生）はハイ卒、在シカゴの印刷会社フォーマン香川県系中塚光男に嫁し一男一女がある。四女安子（一九三二年生）はハイ卒、在羅府の庭園業山口県人吉田謙二に嫁し一女がある。

MR. KOJIMA HARRY TAKAMARU

小島隆丸

食料品店経営

原籍　和歌山市杭之瀬町

現住所　**4123 Osage St. Denver. 11. Colo.**

一八九六年十一月十日、和歌山県海草郡仁義村の幸福寺住職笠井琢磨の長男として生れた。

生後間もなくして和歌山市杭之瀬町、小島楠之亟のもとに養嗣子として入籍した。（父楠之亟は一九〇五年布哇に渡航し次で加州フレスノに転住）

氏は和歌山商業学校卒業後、大阪通信養成所に学び電信技師として、大阪中央電信局に勤務したが、志を米大陸での活躍に求めて、父の在住する加州フレスノに赴くため一九一五年十月渡米し桑港に上陸した。

フレスノに到着するや同地のエディソン・スクール並にヒルス・ビジネス・カレッヂに入学し父の農場の労務に従事して、力行、労働を励むかたわら勉学を進め同校では優秀な成績を収めた。

当時、自動車工業の発展に将来を嘱望し、キャンサス州自動車学校に入学する希望を以てデンバー経由其地に赴く途次、学資貯蓄の目的で、デンバーにて、労働することとなり、病院にてポーター勤務三ケ年、その間に方針を転じて食料品店の経営に興味をもち、一九二六年現在の場所一九街一二一九番地に小島商店を開業するに至った。

同店は、豆腐、あげ等在留邦人の嗜好に適した食料を主として営業するところから好評を博し、業態盛大に向う一途を辿りつつ今日に及んでいる。

氏は資性謙虚、誠実、世人の信用あつく、且つその勤勉、熱心な努力は今日の繁栄を招いたものであるが、いと夫人の内助の功も見のがせられない。

家族は妻いと（一八九八年生）＝福岡県京都郡苅田村字集、農、堀作太郎長女、との間に二男三女あり。

長男、鶴松・マイク（一九一九年生）は伝馬マニュアル・ハイスクール卒、ミルウォーキ市マークウエット大学歯科をTop Tenで卒業後、太平洋戦争中は陸軍々人として南太平洋各戦線で通訳として従横の活躍前後四ヶ年に及んだが、除隊後、歯科医たるべくマークウエット大学に学び之を卒業した篤学の士で現在デンバーに於て歯科医院開業中である。妻藤枝・アイリン（一九二〇年生）は静岡県富士郡岩松村、野沢金平四女で羅府バーニング・ハイスクール卒で一女がある。長女登志子（一九二二年生）はデンバー・ハイスクール卒業、理髪学校卒業、B・K・スキニー会社勤務の熊本県堤登に嫁し一男一女がある。二女澄江（一九二五年生）は羅府マニュアル・ハイスクール卒デンバー商科大学在デンバーのコールファックス・マーケット経営の静岡県系の野沢章に嫁している。三女まさ子（一九二八年生）は羅府の美容学校卒業、在デンバー城領宝石時計店勤務の児玉ショーヂに嫁し一女あり、二男章（一九三二年生）はクリブランドのウエスターンリザーブ大学を修業し同地の郵便局に勤務中で、同人妻コノコは在デンバーSKY商会主吉村家より嫁し一女がある。

宗教は仏教、趣味は釣で、休日にはロッキーの流れに釣糸をたれて余念がない。

山東三州仏教会理事のほか日系人会の会計監査として公共にもつとめることあつい。

MR. MATSUMOTO SUS SUSUMU

松本　進（米国籍）

土地、建物、証券、周旋業アパート経営

現住所　3311 Adams St. Denver. 2. Colo. Tel: Fr 7-0687.

原籍愛媛県八幡浜市川上町字川名津、松本作之助の次男として一九一三年一月三日、ワシントン州タコマ市に於て生れた。五才の時、父の郷里に帰り、同地で小学校を卒へ、県立八幡浜商業学校を卒業し一九三一年帰米し、シャトルに於てハイスクールを卒業した。

松本　進氏

ハイスクール卒業後、再び日本に赴き、一九三六年より一ケ年大阪で、英国人商社に於て貿易業務に従事したが、志を得ず、一九三七年帰米、羅府に於て兄の経営する野菜マーケットの手伝をしたが、その後、レストラン兼バーの経営に転じ、一九四一年に及んだ。時に太平洋戦争勃発し、ミネドカ・キャンプに入ったが一九四二年出所し、デンバーに転住し、病院、レストラン、其他各所で労働に従事し再起の準備を固めた。

一九四三年市内にグロサリーを開業一ケ年に及んだが、当時モテル業の有望なことを認め、一九四七年、イングルウッドに、マークトウイン・モテルを開設、次でデンバー市内にアパートを開設等積極的に業務を進展するうち、斯業の智識も深まり、自然と土地、建物の周旋に興味を覚え、一九四九年より専業として、土地、建物の周旋、つづいて投資委託ハミルトン・ファンド会社の代理人、火災保険、自動車保険の代理人等広範囲の事業を推進し、S.M. Realty Co は快調の発展を見つつ今日に至っている。

逞しき実行力を有しその卓抜せる智能と社交力は、将来の大物たるの期待をかけられ、少壮実業家としてのホープである。

妻千恵子（一九二〇年生）は在デンバー山口県出身森重家より嫁しハイスクール卒。家族に三女あり。

長女シャーロン（一九四二年生）はジュニア・ハイスクールに。二女ジョウイレン（一九四五年生）、三女リーン（一九五〇年生）は共にグランマースクール通学中である。

現代式の新建築の住宅に住み明朗快適なホームを営んでいる。

宗教は仏教。趣味は釣、ボーリング其の他多趣味。

在留日系人社会の中堅層のグループたる、コロラド青年友交会役員として活動している。

（一九五六・六・二〇）

益田喜代松

日本料理一葉亭経営

MR. MASUDA KIYOMATSU

原籍　鹿児島県出水郡大川内村

現住所　3032 Arapahoe St. Denver. 5. Colo.

一八九四年八月十一日、鹿児島県出水郡大川内村上大川、農益田文太の三男として生れた。

一九二一年渡米。加州トーレンスにて農業に従事し主として苺、トメト等の耕作に当ったが以来オレンヂ郡ガーデングローブ、アルバイン等にて専ら農園事業をつづけた。

今次大戦勃発によりアリゾナ州ポストン転住所に入り一九四三年出舎してデンバーに転住した。

最初レストランに就働したが一九四五年、大角武夫氏と共に日本料理店一葉亭の経営に転じ現在に至っている。

妻はるは一九五二年没したが生前は夫君の業をたすけて内助の功大きかった。

資性温厚、円満にして人より愛され、其の真面目な営業ぶりで一葉亭は常に顧客で賑わい、各種会合の会場にも多く利用されて、山東三州在留民の倶楽部ハウスの観を呈していることは経営者としての益田氏の人徳によるところ多大というべきであろう。

宗教は仏教。趣味は日本映画。

中田米太郎

（米国籍）

MR. NAKATA, GEORGE YONETARO

原籍　岡山県吉備郡大井村字粟井

現住所　5799 N. Washington St. Denver 16. Colo.

明治三十五年九月二十八日生、父は常太郎、母はあき、共にアメリカに在り、一九一八年五月二十三日桑港に上陸し、父母の在る加州サリナスへ来て、農業を助けた。一九四二年太平洋戦争勃発により、アリゾナ州ポストン第一舘府へ収容されたが、一九四五年九月にデンバーへ転住して、今日に及んだ。当時は在米日系人の最も集中せるデンバーは、舘府内の同胞の憧れの的であった。

家庭は賢（さかし）夫人との間に四男三女あり円満そのものである長男甫（はじめ）は、一九二五年四月十五日生、結婚して日本に住み、長女道子は一九二六年七月二十四日生、中島和夫氏と結婚して日本に居住、次女和子（かずこ）は一九三一年五月四日生、竹本昇氏と結婚して、加州パサデナに住む、次男正忠は一九三四年十一月六日生、結婚してダーナ夫人と共にデンバーに在り、三男清は一九三六年十月四日生、未だ独身でデンバーに住む。四男英世（ひでよ）一九四一年七月九日生、独身、三女ジーアンは一九四七年三月十七日生、家庭にある。

MR. MIYAMOTO HENRY KAWASAKI KONAI

宮本孝内（米国籍）

哲学博士（日本）

シカゴ・カレッヂ・オブ・デンタル・サーヂエリー、プロフヰー・オーラル・サーヂエリー（米国）

宮本孝内氏

原　籍　山梨県八代郡祝村上岩崎

現住所　1952 Larimer St. Denver. 2. Colo.

一八七七年一月二十三日、山梨県八代郡祝村字上岩崎、川崎小兵衛の二男として生れた。川崎家は甲斐源氏系統の旧家で従って幼少時代から伝統の家風に育てられ修養を怠らなかった。

即ち郷里の中等学校在学中も藤田東湖の孫藤田習斉の白日館時雍義塾に学び、十九才にして上京するや三島中洲の漢学塾二松学舎で書経、礼記、孫呉の兵法等を学び儒道の本流を究めた。まず陸軍士官学校に入学したが、中途志を転じて東京慈恵院（現在の慈恵医大）に入学し、一九〇〇年四月同校を卒業し、更に東京歯科医学院（現在の歯科医大）に入学し、同校を一九〇三年四月卒業した。同校在学中は医学修業の傍ら時の天文台長寺尾享博士に師事し、天文学、地質学等を学び後年研究の考古学、科学的哲学の基礎をつくった。

卒業後同校留学生として、ロックフエラー財団の野口英世博士のもとに留学すべく渡米、一九〇二年九月三十日桑港に上陸したが、氏の高徳と正義感は、在留同胞社会の粛清運動に走らせ、同胞社会暗黒面の風紀と挑戦し挺身之が粛清に努め効を奏したが、この為め渡米目標のロックフェラー財団野口英世博士の許に留学は遅れ、一九〇九年まで桑港に在住し（医院開業）同年シカゴ大学に入学の為めデンバーに赴き、一九一二年まで在住、学資を貯え、同年入学して一九一四年同大学を卒業した。

一九一六年、デンバーに帰還し現在のラリマー街に開業し延々今日に及び『山東の宮本孝内』の声名は全米知らぬ者無く在米日系人社会の一歴史を身を以て描き出している。

その輝かしい事蹟のうちでも特に記録さるべきことは、㈠デンバー美術館主事として委嘱され東洋美術の紹介に多大の功績を挙げた。㈡普通学務局より委嘱され、教科書中の東洋部改訂編纂の為め二ケ年間尽したが、現在の全米に於ける教科書は之が基礎となっている。㈢『コロラド州歴史考古学会』の名誉会員をウイリアム・スイート知事より委嘱されたが、これは外国人として初めての名誉であった。㈣ミシガン州デトロイド市美術館、私立ヘンリー・フォード東洋美術館より、主事として月給壱千弗にて招聘さる（任期長期の為め謝絶）㈤ペルシャ皇太子バーバラ・バハイの創設したバハイズムのライト・ビショップとして、全日本の総監督の委嘱を受く（宗教家となるの不適任を思い謝絶）㈥一九三七年、日米戦争不可避なるを断定し、日本より来米の軍事関係者多数に米国と戦を交うるの不利を力説、米国事情を解説す。㈦一九四一年一月、山東三州在留民代表百二十五名をデンバーに招集し、日米開戦の際惹起すべき惨事に対する予防策を討議、これが山東三州在留民がキャンプ収容を免れたる因を為す。㈧一九四四、四五、四六年の三ケ年はデンバーに約三萬人の日系人が集ったが、之等の日系人に対し、元在住地えの復帰、または東部転住の便を供する為めその道を拓いた。㈨戦後一世の各地に分散居住の状況に鑑み、権利獲得の為め『市民権獲得期成同盟』の組織を東洋文化協会の名に於て趣旨を立案、之を成文化し、第一回全米市民協会大会を一九四七年デンバーで開くことを提唱し、成功。マイク・正岡を主軸とし運動の結果現在の一世過半数が市民権獲得の因を作った。この最初の運動資金、創立費三千余弗は氏の主宰する東洋文化協会員その他より集めたものである。㈩一九四二年、時のコロラド州知事ライフ・カー氏に直接面会し、戦争に依って在米日系人の蒙る悲惨事を未然に防ぎ、且つ米国民主々義擁護のため、日本人の日常生活に便宜供与方を懇請し同年、コロラド州知事の宣言が出て、コロラド州は戦時中日系人にとって最も安全、且つ優遇さる、地域となった。(十一)また、一九四四年、政府の物資統制担当のホフマン氏に対し在留日系人に新聞機関の必要を力説し、用紙配給を充分に受けることに成功し故貝原一郎氏を社長とする格州時事は、全米は勿論、カナダ、中南米に至るまでその頒布地域は拡大され戦時中、報道機関の真価が発揮された。また当時厳しかった報道記事に対する検閲も、宮本氏の当局に対する適宜の進言、交渉によって中止されるに至った。

之等を要するに宮本氏が、山東地方の政治、経済、文化の実情を良く認識把握し、臨機適応の手段に依って勇敢に米国官民に対し善処したことが奏功したものといえよう。

氏はコロラド州のあらゆる日系人団体の初代会長または顧問をつとめ、文字通り山東に於ける在留民の父というにふさわしく高徳、覇気、まさに現代の至宝であろう。

家族は妻秀子（一八七九年生）＝東京下根岸の医師石鍋信庵長女にて同人の姉にて大名女医をつとめていた宮本家の養女たりし人＝は一九五五年死去。養女定子（一九一〇年生）は明治大学法科卒、読売新聞華府特派員坪川敏郎（明治学院。ミゾリー州立大、デンバー大卒マスター・オブ・アーツ）に嫁す。同家族は長女ひろ子（一九四四年生）次女もと子（一九四七年生）で坪川氏は一九五六年の米国南極探検隊に加わり白瀬中尉以来、日本人最初の南極の地を踏んだ人として知名である。

宗教は基督教。趣味は書画、陶磁器、日本音楽器、刀剣等であるが米人社会に提示説明するために蒐集したもので愛玩を目的とするものでは無い。特に刀剣は所蔵すること多く、其の雄逸なる刀剣に囲まれて端然たる翁の姿に国士宮本の全風格を表わしている。

斯くて一九五七年三月二十二日附をもって、日本政府は、第二大戦中、日本人会幹部として、コロラド州在留日系人の生命財産の安全と保障に尽力し、戦後排日移民法撤回に努めた功績により、勲五等瑞宝章を下賜された。

宮本孝内氏

MR. MIZOUE HARRY KAKUHEI

溝上角平 （米国籍）ホテル経営

原　籍　広島県甲奴郡上川村安田
現住所　**3804 Wyandot St. Denver. 11. Colo.**

一八八九年四月二十一日、広島県甲奴郡上川村安田、溝上小太郎の次男として生れた。

海外発展の雄図止みがたく、一九〇五年、まず布哇に渡航したが一ケ年の在住の後、一九〇六年更に米大陸に渡航桑港に上陸し、資力蓄積のため北加州メリスビル、オロビル地方の鉄道工事労務に従事し、其の後、サクラメント、サンノゼ、モントレ等で農園労働、更に長駆してネバダ州リノにてレストランの経営等、闘志潑溂たるうちに着々として目的に邁進した。

溝上角平氏夫妻

一九一五年、日本に一時帰国し結婚、妻みさよと共に再渡米し在米生活の基盤を確立した。

一九二〇年加州サクラメントでホテル経営に着手し、専ら其の発展に努力を傾倒し、事業は繁栄していたが大戦勃発となり、多大の損害を受けつつ、ツルレーキ・キャンプに立退かざるを得なかった。キャンプ生活は其の後コロラド州アマチに移動、幾多の辛苦を味ったが一九四四年二月キャンプより出で、デンバーに転住し、苦心の後、ホテルを入手し其の経営に着手したが、過去永年の経験は活用され事業は順調に進展し今日の確固たる地盤を築き、北デンバー住宅地に堂々たる住宅を構え、少年時代の海外発展の夢を実現している。

家族は妻みさよ（一八九九年生、米国帰化権取得）＝広島県甲奴郡上川村、世良弥四郎の長女との間に八子あり。

長女てる子（一九一七年生）在デンバー千葉県系ホテル業青柳駿に嫁す、次女やす子（一九二〇年生）は在羅府大阪府系花園業別所正義に嫁す、三女さだ子（一九二二年生）は在デンバー鳥取県系ホテル業長谷川ウイリアムに嫁す、四女あさ子（一九二四年生）はデンバー大学在学。長男和夫（一九二七年生）ミシガン大学工科卒デンバーＩＢＭ会社勤務、同人妻かづ子（一九二七年生）は広島県出身恵谷亮造の二女である。五女よしえ（一九三〇年生）はデンバー大学卒、コロラド州立病院勤務、六女まりえ（一九三四年生）はデンバー大学在学中にて広島県系デンバー大学在学児玉義春に嫁し、七女かほる（一九三八年生）はコロラド女子大学在学中であり、之等八人の子女にはいずれも高等教育をほどこし一家高尚の家庭環境をつくっている。

溝上氏は温厚寡言にして人格重厚、力行主義を奉じて努力今日を築きあげたが、みさよ夫人の内助の功また見のがすことは出来ない。

宗教は基督教、趣味は読書で公共の為め尽すこと厚く在留民の信望が高い。

MR. NAKATSUKA JIM OSAMU

中塚　修

建築用材研究所勤務

原　籍　香川県中多度郡高見島村

現住所　3227 Curtis St. Denver 5. Colo.

一八八八年五月四日、香川県中多度郡高見島村、農、中塚吉松の二男として生れた。

令兄が在米中のため呼寄せられて一九〇六年に渡米しシヤトルに上陸、その経営するケント市の農場に入り、野菜園の経営四十年近く、同地の篤農家として著名であったが、太平洋戦争突発し、すべてを犠牲にして遠く加州フレスノより、ツルレーキ、ハートマウンテンの各転住所を経て一九四四年、デンバーに移住し現在の職場を得て今日に及んでいる。

氏は資性磊落、豪放、錚々たる論客として活気縦横壮者を凌ぐ気慨で明朗な人生観をもち、家庭は春風駘蕩の和気に満ちている。

正野夫人（一八九五年生）は香川県中多度郡高見島村渡辺藤吉の二女で幼少から丸亀市の親せきに育った。幼少の頃より、琴、三味線、活花、茶の湯等の日本の芸道を仕込まれたが、豊かな天分に恵まれ、いずれも奥義に達し、長唄は一九五八年に杵屋六美乃の芸名を許された。宗家より前住地シャトル時代よ

中塚正野夫人

り今日に至るまで、専心その普及につとめ一、二世への指導にあたり在米日系人社会の生活に潤いを与え、且つ日米国際文化交流に益した文化的功績は高く評価されている。

典型的な日本婦人で、子女の養育にも日本の良さを生かし内助の功が大きい。

長女豊子（一九一六年生）はハイスクール卒後、東京の恵泉女学校を卒業し現在紐育に在住、米人経営の写真館に勤務。長男啓司（一九一八年生）はハイスクール卒業後、東京にて早稲田大学修業、帰米後陸軍に服役し、太平洋戦争中は欧洲戦線に従軍して軍曹として武勲を立て、現在オハイオ州クリブランド市にて家具製造業に従事中、同人妻五枝は富山県系で家庭に二女がある。二男良道は死亡し、二女八重子（一九二二年生）はハイスクール卒業で、在デンバー熊本県系のホテル業兼野菜業中村勇に嫁し一女がある。三男三雄（一九二四年生）はシカゴに在留し印刷会社のフォーマンを勤めており同人妻和子は在デンバー和歌山県出身赤松安次郎氏家より嫁し一男二女がある。三女まり子（一九二六年生）は在羅府、福岡県系の陸軍航空兵石田タムに嫁している。

宗教は仏教、趣味は読書、演芸。

氏はまた一九二一年にワシントン州シャトルに於て排日土地法に対し控訴し、大審院まで判決にて敗れたが、大いにこの間に於て健斗したことも、当時の記録として残されている。

中　塚　夫　人

MR. NAKASUGI MINEJIRO

中杉岑次郎

（米国籍）

アパート、農園経営

原　籍　岡山県川上郡松原村

現住所　**724 24th St. Denven 5. Colo.**

一八八五年九月五日出生。一九〇七年県立農学校卒業後渡米、シャトル市に上陸、六年間同地に滞在、一九一三年、デンバーに転じ、一九二〇年、ブライトンに四百八十英加を購入、第二次世界大戦後は更に七百英加所有、遂に今日の如き、異常なる大成功を収むるに至ったとのことである。

公私への貢献大で、ブライトン日本人会々長、同国語学園学務委員長、格州野菜組合理事長及び岡山海外協会支部長等を歴任、コロラド州日系人発展に特筆すべき巨歩を残した。殊に日米開戦と共に、沿岸を自由撤退せる邦人に、涙ぐましき援助の手を伸ばし、連日、押し寄する加州民の住所、職業の斡旋に超人的奮闘をした。

熱烈なるキリスト教信者で、旺盛なる伝道熱に燃え、莫大なる私財を投じ、祖国の救霊、慈善事業に挺身しつつあるは周知の如くである。家族は内助の功のほまれ高き、志屋宇夫人のみである。セブンスデー・アドベンチユー教会々員。

MR. NAKAMURA TOM SEISHIRO

中村清四郎

農園経営

原籍　熊本県飽託郡松尾村
現住所　4003 St. Santafe, Englewood. Colo.

一八七九年七月一日、熊本県飽託郡松尾村、商、中村清吉の長男として生れた。

熊本中学卒業後、一九〇一年十月、勇躍渡米しシャトルに上陸、直ちにモンタナ州のグレート・ノーザン鉄道会社の鉄道労働に従事し、ホーマンとして活動した。その後、シャトルに帰り、語学修業のためブレマトンの海軍兵営内の幹部宅にコックとして働いたがこれが機縁で、当時この兵営にあったエバンス中将（後の大将）に日本語を教えたことから、米国軍艦内の勤務を求め、戦艦オレゴン号に乗組み英国、印度洋、支那、比島等を巡航した。

一九〇四年、コロラド州に入り、フォートカリンスからピヤースに通じる灌漑水道工事の下請工事に二百数十名の労働者をひきいてフォーマンとして活動し、之が完成後つづいて、この労働者を連れてオクラホマ州の棉つみ労働に従事したが、この仕事は日本人に向かぬため中途にして、フォートスミス・ウエスターン会社の鉄道工事にこの労働者を提供して、活動すること二ヶ年、この事業を砂田種治氏に譲渡して、農園経営に転向し、現在の地に移住し、当初は野菜耕作に七、八十名の労働者を雇い農場開拓につとめ現在は所有土地百六十英加主として苺の栽培に主力を注ぎその生産する、ツエンテイ・センツリー及びラセンは優良な苺として市場に歓迎されている。

氏は熊本人そのままの気骨隆々たる人柄で、熱血児の風格は、氏の人生を多彩な行績に示しているが、コロラド州に定住してからは在留同胞のためにその半生を捧げ、コロラド州のパイオニアとして歴史に残る幾多の功績を挙げている。

山東三州仏教会堂は総経費二十万弗を要し、全米屈指の殿堂であるが、この会堂建設のため同氏の献身的活動は極めて顕著で其の功績は大きく、同仏教会終身顧問であり、コロラド州日系人会副会長、厚生部長、評議員として在留民の福祉増進の為め尽すこと厚いが、一九五六年、同会の施設として開設した老年の日本人を保護する養老ホームの建設にもあづかって功績大である。

また在留民の文化活動にも努力し、デンバー演芸協会顧問にも就任している。

家族は妻好子（一八九三年生）東京都台東区下谷坂本一ノ六、商、福島孫三郎の二女であり、夫君の活動を扶け内助の功が高い賢夫人である。

趣味は読書で晴耕雨読の境地を楽しんでいる。

赤穂城明け渡し　由良之助　奥野大助氏

MR. OKUNO HARRY DAISUKE

奥野大助　レストラン経営

原　籍　三重県志摩郡志摩町片田
現住所　3343 St Paul St. Denver. Colo.
廿街カフエ　1123 20th St. Denver. 2. Colo.

一九〇六年三月二十一日、三重県志摩郡志摩町片田に生れた。津市励精館師範科を卒業した後、一九二三年渡米し、加州ハリウッドに於てレストランを経営していたが太平洋戦争勃発し、グラナダキャンプに入り、その後、デンバーに転住し、現在の場所に於てレストランを開業今日に至っている。

資性円満、社交性豊かで、在留民社会の明朗な存在となっている。

演芸特に古典歌舞伎を愛好し自ら、市川猿十郎の芸名を以て舞台に立つ器用さをみせ、デンバー演芸協会の演芸部長として活躍している。

妻つぎ（一九〇九年生）は、三重県出身奥野平次の長女で夫の事業を今日の盛大たらしめた内助の功は大きく、賢夫人として知られている。

長男輝雄（一九二八年生）はハイスクール卒、現在、父の業に従事しおり、同人妻アンは在デンバー福岡県系鶴田光雄家より嫁して一男一女がある。長女千鶴子（一九三二年生）はコロラド大学卒で在デンバーの福岡県系のドクター籾井デッキに嫁し一男一女がある。

宗教は仏教、趣味は前記歌舞伎のほか釣、スポーツ等多趣味。

（一九五六・六・一八）

MR. OHASHI GEORGE RYUICHI

大橋柳一 （米国籍）

大橋美容院経営
国際公認美髪美容組合判事

現住所 4314 Raritane St. Denver. 11. Colo.
美容院 830 18th St. Denver. Colo.

大橋柳一氏夫妻

一九〇七年三月一日、原籍広島県安芸郡仁保村、大橋岩吉の次男として加州メリスビルに於て出生した。一九一五年日本に赴き、一九二〇年帰米、サクラメントに於て修学した後、ロスアンゼルスの美容学校デビス・ビュウテイ・カレッヂ、ハリウッドのリノ・ビューテイ・カレッヂ及びハリウッド・ビュウテイ・カレッヂ等卒業し、一九三九年サンデーゴ市に於て開業した。中でも、デルマー・ホテル内に開業した美容院の顧客にはハリウッドの有名俳優等多く同美容院の声名を高からしめた。

これより先、一九三六年十月の第一回出場より引続きヘヤスタイリング競技大会に於て連続十二回優勝の栄冠を獲得し、業界に盛名を馳せ、爾来、営業は日々隆盛を辿りつつあったが、太平洋戦争が勃発し、転住の止むなきに至り、アリゾナ州ポストン転住所に入所し、一九四三年同転住所を出所し再建の地をデンバーに定めて、大橋美容院を開設した。

開設後は其の優秀な実力を米人社会から高く評価され業態は日々隆盛となり今日に至った。

氏は一九五三年フロリダ州マイアミに於て審査試験通過以来定員一〇〇名の国際公認美髪美容師組合の Official Hair Fashion Committee の一員たる判事に加わり全米業界最高の技術者たるの地位を占めたが氏はこの百名の中で唯一人の東洋人である。

またコロラド州公認美髪美容師組合のスタイル・デイレクターとして組合の重鎮であり、全米の業界に強力な地歩を築いている。

従って各地に於けるコンベンションに出席するほか、ミス・コロラド、クヰーン・オブ・エアー等のビューテイコンテストの審査員に選ばれ、その活躍ぶりは業界でも知れ亘っている。

氏は社交性に富み、米人社会各階層に知名の友人知己多数を有し、国際人としての貫録が豊かな点は将来の大物として期待されている。

多能多才の事業家肌で、貿易業、油田業、土地家屋周旋業等にも将来はその業務を拡張するものと期待されている。

尚、氏は前サンデノゴ市民協会々長、デンバー市民協会々長等日系市民協会活動にも尽している。

宗教は基督教。趣味は多趣味であるが特にスポーツ、音楽等を愛好している。

妻一枝（一九一一年生）は在加州サクラメントの広島県出身の豪農、応治亮蔵長女で、キャリフホルニア美容大学出身、一九二九年大橋氏と結婚以前より美容師として、ハリウッドで活躍していたが、女史もまた各美容競技大会に出場し、数多くの優勝牌を獲得している。

夫人は現在、夫君とともに美容院の業務に従事しているが一面また優秀なデザイナーとして知名である。

家庭に長女きく・スーザ（一九四七年生）あり、グランマースクール通学中あでる。

（一九五六・七・七）

大月正一氏の家族　第二次大戦中三人の子息が共に陸軍に召集され三人何れも独乙に進駐す、現在十七人の孫有り。

MR. OTSUKI HARRY MASAICHI

大　月　正　一　（米国籍）アパート経営

原　籍　岡山県吉備郡昭和町日羽

現住所　2225 Glenarm Place Denver. 5. Colo.

一八七八年三月三十一日、岡山県吉備郡昭和町字日羽、呉服商、大月健五郎長男として生れた。倉敷町の精思高等小学校卒業後家業の手伝をしていたが、海外発展の希望止みがたく一九〇〇年渡米三月十九日シャトルに上陸した。

上陸後、米国社会の実地修業が将来の発展基礎を作るものと直感し、まづ労働に身を投じワイオミング州で鉄道工事を手初めに、キャリフォルニア州にて農園労働、アリゾナ州に於て鉄道ホテルの従業員等々激しい労働のうちに、ひたすら米国社会の体験を積んだ。その後羅府に出てレストランの経営を為し、一九〇五年妻都々女を米国に呼ぶと同時にコロラドに転住した。

デンバーで洗濯屋、撞球場、レストラン等経営したが一九二二年よりアーバダに於て農地購入し農園経営の傍ら、紐育生命保険の代理店を営業し一九五〇年に及んだ。同年現在のアパートをも購入し、美以教会に公共の努力を払い在留民の信望を高めている。

家族は妻都々女（一八八四年十一月三日生、米国籍）＝岡山県都窪郡倉敷市高谷須一夫長女、倉敷精思高等小学校出身。長女光子フエベー（一九〇六年生）デンバー在住岡山県人医師笹野覚太郎に嫁す。（同家族には長女きみ子（一九三六年生）長男ケネイ（一九四七年生）あり。次女愛子（一九〇八年生）在神戸長野県人関西大学教授荒井貞雄に嫁し、家族には長男正之（一九三〇年生）はコロラド大学留学中。次女こう（一九三九年生）次男征士（一九四四年生）あり。三女文子メリー（一九一一年生）ハワイ在留牧師小室篤次三男小室龍雄牧師に嫁し、家族には長女篤子（一九四三年生）次男デビッド（一九四五年生）次女チユデイ（一九四七年生）あり。長男正（一九一四年生）はコロラド州立農業大学出身、現在カンサス州ガーデンシテイにて合衆国政府勤務、妻ふさ子はコロラド州アイリフ在留農業、広島県人富田豹作三女、（同家族は長男ウエン（一九四二年生）長女バーバラジエーン（一九四八年生）あり。四女貞子バイオレット（一九一六年生）は在デンバー西村春雄に嫁す。五女エルースト（一九一九年生）はオハイオ州出身米人フレッド・エヴエル（石油会社勤務）に嫁し長女リンザ（一九五一年生）あり。次男彰ジユリアス（一九二二年生）はコロラド大学出身にて陸軍病院勤務、同人妻ふみ（一九二二年生）は前記長男の妻の妹にて富田豹作四女にて家族には長男ステヴン（一九四八年生）長女カレン（一九五三年生）次女ジヨエン（一九五五年生）あり。三男潔、ウイリアム（一九二五年生）はデトロイド州ウエンカレッヂ出身の薬剤師にて同妻八重子（一九二八年生）同長女ジエール（一九四七年生）次女ビッキー（一九五二年生）三女ジナー（一九五五年生）あり。

宗教は基督教、趣味は読書、盆栽。デンバーに於ける日本人会の創立以来の役員をつとめる外、基督教会の役員として献身的に努力す。八名の子供にいづれも高等教育をほどこし、各々各方面に於て活躍しつゝあることは、大月正一夫妻の輝ける生涯の事業として尊敬するに足るものである。

小笠原鎌蔵氏

MR. OGASAWARA, THEODORE KAMAZO

小笠原鎌藏（日本籍）

原　籍　愛媛県東宇和郡宇和町
現住所　2017 Lawrence St. Denver. 5. Colo.　P. O. Box 296 Denver. 1. Colo.

明治二十九年九月十日生、宮崎県下で生れた。父が鉱業に関係し彼地へ赴いていたもので、生後四十日にして延岡より乗船帰郷したという話だ。現職は格州時事発行人にして主筆、筆名に謙三とも書く。

祖先は公卿武士だったらしい。西園寺氏が伊予国宇和郷を与えられ、宇和の松葉城に入った時従って宇和に来住したというのだから、四百年の昔に移住したという訳だ。

わが家の古い墓所が別所村にあった。そこには五輪の塔の墓があって、文字は判らなかったが、代々その墓の守りをして来たのだそうだが、幼時の記憶に、父が神主をつれてゆき、其一群の墓を武兵大神という名で神に祭った。その松葉城は豊臣の部将黒田如水の一枝隊により落城したと幼時古老から聞いた。

物心ついてからの家運は盛んなものでなかった。親類は何れも村の顔役揃いだったが、父は小さくなっていた。自分は小学校から一、二を争う成績であり、青雲の志に燃えていた。県立宇和農業学校を、大正四年卒業した。在学中農蚕の学よりも英・数・国漢の勉強に没頭して、何年か蚕養教師をつとめ、早稲田大学法科に入り、将来弁護士として身を立てんとしたが、大正十二年卒業と共に、東京の万朝報政治部の記者になった。当時編集局長斯波貞吉、主筆石川半山の諸先輩に師事して新聞に深く興味を覚えた。

同年九月一日の関東大震災に会い、東京が焼野原となって面白くないのと、幸い米国特派員として天下り命令を得て、一九二四年一月十二日に、大洋丸一等船客で桑港へ上陸した。実際は早大在学中、議会開期中には衆議院臨時雇になって、院内を知ったり、早大の中村万吉教授の紹介で万朝社に実習して、新聞経験は積んでいた。専修大学附属商業の講師もした。

渡米の際、専修大学講師星島茂氏と行を共にし、専大から預って来た浮世絵の荷物が、通関手続を誤って桑港から動けなかったのと、加州同胞の間を、田嶋牧師の案内で、講演旅行をしたりして、時を費した。翌年二月、桑港の日米新聞に、腰かけのつもりで入って、結婚したりして、アメリカが動けなくなった。勉強しようと思って、一九二八年にスタンホード大学に入ったが、マウンデンビユの学園教師を兼ねて生活した。コートランドやエルグローグの学園も転々とした。

一九三九年秋、週刊太平洋時代を創刊して苦労したが、一九四一年十二月の太平洋戦争勃発でキャンプ入りの日まで発行を続けた。キャンプはポモナ、サンタアニタ、ヒラ、ポストン第二と方々を経て、一九四三年八月、デンバーの格州時事編集長となり、途中一年ほど布哇へも遊んだが、一九五五年七月一日より貝原一郎氏より譲渡されて、発行人として今日に到った。

家庭には亡妻レンとの間に二女あり。長女フランセス礼子は、一九二六年十一月十八日生、ウイレスリー女大、エールを卒え、現ボストンに住む。次女ナンシーすみれは、一九三〇年十一月十一日生、ビル・ダーフイと結婚、ロードアイランド州プロビデンスに住むこの方はオハヨ州大学卒業である。後妻初枝は、一九〇二年生。

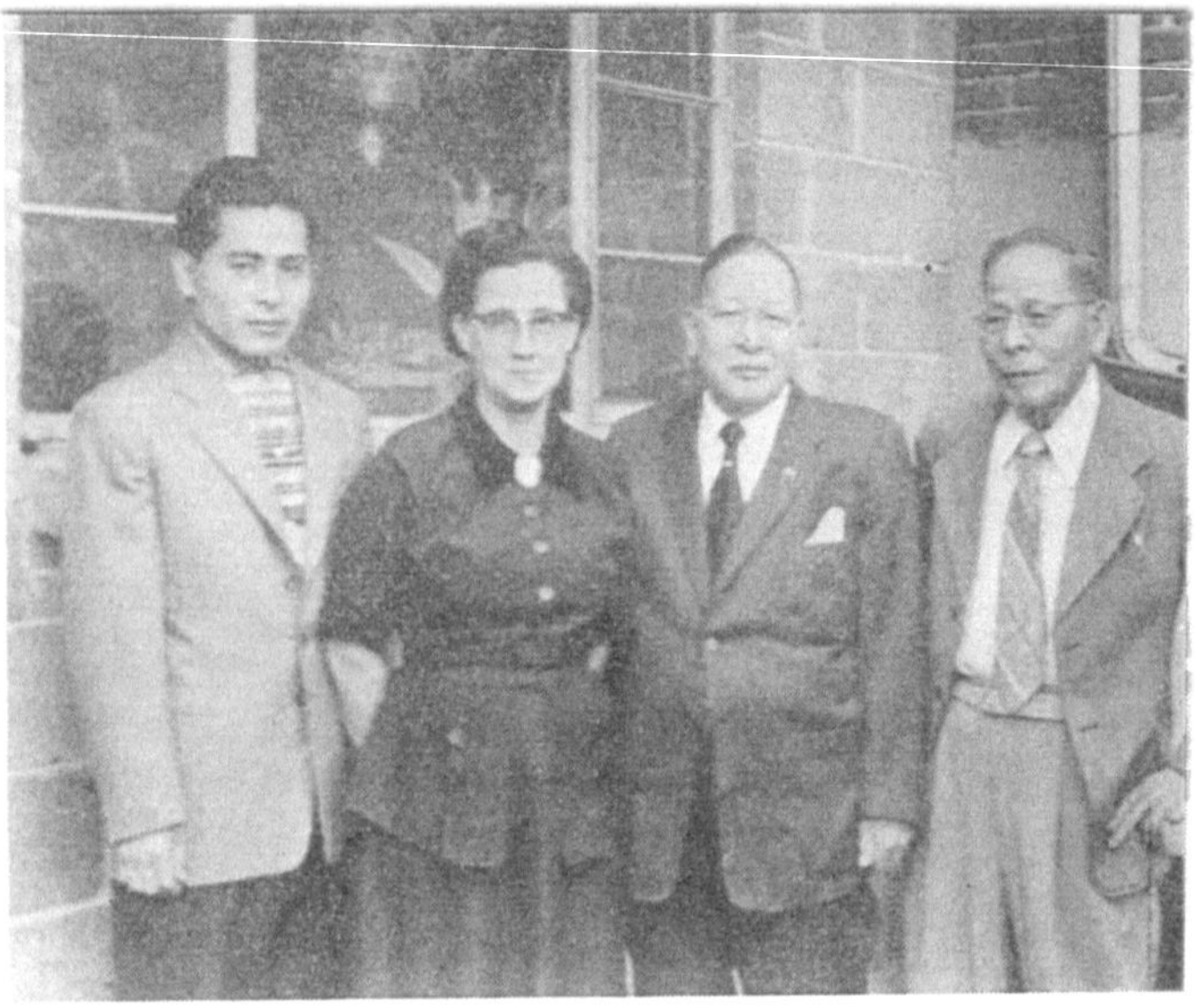

大角武夫氏一家

MR. OSUMI HARRY TAKEO

大角武夫

（米国籍）
時計店経営

原　籍　岡山県吉備郡福谷村大字西山之内

現住所　1925 Larimer St. Denver. 2. Colo.

一八八二年四月十五日、岡山県吉備郡福谷村大字西山之内、農、大角浅助の七男として生れた。

青雲の志に燃えて一九〇二年渡米、バンクーバーに上陸直ちに、シャトルに赴き、米国社会の実地見学と語学修業につとめたが、コロラド州に活躍の天地を求むべく、デンバーを目指し、この地に到着したのは一九〇三年の錦秋九月であった。

デンバーでは、グランマースクールに入学し語学の基礎から勉学する傍らスクールボーイ等で苦学をつづけたが、当時の米大陸開拓鉄道工事に従事し今後の独立事業の資金を得るべくモンタナ州に赴き、シカゴ・ミルウォーキー鉄道会社のフォーマンとして逞しい建設事業に挺身。その後、ミネソタ州セントポールのセントラル・ハイスクールに学ぶ。つづいてイリノイス州ピュオリア時計学校を卒業したが、偶々第一次欧洲大戦が勃発し米国陸軍飛行部隊のインストラクターを勤務すること一ケ年半に及んだ。

次で一九一九年より二十一年まで、ネブラスカ州ハフランドにてポッタシューム会社のフォーマンとして活動したが一九二二年、デンバーに帰還し、ラリマー街に於て、城領奈良夫氏と共に時計業を開店した。その後城領氏は退き、大角氏個人にて『ハレース・ジュリー・ストア』として営業して今日に及んでいる。ここに特筆すべきは太平洋戦争中に於ける氏の活動ぶりである。即ち氏は米政府と在留同胞との間に立ち、日本人の保護代弁のため縦横の腕を奮ったことである。

当時、氏はデンバーに於けるFBI、米国中央政府の地方検事局、並に移民局の嘱託を受け、立退の同胞に関する事務や、在留日本人に対する米政府の諸処置に対し、必要の保護に当ったが、その縦横の努力は奏功するところ大であった。またデーシー・ゴールデイ夫人の力もあづかって強力であったことも見のがすことは出来ない。

氏は在留日系人には稀に米国の法の執行機関たる各種団体に関係深く、現に『インターナショナル・フートプリント・アンシエーション』のメンバーであり、『コロラド州ローインフォースメント・アソシエーション』の名誉会員である。従って警察官、法務官等に多くの知己をもち極めて広範囲の交際面を有し、その活動分野も多彩で国際性に富んだその人物識見は、スケールが大きく異色の存在といえよう。

家族は妻デーシー・ゴールデイ（一九〇六年生）は英国系米人で、夫君の活動に内助の功は大きい。

尚、令兄今井正夫氏は九十一歳の高齢であるが今尚健在で、氏の一家と同居している。

宗教は仏教、趣味は義太夫と詩吟でデンバー演芸協会の役員であり、またコロラド州日系人会の評議員である。

尾崎元一氏

同　夫人

MR. OZAKI JOE MOTOICHI

尾崎元一　（米国籍）

グロサリー経営兼庭園業

原　籍　和歌山県新宮市

現住所　2722 Larimer St. Denver. 5. Colo.

一九一二年一月六日、和歌山県新宮市、尾崎竹太夫長男として生れた。

新宮商業学校卒業の後、一九三〇年南米ペルーに渡航し、リマ市に於て叔父の営業たる建築コントラクター（主として床張り）に協力し、リマ市に於ける信用ある業者として発展したが今次大戦勃発し、氏は敵性外人として米国に抑留せらるゝことになり、護送船にて米国に送られ、テキサス州クリスタルシテイ収容所に収容された。時に一九四三年一月であり、収容所生活は一九四六年九月に及んだ。

一九四六年九月同収容所を退舎し、デンバーに転住し、鶏卵のホールセール業シエルフ商会に入社し同社に勤務、次で庭園師業に従事すること二ケ年の後、一九五一年現在の場所にグロサリーを開業し今日に至った。

氏は資性、冷徹重厚な理性家の一面、情熱家であり、友情信義に厚く、在留民社会から信用を博し、将来を期待されている。

妻たみえ（一九一九年生）は新宮市の崎浅次郎四女で、新宮家政女学校卒で、南米時代から苦労をつづけつゝ内助の功高い。

家庭に二男三女あり。長男邦昭（一九四二年生）長女雅子（一九四四年生）次女裕美（一九四六年生）次男チャールス（一九四九年生）三女ナンシー（一九五一年生）

宗教は仏教、趣味は映画。

尚、氏は収容所時代は所内の機関新聞『クリスタル時報』の編集発行に関与した。

MR. RIUO SHIKAZO STANLEY

龍王鹿蔵　（米国籍）

原　籍　福岡県京都郡豊津村字光富

現住所　7740 N. York St. Denver. 14. Colo.

明治三十二年九月三十日、龍王平太郎氏及びしな氏の長男として、郷里で生る。在米の父の呼寄せにより、十六歳にして渡米、一九一五年四月二十六日、シャトルへ上陸。直ちにコロラド州の父の許に来て、今日に及んだ。夫人まつ氏は、鹿児島県国分市敷根の久保家の出にして、夫君を援けて農業に従事して来たが、両氏は子宝に恵まれなかったので、他人の世話を、わが事にして来た。現に日系人会地方評議員、三州仏教会役員、デンバー郊外ウィルビー市の村長的存在であり、世話事は何でも氏に持込まれている。

殊に一九四一年、太平洋戦争勃発により、西沿岸より多数の同胞が、コロラド州へ流れ込んだが、その人達の内、農業の経験者は、氏を頼って来るので、その住居や仕事の斡旋に尽力して寝食を忘れた。今でもウィルビー地方には多数の同胞農家があるが、その人たちは戦後も加州へ帰らず、此処に住ついて産をなしていて、当時、龍王氏の世話を徳としている。

氏は熱心な仏教信者として朝夕仏典をひもどき、時には附近のプラットリバーに糸を垂れるという道楽がある。

尾座本氏一家

MR. I. OZAMOTO, M.D.

尾座本　勇

（米国籍）

住宅　1652 Yates St. Denver.
4. Colo. Tel: MA 3-2619

医院　301 Interstate Trust Bldg
1130 16th St. Denver. Colo.
Tel: TA 5-1596

原籍福岡県築上郡椎田町高塚尾座本勇太郎の二男として一九一〇年八月十二日コロラド州ヘーステイングに生れた。

父勇太郎氏は一八九四年渡米し、製材業、海員、鉄道工事、鉱山等、あらゆる辛苦をなめつゝ各種労働に従事し、晩年は農園経営を為し、ブライトン日本人会々長として在留民社会公共事業に尽したが一九三五年六十八歳を以て歿した。

勇氏はコロラド州立大学医科を一九三六年卒業し、翌年デンバー市内に開業したが、その卓越せる医術と誠実なる施療ぶりは患者より信頼され好評嘖々盛業を見た。

開業五年後に太平洋戦争勃発し、氏は軍医として、出征し、欧洲戦線第四四二部隊として配属、その後第七戦車隊附となり、英国、スコットランド、伊太利、フランス、和蘭、ベルギー、ルクセンブルグ、独乙等の各地に従軍し赫々たる勲功をたてゝ一九四六年除隊し。直ちに復業した。

氏はこの軍役により陸軍軍医中佐に任ぜられたが日系軍人としては稀な地位であり、日系市民の名誉とされている。

氏は優れたる体格と、運動神経に恵まれ、各種スポーツに堪能であるが、特に射撃の名手で、一九四八年より連続七年間、コロラド州射撃選手権大会の覇権を獲得し、チャンピオン・オザモトの名を全州に轟かせ全米でも名だたる選手として知られている。

また孝心深く、自己の今日あるは父の養育に依るものであり、父が往年不自由の移民地生活の中から、我が子の教育を完遂させた恩は忘れられぬと、あらゆる機会に父への感謝を語るその態度は以て範とするに足る人格者であろう。

妻 Game Oye（一九二八年生）との間に長女むつよ（一九五二年生）あり。また慈母よね（八十歳）はいま尚健在で、同居し一家円満明朗なホームを営んでいる。

宗教は仏教。趣味は前記の射撃のほか釣、スポーツ等多趣味である。

（一九五六・六・二一）

MR. SATO JIMMY ZENYEMON

佐藤　善右衛門 （米国籍）

ハウスクリーニング業、ぺドラー業、日本種物商

原　籍　宮城県刈田郡宮村

現住所　**3345 Steele St. Denver. 5. Colo.**

一八八二年五月十七日、宮城県刈田郡宮村、佐藤善五郎二男に生れた。

日露戦争に出征し、陸軍歩兵上等兵、下士勤務をつとめ満州の戦野に武勲をたて勲八等白色桐葉章を受けた。

佐藤善右エ門氏

凱旋の勢を馳って、海外に雄図を描き一九〇六年渡米、直ちにルイジアナ州に赴き漁業労働に従事、その後、コロラド州各地で農園労働、転じてキャンサス州ウイチタにて桂庵業をかね農業経営等、その青年時代を激しい労働生活に終始した。

一九二三年よりデンバーに住み、病院勤務、ハウスクリーニング、ぺドラー等、休むなき勤労生活に、生きる喜びを感じつゝ明朗快活、壮者を凌ぐ元気にて活動を続けている。

また日本の野菜種物販売を取扱い、全米の外、カナダにも販路を有している。

デンバー住宅地に所在する瀟洒たる住宅に居を構え、豊かな生活の明け暮れにも関らず、毎日、独特の頑丈な自転車に乗り労働着姿も颯爽と市内を縦横に活動する氏の姿は、蓋し名物と称すべく、その勤労ぶりは尊敬の的となっている。

家族は、妻やす（一八九四年生）＝宮城県刈田郡白石町菊地寛右衛門長女、一男一女あり。長女メリー（一九二二年生）は在デンバー高峰房吉二男登・リッチに嫁し三女あり。長男サム（一九二六年生）はデンバー市ウオーズ・マテリアル・コンパニーに勤務している。

宗教は仏教、趣味は碁、将棋。

氏は三十余年に亘り在留民社会各団体の役員をつとめ、現在も日系人会外各団体に献身的世話をつづけ、その純情一徹の素朴な人格で、世人の敬愛を受けつゝ明朗な存在として、在留民社会の花形として光彩を放っている。

MR. SAKURAI BOB HIDEICHI

桜井秀一

（米国籍）

ホテル・経営

原籍　徳島県那賀郡富岡町
現住所　1337 17th St. Denver. 2. Colo.

一八八八年三月三日、徳島県那賀郡富岡町、酒造業、土木請負業、桜井定蔵の長男として生れた。

富岡中学卒業後、海外発展の雄図を抱き一九〇六年四月十四日シャトルに上陸渡米した。

米国の実社会研究視察と語学修学の目的でスクールボーイ、農園労働、ソーミルの労働等を経て、シャトル市内で、野菜マーケットを開店し好成績を収めたが、南加州に発展の地を求め一九三四年南下して羅府市内に三ケ所のマーケットを開設し盛業であったが突如大戦勃発となり惜しくも閉鎖の止むなきに立至った。

桜井秀一氏夫妻

グラナダ、キャンプ生活を経て一九四六年、デンバーに移住し、現在の場所にデンバー・ホテルを開業したが営業成績良く今日に及んでいる。

氏は誠実、温厚、大人の風格豊かな紳士で、宗教心深く人格者として世人の敬意を受けている。

夫人は、朝鮮京城の技芸学校を一九一六年に卒業し其後日本で技芸の研究実習を積んだ各般に亘る技芸専門家として、在留同胞社会で異色ある芸術家として知られており、今日まで日、白人間に独特の技芸指導の経歴を有している。純然たる日本流婦人で子女の教育は、その基礎教育を日本に求める方針を堅持し、二男二女とも、日本で教育を施した後、米国に呼寄せ、米国の教養で仕上げをさせている。

在留日系人社会に於ける智的水準の高い家庭といえよう。

家族は妻メリー（一八九八年生、米国籍）＝徳島県那賀郡富岡町、商、近藤安太郎長女で、長女智枝・グレース（一九一九年生）は徳島高等女学校卒並に専修科卒で、在羅府和歌山県系レストラン経営アイオア大学卒雑賀《さいが》寿男に嫁し一男あり。長男敏明・タム（一九二一年生）は徳島工業学校卒、キャンサス工業専門学校卒で建築業を営みつゝあり、同人妻テヨは在羅府和歌山県人高橋豊次郎五女。二女千代（一九二五年生）は徳島高等女学校二年修業後渡米しデンバーハイスクール卒。二男国臣・ハッピー（一九二八年生）はデンバー大学修業後、現在羅府に在住し自動車販売業に従事している。

宗教は真言宗、趣味は読書と碁。

デンバー大師講の熱心な主働者であり日系人会、徳島県人会等でも活動している。

MR. SUEHIRO ROY MOROKU

末広茂郎九 （米国籍）アパート経営

原籍　広島県高田郡吉田町上入江

現住所　1010 E. 17th Ave, Denver. 18. Colo.

末広茂郎九氏

一八八三年十月十日、広島県高田郡吉田町上入江、末広菊松の二男として生れた。

日露戦争の勝利に国運旺盛な祖国を後に、覇気満々たる大志を抱き勇躍渡米、桑港に上陸したのは一九〇六年の若葉鮮やかな五月であった。

事業を興すため、まず資金の獲得を志し、当時、西部開拓に盛んだった鉄道工事の労働に加わりユタ州の荒野を初め各地で、辛酸をなめつゝ激しい労働に従事し、その後、ネバダ州より加州に出て農園労働、レストラン働き等を重ね、勤直な生活のうちに着々として資力を蓄積し一九二〇年、加州サクラメントを永住の地と定めホテルを求めて之が経営を開始した。

ホテル経営は業績良好で子女の教育にも力を尽し一家繁栄の一路を辿ったが、月にむら雲、人生何人にも欠くるの恨み、一九三三年愛妻ちえのを亡い、以来子女の養育に多大の犠牲を払いつゝ家庭的苦労をつづけた。

大戦勃発となり、在留同胞共々キャンプ生活はツール、レーキ、つづいてコロラド州アマチにと転じたが一九四四年二月、自由出所してデンバーに移住し、なれた事業のホテル業に着手すべく苦心の結果ホテル入手、之が経営を初めたが、見事成功し、現在はアパートの経営を為しつゝ壮者を凌ぐ元気にて活躍しつゝある。

家族は、長女まさ子（一九一九年生）サクラメント・カレッヂ、桑港ドレスメーキング・スクール卒後、在テキサス州サンベニト、農園経営の下津卯一長男ケネス（一九一九年生）に嫁す。二女ポーリンとくえ（一九二一年生）はサクラメント・カレッヂ卒、在デンバー、熊本県出身、三好広吉長男、自動車技術者三好ダン（一九二〇年生）に嫁す。三女エバリンとし子（一九二三年生）はセントルイス薬学大学卒、デンバー市マーシホスピタル勤務。長男ジョウジ・茂（一九二五年生）はデンバー大学卒、会社員。四女アグネス（一九二八年生）はデンバー大学在学中である。

宗教は基督教、趣味は読書。

在留民社会の日系人会、ホテル、アパート業組合、基督教会等公共の事業に尽すことも厚く、その謙虚温厚にして勤直な人格は尊敬の的となっている。また五子いづれも親孝行で母親なき家庭ながら一家豊かな平和気分のあふれていることは当主の人格の反映といえよう。

MR. TAKAMINE ARTHUR FUSAKICHI

高 峰 房 吉

アメリカン・ポテト・カンパニー総支配人

原　籍　大分県中津市殿町

現住所　3001 Ivanhoe St. Denver. 7. Colo.

高峰房吉氏夫妻

一八八二年十二月三日、高峰弥八、（母）てつの次男として生れた。

少年時代から学問が好きで郷里の弁護士事務所で書生をしながら英語の修業を積んだり漢学塾に学んだ。進むにつれて海外発展の志やみ難く一八九九年十二月（明治三十二年）米大陸に渡航を決意し単身横浜港出帆アメリカ船に乗組みヴヰクトリア港に着いたのは、翌一九〇〇年一月で、連山の雪皚々たるを仰いで高峰少年十六才の胸は希望に燃えた。

ヴヰクトリアではスクールボーイをしながら英語修業に心がけ傍らミッションスクールにも通ったが、間もなく桑港に移住し、スクールボーイをしつつ勉学をつづけたが、一方また、ヘート青年会のストーヂ博士に師事し人格の修養にも努めることを怠らなかった。

然しながら覇気満々の氏は米大陸に縦横の活躍を期し虎視眈々機会をねらっていたが当時インターマウンテン地方の開拓の有望なことをきき一九〇二年意を決して長駆アイダホ州シュガシテイに赴き此地で形勢をねらい、数ケ月の後にデンバーに移住した。

当時、デンバーには外園直一氏初め西山元、岡島金弥氏等が米人経営諸事業会社に労働者を供給していたが、急激な当地方の鉄道事業の発展に多くの労働者を求めつつある機運を俊敏な高峰氏は好機逸すべからずとして市内にデーウォーク業を開設したがねらい違はず業務は日と共に隆盛となり六、七年の間にブロードウェィの白煉瓦三層楼のビルを買収し常時、労働者八、九十名を有し業界の覇を称うるに至った。氏はこの多忙なる業務の傍らも持ち前の勉学心を捨てず、デンバー大学法科に学んだ。次で、一九一五年から、ポテトのホールセールに着目し『AF高峰コンパニィ』を創設しポテトを主に果物類も加え米人方面に宣伝を初めたが進むところ可ならざるなき氏の商才は、特にこの事業に大活路を展開し日に月にその販路と声名は全コロラド州はおろか山東地方に、ポテト・高峰の名を高からしめるに至った。

その後一九四一年、同社は『アメリカン・ポテト会社』と改名しデンバー・フード・ターミナルマーケット（Denago）内にその事業所を有し、山東各州のポテトの価格は高峰がつける、と称されるまでの実力を有するに至り今日に及んでいる。

販路は多岐に亘っているが全米にチェンストアを有する『セ

ーフウエイ』との取引は五十万弗と見られ、直接にグロサリーホテル等えの納入は勿論陸軍（コロラド州、ワイオミング州、アーカンサス州、テキサス州、ケンタッキイ州その他）兵営、海軍（加州その他）兵営への納入、また、シカゴ、ニューオリンス、ルイジアナ方面に貨車積にて出荷する数量は莫大なるものであり、その取引生産地の広範なことも米国有数の大会社として業界にその名を謳われている。

まさに農業に於ける牛島ポテト王に匹敵する商業に於けるポテト王者というにふさわしい。

『アメリカン・ポテト会社』が今日の盛大をみていることは同氏の手腕力量にまつことと勿論であるが、当社の特色は親子同族によって経営にあたっていることが成果を挙ぐる最大の要素となっているといえよう。

即ち当社は長男透（トール）次男登（リッチー）三男薫（テリー）の三子が父と共に一心同体、業務に当っており、いづれも父の血を継ぎ明敏な商才と努力家である。

家族は妻重子（明治十七年十二月三日生）＝広島県安佐郡可部町＝長男透（一九一五年生）同妻栄子メリー（一九一六年生）＝ネブラスカ州在住佐藤春吉長女、その長女ジョイスアン（一九四二年生）次女カネジン（一九四八年生）次男登（一九一九年生）同妻メリー（一九二三年生）＝デンバー在住佐藤善右衛門長女、長女シャール（一九四四年生）長女ショニー（一九四五年生）次女ババラ（一九五一年生）三男薫（一九二一年生）同妻花子（一九二五年生）＝羅府在住萬坊彦平長女、長男ジニー（一九四六年生）長女ゲーロ（一九四八年生）長女春子メリー（一九一一年生）は仙台市出身の牧師吾妻武雄に嫁し長女ナンシー（一九四一年生）次女パッチ（一九四二年生）長男キャラビン（一九四五年生）次男アーサー（一九四八年生）三女クリスチーン（一九五四年生）がある。二女文子（一九一三年生）は現在シカゴに在留しムーディ所属の宗教雑誌の記者として活躍し傍らピアノの教授をもつとめている。

氏はデンバー在住以来、あらゆる邦人公共団体に関与し日本人協議会、日本人会、日系人会其他すべて創立当時からその主力となって活躍し一九三六年、同七年には格州日本人会々長にも就任している。

資性温厚、商機に敏、明徹な見識と、その大胆なる度胸は米人に伍して今日の大事業を創設したことを裏づけるに充分である。

宗教＝仏教、趣味＝義太夫、及び囲碁。

高峰房吉氏宅

MR. TAMAI YOSHITAKA

玉井好孝 （米国籍）

米国仏教西本願寺布教使

原　籍　富山県東砺波郡井波町

僧　籍　鹿児島県始良郡蒲生町幽栖寺

現住所　1650 Yates St. Denver. 4. Colo.

玉井好孝氏

一九〇〇年十月十日、富山県東砺波郡井波町、玉井与三太郎長男として生れた。

東洋大学印度哲学科、並に、大東文化学院支那学科を卒業し一九二七年から約三ヶ年、大日本雄弁会講談社編集部に勤務した。同社を退社し一九三〇年六月渡米、シャトルに上陸し直ちにデンバーに赴き、デンバー仏教会の布教師として着任したが、以来同師は全身全霊を挺して仏道布教に努力し、在留民信徒より、開祖の使僧とも仰がれて今日に至っている。

一九四八年には山東三州在留同胞の寄附浄財により二十余万弗を要した山東三州仏教会館が建設されたが、この建設に同師の尽した功績は大きい。

また一方、紐育の仏教大学設立についても関法善師と協力し苦心の結果目的を完遂した。

師の布教範囲はコロラド州の外、テキサス、ニューメキシコ、モンタナ、カンサス、ネブラスカ、ワイオミング各州にわたり日夜寝食をわすれて布教につとめている。

妻、八洲子（一九〇四年生）は日本に在り、長男郁文（一九二三年生）は早稲田大学卒業後安田銀行に勤務中、太平洋戦争に出征し比島戦線にて戦死をとげた。

後列　長男俊作　杉浦清人氏
前列　次女翠　長女直美　次男健　敏子夫人

MR. SUGIURA KIYOTO

杉浦清人

ホテル経営

原籍　熊本県下益城郡城南町阿高
現住所　1007 15th St. Denver. 2. Colo.

一九〇二年九月二日、父徳次郎（製材業）母ワキ（八〇歳健在）の長男として生れた。

高等小学校補習科卒業後渡米を志し、一九一八年十二月二十四日シャトルに上陸した。

翌年よりオレゴン州ポートランドに在住し、スクールボーイをしたり、同州フートリバーの製材所で働いたが、一九二四年加州ロスアンゼルスに移住した。

血気はやる氏の性格は、時に遊侠の世界にも身を投じ仁義の世渡りにその侠気を謳われ、直情径行の行路は、起伏万丈の記録を残したが、一貫した純情の人柄は、多くの親交を結び、当時羅府に於て豪商を誇った亜細亜商会主の谷文五郎氏とは特に親しかった。この間、ハンテイングトンビーチのペパーのドライハウスで冬季の労働にも従事した。

一九四一年十二月八日太平洋戦争勃発となり、加州マンザナ収容所に収容されたが、此処でも竹を割ったような性格を発揮し、収容所内の大騒動マンザナ事件に関連し、時の収容所長に対し、堂々自己の主張をしたなどの、かくれたるエピソードを残している。

一九四三年収容所を出て、コロラド州に転住し、ブライトンに居を定めたが、間もなくデンバーに移住、一九四六年三月ベルモント・ホテルの経営に着手、翌年結婚と同時に人生史一転。ホテル経営に総力を挙げ、着々として基礎を固め、現在ではデンバー市の繁華街に、堂々たるクインシー・ホテルのほかエルシノア・ホテルを経営し、夫妻ともに陣頭に立って努力をつづけ異数の成果を挙げつゝある。

家庭は、妻歳子ドロシー（一九〇〇年生）＝福岡県人秋山吉郎長女。長男俊作ジュニー（一九四八年九月十七日生）長女ナオミ（一九五〇年四月十二日生）次女みどりアイリン（一九五一年六月二十日生）次男健（一九五二年四月三十日生）。

宗教、仏教。趣味、柔道。

山東三州仏教会に属し熱心な仏教徒として仏教会に尽すことも大きい。また演芸に造詣深く、日本から渡米した芸能人に対する斡旋、世話役としても知られ、日本からの芸能人のうち氏に感謝している人も多い。現在、デンバー演芸協会の幹部としても活動している。

デンバーに転住以来、人生行路を勇敢に切換え、力行以て後半生の再建に燃え、ひたむきに家庭を愛し、今日の成功を見ているこの成果の蔭には、けな気なドロシー夫人の内助の功を見のがすことは出来ない。

公共に尽すことも厚く、デンバー日系人社会の人気者として、明るい雰囲気をつくりつゝある。

田淵光男氏家族

MR. TABUCHI HENRY MITSUO

田　淵　光　男

（米国籍）

ホテル業、鉱山業

現住所　1507 Tremont PL. Denver. 2. Colo.

Tel: KE-4-9246

原籍岡山県御津郡建部町大田、田淵善三郎の三男として一九一七年三月二十二日、加州サンノゼ市に於て生れた。

田淵家の祖先は、清和天皇の後胤たる備前国白石城主田淵十郎左衛門源氏光で氏の父善三郎氏は其の第十六代に当る屈指の名門である。

二才にして父の故郷岡山に帰り、同県の金川中学に入学したが十五才にして帰米、サンノゼハイスクールに入り同校卒、農園労働に従事していたが太平洋戦争勃発し、自由立退に依ってコロラド州キングスバーグに転住し同地方に於て農園に働き、一九四五年デンバーに移住、独立して庭園業を開業した。

二年後、デンバー市内にホテルを購入し、ホテル業を開業、今日に至った。

これより先、一九五三年頃より鉱山業に興味をもち、コロラド州各鉱山の研究をしていたが最近、ダグラス郡に鉱区の借地権を獲得し（金、ナトーリアム、ウラニユーム等）目下その開発に努力しつつあるが、この鉱山事業に投じた資金は巨額に上りその成功が期待されている。資性活達、事業家肌の快男児で積極的の活動家として知られている。

妻玉江（一九二〇年生）は在コロラド州セジウキック山口県出身浅井亀次郎長女でハイスクール卒。家庭に長男光・トーマス（一九四四年生）ありジュニアハイスクールに。次男義英。リチャード（一九四八年生）はグランマーハイスクールに通学中である。

宗教は仏教。趣味は釣、スポーツ等。

デンバー柔道倶楽部、

デンバー演芸協会、ボーイスカウツ等でも内外の活動をつづけている。

尚父善三郎氏は七十七才で今も健在でデンバーに在住している。

（一九五六・六・二三）

MR. TANAKA HENRY HEIICHI

田中平一

山東三州仏教会会堂管理人

原　籍　広島県佐伯郡上水内村田多

現住所　1947 Lawrence St. Denver. 2. Colo.

一八七五年四月十四日、広島県佐伯郡上水内村字田多、官吏田中正吉の次男として生れた。

日清戦役に従軍後、志を海外に求めて一九〇〇年五月ビクトリア港に上陸した。

まづカナダに於て鮭漁の労働に従事し、その後米国に入り、シャトルを振り出しに農業に従事し南下して加州に至り、羅府を初め加州各地で農園に従事した。

一九一九年日本に帰り、長男正一を伴い再渡米したが其の翌年この一人息子を加州サクラメントにて喪い。次でその翌年、妻せのの急死に遭遇し、人生観に一転機を見、時に遊侠の世界に身を投じ激越なる人生を味う等、多彩な生活体験を重ねたが天性強固なる意志に依って幾度も人生の危機を回避し、爾来信仰生活に入り克己精励、孤独な生活によく耐へ、身心、常人にみざる健康のうちに今日に至っている。

今次太平洋戦争の勃発を加州ダイニューバで迎え、アリゾナ州ポストン転住所に入り一九四三年デンバーに転住、一時は、ネブラスカ州スカッチブラフにて農園を経営したが降雹により失敗、再びデンバーに来り、以来、あらゆる事業慾を去って山東三州仏教会々堂の管理人として、仏教会活動の蔭の力として労務に余念がない。

青年を愛し、二世団体の育成に尽力すること多く、また貧困者に対する仏事の世話等、かくれたる美しき逸話の数々の持主である。

母国日本の親戚のほとんどを原爆災禍の広島にて失い、故山に知己無き今日、墳墓の地を米国として、既に己が墓地をも用意し大悟徹底の心境にて仏教会への奉仕に全身全霊をうち込んで老いて尚矍鑠孤高異色の存在を示している。

（一九五六・六・二七）

MR. REV. TSUNODA NOBORU SHODO

角田昇道 （俗名登）（米国籍）

山東三州仏教会駐在開教使

現住所 1650 Yates St. Denver. 4. Colo.

一九一三年二月二十六日、原籍熊本県鹿本郡田底村山城で当時加州オクスナードに在留した庭園業角田弥一の長男として生れた。

幼時、父と共に加州サンタバーバラに転住し同地のハイスクールを経てサンタバーバラ大学に入学、同大学二年修学の後、日本に赴き、龍谷大学に入学一九三八年同大学を卒業した。

学窓を出てから六ケ月間東京築地本願寺に勤務した後帰米し桑港本部に駐在し五ケ年間勤務し一九四二年に及んだ。

太平洋戦争によりアリゾナ州ポストン転住所に入り一九四四年八月まで在所したが以後デンバーの山東三州仏教会駐在となり今日に至っている。

師は特に青年層から多大の信頼を寄せられ、玉井開教師を補佐しつつ極めて活動的な布教に挺身しつつある。

角田昇道氏

妻睦代（一九一九年生）は在加州の熊本県鹿本郡千田村出身多久亀吉長女で、夫君を援けて山東三州仏教会の業務に従事しその功績は多大である。

家庭に長女思豊子（一九三五年生）あり、コロラド大学に在学中。

趣味は読書。（一九五六・七・一）

MR. TAGAWA FRANK SHIGEO

田河茂雄 （米国籍）

原籍 熊本県八代郡鏡町字下村

現住所 5800 N. Franklin St. Denver. 16. Colo.

氏は一九一二年五月七日、加州サクラメントで生れた。大正七年に七歳の時、郷里へ赴き、日本の小学校で学び、大正十二年に帰米、翌十三年一旦日本へ赴き、二十歳にして再帰米、以来加州メリスビルに居住していたが、太平洋戦争勃発のため、一九四二年コロラド州のグラナダ転住所に収容されたのが、コロラド州に落つく動機になった。氏は市民権を持つので、一九四二年に出所を許され、デンバーに来て遂に現在の農園を経営して、地方に信頼されて居る。

氏の父は彦太氏、母は満寿、多年北加州で知られた人。

家庭には春子夫人との間に五男一女に恵まれている。長男克彦は（一九三八年七月二十一日生）現にコロラド州大に勉学中、次男時男は、（一九四〇年五月十六日生）ハイスクールに在学、三男俊春は（一九四二年九月二十九日生）ハイスクールに学び、四男久雄は、（一九四三年七月十九日生）ハイスクールに在学、五男雅俊（まさとし）は、（一九四六年六月二十日生）グランマースクールにあり、長女美佐子は、（一九五二年一月十七日生）家庭にある。

氏は仏教に帰依し仏書に親しみ、囲碁と釣魚とを楽しむ。

（一九五七・一〇・一一）

鳥沢保那 （米国籍）

MR. TORIZAWA FRANK YASUNA

グライダ・フイシユ・マーケット経営

現住所 1900 Meade St. Denver. 4. Colo.

一九一二年九月十七日、原籍静岡県賀茂郡城東村熱川、鳥沢林蔵次男として生れた。

中華民国山東省青島中学を卒へ一九二八年渡米シャトルに上陸。直ちに同市の外国語教授学校に学ぶ傍らスクールボーイを為しつつ英語力の涵養につとめた。

父が天理教布教師であった関係で父の教会勤務が羅府に移るとともに家族そろって一九二九年羅府に転住し同時に、当時羅府に於ける第一流の店として評判高かった『ムーン』フイッシユーマーケットの店員となり主人の植田八百蔵、木村支配人等よりその人物を信用され精励恪勤して若さの総力を商売にうちこんだ。この働らき振りを認められ、一九三五年には同市ブロードウエイに所在するグランド・セントラル・マーケットの支配人に抜擢され、その任に当ったが、時に若冠二十三才であり、当時太平洋沿岸で誇るこのマーケットに於て年上の従業員多数を統卒しての苦心は並々でなく、当時の苦労が今日の経営手腕の基礎を築いたものといえよう。

太平洋戦争勃発し羅府より立退きコロラドとカンサス州境のグラナダ・キャンプに移りキャンプ生活をつづけたが、一九四三年十二月に退舎しデンバーに移住、フランク土屋と協同して、ローレンス街一九一九番地に『グラナダ・フイッシュ・マーケット』を開業した。

同マーケットは品質新鮮、商品豊富で一躍有名となり、日本食料品の販売も月と共に活潑化し清新な商法は、氏の魚河岸張りの生きの良い人柄と相まって繁盛一路今日に及んでいる。

氏は資性磊落豪放、しかも緻密、商機に敏で、稀にみる練達の士であり、社交も豊かで、各方面の人士との交際も広く将来の大成が期待されている。

氏の経営するグラナダ魚店ではデンバーの放送局ＫＦＳＣから多額の放送科を支払い毎日曜日正午、グラナダの娯楽時間として日本歌謡や諸演芸の放送を行っているが在留日系人に対する慰安の文化的功績は多大である。

またスポーツを愛好し、グラナダ野球チームを組織しスポーツによる日米親善の実を挙げており、また故国から訪米芸能人の世話も欠かさない。

一九五六年八月巨費を投じて広大なる邸宅を新築したが、この建築には多くの日本趣味を盛込み、その異色の邸宅は日白人間でも有名となっている。

宗教は天理教、趣味はスポーツ、日本諸演芸。

家族は妻節子・メイ（一九一一年生米国籍）＝愛媛県八幡浜市出身加州在住菊地類太郎、長女で家庭に長男節夫・マイコ（一九五二年生）長女保美（一九五六年生）あり。日本の熱川には母きよ（七〇才）が今尚健在である。

コロラド州日系人会、後日同商工部長　（一九五七年度）

MR. TOTSUGI TSUNEYOSHI

戸次恒美

農園並にアパート経営

原籍　大分県竹田町
現住所　2545 Champa St. Denver. 5. Colo.

一八九五年四月三日、大分県竹田町、農、戸次長次郎の三男として生れた。

一九一六年第一次大戦中、川崎造船建造の汽船の英国廻航に機関部員として乗船し渡英したが、求められて英国汽船の船員となり同船の業務に従事し、転じて米国汽船の乗員となり、欧洲、米国間の航路に従事した。

其の後、船員生活をやめて一九二四年よりコロラド州ヘーブロ石炭山に就働したのを初めとして、一九二六年にはキーストン石炭山にて就働、同地では日本人キャンプを創設しフォーマンとして活動した。

この間、一九三一年よりは、農業をも兼ね、一九四六年よりは現在のコロラド州パーシャル所在の農園を経営し、レタス生産専門としているが、前記の石炭山の労働に従事した経歴は前後二十一年に亘りこの道の専門家でもある。

また現在ではデンバー市内に美しいアパートを経営、これは花代夫人が業務を担当している。

戸次恒美氏

氏は資性快活、明朗で、仕事熱心な点は比類なく寸時をも惜しんで活動している。

宗教は仏教、趣味は釣。

妻花代（一八九六年生）は広島県安佐郡祇園町、商、天満菊太郎の長女で、家庭に一男二女がある。

長男静人（一九一九年生）はハイ卒で野菜マーケット勤務、同人妻ヘレンは在加州熊本県人前田家より嫁し一男二女がある。長女まつみ（一九二二年生）はハイ卒で在デンバーの野菜市場勤務の広島県系新原幹夫に嫁し二男一女がある。次女ベッシー（一九二五年生）はハイ卒で熊本県系加治屋鉄郎に嫁し一男一女がある。

MRS. MENDA HATSUKO

免田はつ子

（米国籍）

原籍　広島県佐伯郡観音村
現住所　2130 Arapahoe St. Denver. 5. Colo.

明治三十一年七月十四日生、山口県萩市郡立女学校を卒え、在米の両親河畑千代松、すゑ夫妻の呼寄せにより。一九一四年十二月二十四日渡米し加州桜府、フレスノ、スタクトンに居住、一九一七年九月免田伴次氏と結婚し、二男一女あり、長男ハレー馨氏は（一九一八年六月十七日生）、その文子夫人は、上田五九一氏次女にして、結婚は一九四二年五月五日であった。長女文子さんは（一九一九年十二月生）、井上幸五郎氏長男安雄氏と一九四五年六月三日結婚、次男正登氏は（一九三二年五月二十三日生）。岩広茂男氏長女茂子さんと、一九五八年十二月結婚、何れもデンバーに居住。

太平洋戦争勃発のため、一九四二年三月、自由立退によりデンバーに転住され、アパートやグロサリーを経営中、十一年前に背の君の死去により、自ら事業を続け、現にアパートを二軒持ち、商売も繁昌している。夫人は熱心なクリチャンで、美以教会の有力者である。盆栽や詩吟を趣味とし、一九五五年以来北米錦友会に属し、雅堂の堂号を得、更に今年は雅水に進級し、その堂々たる体格に基づく豊かな声量は賞讃の的である。

土本春視 (米国籍)

MR. TSUCHIMOTO HARRY HARUSHI

原　籍　広島県安芸郡江田島村
現住所　5798 N. Washington St. Denver. 16. Colo.

氏は一九一三年六月二十五日、布哇オアフ島アイエア村に生る大正九年に日本へ赴き、日本の小学教育を完全に受けて、一九二九年に帰ったが、翌々年の一九三一年に大陸進出の希望に燃え、転航後はずっと加州サリナスに住み、同地名産レタス耕作に従事した。

一九四一年暮、日米開戦により一般日系なみに、加州から立退きを迫られ、一九四二年にアリゾナ州ポストン第一キャンプに収容された。一九四六年にコロラド州デンバーに転住して今日に及んだ。

土木春視氏一家
前列
紀美子
桂　子
ふみと
春　視
後列
邦　子
静　枝

氏の父は土木九一氏、母は同シズノ、ともに布哇のパイオニヤであり、氏はふみと夫人との間に四女あり長女紀美子は、一九四二年二月十一日生、加州サリナス生れ、目下メープルトン高校に在学、次女静枝は一九四四年十一月二十八日、ポストン生れ、メープルトン高校に進学、三女邦子は一九四七年十月十日にコロラド州グリーリー生れ、グランマに在学、四女桂子は一九四九年十一月十二日に、グリーリーに生れ、グランマーに勉学中。
MR. YAMAZAKI JIRO

山崎次郎　ホテル経営

原　籍　福岡県糸島郡芥屋村
現住所　2015 Larimer St. Denver. 2. Colo.

一八八四年九月八日、農、山崎勘治次男として生れた。

一九〇七年渡米、デンバーにて鉄道工事、農業に従事し後、加州王府にてガーデナーに従事し一九二〇年よりインペリアルバレーにて農業、ブロレーにて中華料理店の経営等の後、デンバーに転住しホテルを経営している。

妻すえの（一八九四年生）は福岡県糸島郡可也村浜地馬太郎次女で、長男喬（一九二四年生）同人妻えみ子は加州の福岡県出身平山五郎長女。

宗教は仏教、趣味読書。

MR. TERASAKI MASAYEMON

寺崎 政右衛門（米国籍）

原籍 東京都中央区日本橋数寄屋町

現住所 **1665 Fillmore St. Denver. 6. Colo.**

一八七八年四月五日、東京都日本橋区数寄屋町、原田園太郎六男として生れ、幼にして寺崎家を継いだ。

一九〇二年、沙港上陸渡米し、つづいて、コロラド州フォートカレンスに於て農業に従事約半歳、ワイオミング州にてバリングトン鉄道工事労働約一ヶ年等の労働生活を体験したがこれが機となって伴商店社長伴新三郎氏と近づき、伴氏の懇望によって伴商店シエルダン支店に入り一九〇六年には同店の支店長となり一九一三年まで在勤した。

続いて一九一三年、同店のデンバー副支店長となり、一九一七年、樫野無事之助氏の後をついで支店長に就任した。

しかしながら伴商店は、第一次大戦、日本の関東大震災、又タキスの問題等で大打撃を受けて一九二八年、倒産したので、氏は担任する伴商店デンバー支店の再建をはかり、時の領事館、正金銀行、在留邦人有力者等と相談し苦心の結果、独立会社として再建したが一九二八年の経済パニックの余波は激しく影響し且つその株式募集も、実質的に株主の払込み成績悪く、健闘空しく一九三二年閉店の止むなきに至った。

以来、事業界から全く引退し今日に至った。

氏は明徹せる識見と洗練された社交的性格をもつ文化人で山東三州在留同胞社会の名実共のパイオニアとして、在留民の間で知らぬ者なき重鎮的存在であり三東地方在留同胞社会の生字引ともいうべき人であり今日も尚コロラド州日系人会、山東三州仏教会、日本メソジスト教会その他多数の団体の役員として活躍してきたが最近、眼病の為め活潑なる活動の出来ぬことは惜しまれている。趣味は碁。

妻せい（一八八八年生）は東京都日本橋数寄屋町の宮内省御用商中西喜助の次女で、貞淑な賢夫人として知られている。

家庭に三男三女あり。

長女美子（一九一二年生）デンバー大学修学し、岡山県系の医師小林憲一に嫁し二男一女あり。長男豊（一九一四年生）はハイスクール卒、デンバーの薬学校を卒業し、ドラッグストアに勤務中で同人の妻三枝は福岡県出身の二股飛佐吉長女で現在コロラド州知事秘書をつとめ二女がある。次男正次郎（一九一七年生）はデンバー薬剤学校卒、ドラッグストア勤務中で同人妻スミ子は和歌山県出身の牧師植村聖次郎の長女である。次女百合子（一九二〇年生）はフォートカレンス農学校卒で、富山県糸野上博（コロラド鉱山大学卒、マサチユセッツ州科学大学卒現在アトランチック・オイル会社に勤務）に嫁し三男がある。三女満子（一九二二年）はコロラド大学薬剤科卒で、熊本県系のデンチスト河野富雄（ノースウエスターン大学卒）に嫁し一男がある。三男三郎（一九二四年生）はコロラド大学卒、ドラッグストア勤務中で、同人妻さだ子は福岡県系三好武彦の二女で一男がある。

（一九五六・七・一三）

MR. UEDA FRED SHIGERU

上田 茂

（米国籍）
庭園業

原籍 熊本県上益城郡御舟町水越
現住所 3724 York St. Denver. 5. Colo.

一九〇四年三月二十二日、熊本県上益城郡御船町水越、農、上田定与武の長男として生れた。

県立熊本中学在学中に渡米、一九二〇年七月沙港に上陸した。シャトルに於ては、グラムマースクール、ハイスクールを経て、ワシントン大学に進学したが当時就働中たりし製材所勤務の職場に於て負傷し、心ならずも大学中途退学の止むなきに至った。

上田茂氏一家

その後、野菜パッキングハウスの業を開始、次でサウスベンド市に家屋を購入し、カキ（オイスター）の生産業に従事していたが突如大戦勃発となり自由立退に依り一九四二年コロラド州リットルトンに移ったが同所に約六ケ月滞留の後、デンバーに転住し米人会社、ロッキー新報社等に就職したが、一九四五年より、庭園業に転向し、現在の住宅を購入して落つき今日に至っている。

勤直、力行の人として在留民間に信頼厚く、また敬虔な仏教信者として、山東三州仏教会の世話に徹している。

妻綾子（一九一三年生）は熊本県鹿本郡山鹿市字大道、若杉大平の長女で、県立山鹿高等女学校卒、貞淑な夫人として内助の功深い。夫人は短歌を愛好し女流歌人としても知られている。

家庭に一男二女あり。長男稔・ダン（一九三四年生）はコロラド大学土木科在学中。長女登志子・アイリーン（一九三六年生）はビジネス・セレッヂ卒後政府支庁に勤務。二女貴美子（一九三八年生）はコロラド大学在学中である。

宗教は仏教。趣味はゴルフ、野球で特に野球は青年時代選手として活躍したことは有名である。

尚、氏の両親はいまも健在で郷里熊本に在り、一九五五年には、山東三州訪日団と共に帰国し孝養を尽している。

綾子夫人の歌

かりそめの旅行の如く送られて熊本を去りてすでに二十年
朝窓のドレイブ開けば雪白きロッキー連山くきやかに見ゆ
（国民文学所載）
（一九五六・六・二二）

MRS. UYENO ICHIYO

上野以知与 （米国籍）

金物店、及びホテル経営

原籍　岡山県後月郡明治村

現住所　**1564 Harrison St. Denver. Colo.**

一八九三年九月一日、岡山県後月郡明治村、商、上野文四郎の四女として生れた。

岡山県立高等女学校三年修了後、日本赤十字社岡山支部看護婦養成所に入所し、同所を第九回卒業生として卒業した。

写真結婚により一九一八年四月渡米、当時、商業を営んでいた岡山県人故上野斧一と結婚し、シャトルに定住し、新生活をスタートしたが、性来活動的な同女史は直ちに産婆業を開業し、旁らアパートの経営を為す等縦横の活躍に事業基盤を拡大強加した。

この積極的活動は、夫君の病弱によることも原因したが、特に産婆業は在留民多数より信頼され、開業当時シャトル市内に同業者十九人の中に後輩として割り込んだ女史、その取り上げた生児の数は千数百名にのぼっている。

また、ウエストコースト生命保険会社の代理人としての活動ぶりも目ざましく一九四一年度には、同会社のシャトル支部内に於て一ケ年百萬弗契約に成功し米人を圧倒して同社員としての名誉たる百萬弗倶楽部の会員に推挙され面目をほどこした。

太平洋戦争勃発とともに自由立退によりシカゴに転住し同地に一ケ年半在留したが、デンバーに新事業を企劃して一九四三年九月転住し直ちにラリマー街二六三九に店舗を求めて、雑貨金物取扱の三葉商会を開業したが経営適切、時代の要求に投じ隆盛の一途をたどり、後、金物取扱専門のハレー金物店を併設し今日に至っている。

また一九五五年には市内グランド街一九二二にホテルを購入して約十万弗の四ロット大のビルディングで当時デンバーホストに大々的に報道された。

女史はまた敬虔なるクリスチャンで、基督教精神に一貫する生活態度に徹し、己れを律するに厳しいと共に外に伝道活動をも活潑に行っている。即ち女史の故郷岡山県後月郡明治村に数年前より基督教会の建設を発起し今日まで同事業に対する物心両面の努力は多大であるが同事業は着々として進捗し、現在では日曜学校及び幼稚園を開設し七十名の園児を預っている。

また一九五五年四月、羅府で組織された、新市民東部観光団の五十名の中にコロラド州より参加し、飛行機により東部の観光を為した。

家庭に一男一女あり、いずれも米国最上の高等教育をほどこし共に米国MD号を得た医者として教育したが、夫人のその蔭の苦心は並々ならぬものがあった。

長男フランク・勇（一九一九年生）はシカゴの医科大学を卒業し、シカゴ市に於て医院を開業後、ワシントン州スポーケン市の州立病院精神病科で研究中、米陸軍に召集されオクラホマ州フォートシエール市に於て二ケ年勤務、一九五五年除隊し、現在ミヅリー州ネバタ市の州立病院に於て精神科専門医で同病院の重鎮として高給を得て活躍中である。

同人妻美代は在米熊本県出身宮川大二の次女で家庭に一女がある。

上野以知与夫人

故 上野斧一氏

和田綾子女医

上野フランク勇氏

長女綾子（一九二一年生）はワシントン大学入学中なる時日本に赴き東京女子医学専門学校に入学（現在大学）を卒業し、神戸市の商、和田浩一と結婚し、一九五二年帰米、デンバー市のローズメモリアル病院にインターンとし、またデンバー市のジエネラル病院に於て一ケ年研究の後、再びコロラド州立大学医科に入学一九五六年卒業、MD号を得て同年七月、竹野医院を引き受け市内第十八街八三〇番地に開業し女医として今日に至っており、患者から信用を博し隆盛を極めつつある。家庭に二男がある。
かくて一門繁栄しつつあるが女史は公共につくすことも深くデンバーのレニア倶楽部を発起創立その会員のすいせんに依り会長たること二年、また日本人美似教会宣教部長として活動するほか、短歌に趣味を有し山東歌壇の一員として文化面にもその名を知られている。その作品

深み行く秋の色香や向つ山もみずる樹々は入り日に映へて

うらうらと春陽浴つつ誇りかに咲きしづもれる山桜花

▲追記▼　故上野斧一氏は東京の大倉商業学校卒業後、一九〇四年渡米、商業に志し、グロサリー経営、パシフキック・フルーツ会社の株主兼社員等の経歴があるが、病多く、一九五〇年五月、シカゴの病院にて療養中没した。

児玉令司氏

MR. KODAMA BEN REIJI

児玉令司

野菜生産、加工、包装、販売

原籍　広島県三原市須波町

現住所　1906 W. 33rd Ave, Denver. 11. Colo.

一八八六年三月四日、広島県三原市須波町、農、児玉関次郎の二男として生れた。

父と共に一八九七年布哇に渡航し、次いで一九〇四年、米大陸に転航した。

桑港に於てレストラン並にホテル・オークションハウス等就働、加州ワッソンビルの苺園就働等を経て一九〇六年三月、加州コンコードに赴き米人の果樹園をコントラクトして成功し、再び桑港に復帰し、バークレーに於て学校に通学して英語の修得につとめた。

その後、果樹園経営を志して加州バカビルに転住、ウイルコックス農園を借受けて三ケ年、ミセスペイン農園を借受けて二ケ年、ジョウジバッフォード農園の日本人フォマン等、野菜並にフルーツ栽培に体験を積み、一九一七年、南行して羅府に転住し、ライアン・フルーツ会社の日本人労働者監督を二ケ年半勤務した。

当時加州サンファナンド市にグロアース・アソシエーションが設立されたが、この配給に関するパッキングその他一切を引受けたが、右団体が解散したので、羅府に於て独立して、児玉プロデュース・コンパニイの名を以て新会社を設立し、外人業者に農産物を取次ぎ、この事業を一九二四年まで継続した。

たまたま加州ガタループに於て、手広く事業を経営していた荒谷節夫氏の懇望を受け、荒谷農園のパッキング部門を担当し、従来の体験を活用して、同農園繁栄の為め大活躍を為す傍らガタループ在留同胞社会に於て農業組合、商業組合、日本人会等の公共活動を為したが、今次大戦の勃発となり、地方有力者とともにモンタナ州ミゾラ収容所に収容され次でアリゾナ州ヒラに転じ一九四三年六月、出舎して格州デンバーに居を定めた。

デンバー移住後はスタックヤードに於て農業従事すること一

ケ年の後、現在のフレッシユ・ヴェジテーブル会社を設立し今日に至った。

同会社は野菜、果物の生産、加工、包装、配給の一貫作業で、その配給先は全米に亘り特にロッキー以東、以南に強大な取引先を有し事業は発展しつゝある。またテキサス州及びコロラド州ハドソンには自家農園を有し野菜の生産盛んである。

現在、会社経営の実務は、長男豊、女婿宮本義彦に一任し、顧問役ながら毎日工場に出社して老いて益々矍鑠たる活動をつづけている。

資性温厚にして気骨に富み気宇活達、その積極的性格は起伏万丈の過去であったが、野菜関係の事業一本を根幹として力行奮闘今日の成功を見るは宜なる哉とされる。

一九五一年、糟糠の妻とめの（一八八九年生）を喪ったことは不幸であるが一男一女とも優秀で孝養あつく平和な家庭を営んでいる。

宗教は仏教。趣味は碁。

長女春江（一九一九年生）はハイスクール卒。熊本県系、宮本義彦（布哇生れパシフキック大学卒、陸軍に従軍し四四二部隊で欧洲にて武勲を立つ）に嫁す。長男豊（一九二一年生）は南加大学修学、妻照葉は在羅府福岡県出身の川原満治の二女で一男一女がある。長男豊は市民協会の指導者であり且つ事業家的手腕力量に恵まれ父とともに当業務に従事するほか各種方面の事業界にも活動している。（一九五六・七・一二）

上西嘉永

MR. UYENISHI FRANK YOSHINAGA

（米国籍）グロサリー経営

原籍　奈良県吉野郡白銀村湯川
現住所　3300 E. 30th Ave, Denver. 5. Colo.

一九〇〇年十一月十三日、奈良県吉野郡白銀村字湯川、農、上西嘉市郎の次男として生れた。

県立五条中学校卒業後、叔父の呼寄に依り渡米一九一九年十二月シャトルに上陸した。

同地で叔父の経営する食料品店に勤務したが、一九二九年独立してフランク・グロサリーを開業し、年と共に隆盛をみていたが太平洋戦争の勃発となり、モンタナ州ミゾラ収容所に収容され六ケ月間入所したが、出所後ワイオミング州ウォーランドに赴き、同地で鉄道工事の労働に従事し二ケ年近く辛酸をなめたが一九四五年より、デンバーに転住し、店舗を求めて現在のグロサリーを開業し今日に至っている。

資性豪直、実行力に富み、多才敏腕のうちにも、一業主義を以て多年の経験を食料品業にうち込み現在の成功をみている。

妻房枝（一九〇七年生）は奈良県出身松村由太郎次女でタコマ生れ、ハイスクール卒。家庭に一男一女あり。

長女ドロシー（一九二九年生）はコロラド大学卒で現在ポートランド市の公共学校教諭。長男ローイ（一九三二年生）はデンバー大学卒で目下米国陸軍に勤務し独乙に駐在している。同人妻ルースは在コロラド州フォートモーガンの福井県出身の岸本家より嫁し一女がある。

宗教は基督教。趣味は釣。

美以教会の役員、コロラド州日系人会の役員等公共活動にも尽している。（一九五六・六・三〇）

末釜勇

MR. SUEKAMA SAM ISAMU

（米国籍）大工請負業

原籍　広島県賀茂郡西条町
現住所　1225 Santa Fedrive, Denver. 4. Colo. Tel: TA-5-3025

一九一六年二月二十三日、加州ロングビーチに於て広島県賀茂郡西条町出身の末釜嘉一長男として生れた。

五歳の折日本に赴き十五歳にして帰米、ロングビーチに於てジュニアハイスクールで修業した。

荒谷農園等にて農業に従事しサンタマリアに於て農園を経営したが、太平洋戦争勃発し自由立退により山東に転住し、ネブラスカ州よりデンバーに転住し一九四五年より大工請負事業を開業した。

資性俠気に富み、かくれたる人の世話を熱心にすることなど多く、また青少年の教化運動として、デンバー市のボーイスカウツ一六九隊のアッシスタンツ・コンマンダーとして業務の余暇に活潑な運動を展開しているほか仏教会にも尽すこと多い。

妻恵美子（一九一九年生）は加州パロアルト在留の広島県出身中井逸義家より嫁し、家庭に二男あり。長男昭治・ジェームス（一九四五年生）。次男博・ロージャー（一九四七年生）は共にグランマースクール通学中。

宗教は仏教。趣味は碁。

山東三州仏教会、デンバー演芸協会の役員として活動している。

尚父嘉一は日本で健在である。（一九五六・六・一七）

MR. SUZUKI KENICHI

鈴木賢一 （米国籍） 団体役員

原籍　広島県安佐郡祇園町原村
現住所　2502 Downing St. Denver. 5. Colo.

一八八六年一月十七日、広島県安佐郡祇園町原村、鈴木直次郎長男として生れた。

生家の農業に従事していたが、海外移住を志し一九〇七年故国を出発し十二月シャトルに上陸した。

知己を頼り南加して加州フレスノに赴き同地で農園労働に従事したが、其の後サクラメントに転住し、同地及びその近在で太平洋戦争に至るまで居住した。

サクラメント在住時代は、養鶏業、醤油製造業、食料品商等を営み、近郊のプラサ、ウォルナッツグローヴ等に於ては果樹園、野菜栽培業にも従事した。また桜府日報のほか沿岸の邦字新聞にも関係し、在留同胞社会の文化活動の面にも独特の手腕を以て活躍し、北加地方に数多い知己を残している。

大戦勃発とともにツルレーキ・キャンプ、トパッツ・キャンプ等にキャンプ生活を続けたが一九四五年に出所し、デンバーに定着して、ホテルの経営に当ったが、現在は公共団体の世話役等で悠々自適の境を楽しんでいる。

家族は妻たす（一八八六年生）＝広島県安佐郡祇園町長束、平田捨吉長女、四子を有し、長女しづ子（一九〇七年生）は広島県出身在デンバーのグロサリー経営山田静雄に嫁し。長男進（一九一四年生）は義兄山田静雄と共にグロサリー業に従事。次女ふじ江（一九一七年生）は広島県出身のグロサリー業清武悟に嫁す。末子の次男正明（一九二六年生）は米人会社に勤務、妻民子は東京都出身。四家族いづれも勤勉に働らき事業は繁栄し将来を期待されているが、鈴木家の家庭教育の適切であったことを裏書きしているものといよう。

資性円満、社交性豊かで在留日系人社会に明るさを加え、仏教会、日系人会、北加人会等には無くてはならぬ人物として役員活動をつづけている。

宗教は仏教、趣味は骨董、盆栽等。

MR. YAMADA FRANK SHIZUO

山田静雄 （米国籍） 食料品店経営

原籍　布哇生れ
現住所　3305 E. 26th Ave, Denver. 5. Colo.

一九〇一年十一月十四日、布哇ホノルル在留の広島県人山田金次郎の長男として生れた。

幼にして父の郷里広島市江波町の実家に赴き、同地で山陽中学に入学し二ケ年修学の上、再渡米し、加州ペンリンに赴き同地でグロサリーを経営すること二十三年に及んだ。

太平洋戦争勃発により、ツールレーキ・キャンプに入り、一九四四年デンバーに転住し、直ちに『フランクス・マーケット』を開業し今日に及んでいる。

謹直な人として知られ、商機に敏で、一家はいづれも同業のため、商線の連絡極めて密で、家門そろって繁栄の一途を辿っている。デンバー市住宅地に一流の堂々たる家屋を有し明朗な生活をつづけている。

山田静雄氏

家族は妻しづ子（一九〇七年生、米国籍）は在デンバー広島県出身鈴木賢一氏長女で一男二女あり。長女春美・フローレン（一九二八年生）は在デンバーのグロサリー業リー氏に嫁し、長男一男ウィリアム（一九三一年生）はコロラド州立大学在学中。二女みよ子（一九三三年生）は在デンバーのグロサリー業八木氏に嫁している。

宗教は仏教、趣味は釣。

MR.OZAWA SHIGETARO

小沢滋太郎

ホテル、アパート経営

原籍　山梨県東八代郡相興村字南野呂

現住所　**2727 Curtis St. Denver. 5. Colo.**

小沢滋太郎氏一家

一八八六年九月十一日、山梨県東八代郡相興村字南野呂、製糸業小沢省己の長男として生れた。

県立日川中学を卒業、早稲田大学に入学したが、かって日本に滞在した親日米人で当時ポーツマヽ海軍鎮守府司令長官たりしジョージ・A・ビックネル提督の呼寄せにより、学生として一九〇六年五月に渡米しポーツマスに赴き、学僕として一ヶ年半同提督に仕へたが不幸病を得て、留学の目的を果さず一九一〇年南米ブラジル経由帰国した。

帰国後は父の経営する製糸業を手伝い、この事業を組織化すべく努力し、資本金二十五万円の株式会社隆基館製糸場を創設し、自ら取締役社長となり事業の隆盛を致した。後斯業が産業組合法に拠る事が時運に適したるを悟り、生糸販売利用組合隆基館製糸場に改組した。其の後、間もなく産業組合法による山梨県全体の生糸販売を司る山梨県生糸販売組合聯合の創立とともに推されて理事長に就任し業務を執掌した。

また小沢式多条繰製糸機械を発明し、能率増進に寄与するところあり、大日本蚕絲会総裁閑院宮殿下より有功賞を授与された。

この間、東京に井上業敬、黒須龍太郎氏等と常磐自動車株式会社を創設し之が社長となり中央に雄飛を企てたが大正十二年の関東大震災に遭い、その壮図を空しくした。前記、生糸組合が昭和四、五年の経済界のパニックと輸出生糸の度重なる不振の影響を受け経営危機となりたれば、之が再興を企図し資金導入の目的で渡米を決意し一九三二年十月再渡米した。

偶々、当時桑港に佐藤正氏の経営たりし日米証券株式会社があり業態不振の状況にあったため同氏よりこの事業の再興を懇請されたので、製絲業再興を断念し、在米資格を国際商人に変更申請し米政府より許可せられ、経営一切を引受け副社長兼総支配人として腕をふるい、同社は見事に再興し、邦人商社中稀に見る発展を遂げた。

四年後には南加に発展を求め独力を以て羅府に日米証券羅府支店を開設、その後、自己経営とし羅府日米証券株式会社として、事業の隆昌を見たが太平洋戦争勃発となり、全財産の凍結に遭い、事業は全く中止となった。其の上軍部の日本人の沿岸強制立退きとなり、止むなくコロラド州に転住、デンバーに居を定めた。

デンバーに於ては、クリーニング業を経てホテル、アパート経営を為し今日に及んだが、氏は公共事業に熱心で一九四六年山東三州日本難民救済会が組織さるゝや、進んで無報酬でこの難事業に挺身し同救済事業寄附募集開始より約一ヶ年間、幹事として全事務の処理を担当し、繁雑なる事務一切を整理するとともに各委員の活動を容易ならしむるよう万般の連絡に遺憾なく手をうち、更らに自らも募金の衝に当り、日夜の別なく奮闘した。その努力と功績は多大であった。因にこの救済会は山東三州在留同胞の熱意により総計三万二千七十五弗の応募をみて成功裡に終り、之等救済金品は日本に送られ、難民救済事業を通じて在米同胞仁義の歴史を残したが、この輝く事業の蔭に氏の功績は見のがすことは出来ない。更らに東洋文化協会の理事として理事長宮本孝内氏をたすけ、コロラド州日系人会再興に至る迄在住日系人渉外方面に尽す処が多かった。また一方、同志と山東帰化期成同盟を組織し理事となり帰化権獲得に奔走した。

資性温厚、実直誠意の人として、また経済智識に明るい卓見の士として在留民の間で多大の信頼を博しており、現にコロラド州日系人会副会長、デンバー市日系人ホテル、アパート組合長、其他公共団体に重要役員の多くを兼ねて公共活動に奉仕を続けつゝある。

妻多可志（一八九六年生）は山梨県西山梨郡千塚村塩部、地主鈴木力の長女で県立甲府高等女学校出身で家庭に三男二女あり、長男文雄（一九二一年生）は早稲田大学卒業山梨県立日川高等学校の教授を経て後渡米、デンバー大学卒。MA、MSの学位を獲得、コロンビヤ大学に一ケ年間在学米国史を研究。次男恒雄（一九二六年生）はネブラスカ州ユニオンカレッヂ卒にて加州ロマリンダのメジカル・カレッヂ・オブ・エバンヂェリスト卒、同人妻エミ子は同大学卒、熊本県人田道亀喜の長女。長女貞子（一九二八年生）は東京の帝国女子理学専門学校卒で、三菱電機株式会社員小林信三に嫁している。三男和雄（一九三〇年生）はコロラド大学建築科卒、陸軍に入営し朝鮮に在勤したこともある。末子の次女俱子・チカ子（一九三三年生）はデンバー大学商科卒で米人商社に秘書として勤務している。子女五人とも最高学府を卒業し智識人家庭の風格をみせて一家円満である。

宗教は仏教。趣味は読書、囲碁。

MR. YAMASHITA HIMECHIKA

山下日米親（米国籍）

温室植木栽培業並に野菜果物花類マーケット経営

原　籍　鹿児島県川辺郡笠沙町

現住所　6150 North Federal Blvd, Denver. 11. Colo.

一九一八年三月十五日、鹿児島県川辺郡笠沙町、山下伝次郎の長男として生れた。

一九三七年帰米、主として加州に於て雛の雌雄鑑別師として活動し、アイダホ方面にも在留。今次大戦中にデンバーに転住し、阿久根正雄氏と共に共同にてナーセリー、フルーツマーケット等の業に従事している。

氏は資性温厚にして文芸の趣味深し、特に歌道にすぐれ、日米親の名は在米日系人歌壇では声名高い。

日本の短歌雑誌社の現代歌壇新選一千人集にも氏の作品は掲載されている。

宗教は仏教。趣味は短歌、文芸。

次は一九五三年の羅府新報新年号の一等入選歌。

帰化の法遂に成りたり五十年苦闘続けし我が一世に

現代歌壇新選一千人集

長生をするぞと友にすゝめつゝ掌に汲むロッキーの水

MR. YONEHIRO JHONY SABURO

米広三朗

（米国籍）
庭園業

原籍　広島県佐伯郡井口村

現住所　3030 Josephine St. Denver. 5. Colo.

一八九一年八月三十一日、広島県佐伯郡井口村、農、米広文助の三男として生れた。

一九一七年布哇に渡航したが、同地より第一次大戦に米陸軍に応召従軍、之により一九一九年には米国市民権を得た。

その後大陸に転航し、一九二〇年より二五年まで加州プラサに於て果樹園に従事し、一九二五年よりは独立自営の果樹園を経営し太平洋戦争まで一貫して之が経営に当った。

大戦により加州ツールレーキ転住所に入り後、コロラド州アマチ転住所より退舎して一九四五年デンバーに定住した。

以来、米人富豪ラフエット・フキースの庭園の主任として独特の技術で優遇されている。

氏は植物栽培、造園にも深い造詣を有し、自家には百種に及ぶ果樹、花木等の栽培を楽しんでいる。資性謹直、誠実の一面熱情家でその一貫した意志は強固で論客の雄でもある。

また氏は公共につくすこと深く、前加州ルーミス日本人会々長、仏教会々計、日本語学校理事長をもつとめている。

宗教は仏教。趣味は庭園、読書等。

妻加寿子（一八九五年生）は広島市草津町、船岡島吉長女で、広島師範学校修学、料理の名手として知られ、明朗な人柄で家庭をきりまわし内助の功大きい。

長男方平（一九一九年生）はハイ卒後、モントレー陸軍学校卒、米陸軍第一回徴兵に応募し、今次大戦に従軍し、輝々たる

米広三朗氏一家

武勲を立て陸軍々曹であり現在加州ペタルマにて養鶏業を営み、同人妻しげみは在加州広島県人松田末吉五女で家庭に一男一女がある。次男公平（一九二二年生）はサクラメント・カレッヂ並にシカゴのマーシャル法律大学卒でシカゴに於て法律事務所開業中、同人は今次大戦に米陸軍に従軍し四四二部隊に所属し欧洲作戦に従軍した陸軍曹長である。同人妻みよ子は在加州城戸勝象二女で一女がある。長女礼子（一九二三年生）はサクラメント大学修学で、デビス農大卒の大阪府系の建築請負業相良フランクに嫁しているが相良は工兵中尉であり、家庭に二男一女がある。三男洋平（一九二五年生）はオハイオ州ヤロストーン大学卒で今次大戦には陸軍に応召し、四四二部隊に所属し武勲を立て名誉の、シルバースター勲章及びパブリックハート章を授与された陸軍曹長であり、除隊後は紐育ラチャスタ医科大学を卒業し、ミネソタ大学に於て癌の研究所長であり手術の権威として優遇されている。次女千里（一九四三年生）はハイ在学中。

かくて米広家は今次大戦に三人の男子を米陸軍に従軍させた誇れの家門でもある。

北加市民協会について

（創立千九百二十二年四月）

私の布哇より転住の当時は加州には丁度（大江山）の鬼の住家の如く排日政治家の集合地でありました第一世界出征軍人の除隊帰化同志が桜府平原に集合し集まりし人数は五、六十名でした。此の排日に対して集合団結の必要を感じて一九二二年四月桜府に於て北加市民協会なるものを政府の認可を得て組織し、当時加州で日系人の集合地は桜府平原なりしも加州生れの第二世は平均年令十六、七歳が頭でありましたが、資金新会員の不足の為に於て二ケ年の後に涙を呑んで解散しました。

布哇より転住の当時最も排日の盛んな時代でプラサ郡ロースベル市の米国在郷軍人団第一六五の支部に入隊し、地方日白人間懸命努力し。亦地方日和人会の連続に十ケ年間会長とし又在米日和人会の参事。日和赤十字社の評議員特別名誉社員として地方同社の会員募集に全力し。プラサ仏教会の会計の要職にもあり、ルーミス日語学校の学務委員長として民族発展の為め尽力し。又十数年間桑港新世界新聞社の地方通信員とし地方人士の為め全力し。妻は日語学校の母之会の会長愛国婦人会の評員として会員募集の為めにつくせり。

吉田幸平（米国籍）

MR. YOSHIDA KOHEI

原　籍　熊本県下益城郡益南村北小野

現住所　3756 Gilpin St. Denver 5. Colo.

明治十二年十二月八日生、渡米は一九〇六年で桑港へ上陸した。尤も氏はその前布哇に七年を送った。二十歳で布哇に渡航し、二十三歳で結婚し、汽車事故で夫人を失った。

アメリカでは中加フレスノに十六年を送り、玉場を経営した。一九二二年羅府に移ったが、訪日中に不幸再び夫人を失い、現在の夫人と四十四歳で結婚し共に再渡米し加州サクラメントに居たが再び羅府へ移住し、ダーノーホークでは、苺組合長を二年勤めた。南加熊本県人会々長にも推された。太平洋戦と共に、自由立退きで、ブライトンに来、更にデンバーに住居を定めた。

氏には二人の子女あり、長女しずえさんは、今五四歳、日本に住み、長男義雄君は三五歳、父と共にデンバーに住む、氏は熱心な仏教徒である。

MRS. YAMADA SONO

山田 園 （米国籍）

原　籍　東京都向島洲崎町
現住所　**4525 Grove St. Denver 11, Colo.**

一八八一年八月三十日、東京市向島洲崎町で商、高田三郎の長女として生れた。

一九〇二年、父の友人鈴木氏とともに渡米し、サンフランシスコに四年間在住し、一九〇七年デンバーに転住、一九一七年より一九三五年まで、日本料理店一葉亭を経営し、在留民、日本からの旅行者に親しまれ、盛業をみた。

その後一葉ホテルをも経営したが一九四四年之を他に譲渡し現在は悠々自適の境遇にある。

夫君の山田末喜氏は熊本県出身、一九二四年病没し、以来独身で通した。

資性、円満社交性に富み、生粋の江戸っ子にふさわしい粋な気風で、在留民の間に親しみ深い存在となっている。

山田　園

一九五四年には日本を訪れ。往年デンバーに在留せる米国関係者より大観迎を受けた。
宗教は仏教。趣味は日本映画演芸である。

MR. NANBA SEIICHI

灘波清市 レストラン経営

原　籍　岡山県吉備郡足守町
現住所　**4525 Grove St. Denver. 11. Colo.**

一八九四年九月十五日、岡山県吉備郡足守町、商灘波金次郎長男として生れた。関西中学に学び、父の呼寄せにより一九一二年渡米し、ワイオミング州にて農業、鉄道工事のフォーマン等を体験し、一九二二年デンバーに転住し、日本料理店一葉亭の事業に協力したが一九三五年独立してローヤルカフェーを開業し今日に至っている。

氏は九才の折から郷里木下藩の道場で北辰一刀流の指南を受け練磨を重ね旧足守藩士剣道指南技松千葉助より北辰一刀流向上免許を授けられている。デンバーに於ては永年の間、剣道指導を尽しその功績は大きい。宗教は仏教。趣味はスポーツ。

妻恵子（一九一五年生）は在デンバー長崎県出身山口甚平長女で、家庭に二男三女あり。長男清也（一九三六年生）はハイスクール卒はコスモポリタンホテル勤務。次男文隆（一九三八年生）はハイスクール卒、野菜仲買商。長女洋子（一九四一年生）はハイスクール。次女礼子（一九四七年）はグランマースクール在学。三女恵美子（一九五四年生）。

灘波清市氏家族
後列右より　清市氏　清也　文隆
前列右より　長女洋子　山田園　二女礼子　夫人

KAJITA TOKUICHI

梶田徳一

（米国籍）

出身地　広島県三原市

現住所　1324 21St ST. Denver 2, Colo.

明治十九年十月三日出生。渡米したのは一九〇四年、桑港へ上陸した。郷里にあって県立三原教員養成所を、明治三十四年に卒業し、小学校に教鞭をとること三ケ年、海外雄飛の志を抱いて渡米、まず桑港でハイスクールに入り勉強し、傍ら家康働きもしたが、独立事業を思立ちクリーニング店を経営した。

一九一〇年に不幸ギャスリン爆発の事故のため、両手の指を失い、雑貨と時計商に転ずるのやむを得なくなり、一九二〇年にサクラメントの有望なるに着眼し、在住十六年の桑港を後に、同地で時計商を営んでいた。

ところが太平洋戦争勃発によりツーレイキ館府入りとなり、倭州ハート山転住所を経て、一九四四年にシカゴに出て、時計商を再開した。令息の生長により店を譲って、自らは詩吟の教授に身を投じ、一九五五年十月デンバーに移り、北米錦友会支部を開設して今日に及んだ。

本部からは典水の号を贈られ、専ら斯道の発展に尽した。以来四ケ年にして会員六十名を越える盛況を見ている。

家には亡き松子夫人との間に一女二男があって、何れも社会人として活躍している。長女メリヤム百合子さんは、一九二五年生れ、中島トーマス氏と結婚してシカゴに住み、長男アーネスト徳雄氏は、一九二六年生、その夫人は三垣家の出で、シカゴで電気技師として活躍。次男サターー徳治氏は、一九二七年生、木葉ジャッキ氏令嬢と結婚して、シカゴで時計を営なむ。趣味の縁から柴信夫人と再婚され、円満なる家庭を楽しんでいられる。

宗教は基督教、氏は人格に於いても師範として仰がれ、その徳育上の貢献は大きい。

（上の写真は梶田典水師及良水夫人）

MR. TANI FUMIO

谷　文　男　（米国籍）

立　身　和歌山県那賀郡長田村字長田中

現住所　821 27TH St. Denver 5, Colo.

明治四十一年六月二十五日、加州羅府に生る。父は故文五郎氏と母綾子、長男・六歳にして訪日、和歌山県和歌山市に生長し海草中学を卒え、一九二四年六月三〇日沙港上陸で帰米した。

帰米後は羅府ルーズベルトハイに就学すること四年、一九二八年父の経営下のアジア商会食糧品部に勤め、三〇年に桑港新世界紙の羅府支社、更に三十四年アジア商会に勤めたが、一九四二年太平洋戦争のため、サンタアニタを経て、グラナダ館府に収容された。

谷　文　男氏

四十五年十月にデンバーに転住、グラナダ魚店に勤め、傍ら羅府新報デンバー支局を担任した。

四八年にデンバーに日米商事社を開き、日本送りの品を取扱った。

一九五五年九月格州時事営業部長に就任した。同五七年六月より日支料理店マンダリンを経営して今日に至る。

現に格州日系人会幹事、山東三州仏教会理事、デンバー大師講理事として公共に尽している。

家庭はカネ夫人との間に長女八重子（二二）は、池谷氏に嫁し、次女美智子（十九）長男和夫（九）あり趣味は読書、映画、旅行、宗教は仏教である。

YAMASHITA, BAB, SUMIO

山下澄夫 （日本籍）

立身地　鹿児島県日置郡日置村
現住所　8000 Steele St. Denver 29, Colo.

明治四十二年十一月八日生、父は禎一氏、母はエダ夫人、在米の伯父の呼寄せにより、一九三〇年五月渡米、桑港へ上陸した。その後南加州のロミタ、トーレンス、ガーデングロブ、ガーデナで農産物仲買を営む内、太平洋戦争となり、西沿岸をすて一九四二年三月コロラド州へ自由立退して今日に及んだ。

グリーリー、ラプトン、ハドソンを経て、一九四五年十二月に伝馬郊外ウイルビーに移り、土地をレント従農五年の後、現在の農地六十五英加を購入し、集約な野菜耕作をしている。プラット河に沿う肥沃なデルタでカリフラワー、レタス、セロリ、トメト、胡爪を伝馬市場に出荷し、傍ら温床を経営し、春の花苗、野菜の早苗を供給している。家庭は一九四〇年に美夫子夫人と結婚二男三女がある。

長女ジュリーまり子は、一九四二年一月二日生、カレッヂに在学、長男フレッド正和は、一九四三年十二月十五日生、ハイスクール在学、次男ペリー和幸は、一九四七年五月卅一日生、ジュニヤハイに通学、次女セーレン澄子は一九五〇年四月廿六日生グランマーに通う、三女ダリヤン純子は、一九五四年四月三十日生。一家は仏教徒、趣味は読書、時に詩吟を楽しみ、北東綿友会に属す。

MR. UYEDA YUSAKU

植田勇作 （他界）

出身地　熊本県八代郡鏡町字芝口
現住所　Rt. 2, Box 152 Alamosa Colo.

明治十六年生。渡米せしは一九〇二年桑港に上陸した。加州スタクトンに年余を送り、コロラド州ラプトンに来て、農業に従事したが、サンルイス平原の有望なるに注目して、一九二九年に移住し、更に一九四四年に現在の土地百六十英加を購入し他に二ツの百六十英加の土地をリースし、レタス、ポテト、キャベジを生産し、豚も五百頭を飼い肥料の獲得と肥育による収益を図っている。

夫人つも氏は、一九一五年の結婚後、三男四女を育て、一九五四年四月二十一日夫君の逝去後も一家の柱石として農業を経営中である。長女道子さんは、一九一八年生、アラモサの勝本清氏と結婚、四孫あり。長男は早逝され、次男ヘンリー義雄氏は、一九二〇年生、加州サンロレンゾに住み、そのセビー夫人との間に一孫あり。三男フランク勇三氏は、一九二二年五月十一日生、母の下に家にあって従農中。次女菊代さんは、一九二四年八月八日生、コロラド州グランド・ジャンクションの古川光夫氏に嫁ぎ三孫あり。三女マジーさんは一九三一年四月二十七日生、アラモサの榎本志郎氏と結婚し二孫あり。四女グレイス千代子さんは、一九三七年二月二十六日生、現在家にあって母を助く。

一家は熱心な仏教信者である。　（一九四八・四・四）

MR. HORIUCHI BUNGO

堀内文吾 （日本籍）

出身地　山梨県南都留郡大石村
現住所　Triangle Bldg, Brighton, Colo.

明治三十二年十二月十二日生。一九一七年七月二十二日シャトルへ上陸した。当時父の嘉伊作氏は、多年ワシントン州に居住、その呼寄せにより渡米し、七年間をワシントン州各地に働いて居たが、一九二五年にコロラド州ブライトンに移り、現在プラットバレー種物商会を経営し、農産種子、農具、肥料を手広く商い、兼ねてプラット・バレー・ベジタブル・グロワーを持ち農業を営む。しげ子夫人は、一九二四年四月十一日生、内助の労あり、長男正治は、一九二四年十月十四日生、州農大を卒え、農業技術顧問を業とし、現にコロラド州青年商業会議所会頭として、日系の気を吐いている。その夫人かつ子は加州サンターナ今村時好氏長女。長女みつは一九二六年七月二十二日生、ストークレイ氏と結婚、ミズリー州カンサス在住、次女久は一九二八年三月十日生、州内ロッキーホードで学校教師に就任。次男昭吾は、一九三〇年四月二十日生、父を助けて従農。三男健三は一九三二年七月十六日生、父の農園に従農。四男武信は、一九三四年八月一日生、現在ホートコリンスの州農大に在学。五男英吾郎は、一九三六年十一月十七日生、ホートコリンス州農大で勉学中。三女八重子は、一九三九年五月十五日生家庭に在る。　（一九五七・一〇・二三）

MR. HARADA SADAKICHI

原田定吉 （米国籍）

出身地　和歌山県西牟婁郡中芳養村
現住所　**P. O. Box 351 Rocky Ford, Colo.**

明治二十二年二月十二日生。渡米成功を期して、まずメキシコへ渡り、テキサス州エルパソより、一九〇七年三月二十九日に米国に入った。

以来五十七年、一九〇九年以来コロラド州ロッキーホードで農業に従事してきた。現在農園を三ケ所に持ち、令息四人は全部州立農大を卒えそれぞれ農園に配して、一家結束してシッパーを兼業合理的に経営されている。ホームランチは所有地三百英加あり、原田氏自ら采配を振り、長男光一氏と共にアニオンビーツ、キャンタロープ、トメト、コーン野菜を作り。第二農園は同じくロッキホードに所有地八百四十英加あり、次男勇二氏指揮し、第三農園はニューメキシコ州ローリントンにあり、土地九百英加あって三男正三氏が経営に当つている。

前列右より
三女　幸子
五女　美恵子
四女　知子

中列右より
二女　照子
原田定吉氏
たみ夫人
長女　長恵

後列右より
長男　光一
次男　勇二
三男　正三
四男　茂

家庭的にはたみ夫人の内助の功は大きい。夫人は同村の人。一八九五年一月二十五日生、一九一四年五月五日シャトル上陸同六月に結婚して、五男五女に恵まる。長男光一氏は一九一五年三月二十九日生。ホームランチの外ローキーホードに八十英加を経営す。次男勇二氏は、一九一六年五月二十二日生。ロッキーホードに農業中。長女直恵さんは、一九一七年七月八日生結婚してデンバーに住居。三男正三氏は一九二〇年正月七日生ニューメキシコ州で農業。四男茂氏は、一九二二年五月二十五日生、ロッキーホードで農業に従事。五男定雄氏は日本生れにして、太平洋戦争に日本軍に応召し、満洲で行衛不明となる。二女照子さんは一九二五年五月二十七日生。デンバーに在住。三女幸子さんは一九二八年三月六日生。ロッキーホード平方氏と結婚。四女和子さんは一九三〇年三月六日生、紐育にあり。五女美恵子さんは一九三二年二月六日生、ユタ州ブロボの州立不具者教育所の看護婦長として活動。

氏一家は仏教徒、原田氏の趣味はビリヤード。

（一九五八・一・一）

MR. YOSHIDA, FRANK, EIICHI

吉田栄一 （米国籍）

出身地　広島県佐伯郡大竹市大竹町字木野
現住所　**Rt. 2, Box 37, Alamosa, Colorado.**

明治二十三年十月十五日生、父久吉氏は多年アメリカで活動して来たので、父の呼寄せにより一九〇九年二月十日桑港に上陸、加州ローダイに在りし父の許に赴き、居ること三年にしてスタクトンへ移り、河下で友人と共同して農業を営み、またスミス農園のホーマンに住み込み、更に兄弟で独立農業を営み、専ら経験をつんだ。その内ツーレイキのスワンプ開拓に携わり、ジャクマン農園の監督になった。居ること四年にして、蓄財も充分になり、一九二四年の暮、日本を訪問した。翌年春帰って見ると、旧ジョブにも面白くない空気を感じ、意を決してコロラド州サンルイス平原に転住して今日に及んだ。

当時には未だ日本人の農家入植なく全く孤軍奮闘であった。

一九二六年の初めから一年アラモサで試み、隣村ラハラにも十三年、そして一九三九年にアラモサで現在のホームランチを購入して事業の基礎を築いた。

その間、一九三二年の全米的不況の大浪に翻弄されて、ブロークもしたが、再起して今日の大をなした。現在ホームランチ三百二十英加、他に三百二十英加と百六十英加の農園を営み、その一には令息敏博氏が住み、主としてレタス耕作、ポテト、人参など生産して地方の信用は篤い。

一九一九年勇代（いさよ）夫人を迎え、二男十女に恵まれ、その全部の子女は揃いも揃って、立派に育ち、社会に活動中である。そして現在孫が廿七人ある。まず年齢を追うて記すると長女君江は、一九二二年スタクトン生れ、日本で育って、現在当地の三宅密正氏と結婚。

次女久代は、一九二三年スタクトン生れ、日本で生長して、現在アラモサの川辺温（すなを）氏と結婚。次は長男敏博氏で

吉田栄一氏一家
前列（右より）
長女　君枝
長男　敏博
吉田栄一氏
吉田夫人
次男　博昭
列師左より
次女　久代
三女　文《ミミ》子
四女　八重子
五女　昭子
六女　栄
七女　美恵子
八女　真子
九女　志津子
十女　喜久子

一九二四年スタクトン生れ、当地の溝上氏の長女と結婚。三女文子は一九二五年生、西川普（すすむ）氏と結婚して羅府に居住す。四女八重子は、一九二六年生ブランカの溝上誠氏と結婚。五女昭子（あき子）は一九二七年生、コロラド州アトウッドの森嘉一郎氏三男ジミー氏と結婚。六女（さかえ）は、一九二八年生、新田五郎氏と結婚してデンバーに住む。七女美恵子は、一九三〇年生、アラモサの小西ベン氏と結婚。八女真子（まさ子）は、一九三一年生で未婚。九女志津子は、一九三三年生未婚。次男博昭（ひろあき）一九三四年生、ホートコリンヌの州立農大に在学。十女喜久子は一九四〇年生未婚。

氏は熱心な真宗信者にして、現に山東三州仏教会顧問であり読書や盆栽を趣味としている。

（一九五八・二・一〇）

MR. TANAKA JUNZO

田中順蔵 （米国籍）

出身地　長野県諏訪郡豊田村
現住所　**Rt. 1, Box 24 Henderson, Colo.**

明治二十一年十二月二十四日生。一九〇七年に、令兄の呼寄せにより渡米、シャトルに上陸した。当時コロラド州在住の令兄田中孫三郎氏の許へ直行して、農業に従事して今日に及んだ。

きく夫人との間に四女あり、家庭ではお孫さんにすがられて楽しい暮しである。

長女ちえ子さんは、一九一八年三月二十六日出生、現在日本にあり、筧正憲氏と結婚して東京に住居し、一男一女の母である。

次女定子さんは、一九二〇年十月二日生、桑港の堀荘次郎氏令息堀達氏と結婚して、彼地に住み、二男あり。

三女米子さんは、ヘンダーソンの田鍋長江氏と結婚して、二男に恵まる。

四女つね子さんは、一九二四年八月十三日生、ヘンダーソンの倉智長吉氏と結婚して、二女の母である。

（一九五七・五・八記）

平間総寿氏

MR. HIRAMA SOJU

平間総寿 （米国籍）

出身地　宮城県刈田郡円田村
現住所　**P. O. Box 35 Granada, Colo.**

明治十四年八月十八日出身地に生る。渡米の意志をもって、まず布哇に渡航し、居ること一年、一九〇四年七月二十九日桑港に上陸した。直ちにコロラド州に来て、アーカンサス平原に入植し、ラスアニマス、グラナダ地方に遂に五十余年を送り名実ともに地方のパイオニアである。

現在百六十英加の農耕地を持ち、野菜類の生産により地方に重きをなしている。

夫人きよし氏とは、一九一八年三月二十八日の結婚で、二男三女に恵まれ、子女何れも成長して、一家は繁栄している。

長男太郎氏は一九二一年二月十八日生、父を助けて従農。二男次郎氏は、一九二三年三月三十日生父兄と共に農業。

長女静枝さんは一九二五年十月十一日生、南カロライナ州へ結婚。次女春子さんは、一九二八年四月二十日生、結婚してデンバーに居住、三女富子さんは、一九三〇年九月二十八日生、ミシガン州にあり、夫君はミシガン大学教授である。

氏は仏教徒にして読書を趣味とす。（一九五八・十二・三）

MR. MITAMURA MIYOMATSU

三田村三代松　（米国籍）

出身地　広島県広島市江波町百十六番地
現住所　Rt. 1, Box 260 Ft. Lupton, Colo.

明治十五年六月十五日生。海外勇飛の志を抱いて、一九〇三年にまず布哇に来り、居ること二年大陸転航を思い立ち、一九〇五年五月十七日に、桑港へ上陸した。乗船は有名なアラメダ号であったが、氏の旅券には船名が判然と捺印されている。

氏は桑港より友人を頼って、コロラド州へ直行し、ニューメキシコやネブラスカの農園にも働いたが、主にシャイアン、グリーリーなどで砂糖大根の農園に働く内、ラプトン附近の土地に親しみを感じ、遂に一九五一年より現在の農園に根を下した。

一九一七年七月五日に、夫人ノブ氏を招き、営々として農業を励み、今では五男三女を世に送り、円満な家庭に余生を楽しんでいる。長女文子は一九一九年九月九日生、細川潔志氏と結婚してシカゴに住み。長男豊バブ氏は、一九二一年十二月二日生で、その夫人妙子は、ニューメキシコ州メシヤの田代国治氏の四女にして、夫妻は岳父の下に従農中。

次女操は、一九二三年五月二十三日生、目下シカゴに在住、次男覚ベン氏は、一九二五年九月十四日生、未婚にして家庭にあり、三男アルバート氏は、一九二七年十一月二十六日生、みつ子夫人はデンバーの堤昇氏の三女にして、夫妻で伝馬に居住、四男チャーレー氏は、一九二九年五月十七日生、未婚、家庭にあり。三女ジェッシー嬢は、一九三一年七月二十八日生、未婚にして家庭にあり。五男テリー氏は、一九三五年十二月二十六日生、目下伝大在学。

氏は熱心な仏教信者。趣味としては釣魚を楽しむ。

（一九五七・四・三〇）

MR. SATO TETSURO

佐藤哲郎　（米国籍）

出身地　宮城県登米郡石森町
現住所　Rt. 1, Holly, Colo.

明治三十八年三月一日生。渡米せしは一九二四年六月十六日にして桑港へ上陸。当時テキサス州エルパソに在りし父基衛氏の呼寄せによる渡米であった。

アメリカでは型の如くハイスクールに登校して専ら英語を勉強中、アメリカのレスリングに興味を持ち、練習をつむに従いその技倆はめきめき上達し、各地で試合に臨み、広く全米を旅行中、太平洋戦争のため、アリゾナ州ポストン第一舘府に入り更にアマチ舘府に転じ、一九四三年八月出所して、コロラド州ラマーに住み、更にホーリーに移り、農業に従事。ビーツ、アニオンを生産。

みつえ夫人は、亡田代末彦氏の長女にして、一九三六年結婚一男衛君あり、一九三七年四月十五日生で、目下コロラド州立大学に勉強中である。

MRS. TANIAI YAYOKO

谷合やよ子（米国籍）

谷合やよ子さん

出身地　岡山県岡山市下牧
現住所　Rt. 1, Bristol, Colo.

明治二十九年九月七日生、郷里で高等小学校を卒え、今は亡きご主人伊太郎氏と、一九二一年結婚し、同年九月十四日桑港に上陸し、南格に居住して、今日に至った。現在令息保氏の農園を助け、主婦として従農中である。

長男保氏は農業中、二男次男氏、長女きよのさん、次女マーテンよし江さん、三女谷合かほるさんの四人ともデンバーに居住。夫人は熱心なクリスチャンであり、趣味として日本料理をつくることを楽しんで居られる。

MRS. HIROSE SONO

広瀬その（米国籍）

出身地　鹿児島県姶良郡福山町福山
現住所　P. O. Box 32 Granada, Colo.

明治二十九年十一月一日生。福山町高等小学校を卒え、大正五年亡主人広瀬祝吉氏と結婚、翌一九一七年四月四日桑港に上陸。南加州カンプトンにあって、約二十年間農業を営み、太平洋戦争のため、コロラド州アマチ転住所に収容された。

一九四四年出所して、当地方に農業を経営中、一九四七年九月十二日に主人祝吉氏死亡され、現在令息を助けて遺業を続けて居られる。氏は三男一女あり、長男祝男氏は父の業を継ぎ、次男重氏は一九四九年細川けい子嬢と結婚一男一女あり、目下加州インペリアル平原に在り。三男順氏は、一九四八年結婚し一男三女あり。加州ロサンゼルスで高校メカニックの教師を勤む。長女きよ子さんは、一九四〇年松山清春氏と結婚し、三男あり、加州羅府に於いて庭園業に従事。広瀬夫人は仏教の信仰厚く、趣味として日本料理の技術は有名である。

MR. NAKATA TADASHI, JAMES

中田忠（米国籍）

出身地　熊本県菊地郡菊地村字西寺
現住所　Rt. 1, Box 12, Ft. Lupton, Colo.

明治三十四年五月五日生。故中田五八氏の次男として、出身地に生れ、十七歳にして、在米の父の呼寄せにより、令兄武志氏と共に、母に伴われて、一九一七年五月八日シャトルに上陸し、直ちにコロラド州ブライトンに在りし父のもとに来り農業に従事し、一九二九年十二月に独立経営を志し、現在の農園五十英加を購入、翌年結婚され夫人と共同経営して今日に至った。

夫人綾子氏は米国生れ、デンバー在住森川富蔵氏の三女にして、現在三男一女あり。長男春喜・トーマス氏は、一九三二年四月二十六日生、家にあって農業に従事。次男悟・ローイ氏は一九三三年十二月二十九日生。陸軍に入り現に在日米軍の一員として東京へ進駐。

三男守ゲーリー氏は、一九三五年七月十八日生。コロラド大学にあって、エンジニア三年として勉強中。長女麗子アイリスさんは、一九四七年九月二十七日生。一家の愛を集めている。

氏は中田家の伝統を受け、熱心なる仏教信者にして、ラプトン仏教会の重鎮であり、趣味は読書、殊に仏典の研究家である

（一九五七・四・二七）

柳原清志 （日本籍）

MR. YANAGIHARA KIYOSHI

出身地　鹿児島県川辺郡大浦町
現住所　**Rt. 2, Brighton, Colo.**

柳原消志氏一家

明治三十二年九月八日生。一九一七年一月二日にメキシコより入米した。加州にあってサンピドロ、ガーデナ等で野菜耕作に従事したが、第二大戦勃発によりサンタアニタキャンプに収容されたが、一九四二年砂糖大根耕作の契約により、コロラド州に自由立退きして現在に及んだ。

二百英加を耕作し、砂糖大根、アニオンその他広く野菜を耕作して繁栄している。

はるみ夫人は、一九三一年三月三十日結婚し、四男一女に恵まれている。長男ヘンリー・豊氏は一九三二年四月十三日生、デンバーに居住。長女京子さんは、一九三三年七月二十八日生格大を卒え、大田サム氏と結婚して、加州サンマテオに居住。次男ポール修氏は一九三六年三月十三日生、白婦人と結婚して三孫あり。三男ラリー清美氏は、一九四六年一月二十八日生、目下グランマー在学。四男ダーニー志朗氏は、一九四七年六月三日生、グランマ修業。氏は熱心な仏教徒にして、趣味は読書詩吟を楽しむ。現に北米錦友会に属す。夫人は編物と読書に農閑には余念がない。

尚親戚関係には戦後デンバーで花園業を営み、最近南加オクスナードへ転住されし阿久根正雄氏あり、氏の夫人は柳原氏の令妹である。

（一九五八年四月）

松本稲ノ義 （日本籍）

MR. MATSUMOTO INAYOSHI

出身地　広島県安芸郡倉橋島村
現住所　**Rt. 2, Brighton, Colo.**

明治三十一年十一月十六日生。氏は当時加州アイルトンに在りし故父礼吉氏の呼寄せにより渡米、一九一二年六月三日に桑港に上陸した。一九一三年より二十五年の間は、中加ダイニュバに、二十五年より太平洋戦まで中加のサンガーに在って、野菜耕作に従事したが、開戦によりアリゾナ州ポストン第二キャンプに収容された。一九四五年にコロラド州へ出て、デンバー中心に野菜農業に従事し、現在の農園には温室も建て、冬期にも生野菜を出荷している。

故シゲノ夫人と一九二一年に結婚し、五男四女に恵まれている。長男ゼッシー義之氏は、一九二二年生、そのとし子夫人との間に一孫あり、現在ヘンダーソンに農業経営。次男ヘンリー勝己氏は一九二四年生、グリーリー州大、東部大学を卒え州内グランドジャンクションのジュニア大学教授であり、未婚。

三男タミー三郎氏は、一九二七年生、グリーリー州大を卒えワシントン州オリンピック大学教授であり、未婚。長女綾子さんは一九二八年生、未婚にして父をヘルプす。次女メリー道恵さんは、一九二九年生、ラプトンの横大地清蔵氏と結婚、三孫あり、四男バビー栄氏は一九三二年生、未婚、父をヘルプす。三女ペギー好子さんは一九三五年生、デンバーに住み米空軍会計局に就職。五男ベニー守雄氏は一九四一年生、高校在学。四女シェリー八千代さんは一九四四年生、高校在学。尚シゲノ夫人は、不幸一九五七年十月六日若くして他界された。

MRS. MR. KINOSHITA SUNAO

木ノ下スナオ（米国籍）

出身地　長崎県諫早市
現住所　**Rt. 1, Box 151 Ault, Colo.**

木ノ下スナオ夫人

明治二十七年生。長崎県立女子師範学校を大正三年に卒業、郷里で小学校訓導として育英事業に携わっていたが、大正六年に同郷出身の故木ノ下元馬氏と結婚し、同年三月に夫と共に渡米、桑港に上陸した。

夫君元馬氏は若くして渡米しワイオミング、コロラド両州にかけ農業を経営したが、就中北格グリーリー附近は、最も長く一九四五年に現在の土地百六十英加を購入し砂糖大根をベース作物として、玉葱、甘藍、馬鈴薯などを耕作し、傍ら牛や羊の飼育を営み、その副産物たる肥料をふんだんに鋤込むので、耕地は極めて肥沃である。

夫君元馬氏は、一九五三年十二月逝去されて後も、夫人は遺業を継ぎ事業はますます発展しつつある。

一方夫人は、オールト地方の二世子女の教育に過去十年、一方ならぬ貢献をした。日本語教育を通じ、道徳的なしつけを与えたため、同地方の二世は他地方に見られぬ公共心が強いと言われ、青年たちが協力して相互扶助の団体を組織しているのは夫人の感化の大きなことを語っている。

家庭には三男四女に恵まれ、何れも立派な市民に訓育された長女克子は、一九一八年生、ブライトンの堀内三郎氏と結婚し同地に居住。

長男哲馬は、一九一九年生、伝馬在住の石田イト夫人長女みさをと結婚し、母を助けて家業にいそしみ。次女純子は、一九二〇年生。デンバーの伊藤久氏と結婚し同地に住む。次男英樹（ひでき）は、一九二二年生、オールト赤星国三郎氏次女蓮子と結婚、同地に住む。三女麗子は一九二四年生、デンバーの平岡正人（まさんど）氏と結婚し、合地に在り。四女弥生は一九二五年生、州内ロッキーホードの中山ジョージ氏と結婚し、彼地に住む。三男知己（ともみ）は、一九二九年生、コロラド州立鉱山大学を卒えて、加州パロアルトに在って、連邦政府の官吏に就任。現在お孫さんが二十一人あって幸福な祖母であり仏教に帰依し、読書を楽しむ。（一九五七・十一・九）

中川角太郎 （他界）

MR. NAKAGAWA KAKUTARO

出身地　福岡市小倉市井手浦
現住所　（延世夫人及長男千万人氏）
P. O. Box 454, Wiggins, Colo.

明治十三年（一八八〇）二月十一日生。明治三十四年七月に私立東京法学院英法科卒業。検事補として朝鮮京城に勤務中米国留学を志し、明治三十八年に渡米し、塩湖に暫く滞在したがデンバーに移転し、デンバー大学に学んで、一九一一年五月バチエラー・オブ・アーツを受く。氏は当時山東日会会長として一九一三年のスチームボートスプリングの鉱山の排日、ロッキーホード排日等に同胞のため闘い、公共に尽すところ多かったが、最も力を注いだのは、デンバーに於ける邦字新聞を苦心経営した事であった。

デンバーには古く外園直市氏により、伝馬新報を創刊され、一九一五年四月に中川氏が継承した。

今一つの邦字紙コロラド新聞は、市川藤市氏の創刊であったが、中川氏はその二つを一九一八年三月合併して、現在格州時事を創刊した。

これは中川夫人の手記によったものであるが、格州時事は一九五八年に四十四年となっているから、創刊は一九一五年の筈である。その四年のズレを究明すべき道がないが、中川氏が伝馬新報の経営の時に逆り、格州時事の番号と通算したようだ。その後そして一九三二年二月二十九日、貝原一郎に譲渡した。その後山東同胞発展史編纂中、一九四一年八月三十日、ロングモント田中磯吉氏方で、脳溢血で倒れ聖アンソニー病院に収容されたが九月五日午後八時二十分逝去。夫人延世刀自は明治十九年十二月二十九日生。福岡県立女子師範を明治三十九年卒業し、一九一四年十二月タコマに上陸。同年中川氏と結婚され、三男四女がある。

長男ジョン千万人氏は一九一六年二月二十八日生、三河員馬氏次女メリー・たき子さんと結婚、二男二女あり、格州ウギンスで農業。

次男ポール万里輔氏は、一九一八年九月九日生、ロサンゼルスで印刷業に従事、デンバー鎌田氏息女と結婚。三男ジョセフ庸三氏は、一九一九年五月二十九日生、兄と共に当地で農業。長女ルースさんは一九二一年十月十五日生、寧州ノースプラットの松谷氏と結婚。

次女サリーさんは、一九二三年七月二十一日生、デンバー佐藤作重氏長男と結婚し、クリーブランドに居住。三女ジュリアさんは一九二五年四月二十日生、ハロルド・ブレヤー氏と結婚しクリーブランドに住む。四女ヘレンさんは一九二七年九月十三日生、羅府の南加大学看護婦科の教師を勤む。

赤星国三郎氏と令孫

MR. AKAHOSHI KUNISABURO

赤星国三郎　（米国籍）

出身地　熊本県上益城郡下矢部村字三箇

現住所　Rt. Box Ault, Colorado.

明治二十一年五月九日出生。父三吉仙蔵。母はシマ。赤星家に養子となり、渡米の雄志を抱き一九〇四年布哇へ渡航、居ること年余にして、一九〇五年四月に大陸転航で桑港へ上陸した当時は布哇へ渡航は容易であったが、直接米大陸へは渡航が許されなかったからである。

上陸後真すぐにネブラスカ州へ来てプスネ地方で、鉄道に働くこと二ケ月、同州で砂糖大根の農園に働いて、農業で身を立てる決意をした。一九〇五年暮、コロラド州に移り、デンバーで鉄工場で暫く働いたが、ブライトンで砂糖大根畑に働き、コロラドスプリングで煉瓦工場にも働いたが、一九〇七年にコロラド州ブライトンで、借地農業を営むこと約十年。一九一六年に北格オールトに現在の肥沃な農園を買入れ、更に次々と畑を購入れて現在親子一家の所有農園は、五百英加の立派な畑である。氏は普通の農家と異なり、過去三十年牛や羊の肥育業を兼ねている。テキサス、ニューメキシコ、ワイオミング諸州の牧場で生長した牛を買い、それを三、四ケ月間、ご馳走ぜめにして肥やして、肉牛として売り、飼料以上に利益を得るが、農家にとって必要な肥料を莫大に得られ、それを惜気もなく畑に施すため、農産の豊かなこと驚くべきものがある。現在牛六百六十頭、近く三百頭が到着する。更に羊が現在四千四百二十三頭も牛と同じく肥育中である。

氏は家庭にも恵まれトヨ子夫人との間に二男二女あり、何れも生長して社会人として活動している。長女繁子ドロシー氏は一九一六年二月二十七日生、岩崎作雄氏と結婚して、紐育に住む。長男重雄氏は、一九二〇年七月十六日生、父と共に農業に従事、その妻美津子氏は、コロラド州アラモサの小倉豊助氏の三女にして、孫三人あり。次男幸雄氏は、一九二二年三月二十一日生、父と共に農業を営み、その妻百合子氏はアラモサの大野吉五郎氏の長女。次女蓮子氏は、一九二九年七月二十一日生木下英樹氏と結婚して、氏の農園に共に経営す。氏は若い者が共に父の農園で仕事をしているのは強味であり、一家眷族によって大勢の労働者を指図している。砂糖大根をベイスクラップとし、ポテト、キャベジその他野菜を作っている。

氏は熱心な仏教信者であり、地方切っての有志であり、公共のために尽すこと大きい。現に北格生産者組合の副理事長として、創立以来尽して来た。　（一九五七・一〇・八）

MR. TANAKA ISOO

田中磯雄 （他界）

出身地　福岡県嘉穂郡飯塚町
現住所　Rt. 1, Box 173 Erie, Colo.

明治二十年六月十九日生。（一九一九年コロラド日会調査）郷里にあって県立飯塚中学（嘉穂中学の説あり）を卒えたのは明治三十六年。同年に鎮西高等簿記学校中退、明治三十七年一月上京して東京物理学校に入り、翌年三月に正則英語学校に転じた。渡米の準備をしたものと思われるが、同年六月中退して明治三十八年、一九〇五年十月に横浜を出帆して、十二月十九日にメキシコよりテキサス州エルパソより入米している。同地よりアリゾナに移り、明治四十年に初めてコロラド州に入植しラマー、デンバー、バッテンバーグを経て、ラプトン、ブライトンと農耕地を転じ、遂にイリエに永住の地として農園三百英加を購入した。これが現在令息令嬢の経営せる農園である。

氏は一九一七年十月に福岡県富士郡加島村立身のキミ子夫人を写真結婚によって呼寄せている。夫人は一八九八年十二月一日生。七男二女に恵まれたが、未だ子供の幼少の時一九三五年三月二十四日死去されたので友人がそれぞれ幼児を引受けて育てたので、珍らしい友情美談を残しているが、令息令嬢たちが揃いも揃って立派な社会人となったのも稀れである。

長男義一氏は、一九一九年生。現在加州ガーデナでシッパー支配人、次男隆介氏は、一九二一年生。オクラハマシテーで、セロリーのパック業を営み。三男健作氏は、一九二三年生。現在父の残した農園を経営。四男正造氏は一九二四年生。四男格之氏は一九三一年生。六男大八氏は一九三三年生。七男九弥氏は一九三五年生。長女礼子さんは一九二六年生。次女百合子さんは、一九二九年生。それらの兄弟五人と姉妹二人が、結婚も忘れて父の遺業を続けて家運隆盛なるは稀れなことである。

故田中磯雄氏は、ラプトンやブライトンで、日本人会長として、同胞社会で重きをなした人であり、幼児を抱えて妻に先立れ、友だちがその児を分けて育てたことも稀れな人情美談である。氏が一九五三年四月十一日他界後は、子供さんが成長して仲よく一軒に起居して事業に専念して来たことも珍らしい。

右より
松島喜平氏
同　やすえ夫人
三男ハレー氏の
百合子夫人

松島喜平（米国籍）

MR. MATSUSHIMA KIHEI

出身地　熊本県鹿本郡鹿北村
現住所　Rt. 2, Box 151, Ft. Lupton, Colo.

明治二十九年八月二十六日生。コロラド州ラフエットにありし父末次氏の呼寄せにより、一九一五年七月に桑港上陸、直ちにコロラドに来り、デンバー附近に農業に従事し、一九三五年に現在の農園を買収して、ますます繁栄し、やすえ夫人との間に五男三女に恵まれている。

長男喜一郎・ジョニー氏は、一九二〇年十二月二十四日生。その夫人敦子氏は格州アラモサ小倉豊助氏四女にして、一男あり、目下ネブラスカ州リンコルン在住。次男清ハレー氏は、一九二二年四月九日生。未婚にして家にあって従農。三男博ハレー氏は、一九二三年八月十五日生。その夫人百合子氏は、羅府内田槙太郎氏の息女で、ラプトンに居住二女あり。四男隆テッド氏は、一九二五年四月十三日生。その沖子夫人は加州サンノゼ小西徳平氏息女にして、共に父を助けてラプトンで従農。

五男豊記テッド氏は、一九二七年八月七日生。その夫人アイリン氏は、ラプトンの井上太吉氏の息女にして、一家はカンサス州に居住。

長女幸子氏は、一九三〇年八月十一日生、デンバーの片山祖一氏令息三郎氏と結婚、伝馬に住む。二女柿子氏は、一九三一年八月十日生、シャトルの谷川利一氏二男清氏と結婚して、彼地に住居。三女マギー嬢は、一九四二年五月三十一日生、親の膝下から高校通学。氏は熱心な仏教信者にして、釣りを楽しむ（一九五七・四・二九）

砂田種治（米国籍）

MR. SUNADA TANEJI

出身地　岡山県御津郡一宮村
現住所　Rt. 2, Box 147 Ft. Lupton, Colo.

明治十八年二月一日生。一九〇〇年にシャトルへ上陸した。直ちにオレゴン州ポートランド市の伴商店より、各地の鉄道労働に向けられたが、一九〇二年にワイオミング州シエリダンの伴商店支店に送られて、居ること二年。デンバーに移って農業に従事したが、更に伴商店より招かれて、ワイオミング州キャスパー地区の鉄道ギャングに就働した。一九二五年には、農業の快味が忘れられず、意を決してブライトン及びラプトン地方に来り、農業に従事した。そして一九四〇年に現在の土地を入手し、以来今日まで専ら野菜、シュガー、ビーツを耕作して来た。鶴江夫人は、一九一七年に招かれたが三男三女を挙げ、円満な家庭である。長女光代氏は、一九一八年四月二十日生で西本保ハリー氏と結婚して、プラットビルで農業に従事。長男の重男氏は、一九一九年四月二日生、未婚で目下デンバーに居り。次女文子氏は、一九二〇年二月十二日生、中島春男氏と結婚して、デンバーに居住。次男幸男氏は、一九二一年正月五日生、未婚にして父を助けて農業に従事。三男隆氏は、一九二三年四月十八日生、ブライトンの間辺茂市氏二氏ユリ氏と結婚して、四児を挙ぐ。三女春子氏は、一九三三年四月二十二日生、未婚にして父母の許にあり。氏は仏教信者にして朝夕お経をあげて気持を新にしている。（一九五七・四・二九）

砂田鶴江夫人

砂田種治氏

MR. HIRAKI KANICHI

平木寛一（米国籍）

出身地　広島県原市小坂町
現住所　Rt. 1, La Junta, Colo.

平木寛一氏

ますよ夫人

明治二十年六月十日生。氏は渡米の雄図を抱いてまずメキシコへ上陸し滞在三ケ月にして、一九〇七年三月一日エルバソより入米した。

エルバソ次いでサンタフイにミヅリーパシフイック鉄道の機械労働に服し、一九一三年スインクで農業を始め、一九一八年より現住所に腰を据えた。

パートナーで着手した農園を、一九四九年に三百二十英加を購入し、更に土地を買って、現在は全部で七百英加の地主であり、砂糖大根、キャンタロープ、牧草、コーンを栽培し、其経営は極めて巧妙をもって地方で知られている。

家庭的にはますよ夫人と一九一九年の結婚であり、二男二女に恵まれ、幸福である。

長男肇氏は、一九二一年六月二十日生、ラホンタに住み父と共に農園を経営中。長女は早逝。次女テル子さんは一九二四年十月十四日生、ラホンタ前田寛太郎氏長男勇氏と結婚。次男豊氏は一九二六年十一月十日生、ラホンタに在って農業。三女秋子さんは一九二九年七日十日生、デンバーにある。

氏の一家は仏教信者であり、趣味は囲碁を楽しむ。

（一九五八・一・二）

MR. HIDAKA KENICHI

日　高　賢　市　（米国籍）

出身地　広島県双三郡作木村大津
現住所　1901 11th St. Pueblo, Colo.

明治十三年七月九日生。一九〇六年運命を米国で開くと郷関を飛びだし、まず布哇に上陸し、滞在僅か五日にして大陸へ転航した。桑港へ三月あがり、初めてアメリカの土を踏んだ。恰も当時山東部の鉄道工事に人を募集していたのに便乗して、ワイオミングに来て、更にネブラスカ州のシドニーへ赴いたが、恰もコロラド州プユブロ市の鉄工所に仕事口を知って、初めて此地へ来た。かくて一九〇六年から一九一八年までを鉄工所生活を送った。

一九一九年より二十一年までを、此の地でボーデングとグロサリーを経営した。当地は独身の日本人青年が五百人も居たので、氏のボーデングは繁昌した。

一九二六年に現在の農園を手に入れ、純然たる農業生活を送って今日に至った。

其間一九一六年に故郷に帰り、島根県邑智郡口羽村下口羽のカヨ夫人を迎えて、翌一九一七年再渡米した。そして三男二女に恵まれ、家庭は頗る円満である。長男フレッド明氏は、一九一七年十二月十六日生。ビアプブロ鉄工所に二十一年を勤続し、現に機械部の重要地位にある。その夫人春子氏はセイジウイック木下勘助氏令嬢である。

次男の進氏は、一九一九年生、一九二二年より一九二六年の間陸軍にあったが、今はシカゴで洗濯業を営み、工場を二個所に持ち、ますます発展している。そのルース睦子夫人はシカゴの森田元治氏の令嬢である。二孫あり。

長女メイ翠は、一九二三年十月二十八日生。布哇の永田アネスト美己氏と結婚、三孫あり。次女ミニー千鳥は、一九二六年三月二十七日生、コロラド州大を卒業し、現在デンバー市衛生局に勤務。三男満氏は、一九二八年二月三日生、一九四六年より四八年まで、米海軍にあり、一九五六年コロラド大学を卒え現にシカゴにあって薬剤士として活動中。氏はプエブロに古く同地の代表的人物であり、熱心な基督教信者で身持ちがよいためか、壮者を凌ぐ健康に恵まれ、趣味として、余暇に大公望を真似ている。（一九五八・三・二三）

MR. SONODA TOMOJI

薗　田　朝　二　（米国籍）

出身地　宮崎県西諸県郡小林町
現住所　Rt. 1, Box 54 Henderson, Colo.

明治十九年十二月五日出生、渡米したのは一九〇三年七月十五日にして、桑港に上陸した。桑港附近に約二年働き、南加州のインペリアル平原に移り、以来四十一年間をインペリアルの農園を動かず、メロンやアスパラガスを耕作した。三百二十英加の耕地を所有して、酷暑をもって聞える地で、しかも一個所の土地に頑張った点、稀れに見る忍耐強い人である。

しかし一九四一年暮、太平洋戦勃発により、遂に愛着の土地から追われ、翌年春はFBIに連行され、新墨州サンタフエを経て、ローズバーグにインターンされたが、疑はれて一九四四年仮出所を許され、アリゾナ州ポストン第一舘府の家族の許に帰った。間もなく同年二年一日此処を後にし、シカゴへ出たが同三月コロラド州へ転住、所々に従農していたが、一九五〇年現在の土地を購入し、温室を建てて、花園業を営み、ここを墳墓の地と決めて奮闘している。

家庭は幸夫人（一八九四年十二月五日生）との間に四女を挙げ円満である。長女タキ子氏は目下シカゴにあり。次女春子氏はデンバーに住み。三女光子氏及四女ルース氏は共にシカゴに住居している。氏は熱心な基督教徒である。（一九五七・一〇・二一）

三河員馬氏農園鳥瞰

MR. MIKAWA KAZUMA

三河員馬 （米国籍）

出身地　熊本県阿蘇郡北小国村上田
現住所　**Rt. 1, Box 34 Kersy, Colorado.**

明治二十六年三月五日出生。父は故三河長作氏、母は亡イシ氏。郷里で高等小学校を卒え、海外雄飛の志を抱いていたが、遂に渡米の機会を得て、年二十三にして、一九一六年に、ニュウヨーク港に上陸した。

翌年ワイオミング州に移り労働していたが、一九二六年に州都のシャイアン商会を譲り受けた。当時在留日本人も多く、市内は元より鉄道労働者に、日本食料品を供給した。

このシャイアン商会は、当時日本人労働者周旋を一手に引受けていた伴商会の創業に係わり、現在ヒルククレストに在ってポテト耕作中の河田胖氏の令兄務氏が引受け更に植原省三氏に移り其後を三河氏が譲り受けたものであった。

一九三二年に氏は、コロラド州ブライトンに移転し、魚店を経営して五年を送った。

斯くて農業に注目して、初めてコロラド州オールトに、借地農業を営む内、一九四四年に現在の農地四百四十英加を買い、地方切っての大農場に発達せしめた。

家庭は梅子夫人との間に、五男四女に恵まれ、何れも立派に生長し社会人として活動している。

長女泰子（やす子）ラサリ氏は、一九二二年十月二十日生、徳永厚氏と結婚して、加州スタクトン在住。次女タキ子メリー氏は、一九二四年五月十日生、元格州時事社長故中川角太郎氏令息千万人氏と結婚して、コロラド州ウイギンスに住む。長男隆之助、ローイは、一九二五年六月二十一日生、コロラド州大に学び格州時事英文主筆たりしが、現在プラミング業を経営中その妻セツ氏はデンバー小屋野溝氏二女。三女昭子アリス氏は一九二七年四月十四日生、看護婦免状を持ち経済学者森口一郎氏と結婚して、桑港に住む。四女秀子ヘレン氏は、一九二八年十月十六日生、加州サンノゼ出身の歯科医内山正一氏と結婚して日本に在り。次男健之助ジェームス氏は、一九三〇年七月二十九日生、陸軍より名誉除隊の上、現にコロラド州大で心理学専攻中、独身。五女美子（よし子）ルイス氏は、一九三一年十二月十日生、未婚。三男員正（かずまさ）ヘンリー氏は、一九三五年九月四日生、父と共に従農。四男義正フレッド氏は、一九三八年六月二十四日生、コロラド州大でエンジニアを学習中デザイナーを専攻。五男俊正ウイリヤムは、一九四四年二月六日生、グランマーに通学中。

氏は熱心なる基督教信者にして、読書と釣魚を楽しむ。グリーリー地方の指導者として公共につくすこと多く、中でも北格生産者組合は、ノーザン　コロラド　グロワース　アッソシエイションとして、州の公認購買組合であり、一九五〇年創立以来、三河は理事長として重責任を果して来た。組合員五十名。地方農家に貢献することが多い。　（一九五七・一〇・八）

MR. ONO KICHIGORO

大野吉五郎 （米国籍）

出身地　愛知県中島郡平和村
現住所　Red. La Jora, Colo.

明治十五年四月二日生。渡米は一八八九年にして桑港へ上陸直ちに加州コートランドに行き農業に携った。隣村ウオナッグローブに四年を送ったが、遂にサター島の大ペア畑のホーマンになり、兼ねて農園を経営して地方の大ボスとして、コートランド日本人会々長にまで推された。その頃、スタクトンの井上吉恵氏らが、コロラド州を視察して帰り、サンルイスバレーの有望なるを告げたので、氏は視察の上移住を決意した。

その頃前後してコートランドから故藤本氏も同じく当地に入植した。一九二六年にアラモサに来ると、地方の白人商業会議所の会頭が、銀行頭取ら自ら来訪して歓迎して、此のバレーの開拓を依頼されたりするので、全く感激してここを墳墓の地とする腹をきめた。前住地コートランド附近には、二十六年を送ったが、白人達は排斥はせぬ迄も、日本人を軽べつした。その点コロラドの白人はまるで人柄が違って居た。

以来三十余年をこの地で送って見て、此処こそは地上の楽園だと思うと氏は地方に愛着を示した。

氏は夫人に先立れ、令息相手にレタス耕作に励んでいるが、一男二女に恵まれている。

長女百合子さんは、一九三一年にアラモサ生れ、北格オールトの豪農赤星国三郎氏次男幸雄氏と結婚して彼地に住み。長男伝氏は一九三三年アラモサに生れ、現在父を助けて農業に従事す。次女メリーさんは、一九三五年生、未婚、加州桑港に在って、保険会社に勤む。

氏は熱心な仏教徒。読書を趣味とする。氏は数年前病気入院中、運わるく令息は、アクシデントで重傷した。そのため春の耕耘が遅れた。それに同情した地方の白人農家が、大勢でトラックター持参で、プラウを援助したという美談があり、斯ることは氏にいかに信望があったかを物語るものである。

（一九五八・二・一〇）

藤本勇次 MR. FUJIMOTO YUJI （米国籍）

出身地　和歌山県東牟婁郡下里村下里
現住所　Rt. 1, Box 223 La Jara, Colo.

明治三十一年四月十五日生、渡米せしは一九二一年十月三十日にして、オレゴン州ポートランド港に上陸した。同市に居ることニケ月にして、当時コロラド州ロッキーホードに在りし叔父を頼って、コロラドに足を入れた。しかし一度当サンルイス平原に来て見ると、夏と雖もすこしも暑からず、到るところ肥沃なる処女地なるに注目して、遂に此処に運命を開拓せんと決意した。それは一九二九年であり、今日二百英加の耕地を経営し、名産レタスに主力を注ぎ、カリフアラー、ポテトを耕作して、盛運を築いた。

夫人静江氏は、ロッキーホード中山音松氏の三女、一九三六年に結婚したが、現在三男一女あり。長男勇ロバート氏は、一九三八年一月二十一日生、現在ボルダー市にあるコロラド州立大学に学ぶ。次男猛ラーリー氏は、一九四〇年四月一日生、高校在学。三男恒ハーリー氏は、一九四三年三月十九日生、同じくアラモサ高校に学ぶ。長女みどりアーン嬢は一九四八年十二月五日生、グランマーに登校中。氏は仏教を信じ、趣味としては狩猟と釣魚を好み、農閑期には地方同好の士と共にコロラド原始林を享楽している。

藤本勇二氏一家
右より
長男　勇　氏
静江夫人
勇次　氏
次男　猛　氏
三男　恒　氏
座れるは
長女　みどり嬢

愛垣光蔵 MR. AIGAKI MITSUZO （他界）

出身地　熊本県菊地郡菊池村字北古閑
現住所　Rt. 2, Box 99, Monte Vista, Colo.

明治十二年八月十五日生。氏は渡米後コロラド州に来て、一九一〇年にプエブロで農業を経営更にロッキーホードに移られ一九三一年にこのサンルイス平原に定住し一家の基礎を築かれたが、一九四〇年二月九日死去され、現在四男のチャレー氏により、農業が営まれている。八百英加の農園を部合耕作し、小麦、ポテトを生産し、一方羊八百頭を飼い、羊毛とラム肉を産し、肥料を得て農業を営むという日系に珍らしい農牧組合せである。

チギ夫人は今も健在であり、お里は菊地郡加茂川村間所で、明治二十六年生、渡米は一九一三年、夫を助けて農業を営み、五男四女を立派に育てた人。

長男正雄氏は一九一三年五月二十一日生、テキサス州オールトンで農業。その清子夫人は、林家の出、三孫あり。次男孝氏は、一九一五年二月十六日生、現在デンバー在住。そのユキ夫人は岡川嘉一氏の息女。二孫あり。三男博氏は一九一七年十二月十八日生、伝馬居住、その美枝子夫人はソートレイキ筒井茂次郎息女。長女富子さんは一九二〇年四月三日生、羅府に居住未婚。次女美佐子さんは一九二二年十二月九日生、友枝光夫氏と結婚、伝馬居住二孫あり。三女メリーさんは一九二三年三月九日生、俵敏春氏と結婚、四孫あり、伝馬に居住。四男チャーレー氏は一九二六年五月十八日生、父の跡を継ぎ当地で農業、未婚。四女鶴子さんは一九二八年十二月十八日生、安村忍氏と結婚し伝馬に居住二孫を挙ぐ。五男昭文氏は一九三五年十二月二十八日生、兵役中。

（一九五八・一〇・二五）

勝本仁太郎 （他界）

MR. KATSUMOTO, JINTARO

出身地　熊本県上益城郡六嘉村字北甘木
現住所　Rt. 2, Box 164, Alamosa Colo.

明治五年五月二十日生。渡米後長く加州のサクラメント河下にあって農業を経営されたが、コロラド州サンルイス平原の有望なるに着眼され、一九二五年に一家を挙げて入植され、今日に及んだ。

氏は訪日旅行中、一九四四年六月十六日に客死され夫人梅重刀自と令息たちが農業されている。現在の農園は、一九五〇年に百六十英加を購入され、更に一九五二年に隣接地百六十英加を買入れられ、野菜を生産されている。

長男忠氏は、一九一〇年七月十九日生、現在プエブロ市に、大きなグラージを経営されている。次男清氏は一九一四年二月二十八日生、専ら農業に打込まれている。その夫人道子さんは、一九一八年六月二十六日生、同村の植田勇作氏の長女で、一九三六年十二月二十五日結婚、孫四人あり、清（一九三八年一月十三日生）、次男（一九三九年七月二十日生）、君子（一九四二年十月十二日生）、道代（一九四四年四月八日生）。

故勝本仁太郎氏一家

前列右より
孫　道代
君子
清氏妻　道子
中列右より
忠氏妻シシリヤ
忠　長男
清　次男
後列　右　次男
左　清ジュニヤ

坂口勝兵衛 （米国籍） 農園経営

MR. SAKAGUCHI KATSUHEI

出身地　福岡県嘉穂郡宮野村字桑野
現住所　Rt. 2, Brighton, Colo.

　一八八五年四月十八日、福岡県嘉穂郡宮野村字桑野、大工業坂口利七郎の長男として生れた。

　一九〇五年布哇に渡航し同地より一九〇六年二月米大陸に転航し桑港に上陸した。

　最初ネブラスカ州シドニーに赴き鉄道工事の労働に従事したが、次でコロラド州グリーリーに転住してシュガビーツの耕作に当り、農業体験を二ケ年続けた。次で当時、コロラド州開拓工事に名実ともに開拓者として声名を轟かしていた、外園直一氏の建設工事に共鳴し、同氏の事業に参加し、大ロッキーを股にかけて道路、水路の建設工事に従事すること五ケ年、つぶさに辛苦を体験したが、結婚の為め転業し、一九一二年コロラド州ブライトンに住居を定め再び農園に入り、シュガビーツ、キャベジ等を中心に野菜耕作の経験を積み、一九一九年同地に農地を求めて、農園経営を生涯の事業として定住し営々として大地と取っ組み、耕作面積百六十英加、コロラド州に於ける大農家として今日に至っている。

　資性明朗快活、侠気に富み、公共に尽すこと極めて厚く、在留民の信望をあつめている。

　妻ひさの（一八九〇年生）さんは福岡県朝倉郡秋月町、農、高山佐平氏長女で、家庭は六男四女の子福者で、坂口一門を米大陸に繁栄せしめているが、十人の子女を今日に育成した蔭には糟糠の妻ひさの夫人の内助の功は多大である。

　長男恭助氏（一九一四年生）はハイスクール卒、ブライトンにて農園を経営し、同人妻国香は在ネブラスカ州の福岡県出身三好武彦氏長女で一男一女がある。長女美代（一九一六年生）さんはハイスクール卒で、在羅府の山口県系の庭園師三木勉氏に嫁し一男あり。二男慎平（一九一七年生）氏はコロラド大学医学部卒で、ウイスコンシン州ミルウォーキー市で医院開業中であるが、同氏は米海軍々医中佐、同人妻清子さんはアイダホ州生れで福岡県出身古藤家より嫁し、一男一女がある。二女藤代（一九一九年生）さんはハイスクール卒で、在ブライトンの農家田代政登氏に嫁し三男一女がある。三男敬三（一九二〇年生）氏はハイスクール卒後、羅府のラジオスクールを卒えデンバー市に於てテレビ商を営み、同人妻とり江さんは熊本県出身桜井虎作氏二女で二男一女がある。四男良助（一九二二年生）氏はハイスクール卒でデンバー郵便局勤務、同人妻まき子さんは在ブライトン福岡県出身の土井崎時季氏の長女である。五男五郎（一九二四年生）氏はハイスクール卒でブライトンで農園を経営。三女八重（一九二六年生）さんはコロラド大学卒の看護婦で加州ヘイワード在留の山口県系陸軍飛行隊勤務の大橋辰己氏に嫁している。四女としえ（一九二八年生）さんはコロラド大学を修業し在桑港の和歌山県系、機械技師、清井武氏に嫁し一女がある。六男正人（一九三二年生）はハイスクール卒で長兄の農園に従事している。

　尚三男敬三、四男良助、五男五郎は、二男慎平の米海軍々医に次ぎ三人共米陸軍第四四二部隊に所属し、欧州戦線に従軍し赫々たる武勲をたてゝいる。

　氏は在留民公共事業につくすこと深く、前山東日本人会役員前ブライトン求道会々長、前コロラド日本人野菜耕作者組合長福岡県人共済会副会長、デイナゴー農産市場の建設委員（日本人は一人）、前ブライトン日本人会々長、デンバー演芸協会役員、コロラド州日系人会役員、山東三州仏教会役員等のほか帰化期成同盟の活動の一翼を担い日本人の帰化権獲得に尽瘁したまた山東三州仏教会に残した功績も多大である。

　宗教は仏教。趣味は釣、読書等であるが文筆に恵まれ、ポンキンの筆名で軽妙な文章をよくしている。

（一九五六・六・三〇）

溝上誠氏所有のシェイド

MR. MIZOKAMI FUKUTARO

溝上福太郎 （他界）

出身地　福岡県八女郡北山村字小倉谷

現住所　P. O. Box 68 Blanca, Colo.

明治十五年一月十五日生。渡米されしは一九〇三年三月、シヤトル、ニュヨークを経て、一九〇五年にデンバーに来たが、一九一一年の交ラハンタで農業を経営し、一九三〇年二月にサンルイス平原に移住した。一九四二年に現住地二百五十英加を購入し、更に一九四七年に五十五英加を購入し、現在借地二千二百英加あり、一家共同経営の下にレタス、スピニッチ、人参ポテト、ラデイシュを生産し、グロワー兼シッパーとして溝上家今日の大をなす基礎をつくった。殊に長男誠氏運営のシエイドは、十万弗を投じ最新式のミシンを備え、地方最有力な出荷機関である。

初代夫人は明治二十九年十一月八日生、広島県安芸郡江田島村字小用出身、故墨田宇吉氏次女で、故三四吉氏の姉にあたり一九一五年十二月四日シャトル上陸、一九一七年一月二十日の結婚であり、家庭に三男三女あり、溝上福太郎氏が一九四四年十二月二十九日他界された後も、家運はますます隆盛である。

長男誠氏は、一九一八年十二月二日ラハンタ生、その八重子夫人は、アラモサの吉田栄一氏の四女にして、司（一九四七年十月三十一日生）守（一九五一年生）悦子（一九五五年十一月一日）の三孫あり。次男サム進氏は、一九二〇年十月三日生、ブランカ林田光蔵氏三女とし子さんと結婚、花子（一九四五年五月十日生）清登（一九四七年三月二十九日生）薫子（一九五二年四月二十六日生）豊（一九五四年六月二十八日生）の孫あり、長女清子さんは、一九二二年二月二十八日生、アラモサの吉田敏博氏と結婚、四孫あり（吉田栄一氏の項参照）。三男タム保氏は一九二四年八月二十八日生、未婚。次女美津子さんは、一九二七年十月二十八日生、寧州ノースプラット林正雄氏と結婚、一孫あり。三女笑子さんは一九三二年二月十五日生、未婚

MR. WATADA MATAJIRO

和多田又治郎

（米国籍）
農園経営

出身地　福井県三方郡美浜町松原

現住所　**Rt. 1, Box 88-A, Fort Lupton, Colo.**

和多田氏夫妻

一八九八年十月二十二日、福井県三方郡美浜町松原、和多田政治郎氏の長男として生れた。

父は早くより渡米しフォートラプトンにて農業を営んでいたので、其の呼寄により小浜中学校を中途にして、一九一五年渡米し直ちに父のもとにて農業に従事した。

一九二三年、結婚し、以来、フォートラプトン及びプラットビルにて農園経営に当ったが、父の亡き後はフォートラプトンに於て砂糖大根、ポテト等を主作として耕作面積三百英加に及び子息の協力を得て同地方の篤農家として知られている。

氏は公共に尽すこと厚く、オートラプトン仏教会会堂建設委員長をつとめ、同地に仏教会々堂の建設に努力したほか、元フォートラプトン日本語学園理事長をもつとめ、現在山東三州仏教会副理事長に就任している。

多趣味の人で特に文芸、映画等の観賞に優れている優雅な面がある。

妻えん（一九〇三年生＝米国籍）は福井県三方郡美浜町久々子、加茂孫三郎氏の長女で、夫人は歌道に親しみ日本の国民文学の同人として活躍しており、十男二女の子宝をいづれも健やかに育て、家門繁栄の基を築いた賢夫人である。長男より六男まで陸軍に服役したが三男龍一は朝鮮戦線にて名誉の戦死をとげた。

（えん夫人の作）

生るる時刻み込まれし人相骨格のままに動く一生かと思ふ

MR. NAKATA FRANK TAKESHI

中田武志 （日本籍） 農園経営

出身地　熊本県菊池郡菊池村字西寺
現住所　Rt. 2, Box 67 Brighton, Colo.

一八九九年一月五日、熊本県菊池郡菊池村中田五八長男として生れた。

右より
中田武志氏
中田よし子夫人
中田義信氏
麗子夫人
谷　キヨ夫
谷　伝氏

鹿本中学卒業後一九一七年、青雲の希望を胸に渡米。スクールボーイ、農園労働等にて米国の実社会を体験を積んだが、農業を以て起つことを決意し、一九二四年コロラド州ブライトンにて農園経営を開始し、主として砂糖大根を耕作し野菜類も兼ね、努力力行、着々とし、地歩を固め、現在では八十英加の土地を有し、コロラド州の一角に輝ける篤農家として声名を馳せるに至った。

家族は妻芳子（一九〇九年四月十二日生、米国籍）＝布哇ホノルル在の続家より嫁す。子女は、長男道信ジョーヂ（一九三一年三月二十日生）コロラド大学在学、長女道子（一九三二年七月二十七日生）、次女清子（一九三四年十一月七日生）次男義教（一九三六年三月二十七日生）コロラド大学在学、三女静子（一九三七年十二月九日生）四女悦子（一九四三年五月十三日生）五女信子（一九四六年三月六日生）で、長女道子はカンサス州ウチタ在の鍋島哲司（飛行会社勤務）に嫁している。母トク（一八七八年生）は、今なお元気で同家に健在である。

中田氏は資性温厚篤実、信義にあつく稀にみる人格者として知られ戦前はブライトン日本人会幹事、ブライトン青年会並に仏教青年会の創立者として、同地が比較的日本人排斥の気風のある土地のため臨機に日米親善の礎をうちこみつゝ公共の事業につくした功績は多大である。

熱心な仏教信者で、現在では歴史に輝く山東三州仏教会理事長としてその活動は目ざましい。

夫人は内助の功高く、日本服の着付、日本人形、あみ物等に抜秀で、同地の婦人会の文化活動に資するところ多大である。

MR. HAYASHIDA TAKEMATSU

林田竹松 （米国籍）

出身地　熊本県八代郡鏡町
現住所　Rt. 1, Box 16 Blanca, Colo.

明治十五年六月十七日生、氏は布哇から転航して、一九〇一年に桑港に上陸した。一九〇四年にコロラド州に入植、まず西格グランド ジャンクションに、次いでホート ラプトンに永らく従農し一九三六年よりサンルイス平原に入り、現在令息チャレー氏が、専ら農業を経営されている。氏はきよの夫人との間に、二男二女に恵まれ、長女初子さんは一九一三年六月二十九日生、羅府の吉崎敏恵氏と結婚され、ロスに居住。長男ジョージ武雄氏は、一九一五年三月二十六日生、その朝子夫人は羅府の野沢半三郎氏の令嬢にして、三人の男子あり、南加ホイッテア居住。次男チャレー武敏氏は一九一八年七月十二日生。その貞子夫人は布哇マウイ島カテカリ生れ、孫に女二人男一人あり。ブランカに大農業を経営中。

次女清女さんは一九二二年八月六日生、羅府の猪狩東御氏と結婚孫三人あって、羅府に居住。

かく令息令嬢が南加に住まわれているので、氏は冬は温暖なラフに送り、夏は涼しいブランカに来て、旧知と交際して楽しき人生を送って居られる。

MR. HOSHIKO PAUL KATSUMA

星子勝馬

（米国籍）グロサリー経営

出身地　熊本県鹿本郡米野岳村

現住地　1220 4th Ave, Greeley, Colo.

一八八七年六月二十六日、熊本県鹿本郡米野岳村、農、支治の長男として生れた。

一九〇六年二月渡米、農園労働、鉄道工事労働、スクールボーイ等幾多の労働に従事したが一九一〇年頃からコロラド州プラットビルで、農園の経営を開始し、次でケージーに移って農園経営をつづけ、グリーリー地方農業同志会を組織しその運営を担当する等地方在留民の公共事業に尽していたが太平洋戦争開始となり、次男明は欧州戦線に従軍、四四二部隊の勇士として奮戦し、戦傷を負って除隊してきたので、其の次男のための職場として、一九四六年グリーリーの現住所にグロサリーを開業した。

然しながら次男は、農業を好み、従って当グロサリーは両親の経営するところとなり今日に及んでいる。

妻次恵（つぎえ）は熊本県鹿本郡米野岳村本田太平の次女として一八九六年生れで、家族は四男二女あり、長男ヘンリー（一九一四年生）はハイスクール卒、現在デンバー於てツラック業を営みおり同人妻はなはデンバーの小菅家より嫁し二男あり長女真子ツル（一九一七年生）はデンバー航空局に勤務し、米人官吏ブロドワーター氏に嫁し一女あり。次男明・ブライト（一九一九年生）はハイスクール卒、前記の如く太平洋戦争中、欧州戦線で赫々たる武勲をたて戦傷除隊後農園経営に従事中。

三男正・ショウ（一九二二年生）はハイスクール卒、陸軍に入営除隊後デンバーに於てグロサリー経営中で、同人妻まさはデンバー在留の小菅家より嫁し、一男二女がある。四男ポール（一九二五年生）はハイスクール卒で陸軍入営中。末子の二女美子・ジューン（一九三一年生）は看護婦専門学校を卒業後、看護婦養成の教師をしていたが、愛媛県系のナショナルガードの監督岩田アランに嫁している。

真摯敬虔な基督教信徒で美似教会の長老として永年教会活動に奉仕するほか、グリー地方在留民の公共事業には、日本語学園のほか各団体につくすこと厚く信望が高い。

信仰に生きる清浄なる家風は常に春風駘蕩の和気にみちている。夫妻とも読書を唯一の趣味としている。

後列　ポールジュニア　明　ブライド　正　ヘンリー

中列　正の妻　マーサ　夫人　勝馬氏　ヘンリーの妻

前列　真子　孫ホンリージュニアー　孫タム　芳子

MR. SUMIDA MIYOKICHI

墨田三四吉 (他界)

出身地　広島県安芸郡江田島村字小田
現住所　Rt. 1, Box 44 Blanca, Colo.
Telephone　Alamosa 1143, Office　1144 Office
Blanca　9481 Office　3423 Res.

明治三十五年八月二日生。コロラド州スインクに在りし父宇吉氏の呼寄せにより、母ミキさんと共に一九一六年十二月シャトルに上陸し、コロラドへ直行した。

その時、氏は日本の高等小学校中退でまだ十四歳であり、渡米後はグランマースクールに入学した。

一九二二年十二月に日本へ赴き翌年二月綾子夫人を携え再渡米し、ラハンタで農業を営んだが、ケイ眼な氏は、サンルイス平原のレタス生産の有望に着眼して、一九二九年一月、ブランカへ移住し、農業と共に、シッパーを興し、遂にブランカとアラモサの双方に、オフイスを開くに至り、事業はぐんぐん伸びたが健康勝れず、ニューメキシコ州に住宅を新築し療養に努めたが及ばず、一九五六年七月二十四日遂に不帰の客となった。

綾子夫人(広島県西浦家、明治三十五年二月十五日生)との間に六男二女あり。令息達により、サンルイス平原の事業は継承されて、いよいよ隆盛になり、夫人はニューメキシコ州で余生を送って居られる。

長男英男氏は、一九二四年四月六日生、そのナガ子夫人は、熊本県出身杉浦重蔵次女である。長女すみ子さんは一九二八年七月一日生、不幸夭折さる。次男寛治氏は一九三一年一月十四日生、長兄二人は共に、ブランカにあって、農業及びシッパーとして活動中である。

三男博之氏は一九三四年八月二十日生、入営中でワシントン州ホートルイスにあり。四男謙吾氏はニューメキシコ大学で勉学中。五男功氏は一九三八年六月十四日生でニューメキシコ大学在学。次女富士子さんは一九四一年三月二十七日生、ニューメキシコ州アルバカーキ市ハイランドハイに在学。六男ミルトン氏は一九四六年八月二十八日生、ワシントン、ジュニアハイ在学である。

吉原花園　吉原安太郎氏一家

MR. YOSHIHARA YASUTARÕ

吉原安太郎

花園業並に
マーケッティ業

出身地　和歌山県海草郡港村字御膳松
現住所　600 SO, Public Rd. Lafayett, Colo.

一九〇六年八月十日、和歌山県海草郡港村字御膳松、農、吉原安太郎の長男として生れた。

一九二四年渡米し加州ベニスにてセロリー耕作に従事していたが大戦勃発し、グラナダ転住所に入り、一九四三年よりラフエットにて農園経営、六年に及んだが、一九四九年、現在の場所にグリーンハウスを建て花園業を経営し今日に至っている。

資性活達、アンビシャスで積極的な事業経営ぶりは、現在の発展をみせており将来の大成が期待される。

妻、久美子（一九一四年生）は福岡県系、石井久吉氏長女として羅府に生れ、家族は三男二女あり、長男ユージン（一九三五年生）はフォートカレンス農業大学を修業し現在海軍に入営中であり、長女ジョイス（一九三七年生）はハイスクール卒業家事手伝中。二男章夫・ジム（一九三九年生）はハイスクール卒業後、家業手伝中。二女なをみ・アン（一九四六年生）、三男安夫・ダン（一九五一年生）。

尚両親ともいまなを健在で父信太郎（七四歳）は同家に同居中であり、母なお（七十歳）は日本で健在である。宗教は仏教。

MR. MAEDA KIKUTARO

前田菊太郎

（米国籍）農業経営

出身地　福岡県筑上郡椎田町字今津

現住所　RT. 4. Box 179 Longmont. Colo.

一八八五年十二月二十日、福岡県築上郡椎田町字今津、農、前田幸太郎の四男として生れた。

一九〇五年三月、渡米し、兄の経営していた加州サンノゼに赴き一ケ年同地に在ったが、その後、フレスノに出で、葡萄園の労働に従事した。

其の後、ネブラスカ州ノースプラットにて鉄道工事に従事したが、再転して農園経営を志し、コロラド州に入り、プラットビルにてシュガー・ビーツの労働を手初めに、アイオン、ラフアエットにて農園の独立経営約二十年間、その間、シュガビーツの耕作で着々として地盤を固め、一九三三年現在のロングモントに移り、一六〇英加の畑を求め、以後、土地を拡大して現在では四百八十英加の土地を所有し、その大農経営は州内屈指のもので、広く米国人社会にも知られ、日米親善に貢献していること多大である。

敬虔な仏教徒で、山東三州仏教会はじめ在留日系人社会の仏教普及に尽すこと極めてあつい。

家族は妻ゆきの（一八九七年生）＝福岡県築上郡椎田町字今津、農、平岡千太郎長女で、四男四女の子福者である。

長男孝（一九一七年生）はシカゴのノースウエスターン大学卒業、現在デンバーに於て歯科医を開業中で、同人妻、ローザは在デンバー福岡県出身園田栄子夫人の長女で南加大学出身。二男美邦（一九一九年生）は父の農園を援けており、同人の妻かほるは在デンバー福岡県出身、前田虎之助長女で二男一女がある。三男敏之（一九二二年生）はキャンサス大学卒業しデンバーに於て歯科医開業中、妻は静岡県系にて一男二女がある。長女ひさ子（一九二五年生）はペンシルバニア州在留の農、広島県系東野清登に嫁し三女あり。四男功・ジョーヂ（一九二七年生）は現在父の農園に従事し、妻スミエは福岡県出身西田米蔵四女で一男三女がある。二女小枝子・サエコ（一九三〇年生）は在ロングモントの福岡県系農、西田淳に嫁し、三女五月・メイ（一九三二年生）及び四女明子（一九三四年生）は共に家業を手伝っている。

現在、山東三州仏教会顧問で、同教会の創設者の一人であり、ロングモント求道会の理事長をも兼ねている。

後列（右より）
前田タミ（孝の二男）
前田エリ（孝の長男）
西田淳
東野清登（清登の三女チズ子）
前田孝（孝の長女ケラン）
前田美邦（美邦の長女ナオミ）
前田敏之（敏之の長男グレグリ）
前田功（二女ケロ）

中列（右より）
前田明子・ルビ
前田五月、メイ
西田小枝子、マサ
東野久子・メリ
前田ユキノ
前田菊太郎
孝の妻・ロサ
美邦の妻カホル
敏之の妻トメ子
功の妻 スミエ
功の三女キャン

前列（右より）
美邦の二男 デキ
清登の二女シゲ子
功の長男 ブルス
美邦の長男ゲリー
清登の長女キキ子
敏之の長女 ジョエン
敏之の二女ダエン
功の長女 バアレ

MR. NAGATA, WILLIAM TAICHI

故 永 田 太 一

出身地　山口県熊毛郡平生村
現住所　812 Coburn Ave. Worland, Wyo.

氏は明治十五年八月二十五日生。海外発展の雄志を抱いて渡米せしは、一八九七年四月にして、桑港へ上陸した。西沿岸に留まること十余年、山中部の有望なるに注目して、一九一〇年にアイダホ州に移りジローム市附近で農園を入手し土地の名産ポテト耕作に従事した。その内ワイオミング州の広漠なる処女地に憧がれ、一九二三年二月ウォランドへ来て、此処を永住の地として腰を落ちつけ、レストラントを経営すること実に三十三年の長きに及び、その間農園を買入れて、余暇に農業を楽しみ、住宅や借家も買って地方同胞社会の有力者として尊敬されて来た。

永　田　太　市　氏

氏は一九一六年に一時帰国して石迫家よりスミノ夫人を迎え翌年八月二日、夫妻相携えてシャトル港に上陸した。

家庭は琴瑟相和して、一男一女に恵まれた。スミノ夫人は明治三十年九月十九日生、いまは米国への帰化市民である。

長男正之ジョージ氏は、一九二一年一月一日アイダホ州ジローム生れ、ネブラスカ大学を卒えて陸軍に進み、現に大尉に任官前途有望である。そのインガ夫人との間に令孫ウイリアム氏がある。

長女文子嬢は、一九二三年八月二十四日ウォーランド生れ、現に家庭にあって孝養を積まる。

氏は同地方に於ける徳望家として晩年を楽しむ内、ふとした病がもとをなし、あたら七十三歳をもって一九五五年三月二十七日他界された。

一家は熱心な仏教信者である。

MR. NAYEMATSU YAHEI

苗松彌平 （米国籍）

出身地　岡山県御津郡津高町
現住所　Rt. 1, Hardin, Mont.

明治二十年八月十五日生。渡米したのは一九〇六年六月十日にして上陸港は桑港であった。渡米と共に、山東地方に鉄道の仕事に加わり、ネブラスカ州、ワイオミング州で働いた。殊に倭州シエリダンは当時、日本人の根拠地であったので滞留も久しかったが、一九一二年にモンタナ州ダンマー村に来て、四年間鉄道に働く内、同地方の土地の肥沃なのに着目し、一九一七年に附近のギャリオン村で農業を初めた。これがモンタナ州に永住の緒になった。

その頃当地附近は、インディアン・レサーベーションであり、クローエイジエンシーのインデイアン事務所へ出かけて、四百英加をリースして、農業と牧畜を経営した。更に一九四六年には、現在の肥沃地六百四十英加を買入れ、潅漑の設備を完成して、シュガービーツ、ビーンズ、麦、アルファルファを耕作し兼ねて牧畜も営み今日に至った。令息三人も生長され、共同事業として農業を営み、理想的な農業形態になった。

小梅夫人は島根県邑智郡口羽村三上太市氏息女で、結婚は一九一五年であった。家庭は三男一女に恵まれ、まことに円満である。長男安夫氏は一九一六年二月二十六日生、第二大戦に参加し、名誉除隊により帰郷し、社会的に公共のため多忙を極めている。その和子夫人は、ワシントン州ベンブリッチ島　天辰秋吉氏二女であり、ケロリン、ウイン、スーザン、ボイナーの二男二女の令孫がある。次男の裕吉氏は、一九二六年一月二十一日生、その栄夫人はワシントン州シャトル市谷口勝氏二女であり、サンドラー、バオリー、ジャネットの孫娘三人あり。三男文雄氏は一九二八年三月九日生、第二大戦後ドイツに進駐して名誉除隊帰郷され、その紀美夫人は、アイダホ州ホールデン久保隅健一氏四女にして、孫娘にイエリンさんがある。

長女京子さんは一九二〇年四月二十六日生で、首都ワシントン石尾ミヅノ氏長男予備陸軍少佐石尾直氏と結婚されている。

一家は仏教信者であるが、令息令孫たちはバプチスト教会に属している。趣味としては釣と読書を楽しみ、アメリカとしては北方の州であるが、農村生活も亦楽しいものだという。

MRS. KANDA HATSUYO

神田初代

農園経営

出身地　山口県岩国市

現住所　**Rt. 2, Lexington, Nebraska.**

一八九四年七月十日、山口県岩国市、川本伊三郎の長女として生れた。

一九一五年、故神田徳一と結婚して渡米、直ちに夫の事業地たるネブラスカ州レキシントンに来り定住し夫の事業を扶け七人の男子を育て内助の功多かったが不幸にして夫徳一は一九三九年一月病歿し、以来女の手一つにて困苦奮闘し今日に至り、七人の男子はいづれも孝養厚く一門の繁栄を見るに至った。

父の遺業たる農牧畜業は依然として力強く経営せられ、コーン、アルファアルファア、ビーツ、ポテト、小麦等耕作のほか牛も多量に飼育され、その所有土地面積は八百英加余に及んでいる。

宗教は基督教、趣味は読書。

夫徳一は広島市の出身にて一九〇六年渡米し、最初

右より　忠夫　健一　勇　勝　勝の妻　安生　輝男

写中、神田正美

テキサス州に在留したが、其の後現地に来り、農牧畜を開始したネブラスカ州の邦人開拓者としてその名を知られている。

家族に七男あり。長男勇（一九一六年生）はリンコルン大学修業し現在コンストラクションの事業に当りランドレブリング（地均し）その他にて現地の米人業界でも知名である。同人妻ときえは加州在留の山田亀太郎家より嫁し一男二女あり。二男安生（一九一八年生）はハイ卒後、兄と協力して事業中。三男忠夫（一九二〇年生）はハイ卒後、自家農業に従事し、四男健一（一九二二年生）はハイ卒、今次大戦に四四二部隊に属し欧州戦線に従軍した陸軍々曹で自家の農業に従事。五男正美（一九二四年生）は加州大学修業後、陸軍に入り陸軍伍長で除隊後シカゴのノーザン・イリノイス・カレッヂ・オブ・オプトメトリーを卒業しドクターとしてデンバーで開業中。六男輝男（一九二六年生）はハイ卒後、農業に従事。七男勝（一九二八年生）はハイ卒後、陸軍に服役し現在日本に駐在している。同人妻えみ子は東京都福島幹太郎二女で家庭に一女がある。神田夫人は性格極めて明朗、従って家庭は円満で明朗、和やかな空気にみちている。

故神田徳一氏

神田氏家族

MR. SATO HARUKICHI

佐藤春吉

（米国籍）農園経営

出身地　福島県伊達郡湯野村

現住所　**Rt. 1, Mitchell, Nebraska.**

一八八四年三月二十四日、福島県伊達郡湯野村、佐藤吉五郎の長男として生れた。

海外発展の志望に燃えて一九〇二年布哇に渡航、次いで一九〇三年米大陸に転航し、ワイオミング州にてユーピーの鉄道工事に就働したりシュガビーツの農業に従事し、労苦堅忍着々として米国移住の基礎をつくり一九〇六年に現地に入り、農地を求めて、シュガー・ビーツの農業を手始めにコーン、麦その他を耕作、牧畜をも開始し、次第に地歩を固め、今日に於ては土地面積二三〇〇英加、牛五〇〇頭の飼育等にてこの地方に於ける豪農として米人間にも広くその盛名を知らるゝに至った。

資性極めて謙虚、敬虔なる基督教信者で、温厚篤実な人格者であり、その歩んできた道は、民族の海外発展の模範といえよう。

妻のい（一八八八年生＝米国籍）は福島県信夫郡（現福島市）相原宇兵衛の二女で、夫を扶け、貞淑な夫人として内助の功大である。

長男ジョージ（一九一五年生）はハイ卒後、農業に従事し同人妻ジョセは在ネブラスカ州菅野家より嫁し二女あり。長女英子メリー（一九一六年生）はリンコルン大学卒で在デンバーの高崎登に嫁し二女あり。二男フランク（一九一八年生）は桑港美術学校卒のコンマーシャルアーストとしてオハイオ州デートンで活動中であるが同人は今次大戦に陸軍に従軍し欧州戦線にて負傷除隊した勇士である。妻リリーとの間に一男一女がある。三男ポール（一九二一年生）はハイ卒後、農業に従事しており同人妻たつは在コロラド州平方家より嫁し一女がある。二女朝子（一九二二年生）は在ミズリー州の歯科医森岡に嫁し三女あり。四男ペリー（一九二四年生）はハイ卒後農業に従事し、同人妻バージニアは在加州須藤家より嫁し一男あり。五男ロジャー（一九二七年生）はハイ卒後農業に従事し、六男キャナス（一九二九年生）は、ネブラスカ州の医科大学卒、陸軍航空隊附軍医で、同人妻ルービーは在ネブラスカ州宮原家から嫁し一男がある。

いづれも孝養心厚く、模範的な子女であり、一門繁栄しつゝある。

特に男子四人、相和し共々に父の残した大農牧業に従いつゝあるは注目に価しよう。

佐 藤 春 吉 氏 一 家

MR. HIKIDA SHINTARO

疋田新太郎 （日本籍）

出身地　滋賀県彦根市須越町
現住所　Rt. 4, Box 281. Greeley, Colo.

明治二十九年五月二十日、出身地で生る。一九一六年に在米の父己之吉氏の呼寄せにより渡米した。桑港に上陸して直ちに父の住む中加フレスノへ赴き、白人農家に働いた。一九二三年に加州サリナスへ赴き、レタス耕作を自ら営み、土地を求めてワツソンビルへも移動したが、一九四二年春に、第二大戦により、サリナス収容所に入り、同七月にアリゾナ州のポストン転住所へ送られ、第一キャンプに居た。

一九四四年五月にコロラド州グリーリーの現在の農園へ出て今日に及んだ。

志寿夫人とは、一九二一年に結婚し、現在四男二女に恵まれている。

長男健一氏は、一九二一年六月十日加州フレスノに生れ、現に父母と共に農業に従事し、その千鶴夫人は、加州ワツソンビルの浜茂平氏の長女で、現在二男あり。

次男幸一氏は、一九二三年十一月二十八日生、現在デンバーにあって洗染業を経営。その夫人みつ江氏は、デンバーの高松たきの夫人の三女であり、一男一女あり。三男富雄氏は、一九二五年十一月六日生。現在加州ロングビーチに住む。そのアグネス夫人は、福岡県出身緒方氏の出である。

長女操子さんは、一九二八年一月三十日生。伝馬スタックヤードの井上貞蔵氏息パット氏と結婚して、現在羅府に住居す。

次女米子さんは、一九二九年十一月九日生。グリーリーの仁井田タム氏と結婚して同地で農業に携わる。四男秀雄氏は、一九三一年十一月九日生、現在ロングビーチにあり未婚。

疋田氏の令弟には、加州大学卒業で元桑港日本人会書記長たりし疋田庄太郎氏あり。現在イリノイ州シカゴにあって、同胞社会に重きをなす。

疋田氏は熱心な仏教信者であり、趣味は読書と時折釣魚を楽しむ　（一九五七・五・一八）

小林拙二氏夫妻

小林拙二（米国籍）農園経営

MR. KOBAYASHI SETSUJI

出身地　広島県芦品郡岩谷村

現住所　Rt. 1, Julesburg, Colo

一九〇〇年一月九日、広島県芦品郡岩谷村小林精一の長男として生れた。

父小林清一は一九〇一年渡米し一九一二年現地に来って砂糖大根、麦、牧草等の耕作に当っていたので父の呼寄により一九一七年渡米し直ちに現地に来って父の農業に従事した。一九二〇年帰国し妻みよと結婚し再渡米し、一九二四年コロラド州アルバダに転住、同地で農業を営み、つづいてネブラスカ州カーネーに移住し同地より再び現地に転住、時に一九四〇年、爾来現地に於て農牧畜業に従事し今日に至っている。

氏は人情に厚く、人格外柔内剛、教養深き人物として知られており、求道会及びデンバー演芸協会役員の外、セジウヰック郡日本人農業同志会の幹事として公共の活動を為しつゝある。趣味は旅行、演芸等。妻みよ（一八九九年生＝米国籍）は広島県御調郡市村長尾忠七の二女で、家庭に四男一女あり。

長男孝司（一九二一年生）はハイ卒、農業に従事し、同人妻きよ子は在格州吉田秀一長女で三女あり。次男巌（一九二三年生）はハイ卒で陸軍除隊後農業に従事、同人妻敬子は在格州大塚寅吉長女で一男二女あり。長女一恵（一九二六年生）はデンバー・ビジネスカレッヂ卒で在テキサス州岡山県系の農家伊田次郎に嫁し一男一女あり。三男利男（一九二八年生）はハイ卒農業に従事。四男正美（一九三二年生）は陸軍除隊後、フォートカレンス大学に在学中。で現在孝司、巌、利男の三人が父の業を継ぎ一家平和団欒、家運隆盛をみている。

また母まつ（一八七八年生、米国市民権有）はいま尚健在で同居中である。

井上九一氏ルース夫人

井上九一（米国籍）農園経営

MR. INOUYE KUICHI

出身地　岡山県都窪郡庄村

現住所　Rt. 1, Sedgwick, Colorado.

一九〇〇年一月十五日、岡山県都窪郡庄村、井上米次郎の次男として生れた。

父米次郎は一九〇六年渡米し現地に於て農業を営んでいたのでその呼寄に依り一九一六年渡米し直ちに現地に来って父の農園に入った。

以来、父の事業を扶け家業は発展したが、一九三四年父の病歿に会い、つづいて父の弟利喜松の死後は叔父利喜松の遺児十人の養育を引受け、叔母りん（六一歳）と共に同家に引取り、親族和やかに父及び叔父の残せし農園の経営に当り、利喜松の子（利明、勤、すま子、あや子、健一、ジョージ、みぶの、ちえ子、栄、松代）のうち利明、勤、健一、ジョージの四人は、同家と共に農業に従事し、ポテト、砂糖大根、麦、コーン、野菜及び牧畜を為し、農地四〇〇余英加に及び、同地方の篤農家として日白人の間に知名である。

氏は性来謙譲にして、協和の精神に富み、叔父の子等を親替りに養育して、己れの子の如く今日一族繁栄しつゝあるが、この蔭には妻ルース（一九〇八年生、コロラド州グリーリーの故合志募の長女）の内助の功を見のがすことは出来ない。

多趣味の人でスポーツ、演芸に造詣深く、宗教は仏教。この地方の求道会役員として活動している。

セジウヰック郡日本人農業同志会役員、デンバー演芸協会役員。

氏房守一 （日本籍）

MR. UJIFUSA SHUICHI

出身地　岡山県御津郡加茂川町（旧加茂村）
現住所　**Rt. 1, Worland, Wyo.**

明治十四年七月二十七日出生。海外雄飛の壮図を抱いて、二十四歳にして郷関を後に、一九〇四年まず布哇に渡り居ること暫し、大陸転航を志し、同年九月桑港に上陸した。

当時はアメリカ内陸に鉄道建設がさかんであり、人員募集に応じて山東部へ直行した。ワイオミング州とネブラスカをまたにかけ鉄道の仕事に携わる内、一九〇七年に、初めての日本人として、当地に来り、バーリントン鉄道会社のフォーマンとして三年を送る内、地方の肥沃な土地、広漠な草原を見て、農牧業の兼営を始めた。

その頃オーランドには、家は六軒しかなく、地方の農業と言えば小麦と牧草しか耕作して居なかった。それは実に今から四十八年前であった。ポテトとビンズを耕作して見事成功したので、附近の白人農家は驚いて、氏の真似を始めた。

モンタナ州ビリングスから、ワイオミング州キャスパーの間に、ポテトとビールを耕作したは、氏をもって元祖とし、今日の盛大を招いた。

一方氏は日本に居た頃から、牛を飼うことには充分の自信をもっていたので、ワイオミングの典型的な牧場州を見て、此処に放牧の有望なことを感じ、徐々に牛飼いを進めて行った。その頃ワイオミングの原野は、州の所有地であったので、僅かな放牧料を払って牛を放ち飼いし、年々拡張していった。一頭の牛から初めて遂に五百七十頭の多数になり、カウボーイを傭って、キャスパーからウインドリバーにかけて、百五十哩の草原に、四月から九月の間に牛を肥らせ、一九一七年には、日本人として初めてオマハへ肉牛をシップした。

一九一六年に、現在令甥雄平氏の耕作せる農地三百英加を購入したが、他にも八百英加をレントして手広く農業を営むに到った。氏は一九一三年に弥代乃夫人を日本より迎え、令弟万平氏、義兄堅七氏を日本から呼寄せ、一門により当地方を開拓したので、土地の銀行より篤い信用を得て資本をどしどし放出された。その内、一九四五年に、その所有の農園から石油が湧き農業収入の他に、石油のローヤルチーが入った。しかしその昔赤貧のころの逸話もある。ユーピー鉄道に就働するため、一九〇四年にネブラスカ州のシドニーにおりたが、懐中にはペニーが三ツしかなかった。当時日本へ郵便を出すのに、封書は五仙の切手をはらねばならぬので、仕方なく二仙の端書を出すほかなかったという。

そのころ鉄道はモンタナ州ビリングスから倭州オーランドまで南下していた。ウインドリバーのトンネルが抜けて、ワイオミングのキャスパーまで連絡したのは、一九一五年であった。

ウインドリバーのトンネルは難工事として知られ、外園直市氏が、白人土木業者の下請けをして、日本人二百人を引伴れ、ドンキー二百頭をもって輸送線を布き、血と汗の敢闘も空しく遂に開通に至らず、その工事のため外園氏は経済上の大打撃を受けた。

ショショニのそばのボイセン貯水池のダムは、二年の歳月と二千七百万弗を投じて、一九五五年に完成し、今見るウインドリバーの景勝に更に錦を加えた。

氏は弥代乃夫人との間に四男一女を挙げ、長男守（まもる）は一九一四年生、父を助けて従農し、長女文子は一九一五年生次男久治は一九一六年生、三男ウイリーは一九一九年生、四男リーは一九二二年生、

MR. UJIFUSA YUHEI

氏房雄平（米国籍）

出身地　岡山県御津郡加茂川町（旧加茂村）
現住所　Rt. 1, Worland, Wyo.

明治三十年三月二十七日生。父は氏房堅七、母は同美恵、その次男である。氏の母は氏房守一氏の姉にして父は入婿である氏は在米の父の呼寄せによって一九一七年三月十一日に桑港上陸、ワイオミング州オーランドに父の農業を助けて、初めから地主として農業を合理的に経営して来たが、一九四五年にその所有地から石油の湧出により、巨額のローヤルチーが入り、地方切っての裕富な農家の一人であり、公共事業に尽力している。

氏は敏子夫人との間に、二男四女に恵まれ、円満な家庭である。

長男良雄（よしを）は、一九三〇年生、日本進駐の米軍に従い名古屋にありし時、現在の久子夫人と結婚し、所謂戦争花嫁さんを同伴して帰米し、現在父を助けて農業に従事す。長女潤子は一九三二年生、亀本スタンレー氏と結婚して、現在羅府に住む。次女千鶴子は一九三四年生、鈴木忠氏と結婚して現在デンバーに在り。三女和子（かずこ）は、一九三六年生現在、デンバーで就働中。次男雄次郎は一九三八年生、デンバーに在り。四女妙子（たえ子）は一九四二年生、オーランドのハイスクールに在学。氏は熱心な仏教信者にして、山東三州仏教会に属して居り、趣味は写真撮影である。

塚野重作氏　芳子夫人

MR. TSUKANO, JAMES JUSAKU

塚野重作（米国籍）

出身地　布哇ヒロ島ペピーケオ
現住所　800 Granby St. Norfolk 10, Virginia.

千九百十年十一月二日布哇に生る。若く渡日して新潟県立新発田中学三年を修業して、一九二八年三月二十日布哇へ帰り、三年間をペーケオ日本語学園を教えた。牛乳業や漁船乗組などを経験して、一九三六年加州オークランドに渡来、翌年羅府で初の鶏雌雄鑑別を学び、一九三八年には中加の果樹園、サクラメントの養鶏業に働いたが、更にネバダ州の銅山、鉄道に働き、一九三九年には、紐育市へ進出、家庭やガーデンや洋食店に働き、一九四四年には米陸軍に入り、翌年名誉除隊、ジョージヤ州アトランタ、一九四六年にはニュージャージー州ニューマーケット、一九四七年にはバージニヤ州、一九五一年以来現在の洋食店を開業して来た。

芳子夫人とは、ニュージャージー州サンミットで、一九四二年七月に結婚し、二男一女がある。長男はジョージ重昭氏は一九四三年八月三十一日、ペンシルバニヤ州ブリンマワー市生れ、次男ハリー義信氏は、一九四六年五月十日、ジョージヤ州アトランタ市生れ、長女節子さんは、一九四九年五月二十八日、ヴアジニヤ州クレアモントの生れである。

宗教は禅宗、趣味は釣、養鶏、小鳥飼、園芸などきわめて広く、読書と執筆も常人の比ではない。（一九五六・七・一二）

舟越広吉（米国籍）

MR. FUNAKOSHI HIROKICHI

出身地　福岡県粕屋郡新宮町立花口

現住所　Rt. 1, Box 101, Ft. Lupton, Colo.

明治二十九年一月十八日出生、父は故大田熊吉、母は同くま、船越家の婿養子となり、妻たつと共に一九一五年八月十五日に在米の養父の呼寄せにより渡米した。シャトルへ上陸して、真直ぐに現在の農園に来り、四十三年を営々として農業に専念して来た。野菜農園百五十英加を耕作して産をなし、地方に於ける信望は篤い。

夫人たつ氏との間に、三男四女を挙げたが、子女はいづれも堂々たる社会人として活動中である。

長女千代子エミーは、一九一九年十二月十三日生れ。格州ラプトンの浦野長平氏と結婚して、農業を営み。長男繁・フレッド氏は、一九二一年八月十五日生れ、加州ノーホーク山田幾次郎氏長女と結婚し、現在羅府で活躍、次男亨ケン氏は、一九二三年六月三日生、ワイオミング州パウエル河野与之助氏息女フランセスと結婚、デーバーに居住、次女好子ルースは、一九二五年十月二十八日生、野田文雄ロバート氏と結婚し、コロラド州ダビーに居住。三女文子デージーは、一九二六年六月二十日生で、京田久雄氏と結婚し、ラプトンに在住。四女美代子メリーは、一九二七年九月十一日生、未婚にしてデンバーポスト紙の営業部に勤務し、その仕事の鮮やかさをもって、日系のために気を吐いている。グリーリの州立教育大学出身である。三男三郎サムは、一九三四年十一月十二日生、高校卒業と共に陸軍に入営、専ら軍務に精勤好評を博している。氏は熱心なる基督教信者で、地方に於ける重鎮であり、デンバー美以教会の長老である、（一九五七・四・二六）

三吉政末（米国籍）

MR. MIYOSHI MASASUYE

出身地　熊本県上益城郡下矢部村

現住所　Rt. 4, Box 313 Greeley, Colo.

明治三十三年六月二十日生。コロラド州ラプトン在住の父仙蔵氏の呼寄せにより、一九一七年三月渡米、シャトルへ母姉とともに上陸した。

北格ペアス・オールトを経て、現地へ落ついて十年である。浜子夫人はコロラド州ロッキーホード在住の有働勝次氏の長女で、結婚は一九三八年であり、五男三女に恵まる。長女雅美さんは一九三八年生、ホートコリンスの格州農大に在学。長男達之助氏は一九四〇年グリーリー高校にあり、次男雅晴氏は一九四三年生、高校在学。三男正俊氏は一九四六年生。次女芙美子さんは一九四八年生。四男五十男氏は一九五〇年生。五男真人氏は一九五二年生。三女倫子さんは一九五六年生。いづれもグランマーに在学。

三吉氏一家

氏は基督教信者であり、詩吟と釣魚を趣味とす。

園田平次郎氏

MR. SONODA HEIJIRO

園田平次郎 (米国籍)

出身地　滋賀県甲賀郡岩根村岩根
現住所　P. O. Box 183 Whitefish, Mont.

明治十九年七月八日出生。父は園田重蔵、母は同ぬい。渡米は一九〇六年二月八日で、ワシントン州シャトルへ上陸した。

氏は熱心なクリスチャンで、渡米後間もなく教会を中心に、六年の教化に努力した。三十三年前、まだワシントン州ヤキマに日本語学校もなく、二世に正しい邦語を習う機会のないのを遺憾とし、氏の働いていた洗濯屋の片隅で、毎日曜日、三人の子供に日本語を教え初めた。ところがそれを伝え聞いた親達が次々と子供を伴れて来られたので、忽ち二十七名の生徒が勉強しだした。

恰もその頃、ヤキマ組合教会が、新築されたので、その食堂を教場として使うことを許され、ますます生徒は増して来た。熱心に教授すればするほど、子供たちも勉強するし、生徒数も増えて来て、教会としても大喜びであったが、どこにもある基督教信者と仏教信者の対立が起って、氏の教えている日本語教育にも遂に邪魔が入り、結末は面白くないことになった。

殊に太平洋戦争が勃発と共に、氏は日本人の向うべき方向を誤らぬように、スポーケン市のスポークスマン紙に投書した。

それには同社の編集員や、読者より大いに支持されたが、同胞中には右翼的の人もあることとて、氏の態度には迫害が加わり、西北部の左翼分子からは誘惑の手が伸ぶという訳で、氏の立場は妙なものになった。果ては右翼の者から拳固を暗中に見舞れたり、当局は問題の人物として監視するようになり、インターこそされないが、言動を慎しむ必要を痛感した。

当局から調査もされなかったし、別にこれという制裁もなかったが、何かしら黒い手がのびていたことは事実で、不穏な空気の中に呻吟するのは、身のためでもないので、思い切って当モンタナ州へ転住して今日に至った。

一九五四年十一月には米国市民権を下附され、一九五六年九月には日本国籍を離脱した。氏は一生独身で通し、興乗れば放歌高唱して、気分を転換するという生活である。

MR. KATO KAZUO

加藤一夫 (他界)(米国籍)

出身地　福岡県築上郡葛城村
現住所　2561 Riverside Road Grand Junction, Colo.

明治十三年二月二日生。一九〇〇年シャトルへ上陸。モンタナ州北ダコタ州の鉄道に就働して一九〇三年初めてコロラド州へ来た。当時は外園直市氏が日本人労働者を周旋して居たので氏の陣営の人として、諸々の仕事に従事し、令弟のグリーリーの砂糖大根耕作に主に協力した。一九〇九年に南格ツリニダットにレストランを経営して居たが外園氏の招きで、グランドジャンクションに来て、砂糖大根の耕作をしたが、一九一一年に当地でレストラントを始めて、一九三二年に及んだ。現在引退していた。氏は一生独身で通し、晩年は小田幾太氏方に寄遇していたが心臓麻痺のため、一九五八年七月三十日遂に死去。

MR. KATAGIRI, FRED TANEMI

片桐種美（米国籍） グロサリー経営

出身地　長野県上伊那郡七久保村

現住所　Rt. 1, Box 25 Henderson, Colo. Tel: AT-8-9836

一八八六年一月三日、長野県上伊那郡七久保村、農、片桐稲次郎長男として生れた。

一九〇六年渡米し、ポートランドに於てスクールボーイとして語学修業の後、伴商店に入社、その後、己代夫人も同商店に入社し、勤務十八年に及んだ。同社勤務は一九二二年よりデンバー支店勤となり、同地に転住し、同商店の閉店するまで勤務した。

一九三二年、現在のヘンダーソンにグロサリーの経営を始めて今日に及んでいる。

資性温厚、篤学の士で在留民の信望が高い。

妻己代は賢夫人として声名高く内助の功多かったが一九四五年惜しくも歿した。

長女栄美（一九二五年生）はコロラド大学卒、在ブライトンのコロラド大学並にノースウエスターン大学出身の歯科医、熊本県系、竹馬正十三に嫁し一男一女がある。次女真美（一九二四年生）はデンバー大学卒、在桑港の貿易商で愛知県系加州大学出身の伊藤知己に嫁し一男一女あり。三女富美（一九二五年生）はコロラド大学卒、在デンバーの長野県系、ユタ大学出身の技術者、唐木進に嫁し一男がある。

三女とも優秀な才に恵まれ、女婿またいづれも、活動家で一門豊かに繁栄している。

宗教は基督教、趣味は釣、読書。　（一九五六・六・一六）

三宅密正（米国籍）

MR. MIYAKE MITSUMASA

出身地　福岡県八女郡忠見村字本

現住所　Rt. 2, Box 80, Alamosa, Colo.

明治二十六年八月一日生。県立八女中学を卒え、一九一七年十二月五日に米土を踏み、加州スタクトンに初めて農業に従事した。当時は同郷の先輩にして、ポテト王と言われた牛島謹爾氏の全盛時代であり、スタクトンのデルタの黄金時代でもあった。羅府にも三年を送ったが、コロラド州の豊饒なるを聞き、一九二九年にアラモサに来て今日に及んだ。一九四四年に現在の土地百六十英加を購入して、本腰を入れて農業を営み、名産レタスの外ポテト、カリフラワー、キャベイジを生産している。

君枝夫人は、アラモサの草分吉田栄一氏の長女にして、三人の子女がある。

長女恵須子さんは、一九二一年十二月二十五日生、現在日本に住む。次女初枝さんは、一九四〇年九月二十三日生、アラモサ高校に在学。長男正視氏は、一九四三年同じ高校に学ぶ。

氏は熱心な仏教信者にして、ラハラ仏教会の重鎮。趣味は読書、囲碁、釣魚と多角である。　（一九五八・四・四）

増永亀松氏

増永タキさん

増永亀松（米国籍）

MR. MASUNAGA, KAMEMATSU, KAY

出身地　熊本県上益城郡嘉島村字井寺
現住所　Rt. 2, Box 98, Ft. Lupton, Colo.

明治十四年十月十二日生。一九〇三年七月十四日シャトルに上陸、直ちにモンタナ州へ、鉄道ギャングに加わり労働したが、居ること数年にして、オレゴン州のポートランド市へ移り、附近の農園に傭われ、アメリカ式農法を実習した一九一三年に、当時ネブラスカ州ノースプラットに在りし令弟を訪ねて、山東部へ足を踏み入れ肥沃なる土地を見て、農業に従事すべく決心した。その頃山東部同胞の拠点であったデンバーへ一九一七年に移動し、一九二八年にラプトンに土地を借りて、農業を初めたが、一九三八年に現在の土地百五十英加を買入れて、強い基礎を固めた。

夫人タキ氏は、福岡県朝倉郡大福村大字大庭出身であり、内助のほまれ高く、今日の産を築いた。

家庭では長女しずえは、一九二一年七月十日生、現に小塩タム氏と結婚して同村に住み、長男ジョージ次男氏は一九二四年二月十八日生、両親を助けて家にあって農業にいそしんで居り次女ミツエは、一九二五年十一月二十七日生、岡崎光男氏と結婚して、現在南加州ポモナ市に居住。

三女操は一九二九年四月三日生、茅島勉氏と結婚し、現在桑港に在り、夫君は将来弁護士たるべく、カリフォルニヤ・ロースクールで勉学中。

宗教は熱心なる真宗信者。趣味は農閑に釣魚、時には日本映画を観賞することなど。（一九五七・四・二六）

林　篤四郎（米国籍）

MR. HAYASHI, TOM TOKUSHIRO

出身地　広島県広島市八丁堀
現住所　2688 B2/1 Road, Grand Junction, Colo.

明治二十二年二月三日生。一九〇七年十一月バンクーバーに上陸、一九一〇年十月まで桑港シュリング会社に就働し、一九一二年まで加州サリナスに商業を経営、一九一四年まで南加に移り、羅府で庭園業に従事した。

一九一七年までユタ州ソートレイキで商業を経営した。同年にユタ州にあるユーエススメルチング会社の日本人キャンプ主任になり、一九二一年五月まで勤めたが、コロラド州グランドジャンクションに注目して、その年初めてコロラドに入って、商業を営み今日に至った。一九三七年に現在の土地を購入して、林種子園を経営している。家庭には琴夫人との間に三男一女あり。長男テッド達也氏は一九一四年七月六日生、加州ウッドベクー商大卒、その妻和子さんは、青木長次郎氏二女にして、その間に俊之ジョイ十七歳、靖則アラン十一歳の孫あり。次男ハーリー・英之氏は一九一八年八月十三日生、コロラド州ボルダー医大を卒えてセントルイスで医術開業。その妻栄江さんとの間にデニー十歳、ジョイシー六歳の二孫あり。三男オレボ博武氏は一九二二年一月二十六日生、グランドジャンクション、ジュニヤ大学を卒え、その妻和子さんとの間に、一孫ケレン房子あり。長女房子ルースさんは、一九二四年二月七日生、格州ボルダー州大の音楽科を卒え、目下東部に居住す。

氏は仏教信者にして、山東三州仏教会理事である。趣味は囲碁と釣りを楽しむ。（一九五八・六・二五）

菱沼弥一 （米国籍）

MR. HISHINUMA YAICHI

出身地　福島県伊達郡湯野村
現住所　**Rt. 1, Brighton, Colo.**

明治十年六月二十四日生。父は徳松、母はユワ。雄心を抱いて布哇に渡り、一九〇四年九月に大陸転航を思い、桑港へ上陸し、鉄道の仕事を求めて、山東に来り、殊にコロラド州に入り農業に従事して、此処に永住の腹を決め、一九二〇年一月二日に妻セン夫人（一九九六年一月二十日生）はシャトルより上陸して、夫を助けて、十一人の子女を育てながら、農業に従事した。格州ワッテンバーグ、バーレイキ、イーストレーキ、ラプトン等を経て、現在の農業を購入して、一九四八年以来、経営して来た。家庭には大勢の男子が、父を助けて盛んに農産を励んでいる。長男ジョージは、一九二〇年九月二十四日、格州ヘンダーソン生、現に父の農園にあり、次男ローイは、一九二一年十二月七日ワッテンバーグ生、現在デンバーに住む、長女メリーは、一九二三年三月十三日、ワッテンバーグに生れ、植田氏と結婚してユタ州ソートレイキに在り。次女エバは、一九二四年八月二十四日、格州バーレイキ生、牛山氏と結婚して、ロッキーホードに住む。三男ジェームスは、一九二六年一月一日バーレイキ生、現に父の農園を助く。四男フレッドは、一九二七年六月一日、バーレイキ生、ブライトンに在り。五男ハーリーは、一九三一年十一月六日、イーストレイキに生れ、ブライトンに在り。三女スミ子は、一九三三年二月二十八日イーストレイキ生、州内オークリーキに住む。四女エレンは、一九三五年四月十五日、イーストレイキ生、ブライトンにあり。五女ジュンは一九三七年六月二十三日、イーストレイキ生、父母と共に住む。六女グレイスは、一九三九年一月五日、ラプトンで生れ、家庭に在り。

信仰は基督教にして。ラプトン野菜組合、美以教会、デンバー日会、ブライトン日会に属して、到るところ公共に尽して来た。　（一九五七・一一・一六）

切刀長七 （米国籍）

MR. KUNUG CHOSHICHI

出身地　山梨県甲府市
現住所　**Rt. 1, Box 9 Blanca, Colo.**

明治十二年十一月十五日生。渡米は一九〇四年八月桑港上陸しかし布哇にまず渡航し約二年を送り、大陸転航後、ネブラスカ州オガラに二年、伝馬に三年、ロッキーホードに二十五年、太平洋戦前は羅府に六年を送り、一九四一年にブランカに移り一九四七年に現在の土地百六十英加を購入して、令息の活動によりレタスやポテトを生産している。長男は早逝され、次男清氏は、一九一九年六月二十三日ラハンタ生れ、田中菊太郎氏次女文子さんと、一九四八年結婚、二児あり。長女メリー竹子さんは一九二二年生、牧師荒尾泰助氏と結婚して、加州ペスカデロにある。三男ジミー肇氏は、一九二五年生、西辻文子さんと結婚して、モンテビスタで時計修繕業を営み二男一女あり。四男ヘンリー障氏は一九二七年生、ロッキーホードの田代氏令嬢と結婚、デンバーに在り。白人卸商大会社のブックキーパーとして活動中。

楢崎源三郎氏一家

楢崎源三郎 （米国籍）

MR. NARASAKI GENZABURO

出身地　福岡県糸島郡北崎村
現住所　Rt. 3, Box 78, Greeley, Colo.

明治二十四年十月二日生。渡米の意思を抱き、十七歳にしてまずメキシコへ渡り、苦難を経てテキサス州エルパソより、一九〇六年に米国に入った。

それ以来、テキサス州よりオクラホマ州に仕事を求めて、移動したが、一九一三年ネブラスカ州スカッチブラフに農業を初め大規模の小麦耕作を行う内、一九二五年にチャンスを得て、アリゾナ州グレンデールへ移り、農業に従事した。

一九四一年暮、太平洋戦争勃発により、氏が日本語学園の学務委員長であったためか、当局の注目を受け、検挙されてテキサス州エルパソのグレー兵営に収容され、更にニューメキシコ州ローズバーグ収容所にインターンされたが、一九四二年九月に仮出所を許されたので、コロラド州グリーリーに転住して、現在の農園に腰を落つけ、営々と農業をつづけて来た。

氏は温厚篤実の人で、到るところ公共のために尽して来たが、現にグリーリー購買組合の会計に推され、組合長の三河員馬氏を助けて組合を今日の大に導いた。またグリーリー仏教会の顧問として、二世の役員たちを指導している。

夫人政子はユタ州生れの純二世であり、洋裁の技術に秀でグリーリー仏教会の二世婦人の指導にあたっている。夫人との間に一男二女に恵まれ、円満な家庭である。

長女栄子は、一九二七年生れ、グリーリーの石黒富二男と結婚。次女澄子は一九三〇年生、アリゾナ州グレンデールの谷口清氏と結婚。長男建世（たてよ）は、一九三二年生、現在ロサンゼルスに住み、自動車部分品会社に勤む。

氏は熱心な仏教信者であり、趣味としては読書と野球見物を楽しむ。（一九五七・一一・八）

潮下清一郎 （他界）

MR. SHIOSHITA SEIICHIRO

出身地　福岡県京都郡苅田町大字尾倉
現住所　P. O. Box 66 Blanca, Colo.

此の一家は、父清一郎は一九五四年に、母えい子刀自は一九四一年に死去され、令息令嬢達により一家の祭事も経営も続けられている。

長男健氏は、一九一七年生、目下羅府で活動中。次男伝氏は一九一九年生、当地に百三十英加の土地を所有し、他にリース四百英加と共に農業を営み、ポテト、キャベジ、レタスを生秋し、牛や羊の肥育を営み、事業盛んであり、その夫人ジーン産子さんは、当地の浅岡伊三郎氏三女である。長女てる子テイさんは、一九二〇年、近藤氏と結婚してデンバー在住、三男清氏は一九二一年生、ブランカに在住、その夫人ひで子さんは芦田英六氏の息女。四男テリー氏は一九二八年生、兄を援けて従農中である。（一九五八・四・六）

森　嘉　一　郎　（米国籍）

MR. MORI KAICHIRO

出身地　鹿児島県河辺郡笠沙村

現住所　Rfd. 1, Atwood Colo.

明治十六年十二月十日生。海外発展を志したが、それには米国へ行くに限ると思った。しかし当時は直接米大陸へ渡れなかったので、布哇渡航の旅券を得てホノルルへ上ったが、元々布哇に居る気はなかったので、僅々二十日の滞在で大陸へ向い、一九〇四年八月四日に憧れの桑港へ上陸した。

その頃山東地方は鉄道布設がさかんであり、人員募集員が、桑港に出張していた。仕事があるなら、何処までも行くという訳でまずワイオミングへ来て、専ら鉄道に働き、初めてその年コロラド州に入植し、デンバーを中心にして、方々の鉄道ギャングへ仕事に赴いた。その内現在の土地は、多数の日本人が入り込み農業に従事していたので、此処は有望だと思って百英加の土地を買込んで自作農を初めた。それは実に一九〇九年のことであった。日本から妻シマさんを迎えて、じっと今日まで農業を経営し、土地も次々と買入れて、今では近隣に聞える大農になった。附近には近ごろ石油が湧出して、土地代が上り将来ますます発展する予想である。家庭には七男三女に恵まれその内長男義雄君は病死したが、他は何れも成長して父の農業を助けている。次男讓治は一九一六年三月二十一日生、長女ルイは一九一六年三月三十一日生、他家に嫁ぎ。三男ジミー・次美は一九一九年六月十六日生。二女マリーは一九一九年六月十六日生。四男タム勉は一九二一年一月九日生。三女テルは一九二六年三月三十一日生。五男ローイ嘉一は一九二九年十一月二十六日生。七男バビーは一九三七年三月七日生である。

氏は仏教に帰依し、趣味は花いぢりと釣魚であり、余暇を楽しんでいる。　（一九五七・一〇・二五）

MR. SASAKI INOKICHI

佐々木猪之吉　（米国籍）

出身地　福岡県浮羽郡椿小村

現住所　P. O. Box 97 Blanca, Colo.

明治十二年十二月生。氏はまず布哇へ来て居ること二年。初志通り米大陸渡航したのは、一九〇五年九月であり、桑港へ上陸した。

コロラド州に在る友を頼って来住して以来四十年になる。デンバーやラプトンに農業に携わる内、サンルイス平原の有望なるを知り移住したのは、一九三五年であり、今日までブランカ高峰に朝夕親しんで来た。夫人かたさんとの間に五女に恵まれた。長女はる子さんは、一九〇四年布哇に生れ、松野芳太郎と結婚してデンバーに在住。次女みさをさんは、日本に住み、三女つねよさんは、桑野氏と結婚してデンバーに在り、四女えみ子さんは、カンサス州に住居。五女まり子さんは、若杉源八氏と結婚され、ブランカに居住され、氏は若杉家に同居されている。　（一九五八・四・五）

大庭 貞一 （日本籍）

MR. OBA SADAICHI

出身地　山口県美弥郡秋吉町
現住所　**Rt. 1, Alamosa, Colorado.**

明治十九年五月二十五日生。渡米したのは、一九〇七年五月三日にして、シャトルへ上陸した。氏は郷里にあって県立農業学校を卒業したのは、明治四十年三月であり、直ちに渡米を志し、同年五月に米大陸に踏入り、一九一三年コロラド州ウエストミンスターでグリンハウスを経営して、一九二一年に及んだが、更に附近で従農している内、一九三一年南格の有望なるに着目して、サンルイス平原に移り、現在に到った。耕地百六十英加を所有し、主としてレタスを耕作している。

幾久子夫人は、島根県鹿足郡青原で、明治三十二年三月六日に生れ、県立津和野高女を卒え、一九一九年に写真結婚により入籍、翌一九一八年三月十九日にシャトルに上陸したが、夫君を援けて農業を営みながら、六男二女を育て、しかもその全部が大学教育を受けて、それぞれ社会の有用な人材として活躍中である。

長男ジョージ巖氏は、一九一九年三月二十二日生、一九四三年四月ホートコリンスの州立農大を卒え、現在デルモント会社の農業主任技師であり、そのミチ子夫人は、久津間勇三氏の長女であり、孫にカール君がある。

次男ウイリヤム泉氏は、一九二〇年四月生、一九四八年アダムス師範大学を卒業、一九四九年にアリフ神学校よりマスター号、翌五〇年に神学博士を獲得、現在アダムス師大教授兼牧師に任ぜられ、そのタカ子夫人は、久津間勇三氏の三女であり、男三人女一人の孫あり。三男カルビン緑氏は一九二六年四月生一九四八年にアダムス師大卒、一九五二年にコロラド州大医科を卒え、目下骨病専門医として勉学中であり、そのメリー夫人はマイヤー家の出身、四男ヘンリー広氏は一九二八年十一月生一九五一年にアダムス師大を卒え、現在大庭プロデュースを経営、そのベリー夫人との間に、孫の二男あり、五男ヘンリー馨氏は、一九三〇年六月生、大庭プロデュースを合同経営中。

長女ナンシー貞子氏は、一九三三年二月生、一九五四年デンバー大学看護婦科を卒え、一九五七年横溝一三郎氏令息ジュニアン君と結婚。次女グレース幾久子氏は、一九三五年五月生一九五八年デンバー大学看護婦科を卒業し、目下病院に勤務中一家はキリスト教信者として、成長の家にも熱心である。

浅岡 伊三郎 （米国籍）

MR. ASAOKA ISABURO

出身地　石川県金沢市浅野町
現住所　**P. O. Box 66 Blanca, Colo.**

明治十五年六月十一日生。氏は若くして郷関を出て、東京に六年を送る内、海外発展の壮図を抱いて渡米。一九〇二年十月十一日桑港に上陸し、三年を加州で送る内、当時のリーダー安孫子久太郎氏の勧業社に加わり、ユタ州へ来て建設事業に労働し、農業に興味を覚えた。一九〇八年始めてコロラド州デンバーに来て、農業に従事した。更に南格サンルイス平原の有望なるに着眼し、一九二五年に来住して、レタスを耕作して、一九四五年に及んだが、昨今は事業より引退して自適の生活を送りつゝある。

夫人きぬさんは、一九四一年に死去されたが、一男三女ありご老後を慰めている。長女夏江さんは、一九一七年生、米本巖氏と結婚して羅府に住居、三孫あり。次女スミさんは、一九一八年生、久保カズヒコ氏と結婚して同じく羅府に居住、三孫をもつ。長男次雄氏は、一九二三年生、テキサス州ピーコで薬剤師として活動中、その妻アーン良子さんは寺崎義次郎氏の令嬢にして三孫あり。三女ジェーン秋子さんは一九二八年生、潮下伝氏と結婚してブランカで従農、四孫あり。氏いまこの家庭に同居されている。

（一九五八・四・六）

MR. FUJII KATSUSABURO

藤井勝三郎　（米国籍）

出身地　広島県山県郡川迫村字川戸
現住所　Rt. 2, Box 201 Alamosa, Colo.

明治二十二年二月十四日生。年齢十七歳にして郷関を出で、まず布哇に上陸、更に大陸へ志し、一九〇六年四月十四日桑港に上陸した。アイダホ、モンタナ、ユタの諸州で鉄道に就業し一九一二年に央州ポートランド市附近で農業に従事した。

一九一三年二月に父繁太郎氏を、同年六月には弟智恵人氏、更に翌十四年六月に弟久夫氏をアメリカへ呼寄せ、一家業を励んだが、十四年十一月父を日本へ帰し、十七年十一月自ら祖国を訪問し、翌十八年二月に石橋章一氏長女アサヲ氏と結婚し、同年二月夫人同伴で再渡米。以来各地に就業したが、一九二七年四月コロラド州アスペンにポテト耕作に従事する内、遠からぬサンルイス平原の肥沃を知り、二十八年三月アラモサに移り農業を営んで今日に至った。一九五一年に現在の農園三百二十英加を購入し、他に四十英加をリース経営中であり、主要作物はポテト、レタス、キャベジ、カリフラワー、麦類であるが、副業として牛、羊、豚を飼養して肥料を得るという組織である。

氏は二男三女あり。長男ローイ俊氏は、一九一九年二月二十五日央州ポートランド生れ、父を助けて農業に従事。次女アリス弘子氏は一九二四年三月、央州生れ、格州ピアスの松田達雄氏と結婚、二孫あり。三女昭子氏は一九二七年央州生れ、デンバーの田ノ上俊雄氏と結婚、二孫あり。次男辯氏は一九三〇年五月サンルイスバレー生れ、加州パロアルトの亀田英氏長女アリス弘子氏と結婚一孫あり。四女ケロン公子氏は、一九三七年五月アラモサに生れ、コロラドスプリングのビジネスカレッヂを卒え、同地に勤務中、未婚。氏は熱心な仏教信者であり、各種スポーツを趣味とす。

MR. HISHINUMA SEIJI

菱沼清治　（他界）

出身地　福島県伊達郡湯野村
現住所　Rfd. Blanca, Colo.

明治八年八月十七日生。渡米は一九〇六年九月にして、桑港に上陸して、約二年を加州に送り、一九〇八年にコロラド州に来た。デンバー附近に従農する内、サンルイス平原に着眼して、一九三二年にブランカに移った。そして一九五五年に現在の土地三百二十英加購入して、令息と協力してレタス、ポテトキャベジを生産していられたが、一九五九年三月七日死去された。クラ夫人は明治十四年九月十三日生。一九〇三年結婚し、一九一三年渡米した。長男ジョージ清氏は一九一七年生、そのマサ子夫人は当地の若杉栄吉氏長女である。

長女モト子さんは日本に在り。次女仲子さんは、当地の寄友壮次郎氏令息と結婚され。三女メリーさんはミッチエル氏と結婚。一家は熱心なるクリスチャンである。

前田光平 （米国籍）

MR. MAYEDA MITSUHEI

出身地　熊本県玉名郡花簇村

現住所　Rt. 1, Box 303 Brighton, Colo.

明治二十年正月二十五日生。海外発展の雄志を抱いて、一九〇六年一月桑港へ上陸した。直ちにコロラド州へ来て、デンバー附近の農園に就働して、砂糖大根の耕作を研究した。

一九一一年友人が招くので、ワシントン州へ行き、シャトル附近で九年を送ったが、やっぱりコロラド州に若かずと思い、一九二〇年にコロラド州ラブランドで、アニオンを耕作して成功し、一九二四年には、北格カージーで沃野百六十英加を購入して各種野菜を耕作し、傍ら牛の肥育につとめ、牧畜により肥料獲得の副産物を得て、とんとん拍子で行ったので、一九三八年には土地を売払って日本へ赴いた。同年暮に帰米したが、暫らく都会生活を味うため、ロサンゼルスでアパートを買入れ居ること五年。太平洋戦争勃発により、西沿岸に居るのは不愉快なので、一九四二年春、自由立退して、懐かしいコロラドに帰り、現在の肥沃な農園二十四英加を買入れ、集約な野菜耕作に従事し、此処を墳墓の地と決めて居るという。ミツノ夫人とは、一九一一年に結婚し、一男二女に恵まれている。長女敏子は一九一二年七月生れ、日本育ちで、帰米後は岩田さとし氏と結婚し、デンバーに居住。長男秀典は、一九一六年八月二十一日生、一九三八年ホート・コリンスのコロラド州立大学を卒え、化学を専攻す。一九四一年三月米陸軍に入営、四六年に軍医大尉として名誉除隊し、四五年より五七年まで野菜耕作に従事し、現在セロリー農園支配人、郡の農業技師、農用化学品の販売にも従事し、地方の指導的地位にある。その三重子夫人はニューメキシコ州豪農田代氏の出、孫にドナルドちゃんがある。次女政子は一九三〇年十一月生、現在フォートラプトン居住井上本義氏と結婚して、一孫を挙ぐ。氏一家は基督教を信じ、デンバー美以教会に属す。釣魚を楽しんで夏はコロラド山河に親しむ。

蓮井一良 （米国籍）

MR. HASUI KAZUYOSHI

出身地　香川県大川郡長尾町

現住所　Rt. 2, Box 31 Las Animas, Colo.

明治二十七年一月五日生。氏は在米の父鼎氏の呼寄せにより一九一〇年十一月十一日シャトル上陸、加州サンターナの父の農園を手伝ったが、一九一五年に帝国平原に移り、エルセントロに農業の経営を始めた。一九二四年に加州排日土地法が制定されたが、布哇生れの二世の名儀で土地を借り、農業を続け、数名共同して農産シッピングを営み、更に二年後、友人二人と合資してミューチュアル・シッピングを興して九ケ年経営した一九三五年に加州ナイランドへ移動し、砂漠たりし土地を開墾して、トメトを主とする冬の野菜を生産し、同時に農業組合を組織して、此処でもパッキングハウスを建て、グリーントメトを出荷して三ケ年間、事業大いに発展のところ、太平洋戦争勃発により、一九四二年春コロラド州ロッキーホードに自由立退した。そして一九五〇年に、現在の土地百英加を購入して、此処を墳墓の地ときめ、じっくり農業を経営中である。長男昇氏は別に百六十英加を借地し、父子協力して、砂糖大根、アニオン甜瓜を主作として、農業は好調である。氏は絹枝夫人との間に三男三女あり、家庭的にも恵まれた人、長男昇氏は、一九二七年一月二十八日生、父と協力して、農業に従事し、次男圓氏は早逝され、長女直美さんは、華州タコマ市の山根トニー氏と、一九五七年十一月九日結婚、現在タコマ病院の栄養士として活動。次女梓さんは地方郷軍病院に勤務。三女良美さんは、コロラド州フォートラプトンの和多田又治郎氏の四男英治氏と、一九五六年三月一日結婚され、現在加州農大在学中の夫と共にデビスに在り。三男健氏は高校に在学。

氏は仏教信者、読書と囲碁に親しむ。その円満なる性格は常に共同事業の組織者指導者として、地方同胞の社会に重きをなして来た。帝原時代には土地の仏教会会計の重責を果し、農業組合の中心人物でもあった。

上野吾作 （米国籍）

MR. UYENO GOSAKU

出身地　広島県安佐郡日浦村
現住所　Olney Spring, Colo.

明治十三年三月二十三日生。一八九八年にカナダより入米した。暫らくシャトルで就働する内、一九〇〇年モンタナ州の鉄道に働いたのが山東に足を入れた初めであった。一九〇四年ワイオミングロックスプリングの鉱山に入り、一九〇七年コロラド州グリーリーやアットウッドで、砂糖大根耕作に従事した。その後南格やニューメキシコの石炭坑に約十年働いたが、ストライキなどがあって鉱山に見切りをつけ、一九一六年にオードウエイで農業をした。更に一九三八年以来クローレーに来て、現在の農園に落ついた。

所有地百二十英加、借地三百五十英加を耕作して、ビーツ、トメト、キャンタロップ、コーンなどを耕作して地方の信用は大きい。

家庭には、とく夫人、子女十人を育てて賑やかである。長女とし子さんは一九二一年三月二十三日生、高羅氏と結婚して、アイダホ州に住み孫が五人あり。次女つじえさんは一九二二年二月八日生、平賀氏と結婚して、加州スタクトンに住み孫二人。長男光雄氏は一九二四年九月十七日生、クローレーの藤本氏息女とし子さんと結婚、孫二人あり。父と共に従農。次男清次氏は一

上野吾作氏

田辺熊一 （米国籍）

MR. TANABE KUMAICHI

出身地　広島県庄原市西浦
現住所　Olney Spring, Colo.

明治三十九年十一月十日生。氏は在米の父松蔵氏の呼寄せにより一九二三年十二月十日渡米した。桑港上陸後、コロラドへ直行、一九二四年以来、現在の農園を所有経営す。特に一九三六年に父君の帰国後は、独力で運営して青年農業家として知られて来た。氏の父君松蔵氏は、南コロラド切ってのパイオニアであり、多年スウインクに在ったが、日本人にして最初に土地を所有して同胞に範を示された人。第一大戦前に既に土地を所有した例は西沿岸でも珍らしい。二代目の田辺熊一氏は、現在の土地二百英加を購入して、ビーツ、トメト、キャンタロップを生産して益々盛んである。

氏は親孝行な人として、地方の二世達に模範とされている。父松蔵氏は一九三九年に逝かれ、母すえ刀自は昨年五月にともに郷里で死なれたが、田辺氏は病篤しとの報に、飛んで帰日して、病床を見舞ったのは、地方の美談になっている。

田辺すえ夫人

上野吾作氏夫人とく氏

九二七年一月二十三日生、加州スタクトンに住む独身。三男清氏は一九二九年二月五日生、ニューヨークやシカゴの大学を卒え現在プエブロ市で電気技師を勤む、三女百合子さんは一九三一年二月十七日生、赤木氏と結婚してカンサス市に住む。四男明氏は一九三四年八月五日生、父の農業を助く。五男次明氏は一九三七年二月二十日生、カンサス大学に在学、四女よし子さんは一九四〇年六月生、ことし高校を卒業、五女メイさんは一九四五年五月二十日生、ジュニヤ高校にあり。氏は熱心な仏教信者であり、地方の元老として、同胞間に信頼されている。（一九五八・一・四）

田辺松蔵氏

家庭はシャトル生れの信子夫人との間に、二男二女がある。長男肇氏は、一九三〇年生、父と共に農業に従事。長女美恵子さんは、一九三六年生、現在シャトルのボーイング飛行機会社に勤む。次女君子さんは一九三八年生で高校在学。次男猛氏は一九四一年生、ハイスクールに学ぶ。

氏の一家は熱心な仏教信者であり父母を拝んで香煙が立っていた。写真は田辺氏の両親であり、自らは写真掲載を遠慮された。（一九五八・一・四）

小倉豊助 （米国籍）

MR. OGURA, TOM, TOYOSUKE

出身地　鹿児島県加世田市加世田町
現住所　Rt. 2, Bex 135 Alamosa, Colo.

明治十七年九月二日生。渡米は明治四十年十二月二十七日、シャトルへ上陸。東京市立商工中学を卒業し、青雲の志を抱いて渡米したが、アメリカの広大なる天地に接して、海外開拓の有意義なるを感じて、加州サリナスやスタクトンで農業に親しんでいたが、コロラド州の処女地を視て、遂に移住を決意した時は一九二五年。同じくスタクトン知友の吉田栄一氏と共に、アラモサに腰を落つけて今日に到った。一九四三年に現在の土地百六十英加を購入してレタスその他野菜を耕作している。

咲夫人は森田家の出、一九一五年八月十三日結婚、二男五女あり。長女幸子さんは、一九一六年生、日本で結婚して、三孫あり。夫君が不幸太平洋戦争で戦死され、現在父の元に居住。長男ジョージ一郎氏は、一九一七年生、コロラド大学卒業、現在伝馬市ゼネラル病院の医者として知名である。二女和子さんは一九一九年生、伝馬のコロラドゼネラル病院の医学図書館で重要地位にあり。三女美津子さんは一九二一年生、オールトの赤星茂雄氏と結婚彼地に住む。四女敦子さんは、一九二五年生ネブラスカ州リンコルン大学教授松島喜一郎氏と結婚。五女芳子さんは一九二六年生、デンバー市のギルピン小学校の教師として活躍。次男ミルトン氏は、一九二七年生、テキサス州にあって農業に従事。

的　場　事　務　所

格州時事四十周年記念し
在米日系人興信録山東篇
の発刊を祝す

デンバー市ラリマー街二一五一
STYレストラント
吉村一雄

格州時事四十周年記念
在米日系人興信録の
発刊を祝す

西格グランドジャンクション
小田銭太
仁後良夫
水島セキ
神田ちか

発刊を祝す

ネブラスカ州モリル
管野孝七
MORRIL. NEB.

祝在米日系人興信録発刊

City Cafe

514 W. 17th St.

Cheyenne, Wyoming.

ワイオミング州シャイアン市

創業一九三五年十月

シテイカフエー

MR. SAEKI KIYOSHI

佐伯清司

愛媛県周桑郡出身

MRS. SHUTO YOSHIO

周藤よしを

愛媛県東宇和郡出身

MR. KURASHIMA TORAMATSU

倉島寅松 （米国籍）

レストラン（Yorkshire Room）経営

出身地　新潟県北蒲原郡川東村大友
現住所　4701 Malden St Chicago 40, Ill.
レストラン　2842 Sheridan Rd Chicago, Ill.

一八九六年九月三十日、新潟県北蒲原郡川東村字大友、倉島甚松の長男として生れた。

父の呼寄により一九一三年渡米したが早く父に死別し、以来ユタ州各地に於て農業に従事し主として砂糖大根の耕作を大きく経営した。

その後レストラン業に転向しソートレーキ市に於てレストラン『キャナル・カフエー』の経営に当つたが大戦勃発となり、苦心を重ね一九五〇年、活躍の地をシカゴに求めて同地に転住し、高級レストランの経営に転ずべく、その準備の為め市内一流のホテルたる、モリソン・ホテル、ビスマーク・ホテル、ヒルトン・ホテル等にて前後五ケ年に亘り料理並に接客につき研究し、一九五五年十一月、独立して現在のレストラン『ヨークシャー・ルーム』＝Yorkshire Room＝を購入し、経営を開始したが方策宜しきを得て顧客は米人一流の各層の人士で店の品格高く一躍盛名を博し同店の料理ロースト・ビーフは特に有名となつてゐる。

当レストラン所在の環境はミシガン湖畔の高級ホテル、及びアパートが在りその占める地勢は絶好であり、高級なる顧客を対象としての氏の優れた経営よりは将来に期待すること大なるものがある。蓋し在留日系人の経営レストランとしては最高級のものである。

氏は料理に対する研究心深く、日頃その熱心な研究努力は同店の評価に日を高めつゝある。

宗教は仏教。趣味は極めて多趣味で特にスポーツを愛好している。

妻とも（一九〇一年生＝米国籍）は長崎県彼杵郡時津町、亀本家より嫁し、家庭に長男豊（一九二六年生）ハイ卒後、陸軍に服役し主計として目下独乙に駐在してゐる。妻メリー（独乙人）との間に一女あり。

とも夫人は熱心な、生長の家信者として知名であり、夫君の今日在る内助の功は多大である。

氏は社交性に富み、また経営者としての素質に恵まれ、現在のレストランは従業員いづれも協力して経営者たる氏を扶け、活気と清新の気が店内に満ちてゐる。

山本貞一　ギヤソリンステーション並にアパート経営

MR. YAMAMOTO TEIICHI

原　籍　鳥取県西伯郡倉石市上小鴨町
現住所　926 Windsor St Chicago, Ill.

一八九〇年、鳥取県に生れ、一九〇七年よりコロラド州にて農業に従事すること十余年、次でニューメキシコ、羅府に転住今次大戦と共にシカゴに転住しレストランを経営したが、後アパート及びギヤソリンステーション経営今日に及んでゐる。

宗教は仏教。趣味は碁で二段の腕前である。

妻貞澄。長男俊太郎（一九二二年生）はハイ卒、ギヤソリンステーション営業。長女雅子（一九一九年生）はハイ卒でレストラン及びアパート業吉村政雄に嫁し、三女あり。次女澄子（一九二三年生）はアパート業平川ジミーに嫁し二男二女あり。三女ヘレン（一九二六年生）はハイ卒、経理士米国政府勤務、坂本国雄に嫁し一女あり。

三土友貞　（米国籍）アパート経営

MR. MITSUCHI WILLIAM TOMOSADA

出身地　高知県高知市掛川町
現住所　2743 N. Hampden Ct. Chicago. 14, Ill.

一八九九年九月二十日、三土明輝の長男として生れ高知中学卒業の後一九一七年渡米。
妻ひで、長男ジェームス貞一、次男アキ・明雄、長女よし子
宗教　仏教。趣味　旅行、写真
氏は資性温厚、外柔内剛社交性に富み、白人及び日本の実業界には多くの知己を有し、教養ある人として知られてゐる。

重　田　氏　作　品

MR. NAKANE KENJI

中根献二 （米国籍）

シカゴ定住者会（日系奉仕協会）専務理事

現住所 4126 N. Greenview Ave, Chicago 13, Ill.

一九〇四年六月四日、原籍大阪市堺中根峰吉の長男として生れた。

関西学院卒業、（米国ではウエドランド大学修）一九二二年加州サクラメント、南加州サンゲーブル平原日本語学校勤務を経て一九三四年シカゴに転住しシカゴの基督教青年会主事に就任した。

其の後再び加州に転住しコーチユラにてイエスの友教会として青年指導に従事し八ケ年に及んだ。

日本語学校教師、時に大戦勃発となりタハンガ、ポストン収容所を経て一九四三年四月シカゴに転住し一時書籍商に勤務したが、一九五三年、シカゴ定住者会に入り故安武専務理事の時代の次席専務を経て今日に至った。

氏は在米日系人が善良にして有効なる市民化し日米親善の実を挙げ得るよう、その信念に即したる多面多角なる諸事業を、定住者会の業務を通じ熱心に努力しつつあり、その適切有効なる対処は在留日系人社会のみならず米人社会に於てもその効績を高く評価されつつある。

即ち定住者会の事業とする在留日系人の職業、住宅、語学、帰化、厚生、娯楽、文化、年金等々の諸件に対応し、純粋、熱情の誠意を以て努力を惜しまず、且つねばり強く其の任務を全うしつつある氏の人格と態度は敬意と信頼を集めつつある。

妻愛子（一九〇八年生）は、東京都出身井上小太郎長女で横浜の夕陽ケ丘高等女学校出身で長男哲郎（一九三二年生）はローズベルト大学卒。陸軍に服役中である。宗教は基督教。趣味は音楽、文学、スポーツ等であるが氏はシカゴで在留日系人の各界に呼びかけシカゴで芸術協会を創設し活潑な文化運動を展開している。また氏を中心指導者とする定住者会の帰化学校の教育に依り戦後既に約一〇〇〇名の帰化者を出している。

MR. SHIGETA HARRY KINJI

重田欣二

シゲタ・エンド・ライト会社々長

原　　籍　長野県上田市

生年月日　1887年6月5日

渡　　米　1902年

会　　社

住　　宅　910 W. Winona Ave, Chicago Ill.

Awarded degree Master of Photography, Photographers Society of America, 1942, Fellowship Photographers Society of America, 1945. Member of Photographers Ass'n of America, Chicago Photographers Guild. Treasurer Church of Christ Japanese, Chicago.

近藤市九郎氏

近藤市九郎

MR. KONDO ICHIKURO

出身地　大分県西国東郡草地村黒松
現住所　1800 N. Clark St. Chicago 14. Ill.

一八八三年五月二日、大分県西国東郡草地村字黒松、近藤十郎の長男として生れた。一九〇二年渡米、加州サリナスに於て農業に着手し、営々として努力、次第に大農となり、その経営する農場は加州在留同胞屈指のレタス生産者として成功し同地に在留すること四十二年間に及んだ。

大戦勃発となりサンタフェ収容所を経て一九四五年シカゴに転住し今日に及んだが同氏の人格は在留日系人より尊敬され、日系人社会の重鎮元老として其の名を謳われている。

サリナス在留時代は、同地日本人会の会長として永く在任しシカゴ転住後は、定住者副会長、中西部仏教会理事長として公共の活動につとめたが、近く郷里に帰国することになっている。（門司市大里）

津曲武二

（米国籍）アパート経営

MR. TSUMAGARI TAKEJI

出身地　鹿児島県始良郡国分市
現住所　4920 N. Winthrope St. Chicago 10. Ill.

一八八九年十月十五日、鹿児島県始良郡国分市、津曲栄七の長男として生れた。

東京正則中学修業。一九〇六年渡米し羅府、サンバナデイノを経て米墨国境チワナにて球場経営、次で加州サンデーゴに転住しパシフイック・ホテルを購入し爾来同地に今次大戦勃発まで在住した。

サンデーゴ在留中は、漁業事業をも兼ねたが、二十八才の時在留民に推されサンデーゴ日本人会長に就任し同会長を勤めること三回に及びその功績は大きいが、特に一九二六年の排日土地法事件にはマリオン・ライト及藤井整両弁護士を弁護士として州を相手に提訴し南加十八の日本人会の支援により勝訴し在留同胞権益を擁護した。また一九三五年のサンデーゴ世界博覧会には日本人部委員長として文化的功績を挙げている。

大戦勃発と同時に収容されミゾラ、オクラホマ、サンタフエクリスタル等の収容所を経て、一九四六年シカゴに転住し、二世ホテルを経営、次で現アパートを購入しアパート業を経営中である。シカゴでは前鹿児島県人会長のほか定住者会其他団体の役員をつとめ公共活動につとめている。

宗教は基督教。趣味は釣、妻ふゆ（一八九八年生=米国籍）は鹿児島県国分市中馬弥太郎長女で国分高女卒。家庭に一男二女あり。

長女ふじ（一九一七年生）は加州大学卒、製紙会社フォーマン片山ベル（熊本県系）に嫁し二男あり。長男行雄（一九二二年生）は加州大学修、ミルウォーキー市マクウイット医大卒、イリノイス州クワク病院で病理学研究、旁らノースウエスターン大学病理学講師、ノースダコタ州立医科大学講師。アメリカン・ボードの資格取得、次で陸軍医大尉として駐日、除隊後はワイオミング州シャイアンに於て同地に於て病理学の権威として活躍している。妻百合子は羅府の上野家（山梨県出身）より嫁し三女あり。次女ふさ（一九二三年生）はシカゴ市グレー・ビジネスカレッヂ卒で広島県系技師東岡保に嫁し二男一女がある。

坂口森造　農園経営 ミント油製造

MR. SAKAGUCHI OTA MORIZO

出身地　鹿児島県川辺郡加瀬田町
現住所　Rt 2. Box 192 North Judson, Indiana.

坂口森造氏一家

一九〇〇年二月十五日鹿児島県川辺郡加瀬田町、坂口善兵衛の四男として生れた。

渡米後、一九二二年より加州カンプトンにて農業を手初めに、羅府に於て野菜マーケット、サンタアナ、及びアナハイム等にて苺耕作を為し、一九三四年インディアナ州に転住し、苦心の結果、現在の農場開拓に成功、併せてミント油製産事業にも大成功を博し今日に至った。

現在では二七五英加の土地を所有し、コーンビーンズ、アニオン其他の耕作の外にペパミント、スペアミントの耕作を為し特にミント油製造の事業は在留日系人の間でも特異な事業として注目に価する。

資性勤勉、その熱心な農業への延身ぶりは今日の成功を見る宜なる哉というべきであろう、妻浪江（一九一六年生）は鹿児島県出身猿渡家より嫁し高女卒。家庭に四男一女あり

長男敬一（一九三三年生）はインディアナポリス大学修、サウスカロライナ神学校卒で牧師として羅府の教会に勤務し兼ねてパサデナ神学校に在学している。次男ジョニー（一九三五年生）はシカゴのTV学校を卒業し米人会社勤務。三男ベニー（一九三七年生）はハイ卒後父と共に農業に従事し、四男ヒカル（一九四〇年生）長女悦子（一九四三年生）共に通学中である。

宗教は基督教。

坂上宗熊氏夫妻

MR. SAKAUE HARRY SOKUMA

坂上宗熊 （米国籍） アパート経営

出身地　鹿児島県日置郡吹上町

現住所　833 W. Leland Ave, Chicago 40. Ill.

一八八七年九月二十九日、鹿児島県日置郡吹上町、坂上久太郎長男として生れた。

一九〇五年渡米、羅府に於て料理業に専心、二十六才よりハリウッドのビバリー・ホテルのヘッド・ウェーターとして十余年勤務した。

一九二〇年独立してレストランを経営し羅府市内三ケ所に開業したが内、『マーケット・ボール』は最も盛大な営業であった。

同店経営中大戦となりミゾラ収容所に収容され次でオクラホマ、リビングストン、サンタフェ収客所を経てローア転住所に入り一九四四年九月シカゴに転住した。

シカゴに於てはアパートを経営し今日に及んでいる。

資性勤直、温厚、事に対して規帳面の態度は内外人より信用高い。妻なる（一八九五年生米国籍）鹿児島県日置郡吹上町、堀善太郎長女で家庭に二男二女あり。

長男宗雄（一九一六年生）は、加州大学卒、米国政府勤務、妻愛子は在羅府の静岡県出身久保田豊長女で二男あり。次男寿雄（一九一八年生）は京都大学、ノースウェスターン大学出身で米国政府勤務、妻愛子は在ユタ州鹿児島県出身木村末吉三女。長女幸子（一九二一年生）はビジネス・カレッジ卒で朝日新聞米国特派員鈴川勇に嫁し一女あり。次女道子（一九二三年生）はハイ卒アパート経営業福井県系田辺ビルに嫁し二男あり。

坂上氏は宗教仏教。趣味は読書、夫人は生花に堪能である。

MR. IWAMURO YOSHIAKI

岩室吉秋 （米国籍）

海外貿易振興会（JETRO）シカゴ調査員
日米実業会貿易斡旋部見本陳列所長

原籍　広島市仁保町大河

現住所　3719 N. Seminary Ave, Chicago 13. Ill.

一九一三年八月二十八日、広島市仁保町大河、岩室吉蔵四男として生れた。

一九二九年横浜正金銀行桑港支店に入行、一九三六年退行。一九三六年日本訪問、翌年再渡米し加州サンノゼにて農業に従事中、今次大戦勃発となり、ハート山転住所に入った。同キャンプは『ハートマウンテン文芸』を編集発行し出舎後一九四五年よりハーバート大学にて日本語教師を一ケ年勤務した。

一九四六年シカゴに転住しプルデンシァル生命保険会社代理人。一九四八年より五四年までコスモポリタン・ナショナル銀行勤務。一九四八年雑誌『日系文化』編集発行。一九五三年よりJETROシカゴ調査員。一九五五年に日米実業会の貿易部新設に伴い貿易斡旋陳列所の事務担当者として就任。

一九五六年九月より紐育山一証券イリノイス州登録代表員にも依嘱され、貿易文化面の代表的人物として活躍しつつある。

蓋しシカゴの日系人社会に於いて将来を期待される人物の一人といえよう。

妻八重（一九二四年生＝米国籍）は鹿児島県人大迫元治長女で指宿高女卒。家庭に三男一女あり、長男マーティン明志（一九四九年生）次男テーランス秋男（一九五一年生）三男ジェフリー享（一九五二年生）長女ジャネットまりえ（一九五三年生）宗教は基督教でシカゴ基督教会協議会会計。趣味音楽文芸。

（学歴）修道中学卒、サンマテオジュニア・カレッジ卒。

吉川とみえ（旧姓新谷）

MRS. YOSHIKAWA TOMIYE

レストラン経営

原　籍　広島県阿佐郡可部町

現住所　1130 N. Clark St. Chicago 10. Ill.

吉川とみえ女史

一八九三年六月十三日、広島県阿佐郡可部町、吉川萬助の四女として生れた。

十九歳にして結婚渡米し、シャトルに於て夫、新谷藤一の経営する牧場の為め共に努力したが三十五歳の折に夫を亡い、その後一九二九年シカゴに転住した。

シカゴ転住とともにYMCAのキッチンを引受け一ケ年経営の後、すき焼日本料理業『ミセス新谷』を開業した。同店は後に『都』と改名し、旅行案内業を兼ね、シカゴを訪問する日本人にとっては例外なく同店の日本趣味に郷愁を慰める一名物として有名であった。

今次大戦勃発となり閉店し、一時紐育に転住したが再び一九五〇年シカゴに復帰し、洋食店レインボーを開業し今日に至っている。

明朗親切の人柄で人情にあつく在留民社会で親しまれている夫吉川清光（一八九五年生）は東京都出身、最近病気にて療養中である。

宗教は仏教。趣味は日本演芸、活花等で活花は未生流、喜甫の名を以って有名である。

家族は三男二女あり。

長男治雄（一九二一年生）はシカゴ、ジュニアカレッジ卒、米人商社に勤務、妻静子は広島県出身藤本家より嫁し三女あり二男英雄（一九二四年生）はイリノイス大学卒、シカゴの米人商社勤務。妻米子は在加州笠井家より嫁し一男二女あり。三男文郎（一九二九年生）はアイオア州大学卒で、同校講師勤務、妻フラン（米人）はインデイアナ州生れ。長女喜代子（一九一六年生）はハイ卒で在日米軍勤務。二女方美（一九一八年生）はハイ卒、広島県系でハイレインボー洋食店支配人神花ジョージに嫁し一女がある。

花木栄三氏夫妻

MR. HANAKI EIZO

花木栄三

（米国籍）
アパート経営

出身地　滋賀県犬上郡彦根市

現住所　104 W. Oak St. Chicago 10. Ill.

一八八四年七月十六日、滋賀県犬上郡彦根市、士族花木伝の三男として生れた。

慶応義塾大学在学の中途にして渡米、一九〇八年シャトルに於て語学修業し同地に於てリアルステート業を十ケ年開業した。其の後羅府に転住し、リアルステート業にホテル業を兼ね事業は順調に隆盛をたどっていたが、今次太平洋戦争勃発し、すべての権益を放棄して収容所に入る身となり、ミゾラ、フォートシール、リビングストン、サンタフエ等々を転々を配所の月を見たが、一九四四年三月家族の住むローア転住所に入り、次で一九四五年戦争終戦の直前、シカゴに転住した。

シカゴでは最初六ケ月間、スティブンス・ホテルにて就働し、其の後ホテルを購入し之が経営を開始、爾来、積極方針の営業を展開し四ケ所にホテル並にアパートを経営した。

即ち北クラーク街一一二四地区のビルディング、西オーク街一〇四のアパート、北クリフトンプレース四五一三―二三のアパート、東オハイオ街二七のアパート等である。

また氏は、その信念とするシカゴ在留日系人の経済的基盤の強加の方策として、戸栗遵氏ほかの同志と諮り、『シカゴ日系人信用組合』を一九四八年創設したが、この信用組合を母体として、金融方面の活動は、年々飛躍的に発展し一九五六年八月現在の組合員の貯蓄は約十四萬弗にのぼり、在留日系人の事業建設の為め大きな力を生みつつある。

氏はかくして在留日系人社会の経済的基礎確立の為め転住以来、活潑なる努力をつづけつつあるが、シカゴに於ける日系人のホテル並にアパート業発展の為めのその中枢機関たる理事長としても活動している。

この外、日米実業会副会長。定住者会、共済会、の役員、日本組合教会のチェマン等公共に尽すこと深い、また郷里琵琶湖畔に建設された彦根市結核患者保養所の建設資金二百万円に対し、五十万円を寄附し郷土の厚生運動に援助している。

資性円満、社交性豊かで教養高い人格者として在留民の信望が高い。宗教は基督教。趣味は旅行、読書。

家族は妻逸代（一八九二年生＝米国籍）は広島県高田郡小田村井藤英四郎三女で、家庭に一男一女がある。長男一雄（一九二三年生）は羅府のカレッヂ卒で羅府の米人商社に勤務し同人妻ふみ子は在羅府広島県人関熊一長女で男一女がある。長女奈美子（一九二七年生）はハイスクール卒、在シカゴのホテル業石方誠治（和歌山県系）に嫁し一男一女がある。

（追記）持病のゼンソクに苦しまれ、デンバーやフェイニックスに転地療養の上、一九五九年五月二十三日一まづシカゴに帰られしところ急に病革まり他界された。

佐藤幹太郎　ホテル経営

MR. SATO MIKI MIKITARO

原　籍　滋賀県愛知郡蚊野

現住所　159 W. Goethe St. Chicago 10. Ill.

一八八九年十一月二十二日、滋賀県愛知郡蚊野、佐藤房三の長男として生れた。

十九才にして渡米、シャトルに於てキャナリー請負業を営むこと二十年。一九三八年ロスアンゼルスに転住し、ホテルを購入しホテル業を営んだが、今次大戦勃発し、インターンの身となりモンタナ州ミゾラを初めとしてオクラホマ州フォートシール、及びサンタフェ等を経てコロラド州グラナダ転住所に入り一九四五年再建の地をシカゴに求めて転住した。

シカゴではホテルを購入し之が経営今日に及んでいる。

資性重厚、人情に厚く信用高い。

妻薫（一八九九年生）は岩手県盛岡市原七五三助の長女でハイ卒。家庭に一男一女あり

長男修（一九二七年生）はハイ卒、ホテル業、妻ジョセフ。

長女庸子（一九三一年生）はミネソタ州ミネポリス・カレッヂ卒、後神ダノールに嫁し一女がある。

宗教は基督教。趣味は読書。

白石万之助氏

MR. SHIRAISHI MANNOSUKE

白石萬之助

アパート経営

原籍　長崎県西彼杵郡式見村
現住所　7 W.Pearson St. Chicago 10. Ill.

一八八九年一月十日、長崎県西彼杵郡式見村、白石羽左衛門の三男として生れた。

同村役場に勤務したが二十才にして海外発展の志に燃えて渡米、シャトルにて英語修学の為め通学の旁らレストランに就業し、一九一八年帰国、翌一九一九年再渡米、直ちにホテルを購入し、以来一貫してホテルの経営に終始し今日に及んだ。

シャトルに於ては在留民社会の公共事業に奉仕すること深くその活動は多方面に亘ったが、北米日本人会の参事員たること連続二十年という経歴を見ても当時の氏の在留民社会に於ける地位と信頼は知ることが出来よう。

氏はシャトルに於ては、日本人ホテル組合長、北米日本人商業会議所副会長。同会長、ワシントン州連絡日本人会会計、日本語学校学務委員、其他諸団体役員として縦横の活躍を為し、当時の在留民で知らぬものなき有名な存在であった。

大戦勃発と同時にインターンされモンタナ州ミゾラに六ケ月ニューメキシコ州ローズバーグに一ケ年、サンタフェに六ケ月等々収容の身となったが一九四四年、出所してシカゴに転住した。

シカゴに転住後は、経験あるホテル業に再建の道を求め北クラーク街七三一にホテルを購入、後に現在の建物を土地家屋共に購入しアパートとして経営中である。

シカゴに於ては一九四七年、日本人ホテル・アパート組合を創設し組合長たること四ケ年に及びシカゴ在留日系人の主軸たるアパート事業の繁栄に力を尽した。其の他共済会、定住者会日米実業会その他各団体の役員として依然公共活動につくしている。

熱烈たる愛国主義者で、故国政界への関心極めて深く、左傾思想打破のその熱血よりは特筆するに足る。

またその論客ぶりは、壮者を凌ぐ溌溂勇敢さであり、其の情熱あふるる論陣は、時に痛烈であり敬聴に価するものが多い。

趣味は釣。

妻菊枝（一九〇八年生）はシャトル生れで熊本県人松下健治長女で家庭に二男一女がある。

長男満之（一九三三年生）はハイ卒後、陸軍に服役し駐日福岡空軍司令部勤務後除隊し現在イリノイス大学在学中。次男隆文（一九三四年生）はハイ卒後、海軍陸戦隊に服役し現在在日本の部隊に勤務中。長女メイ（一九四四年生）は通学中。

大森重良

MR. OMORI JURO

Silvestri Art Mgf Co 勤務

原籍　山梨県南都留郡中野村山中

現住所　**1722 N. Orchard St. Chicago 14. Ill.**

一八八八年十二月二十日、山梨県南都留郡中野村山中、大森作太郎の長男として生れた。

韮山中学卒業の後、渡米、一九〇六年加州ウィンタースを初めとして各地で農業に従事したが一九一一年インペリアル・バレーの米人経営のフルーツ会社に入社し之が契期となってキャンタロープ耕作の農園経営に転じ、エルセントロ・フォートビル地方の開拓者として活躍した。氏は当時農園経営とともにシッパーの業をも兼ねたが一九二一年からシッパーを止めて農園経営一本として今次大戦勃発まで之を経続した。

氏は日本人としての伝統的気風に富み、国粋、古武士の面影あり、気骨隆々の偉丈夫であるがまた一面仁侠の士でありインペリアルバレーに於ては今も尚氏のガッツに満ちた奮斗活躍振りは語り草となっている。即ちインペリアルバレー日本人会長フォートビル農業組合長、日本語学園のほか各団体の役員として縦横に活躍を示した。

大戦勃発となり、タハンガ収容所、ノースダコタ収容所、ポストン転住所に転々の後、当時家族が居住したシカゴに転住した。一九四五年シカゴにて家屋を購入し、現在、勤務中の会社に入社し、子女の教育の為め苦心しつつ再建の途をたどり今日の成功をみている。

妻登和（一九〇一年生）は山梨県南都留郡川口村、小河原好蔵の三女で家庭に三男二女あり、長女フランセス・茂子（一九二〇年生）は加州大学及びエバンストン・ナショナル・カレッヂ卒で加州ロングビーチ公立学校に奉職、米人カミングスに嫁し。長男ハレー・泉（一九二二年生）は加州大学修業、並にシカゴ市ロイラ・デンタル・カレッヂ卒でシカゴにて開業中であるが陸軍々医大尉でブラウンスター勲章を受けている。同人妻次子は広島県人馬屋原家より嫁し二男がある。二男ジョン・岱（一九二四年生）は、シカゴ・カレッヂ・オブ・オプトメツリー卒でシカゴで開業中、妻メリーは広島県出身、藤原岸太郎家より嫁し。三男リチャード・林（一九二七年生）はシカゴではロイラ医大予科よりイリノイス州立大学医科大学院卒で陸軍服役後、羅府郡立病院に勤務中である。次女ドロシー・和子（一九二九年生）はシカゴ大学修業、イリノイス大学卒で紐育のコールドウォーター・メモリアル病院に勤務中である。

中河頼覚

アパート経営

MR. NAKAGAWA YORIAKI

原　籍　山口県大島郡橘町安下庄

現住所　158 W. Huron St. Chicago 10. Ill.

一八九一年五月七日、山口県大島郡橘町安下庄、中河孫惣の長男として生れた。

早稲田大学政治経済科卒業の後、新聞記者となったが、勉学のため妻喜千代と共に一九二〇年渡米、シャトルに上陸した。

ワシントン州ファイフにて四年間、日本語学校、日本人会書記となり、一九二五年九月ワシントン大学入学経済を専攻、次いで一九二九年まで大学院にて修学、業をおさめた。

右在学中、シャトル日本語学校々長を勤め、同時にサムナー日本語学校々長オルダートン日本語学校々長等をも兼任し、卒業後も引つづき右の教育に従事したが今次大戦勃発となり、モンタナ州ミゾラ収容所に収容された。

右収容所に在るうち、氏は所内にて米国憲法講義を担当した一九四二年六月右収容所を出所しアイダホ州ミネドカ転住所に入り、次で一九四三年十月シカゴに転住した。

シカゴでは、ルーズベルト・カレッヂにて勉学の旁らアパートを購入し之が経営に当り、次第に業務を拡張し、現在では、ヒューロン街一五六―一六四から北ウエルス街七〇一の一区に四軒、北ミルドレッド街に一軒、西ローレンス街七二七―二九に一軒合計六軒のアパートを経営している。

氏はシャトル時代、日本語教科書の編纂委員として教科書二十巻を編纂した外、日本語学校の生徒及び家庭の為め『日米作法の常識』を著作した。

また一九三七年東京に於て開催された第七回世界教育大会には米国代表の一人として出席した。

敬虔な基督教信者であり、信念深い篤学の人として知られ、青年の指導の為め今も尚力を尽しつつある。

妻喜千代（一九〇〇年生）は宮城県亘理郡亘理町、高橋久太夫の三女で、横浜共立神学校の出身で、教育、伝道で夫君と共にその功績は高い。

また夫人はシカゴの音楽学校で修業し音楽の素養深く、著書に『ジョイフル・リング』がある。

家族は長女皠子（十一才）を一九三三年五月二十五日に亡ったが同女が基督教信仰が深く、氏は同女の死に会った翌年に『あき子』の著作を発表したが、この書は一九五六年、東京のキリスト教新聞社発行（著者和気清一氏）によって改訂出版され全国に頒布された。

氏はまたスポーツにも長じ早大在学中に剣道三段を得ているシカゴ転住後は、終戦直後、故国難民救済運動の書記として活動した。またシカゴ新報社長の前社長をもつとめ、現在はホテル・アパート組合、共済会、定住者会等の幹部である。

養子に中河俊三あり、京都大学農科卒、東京大学大学院卒の後渡米、インディアナ大学オハイオ州コロンバス大学、テキサス州ヒューストン大学各大学院で研究、帰国後は京都府乙訓郡日向町に中河立体農業研究所を創設、その所長として活躍している。同人妻恵子との間に二男がある。

尚中河氏は一九五三年、米国日系市民協会シカゴ支部より功労者として表彰されている。

MR. TANAKA HISAMITSU

田中久光

アパート経営

原籍　愛媛県西宇和郡三机村

現住所　4958 S. Blackstone Ave, Chicago 15. Ill.

一八七六年十月二十四日、愛媛県西宇和郡三机村、田中永太郎の二男として生れた。

一九〇四年渡米し、シャトルに於てクリーニング業に従事する旁ら語学修学につとめ、次でホテルを経営した。

一九二二年南下してロスアンゼルスに転住し、同地に於てレストランを経営、ホテル経営等を為し次でクリーニング業経営中に今次大戦の勃発となり、ハートマゥンテン転住所に入り三ケ年余の転住所生活を過し一九四五年、再起の地をシカゴに定め十一月八日シカゴに転住した。

一九四六年八月、ルーミングハウスを購入しミューチアル・ホテルの名で開業（北ウェルス街五三七）したが次でラサール・マンション・ホテル（北ラサール街一〇三九）を購入し之を経営した。

次に右二ケ所の建物を譲渡し現在のシカゴ・アパートメントを購入（二五〇室）之が経営を為しつつある。

資性実直、誠意の人格者として正義感強く、その堅実な事業は、信頼を博している。

シャトル時代は愛媛県人会役員、シカゴでは愛媛県人会、ホテルアパート組合、実業会、定住者会、共済会等の役員をつとめている。

宗教は仏教。趣味は囲碁。

妻やすえ（一八九六年生）は愛媛県西宇和郡宮内村の竹内家より嫁し、家族に一男三女あり。

長女光子（一九一七年生）は日本の八幡浜高等女学校卒、現在シカゴにて米人商社勤務中。次女富子（一九二〇年生）は日本の八幡浜高等女学校卒で在シカゴの福永ローイ（テレビ商経営）に嫁し一女あり。長男久明（一九二二年生）は日本の大洲中学校卒で現在父と共にアパート業に従事し。三女春子（一九二四年生）は日本の八幡浜高等女学校卒、現在横浜に在住し会社員吉村孝三に嫁し一男一女がある。

尚氏の経営するシカゴ・アパートメントは最近大改造を為し堂々たるアパートとして営業中である。

MR. SHIGETOME TOMEJIRO

重留留次郎

アパート経営

原籍　鹿児島県枕崎市

現住所　923 W. Belden Ave, Chicago 14. Ill.

一八八七年十二月九日、鹿児島県枕崎市、重留彦左ヱ門の次男として生れた。

一九〇六年、布哇を経て渡米し、直ちに加州コートランドに居を定めて農業に従事、次でバイセリアに移り農園経営をつづけたが、激しい労働で健康を害し、為めに農業を止めて、レストラン業に転向した。

一九一五年、結婚の為め帰国同年再渡米し、バイセリアに於て、アメリカン・レストランを開業し之が経営は一九三三年に及んだ。

重留留次郎氏一家

同年羅府に転住し、第七街市場にターミナル・レストランを開業し盛業をつづけていたが今次大戦の勃発となり、サンタアニタよりアーカンソー州ローア転住所に入った。

同転住所内に於ては、COOPの責任者として活動し一九四五年七月には、コープの整理問題並にセンターの閉鎖問題等の全米各キャンプよりの代表者会議（於ソートレーキ）にも代表として出席した。

一九四五年シカゴに転住し翌一九四六年北ウエルス街七四九に、ラウンドプレート・レストランを開業。之と併せて一九五二年にはアパートを購入し之が経営に当ったが其の後、レストランは他に譲渡し現在はアパート経営にて悠々自適の生活を送っている。

氏は公共に尽すこと厚く、加州バイセリア在留時代には、日本人会の幹部、在米日本人会中加代表者のほか日本語学園の創立に力を尽し理事長に就任し二世の日本語教育にも尽した。

羅府に於ては日本人レストラン組合会計をつとめ、シカゴに転住後は共済会、定住者会、日米実業会等の役員として活動のほか一九四八年には鹿児島県人会を創設し、その会長を勤めること七ケ年の永きに及んだ。（現在顧問）

また一九五三年の日本風水害の救援運動の急先鋒となりその努力は多大であった。ねばり強い意志強固の人でその熱情に薩州人の性格躍如たるものがあり情熱の人である。

宗教は仏教。趣味は読書、妻ひな（一八九六年生）は鹿児島県枕崎市、寺瀬戸龍右ヱ門の三女で、社交性に富み内助の功深い。家庭に長女メリー（一九二〇年生）あり、ハイ卒で在シカゴ米人商社勤務の熊本県系木村タム・秀男に嫁し一女がある。

MR. OKUHARA THOMAS TADAICHI

奥原忠一

（米国籍）アパート経営

出身地　加州サンタバーバラ市

現住所　**1844 Lincoln Park West, Chicago 14. Ill.**

一九〇八年三月十日、加州サンタバーバラ市に於て原籍山口県平生町、奥原亀次郎長男として生れた。

二才の折日本に赴き、小学校を経て柳井実業（現柳井高等商業）学校を卒業し、一九三〇年帰米し、羅府に在住、フルーツスタンド経営中、今次大戦の勃発となり、サンタニタ仮転住所、コロラド州アマチ転住所を経て一九四四年シカゴに転住し、直ちにアパート業に着手し今日ではシカゴ市内に八ケ所のアパートを経営し少壮事業家として縦横の活躍を示している。

氏は資性豪放。積極的な事業家肌で機を見るに敏、その手腕の冴へは将来に期待するところ大なるものがある。

日系人社会の公共的活動も広く、日系人ホテル、アパート組合（会計）定住者会、共済会、日米実業会、シカゴ日系人信用組合等の役員のほかシカゴ禅宗寺仏教会幹事等をつとめている。

趣味はスポーツ。

妻あやの（一九一五年生）は、山口県人、本間太輔（俳号三海風）の長女で柳井高女卒。家庭に一男一女あり。

長女リリー・須磨子（一九三六年生）はイリノイス大学に。

長男テリー・哲昭（一九四〇年生）はハイスクールに共に在学中である。

MR. TORII ALBERT NAKAJI

鳥居仲次

（米国籍）アパート経営

出身地　愛知県宝飯郡小坂井町
現住所　**4945 Crystal St. Chicago 51. Ill.**

一八九九年九月十二日、愛知県宝飯郡小坂井町、鳥居藤三郎の次男として生れた。

一九一九年、日本に於て建造せられたる英国船ウォーウォルフ号の英国廻航の為め同船乗組員として渡英し、以後英国船員として活動し、一九二〇年アメリカの帆船ジョイナ号に乗組み米国に渡った。

渡米後一九二一年シカゴに定住し、レストランの事業に一貫し、その経営する『サンライズ』（後にミッドシティと改名）レストランは隆盛な営業を続けたが、一九五五年、これを譲渡し、アパートを購入し現在はアパート経営を為しつつある。

鳥居仲次氏

氏は写真の趣味深く、その撮影した写真は数千枚を数えるほか、映画フィルムは十五万呎にのぼり、其の種類は、ニュース在留民の公私各場面、自然風物等多岐にわたるもので堂々たるライブラリーの内容を備へ全米在留日系人の社会に於ける珍重すべき一名物たるのみならず、日本内地にも此の種のライブラリーは類を見られず、従って日本よりの渡米者達で、鳥居氏を訪れる人が多い。

また氏は、船舶に関する造詣きわめて深くその智識は素人離れしたものであり、特に海軍々艦に対する智識深く、各国の艦船についてその艦齢艦姿、備砲まで暗記しているという博識ぶりは驚嘆すべきものである。

氏の海軍々艦に関する蔵書も珍重すべきもの多々あり。ゼニスの軍艦年鑑は最近二十年間のシリーズが全部揃っている。蓋し在米日系人のうち異色ある人材といえよう。

宗教は禅宗。趣味は、写真の外、釣、スポーツ等。

家庭は、妻エリノ夫人（米人）を一九五五年九月二十二日に亡ったが同夫人との間に三男一女がある。

長男ロナルド（一九三二年生）はハイ卒、陸軍を除隊後プルデンシァル生命保険会社に勤務し妻レイとの間に一女がある。

長女ジョイス（一九三六年生）はイリノイス大学修業。二男デール（一九四〇年生）三男デニス（一九四四年生）は共にハイスクール在学中である。

MR. FUKUDA FRANK JISEI

福田二清

（米国籍）
アパート経営

出身地　福岡県嘉穂郡庄内村
現住所　3316-18 N. Keystone Ave, Chicago 41. Ill.

一八八四年七月二十三日、福岡県嘉穂郡庄内村、福田勇太郎の次男として生れた。

福田二清氏家族
左より二清、綾子、夫人（孫）

一九一二年渡米、コロラド州デンバーにてツリニダードの鉱山に就働、その後加州に赴きインペリアル平原アプランドを初め南加州各地で農園労働等を経てユタ州で鉄道工事労働、コロラド（西格）並にオハイオ州等で農業に従事、この間、あらゆる辛酸をなめたが、激しい労働の為め健康を害し、農業を止め一九二九年シカゴに転住して日本人経営のレストランに対する野菜供給業を開始し、之が事業を今次大戦勃発に至るまで継続した。

太平洋戦とともに野菜市場に於ける活動が困難となったためレストラン経営に転業し、二ケ所に開業したが現在では之を他に譲渡し、アパートを購入して経営しつつある。

氏は資性温厚、寡言重厚なる性格で、信義に富み、在留民の信頼を一身に集めつつあり、日系人社会の元老である。

日本人共済会は創立当初より努力しその会長をつとめたることある外、定住者会、日米実業会、福岡県人会等の重要なる役員、のほかシカゴ新報の役員をも兼ねその公共活動は活潑である。

宗教は仏教。趣味は読書。

家族は妻月枝（米国籍、福岡県大牟田市横田宇太郎三女で（一八九五年生）養女綾子（一九二三年生）はシカゴ・ビジネス・カレッヂ卒、ニューメキシコ州アルバカーキ在留の熊本県人故戸上亀男二女。同夫君は田村正人（山口県系）は柔道六段で、市内に柔道々場を経営し千数百人の弟子を養成しており一九五六年東京に於て開催された世界柔道選手権大会には米国代表監督として訪日している。また同氏の令弟田村ビンセント四段も選手として同行現在は兄弟そろって指範をなしつつある。

MR. MATSUNAGA TAHEI

松永多平

（米国籍）
アパート経営

出身地　熊本県鹿本郡山鹿町
現住所　1300 E. Hyde Park Blvd. Chicago 15. Ill.

一八八一年六月一日、熊本県鹿本郡山鹿町、松永勝平の次男として生れた。

熊本城北学館中学部卒業の後、二ケ年間英、数、簿記を私立成章学校にて修学し一九〇四年渡米、桑港に於てスクールボーイをなしつつリンコルン・ハイスクールに通学一ケ年半。一九〇六年羅府に転住し、同地でもスクールボーイ生活のうちに、ウッドベリー・ビジネス・カレッヂに入学し同校を卒業した。

当時日本人労働者は同地方で多数活動していたが之等の人々斡旋の為めABCエンプロイメント・エヂエンシーの営業に従事、其の後一九一〇年には、ホテル業に転向し、市内に八十余室を有するシルバースター・ホテルを購入しその経営に着手、以来ミッドランド・ホテル、ウインスロー・ホテル、ビバリー・ホテル等々いづれも百室を有するホテルを購入し、積極的の営業を展開した。

この間、南加大学社会学科に入学し同学を卒業したが、右のホテル事業は一九一三年時代の好況、一九一六年前後の不況の時代を起伏し、つづいて、一九一九年より二四年頃の盛況を辿り巨利を挙ぐるに至ったがこの資金により、年来の希望であった日本に事業建設を企画し、ホテルを売却して、之を投資したが、日本側の受入態勢の不備の為め失敗し、全財産を失うに至った。時に一九三一年であった。ここに於て氏は志を転じて米国に於ける再起を計り。その資金を得る為めに一九一五年より一九二一年まで経験せる生命保険代理人（紐育生命）の事業に入り加奈陀マニファクチュア生命保険会社代理人として活動を開始し之をきっかけとして一九三四年州公認の土地建物買売業をも開業し、一九三四年にホテルを購入、続いて一九四一年までには六ケ所にアパートメントハウスをリースし一棟のビルディング及び住宅二棟を所有し再び往年の盛大なる事業に復帰した。

然るに突如として今次大戦の勃発となり、之等のすべての権益を放棄して転住の止むなきに至り、アリゾナ州ヒラ転住所に入舎し。同舎内では消費組合長をつとめた。

一九四四年二月、右転住所を出てシカゴに転住、北クラーク街にアパートメントハウスを手に入れ続いてディビジョン街にもアパートを開設し、次に東四四街及び東六五街、キンバーグ街等にアパート建物を購入し、盛大なアパート経営を開始したが今日では右の建物を順次他に譲渡し、事業を整理し、社会事業に身を投じ老後の新生活を展開しつつある。

一九五一年に第一回の世界一周旅行を為し戦後の世界状勢を視察したが、一九五六年には夫人と共に、第二回の世界一周旅行を為し、特に日本には永く滞在して故国各界の実情を親しく視察した。

氏は高き理想主義のうちに確固たる現実の基盤を実力の上に築きつつ、絶え間なき努力を続けて今日に至った人であるが、その人生を貫く信条は目的と手段を明確にする信念であり、深い信仰心と相俟って、氏の存在は在留日系人社会で信望をあつめている。氏は公共活動に尽すこと厚く羅府時代には日本人ホテル組合を組織し会計役員となり一九一八年には右の会長となり三ケ年就任。次で羅府日本人会会計監査、中央日本人会羅府日会代表、中央日本人会常置委員、日本人商業会議所会計等各団体に関係し、シカゴに於ては定住者会創立者の一人であり、その副会長に十ケ年就任、JACL反差別委員会シカゴ支部長八ケ年就任等の外、現在では、シカゴ在留日系人の各団体二十余団体により組織されている。Chicago Japanese American Council 会長として活動しつつある。

松　永　多　平　氏

宗教は基督教。趣味はゴルフ。妻ハツ（一八八九年生=米国籍）は熊本市西亀彦長女で熊本県立第一高女卒で家庭に一男三女あり。

長男通夫（一九一九年生）は加州大学卒の経理士で会社員、妻ワーナー（米人）との間に一女あり。長女節子（一九二一年生）は南加大学修学、ワシントン大学及びシカゴ大学卒で在紐育の画家西健に嫁し一男一女がある。次女治子（一九二三年生）はロックフォード大学卒、シカゴ大学卒で米人ショウ（外交官）に嫁し四男あり。三女マリ子（一九二五年生）は加州大学卒で社会事業家尾崎洋次に嫁し一女がある。（一九五七、八）

（追記）氏は持病治療のため、一九五八年桑港に旅行中他界されたが生前の功を日本政府は認め、勲四等瑞宝章を追贈した。

MR. TAKANO BUNJI

高野文次

（米国籍）
アパート経営

出身地　富山県上新川郡

現住所　4214 S. Berkeley St. Chicago 15. Ill.

一八八四年五月十日、富山県上新川郡に生れ、一九〇七年渡米した。

渡米後は、モンタナ州テキサス州等で鉄道工事に従事し、一九二〇年、ワシントン州ヤキマに於てホテル経営、その後シャトルに出て三〇〇室設備のニュウリッチモンド・ホテルの経営した後シャトル、ヤキマに於てホテル業を継続した。

今次大戦勃発とともにミゾラ収容所に収容され、その後ハートマウンテン転住所を経て、一九四五年シカゴに転住、直ちにアパートメント経営事業に着手し今日では次の二ヶ所にアパートメントを所有し盛業を見ている。

北ウインスロープ街五七四〇、五七四二、五七四二半、五七四四、五七四四半、五七四六、五七四八、及び南バークレー街四二〇六、四二〇八、四二一〇、四二一二、四二一四、四二一六。

氏は熱心な生長の家の信者で明朗な人格者として知られている。

宗教は仏教。趣味は読書、家庭は妻せき（米国籍）との間に一男三女あり。

長女文子はインデアナ大学卒。次女富貴子はノースカロライナ大学卒。長男忠夫はミズリー州ワシントン大学卒（陸軍服役）三女登美子はシカゴ・ビジネス・カレッヂ卒。

MR. OTAKE USHITARO

大竹丑太郎

（米国籍）

大竹アートショップ経営

出身地　山形県米沢市粡町

店　舗　6443 S. Halsted St. 59 W. Washington Ave, 11 W. Jackson Blvd. Chicago Ill.

一八七七年六月十日、山形県米沢市粡町二七五大竹長吉の次男として生れた。

一九一〇年渡米、羅府に於て佐藤美術店に勤務したが、其の後、ガーデンウォークをも為し続いてオハイオ州クリーブランドに転住しハウスウォークをも為した。

其の後ウエストバージニア州フォーランスビーのガラス器製造工場に勤務しガラス絵製作に従事、転じてペンシルバニア州モナカ市のガラス工場勤務等を経て一九二一年に日本に帰国し定子と結婚、一九二二年再渡米し、シカゴ、ミルウォーキー等々にてガラス絵工作を為しつつ資金蓄積につとめ、一九二七年シカゴにファニチュア製作工場を開いた。

続いて同年、日本美術品専門の大竹アートシショップを開業したが之が今日隆盛の営業に展開される端緒となった。その他起伏万丈の業態をつづけたが一九三八年に至りシカゴ市内目ぬきのダゥンタゥンに新店舗を、引つづいて南部地区に新店舗を開設する等積極的方針の営業で進展したが、この頃突如として太平洋戦争の勃発をみるに至り、ここにまた一大苦心の機に直面した。

然しながら強固な信念と明敏適切なる処置によって業態は好転し、以来、今日の隆盛を見るに至っている。

氏は敬虔な基督教信者であり氏の今日までの総ては基督教を外にして何物も無く、信仰業務即一体、強く明るく生きつつある氏の生涯は、また多大の尊敬に値いするもので、在留日系人社会に於ける基督教活動に物心両面の援助は高く評価されつつある。大竹アートショップはシカゴといわず全米に於ても屈指の店というべく現在では、三ケ所に店舗を有し、いづれも伸展の一途をたどりつつある。

大竹氏の経営するアートショップ

妻定子（一八八六年生）は滋賀県犬上郡彦根町大内助次郎長女＝米国籍）で彦根女学校の出身、聡明なるベターハーフとして大竹家今日の繁栄を築いた内助の功は評判高きものがある。

尚大竹氏の著書に左の訳著がある。

H・エミリー・ケーディ著『真理の教訓』

大竹アートショップの前景

山崎安馬 （米国籍）アパート経営

MR. YAMAZAKI CHARLES YASUMA

出身地　高知県高岡郡蓮池村

現住所　1427 W. Warner St. Chicago 13. Ill.

一八七四年四月二十日、高知県高岡郡蓮池村、山崎富蔵長男として生れた。

一九一〇年六月沙港上陸渡米し、オハイオ州クリーブランドに於てレストラン働きから独立経営に及び、野菜マーケットの経営、茶、コーヒーの専門商等を為したが、当時顧客の需要を研究して売出した菓子のクラッカー『ライス・ダルマ』は、好評を得て巨利を博した。

一九一五年同地方の夏期遊覧地の売店並に遊戯場の権利を求め数ヶ所に於て営業を開いたが特にレーダー・ポイントの設備は大きく其地に開設されたオリエンタルガーデンはチャプスイ料理をはじめ各種の料理を揃えて大繁盛をみた。

一九一三年、プットインベイに於いてペルリ祭が開催される企画があったので此の機に乗じ同地に売店、レストランを開設したが、不幸にしてペルリ祭の開催が中止となり、為めに氏の投資は全くの損害となり涙をのんで之を整理せざるを得ず、一敗地にまみれた氏はすべてを整理して懐中二十余弗となって再起をシカゴの地に求めて一九一五年シカゴに転住した。

シカゴに転住するや、とりあへずエルヂンのホテルのコックに住込み、次でイリノイス・セントホスピタルのチーフコックとして資金蓄積につとめ、この資本を元として、南ステート街にレストランを開業し東京第一レストランとしてレストラン経営の第一歩を踏み出した。

その後、シカゴ市内各所に、第三東京、第五東京、第七東京第九東京の外、ヂャパニーズ・スキヤキの看板をシカゴ最初にかけたすきやき店、オハヨウランチ等、積極的な経営を続け、一九二五年には合資会社シカゴ・コミスタリー・レストラン・カンパニイを創設しこの会社組織の中に之等の企業をコントロールし事業の隆盛を見たが、一九三〇年経済界の不況に直面して右会社は解散の浮目を見、且つ加えて糟糠の妻の死に会う等不幸な時代であった。

この不況時代を迎えて経営のレストランは、オハヨウ、第三東京、第五東京だけとなったが一九三四年にはチャレーランチを新に開業した。

かくて氏のレストラン経営は起伏の状況で続いたが、総括的には大成功をみる結果となり、之を足場として一九三九年には新たなる事業の展開をみることとなった。

即ち氏はレストランに供給する野菜の自己耕作を計画し、インデアナ州ノースヂャドソンに農地百三十五英加を購入し同時に百英加の土地を借受け、野菜の外ポテト、コーン、麦等を耕作した。

次で同地方の土地に好適するペパミントの耕作にうつり、ミント油工場を建設し、このミント油の製造事業は見事に的中し巨利を博した。

一九五三年に至り右の農地及びミント油製造工場を他に譲渡し余生を静かなる環境で過す為めアパート経営に転向し、現在では三ヶ所に広大美麗なアパートを購入し之が経営を為しつつ悠々自適の生活を送っている。

氏は公共の事業に尽すこと極めてあつく、シカゴ在留同胞の草分けとして在留日本人の困窮者救済の為め、シカゴ日本人共済会を創設し之が会長を十一ヶ年、この間に於ける業績の数々は日本民族海外移住史に特筆大書さるべきものを残している。また、故郷高知県のためにも尽すところ厚く、即ち高知大学設立に当っては百万円を寄附し、故郷高岡村蓮池には保育園建設の為め百万円を寄附し郷土人の感謝を受けている。

郷土に於ては輝く海外発展のショウチョウとして山崎翁記念碑が建設され海外発展思想の指標とされている。

氏の今日の成功の蔭には血のにじむ苦斗の歴史に彩られ在米同胞発展史の縮図というべきものがあり記録すべき成功者の一人である。

山崎安馬氏

宗教は基督教。趣味は読書。

家庭は故妻満寿子（岡山県倉敷市西片町槙尾家より嫁し一九三〇年シカゴにて死去）との間に二女あり。

長女ジュリア・和子（一九一九年生）はハイスクール卒、米人ホイールに嫁し二男がある。

次女メリー・英子（一九二〇年生）は看護婦学校卒、ヒンスデルのセブンスデー教会経営の療養所に勤務中である。

MR. JOICHI JOE KIYOSHI

城市　潔

レストラン経営

原　籍　島根県浜田市長浜

現住所　851 N. Clark St. Chicago 10. Ill.

城市　潔氏

一八八八年四月二十一日、島根県浜田市長浜、城市東一の三男として生れた。

島根県立第二中学校卒業の後渡米し一九〇七年よりコロラド州デンバー及びデルタに約十数年在留、特に西格デルタ地方は開拓者として、その努力は多大であった。

一九二八年オハイオ州に転住し農園経営約三ケ年の後、シカゴに一九三〇年転住し、日本人のレストランに野菜供給の事業を開始し、今次大戦中も之を継続した。

一九四五年、マデイソン街にビー・エンド・アール・レストランを、一九五三年北クラーク街に、クラーク・レストランを開業、前者は譲渡したが、業態繁盛を示しつつ今日に至っている。教養ある文化人の風格高い人で、気骨に富み、その純情な性格は各方面から高く評価されている。

日本人共済会、定住者会、日米実業会の役員等公共活動に尽すこと厚いが、また日本棋院シカゴ支部の創設者として斯道にも尽力した。宗教は仏教。趣味は囲碁で二段。

妻倍子は一九四三年に死別し、家庭は七男の子福者である。即ち

長男ローランド（一九一八年生）はノースウエスタン大学卒、レストラン業、妻明は在シカゴ広島県人黒瀬哲男次女。二男オスカ（一九一九年生）はハイ卒、レストラン業。三男ロイド（一九二〇年生）はミシガン州デトロイド市ウエンカレッヂ卒、設計技師。四男マックス（一九二二年生）はイリノイス州インスチチユート・オブ・テクノロジー卒、商業美術家。五男ポール（一九二四年生）はイリノイス大学卒、設計技師六男チエスター（一九二五年生）はイリノイス大学修業、レストラン業。七男ジエームス（一九二七年生）はルーズベルトカレッヂよりイリノイス大学院にて研究中マスター・オブサイエンス号取得。

MR. KAWAGUCHI KEIZO

川口恵三　（米国籍）アパート経営

出身地　鳥取県鳥取市湖山町
現住所　4160 S. Ellis St. Chicago 15. Ill.

一八八五年三月十日、鳥取県鳥取市湖山町、川口伝十郎二男として生れた。

鳥取中学卒業の後渡米し、シャトルに於て一九一八年以来ホテル業を経営し、コロナホテル、日米館其他を開業していたが大戦勃発により、ミネドカ転住所に入り一九四五シカゴに転住し北スピリオ街、北ヴイセル街及び南エリス街にアパートを開設し、盛大に営業を続けている。

氏は真言宗の熱心な信者で信念強き人であり、また西式健康法の指導者として西式健康法を実践し、老いて尚壮者を凌ぐ健康体で縦横の活動を為しつつある。

妻みつ（一八九三年生）は鳥取市村上源造長女で、家庭に二男三女ありしも、長女博子（一九一九年生）は死没し、二男量司（一九二一年生）は今次大戦に米陸軍第四四二部隊の精鋭として出征し伊太利戦線に於て名誉の戦死を遂げ、現在では、長男素弘（一九一七年生）二女恵子（一九二五年生）三女隆子（一九二七年生）が在る。

長男素弘は京都同志社大学卒で京都の高等学校に教師を勤め同人妻凉子（京都府出身）との間に一女あり。二女恵子はシャトルのカレッヂ修業、三女隆子はシカゴのマンダリン・カレッヂ卒である。

大野秀七氏

MR. OHNO HARRY HIDESHICHI

大野秀七　（米国籍）農場経営

出身地　和歌山県日高郡上南部村
現住所　3531 N. Sheffild Ave, Chicago 13. Ill.

一八九三年四月二十日、和歌山県日高郡上南部村東本条、大野政吉の長男として生れた。

一九〇九年父の呼寄により渡米し、コロラド州デルタに於て農業に従事すること十数年。一九二九年、インディアナ州ノースチャドソンに転住し、ミント、の外ポテト、アニオン等の耕作農園二百四十英加の経営を為しつつあったが最近はシカゴに住み悠々自適の境地に在る。

資性豪放磊楽、縦横無尽の論客として明朗な人である。

宗教は仏教。趣味は読書、妻イーバ（米人）は一九五四年死去し、家族には、長男フランク（一九二四年生）は、農園を経営中で同人は四四二部隊に所属し武勲を立てシルバースター勲章を授与されている。次男ジョージ（一九二七年生）は陸軍服役後、農園経営中で妻バイオレット（米人）との間に一男一女がある。

MR. SHIBAYAMA YUZO

柴山勇蔵

（米国籍）アパート経営

出身地　福岡県朝倉郡甘木市
現住所　4731 Malden Ave, Chicago 40. Ill.

一九〇六年一月二十一日、福岡県朝倉郡甘木市、柴山堤三郎次男として生れた。

一九二一年、ペルー国リマ市に渡航し、リマ市に於て叔父の経営する雑貨商に勤務、その後独立して薪炭商、続いてカフェーの経営等を為したが、一九三六年、貿易業河本商会に勤務が転機となって、貿易業柴山商会を開業し、シャツ地の輸入並に製造卸販売を主軸として工場兼営し次第に業務を拡大し輸入先は欧洲、日本等事業は盛大の一途を辿り、シャツ製造ではリマ市に於ける最大の業態を誇ったが突如今次大戦勃発となり、一九四四年三月、敵国外人として、米国に強制収容の身となり護送船キューバ号にてニューオルリンズ港着、テキサス州クリスタル・シテイ収容所に収容された。

柴山勇蔵氏一家
長男　長女　三男　三女　次男　次女　後列
四男　勇蔵氏　夫人　四女　前列

一九四七年同収容所をあとにニュージャージー州シーブルックの農園に労働すること二ケ年つぶさに辛苦をなめつつペルー帰還の日を待ったが見込みなき為め志を決してシカゴに転住、シカゴでは六ケ月労働の後、ウインスロープ街に土地家屋を購入してアパート開業、二ケ年後にはオリンス街にアパートを、次でマルデン街に現アパートを購入し三ケ所のアパート経営で今日に至っている。

氏のペルー時代の活躍ぶりは目ざましく、リマ市日本人商工協会理事、リマ市日本人輸入商組合理事、ペルー中央日本人会幹事、リマ市福岡県人会々長等公共事業に挺身したがまた青年時代はペルー中央日本人会主催の雄弁大会にて二回優勝、全ペルー相撲選手権大会に優勝を初め陸上競技、柔道剣道の闘将として、華々しい活躍を展開して当時の在留同胞社会の花形として有名であった。シカゴ転住後は日本人ホテルアパート組合のほか諸団体の役員として活動しているが、氏は極めて積極的進取の気骨に富みまた人情にあつく、その弾力性ある人格と才能は今後、氏の事業に期待されることが多い。

宗教は仏教。趣味は詩吟、スポーツで詩吟は国風流に属す。

妻たつえ（一九〇八年生）は福岡県三瀦郡田口市、市会議員石橋金造の長女で、技芸学校卒家庭に四男四女あり。

長男勇（一九三〇年生）はハイ卒、陸軍除隊後、シカゴにて自動車関係の事業に従事、妻ベリーは在シカゴ岡山県人森田元次四女。長女ふさ子（一九三一年生）は在シカゴ広島県系住本春雄に嫁し。次女きくえ（一九三三年生）は在シカゴ滋賀県系疋田保一に嫁し。三女あき子（一九三五年生）在はシカゴ広島県系西村譲に嫁し。次男健一（一九三七年生）は青図設計技師として。三男健（一九三八年生）四男ジョージ（一九四七年生）四女かづ子（一九四九年生）はいずれも通学中である。

MRS. NAGANO KAKU

永野かく（米国籍）

富士トレーディング株式会社副社長

出身地　静岡県清水市三保

現住所　441 W. Huron St. Chicago 10. Ill.

一八九二年九月十八日、静岡県清水市三保一〇〇五番地宮城島勝造の長女として生れた。

東京精華高等女学校卒業後、和洋裁縫高等教員養成所を修業し一九一五年、故永野新作と結婚し渡米、シカゴに定住した。

その後、一九二四年及び一九三二年等に帰国し、日本にも在留したが大戦終戦後一九五〇年渡米、翌年九月十五日、夫と死別し、今日に及んでいる。宗教は仏教。趣味は読書。

夫故永野新作は一八八一年十月六日、静岡市西草深七、茶商永野昇作の長男として生れ一九一〇年、静岡県茶業組合より練習生として派遣せられシカゴの水谷商会に入り、爾来貿易業務に専心する傍らシカゴYMCA商科高等科に入学し勉学に努め同校を卒業した。

一九一三年独立して富士商会を設立、一九一六年之を会社組織とし、爾来、醤油、もやし、チャプスイ食料原料品の製造輸入等、工場の建設とともに業態隆昌し、シカゴのみならず全米の業者にその営業は認められ、太平洋往復すること四十九回に及んだことはその活躍ぶりを知るに足るものであろう。

永野かく夫人は、この夫の残した富士貿易株式会社の営業のすべてを、弟の宮城島三郎と協同にて経営し同社は今日益々盛業をみている。

家族に二女あり。

長女鉦子（一九一四年生）は静岡市英和高等女学校卒、東京に在住し東京食品株式会社員永野正次に嫁し一男一女があり。

次女高子（一九一九年生）は東洋英和高等女学校卒、浜松に在住し、やまや醤油味噌製造株式会社々長鈴木寛に嫁し二男一女がある。

長男繁雄（一九一六年生）は慶応義塾大学卒業後、太平洋戦争に従軍しサイパン戦線で戦死した。

MR. KANEKO YAGORO

金子弥五郎

アパート、グロサリー並に農場経営

原籍　山口県熊毛郡阿月村

現住所　1020 N. Clark St. Chicago 10 Ill.

農園　Rt 3, Box 77 Argos, Indiana.

一八八六年三月二十三日、山口県熊毛郡阿月村、金子勘太郎長男として生れた。

一九〇四年布哇に渡航、次で一九〇六年米大陸に転航しシャトルに上陸した。

金子孫五郎氏

当初ワシントン州オレゴン州等にて鉄道工事に従事し、一九〇七年オレゴン州ビーバヒルの鉱山に就働し、以来一九一九年まで同鉱山で働いたが、此の時代に熱心な基督教信者となり、精神修養につとめるほか豪酒強煙を断固禁じる等氏の宗教的信念はこの頃その基盤が築かれ今日に至っている。

一九一九年、子女を日本に於て教育すべく同伴帰国、翌年再渡米し、オレゴン州セラムに農地を求め、セロリの耕作を開始し三ケ年の後、同州ブロックスに農地を移り、爾来、今次大戦に至るまで同地に於て農園経営に終始した。

ブロックスに於ては同地在留民の基督教会の為め役員として熱心につとめる外、『ラビン・セロリ組合』の会計役員として同地のセロリ生産業発展の為めに尽瘁し同地の生産に多大の貢献を為した。大戦とともに、転住の止むなきに至り、加州ツールレーキ転住所、ミネドカ転住所とキャンプ生活をつづけたが、一九四四年二月シカゴに再建の地を求めて転住し、まず、市内にラサール・マンション・ホテルを開設し当時転住日本人の宿舎の少い折柄一六〇人内外の日本人の為め宿舎を提供し、この営業は四ケ年間に及んだが、現在では金子アパートを市内二ケ所に所有している。また一九四五年にはエキセル・グロサリーを開業し、このグロサリーは今日尚継続中である。

一九四六年には再び農業にも復帰し、インディアナ州アーガスに農地を求めて野菜耕作を開始し農園より消費者へをモットウとして農産物の卸売を盛大に行い今日に及んでいる。

一九五六年二月二十日、糟糠の妻よりを亡ったが夫人は信仰深き賢夫人として内助の功高かった。

家庭に三男四女あり。

長女メリー（一九一四年生）は在ポートランドの花園業山口県系恋田実に嫁し五男あり。長男博（一九一六年生）はシカゴに於てアパート、並にグロサリー業にて同人妻ドロシーは岡山県出身在シカゴの森田家より嫁し一男二女あり。次女みどり（一九一八年生）は山口県系の医師浜田定雄に嫁し二男一女あり。二男ローイ（一九二二年生）はグロサリー経営、同人妻とし子は熊本県出身芥川武彦家より嫁し一男あり。三男ハレー（一九二六年生）は自動車メカニックとして活動中。三女百合子（一九二九年生）はグロサリー業佐賀県系高木ジョージに嫁し一男二女あり。四女ルリー（一九三〇年生）は美容院経営の熊本県系山本バビーに嫁している。

高　橋　泰　輔　氏

MR. TAKAHASHI TAISUKE

高橋泰輔　アパート経営 兼洋洗業

原　籍　千葉県君津郡周西村

現住所　1252 N. Clark St. Chicago 10. Ill.

一八八七年六月二十八日、千葉県君津郡周西村、高橋安太郎長男として生れた。

早稲田大学商学部卒業の後、一九一一年渡米、桑港に於て語学修業、次で羅府に於てホテル業を経営し今次大戦勃発まで同業を継続した。その間、一九一八年前後、独乙人と協同して機械貿易業にも従事したことがある。

大戦となりワイオミング州ハートマゥンテン転住所に入り一九四五年シカゴに転住し、アパートを経営する傍ら洋洗業をも兼ね活躍している。

また前日本人共済会々長ほか諸団体の役員として公共活動にも尽力し教養高い温厚篤実な人格者として在留民社会の信用が厚い。

妻いさ（一九〇〇年生）は福島県出身である。氏の母いく（一八六六年生）は九十才の高齢で今尚健在で同居中である。

氏はまたハートマゥンテン転住所時代は参事員会チェアマン、病院後援会々長、司法委員等をつとめ転住所内の自治の為め活動した。

MR. HIDAKA HARRY TORAO

日高虎雄（米国籍）

クリーニング業経営

出身地　宮崎県北諸県郡高崎町

現住所　2626 N. Lincoln Ave, Chicago 11. Ill.

日高虎雄氏

一八九八年十月十日、宮崎県北諸県郡高崎町、日高叶の長男として生れた。

二十歳にして志を海外発展に求めて渡米し、桑港に於てホーム・クリーニング店の従業員となり、クリーニング業を修得する傍ら、小学校、ハイスクールに通学し修学に努めて夜学八ケ年に及んだ。この間日本人青年団を組織しその幹事となった。

一九二六年、独立して事業を起すべく加州モデストに赴き、店舗を求めてクリーニング兼洗濯業『サンライズ』店を開業し之が経営十数年に及び確固たる基盤のもとに商況隆盛を辿り同地の発展協会長、仏教会代表、日本語学園二世委員長等歴任していたが太平洋戦争勃発となり事業の一切を捨て、インタニ・キャンプに収容されるの止むなきに至った。

即ちローズバーグ、クリスタルシテイ収容所（日独人キャンプ警察署長勤務）を経て、髀肉の嘆の歳月を送ったがグラナダキャンプに転じここから、再起の地をシカゴに求めて、裸一貫でシカゴに転住した。時に一九四五年六月であった。

シカゴに転住するや、永年の経験を積んだクーリニング業に再建の方途を決し直ちに西ディビジョン街に開業したが努力と天運に恵まれ氏の技術と人格を見込んだ米人銀行家の資本応援を得て、事業は旭日の隆盛を辿り、爾来積極的に業務を拡大し本店の外に支店は六を数え、シカゴ市に於ける屈指のクリーニング業者として今日の成功をみるに至った。

氏は明敏なる天賦の商才に加えて豊かにして逞しき肉体に恵まれ資性快活明朗なスポーツマンでもあるが特に相撲に長じ、幼少の頃より相撲に傾到し、渡米後は在留民社会の相撲道の強豪としてその豪快な力量を謳われ日向灘の土俵名を以て桑港時代は大関を張り全米相撲大会に於ては華やかな数度の記録を残し、その当時の土俵上の活躍ぶりは在留民社会の語り草となっており、今も尚後進の指導に努め角力道の普及につとめている。

工　場　内　部

シカゴ転住後は、日本人商業会議所創立につとめた。シカゴ実業会々長、禅宗仏教会々長、シカゴ相撲協会々長等を歴任し、現在も日本人共済会理事、定住者会理事、金融組合理事等公共活動にも熱心である。

尚、氏の経営するクリーニング業の顧客は、ほとんど全部が米人、外国人であり、その営業は国際的商業として高く評価されるべきものといえよう。

宗教は仏教。趣味はスポーツ。

家庭は妻よそ（一八九八年生）＝熊本県人大沢与太郎の長女で布哇生れ＝との間に三男二女あり、

長男巌（一九二七年生）はハイ卒、クリーニング業で妻ジェーンとの間に一女あり。次男武雄（一九二八年生）はハイ卒、クリーニング業で同人妻くみとの間に三男一女あり。三男鉄雄（一九三二年生）はシカゴ大学修業、クリーニング業として三人共、父の事業に協力し一門繁栄の基を築きつつある。長女静子（一九三五年生）はシカゴ大学卒。次女麗子（一九三九年生）はハイスクール在学中である。

尚日高氏は日本の郷里の人々の要請に応じて高崎町に澱粉製造工場を建設し、郷土の産業開発の為め力を尽しつつあるほか戦後数回にわたる訪日により日米国際的事業の建設のため遠大な企画を構想しつつある。

SUN CLEANERS-BRANCH

SUN CLEANERS-BRANCH

MR. KAWAMURA WALTER MAMORU

川村　守　（米国籍）

サウスタウン・ギフトショップ経営

出身地　加州サクラメント

現住所　6522 S. Halsted St. Chicago 21. Ill.

一九〇八年三月十四日、加州サクラメントに於て原籍山口県岩国市出身の川村太十の二男として生れた。

羅府にてハイスクールを卒へシカゴに一九三四年転住しビジネス・カレッヂを卒業し、サウスタウン・ギフトショウップを開設、以来年と共に発展し現在ではシカゴ南部地区の繁華街に堂々たる店舗を構え盛業を示している。

川村　守氏

資性重厚、寡言のうちに情味あり、信頼に足る営業は顧客に愛され隆昌の一路を辿りつつある。

妻しづ江を一九五二年に亡ったが、一男一女あり。

長男正雄（一九三八年生）はジュニア・カレッヂに、長女しげ子（一九四一年生）はハイスクールに共に在学中である。

宗教は基督教。趣味は釣。

MR. TANAKA HARRY YOSHIO

田中義雄（米国籍）

アパート経営

出身地　福岡県行橋市松原

現住所　4410 N. Malden Ave, Chicago 40. Ill.

一八九九年三月十日、福岡県行橋市松原、田中房松の四男として生れた。

一九一九年渡米し、ポートランドに於てスクールボーイを為しつつ通学し、ハイスクールを卒業した。

田中義雄氏夫妻

同地に於てはグロッサリー業を営み『アトランチック』店を開業その傍らウエスト・コースト・生命保険の代理店等を営んだが今次大戦の勃発と共に加州ツールレーキ、インディアナ州ゲリーのキャンプに戦時中の生活を送り、同キャンプ出所後、一時ゲリー市のルーズベルト・ホテルに二ケ年勤務し資金の蓄積に努め一九四五年、シカゴに転住し、アパートの土地家屋を購入し、以来アパート業として今日に至っている。

氏は勤直、潔癖誠実の人格者として知られ、ポートランド時代は、オレゴン州仏教会々計、オレゴン州日本人会理事、ポートランド日本人グロセリー組合役員、央州福岡県海外協会幹事等にて在留民社会で活躍。シカゴ転住後も日米実業会々計の外共済会、定住者会、日本人ホテルアパート組合、中西部仏教会等の役員として活動している。

妻政子（一九〇六年）米国籍＝は名古屋市出身の伊藤新太郎長女でハイ卒。家庭に一男一女あり。

長女セルマ・笑美子（一九二九年生）はシカゴのノースパーク大学卒、シカゴYMCAに勤務しプログラム・デビジョンの主任として活躍中であり、長男リチャード（一九三一年生）はノースウエスターン大学卒、経理士としてカーティス製菓会社に勤務中である。

宗教は仏教。趣味は釣、読書等。

MR. SUGIMOTO KOHACHIRO

杉本幸八郎 (米国籍)

シカゴ新報編集長兼支配人
出身地　静岡県浜松市海老塚
現住所　**2646 N. Orchard St. Chicago 14. Ill.**

一八九二年三月二日、静岡県浜松市海老塚、杉本才平の末子として生れた。

浜松商業、並に静岡師範卒業の後一九一五年七月渡米、桑港金門学園の教師を約四ケ年半奉職し、在米日本人教育会の幹事をつとめたが一九二〇年二月より桑港の北米貿易株式会社に入社し以来今次大戦勃発に至るまで同社に勤務した。

大戦勃発と共にツールレーキ転住所に入り同キャンプに於てCOOPのツレジユアラーに任ぜられ舎内自治の為め努力したた其の後、ハートマウンテン転住所に移り同所でも転住委員会書記長をつとめたが七ケ月在所の後、一九四四年六月シカゴに転住した。

シカゴでは最初、転住者寄宿舎の舎監、コロラドタイムスシカゴ支局長等勤務し一九五〇年七月、シカゴ新報社に入社し営業部長兼会計役員に就任、次で一九五四年四月同社内陣容の改組と共に編集長兼支配人として今日に至った。

氏は資性、実直誠意の人として知られ特にその几帳面な性格は在留日系人社会各団体の会計を背負って信望厚いが、その経営するシカゴ新報は中西部に於ける有力なる日系新聞であり同紙将来の発展のため氏の活躍に期待すること大である。

氏はシカゴ在留日系人社会の重鎮として各方面の公共活動を展開しているが定任者会は創立者の一人であり永年の間、会計役員を担当し、日本人共済会副会長、日米実業会々計監査、ADC（反差別委員会）シカゴ支部役員等に就任しているが、特に一九四五年、戦後の日本難民救済の為め在米日系人社会では最も早く生れたシカゴ日本難民救済会の会計を担当し当時の努力は高く評価されている。

宗教は基督教。

妻そも（一九〇一年生=米国籍）は熊本県荒尾市寺田慶三郎長女で大牟田高女卒。長女富士子（一九二四年生）はオハイオ州ハイデルバーグ・カレッヂ卒で、牧師北川台輔に嫁し一男一女がある。

北川牧師は立教大学卒後、ゼネラル神学校卒、ミネソタ州ミネアポリス市に於て聖公会ミネソタ教区社会部長兼日本人合同教会牧師を勤め、其の後、シカゴ大学に於て神学研究をつづけ博士の候補者として待望されているが現在はスイスのジエネバに在って世界基督教会連盟社会部に勤務中である。

シカゴ日系人基督教会協議会

事務所　No. 1400 St or Ave. W. Chicago Ave, Town Chicago Zone 22. State Illinois

沿革

日米戦争前シカゴ日系人の数は約二百名内外で、基督教会は組織されていなかった唯、基督教青年会主事島津岬氏を中心として、同青年会館に於て小数の基督者が礼拝を守っていたに過ぎない。同氏が帰朝されて後、青年会は中絶の形となり、彼らは某集会場を賃借して日曜礼拝を守っていたが日米開戦となり集会を拒絶された。その事を遺憾として蔡愛智（現在シァトル組合教会牧師）という神学生がシカゴ神学校のパーマー博士に訴えて、集会場を提供してくれる米人教会は無いものかと相談した。パーマー博士の斡旋によってシカゴ第四長老教会のアンダーソン博士が同教会のストーンチャペルを提供されたのでここに蔡氏を牧師とする各派協調の教会が組織され、松本勘九郎、重田欣二等の人々が主なる役員となった。其の後まもなくコロラド州アマチの転住所からシカゴに来た、葛原定市牧師はムーデー教会のアイアンサイド博士の厚意によりそのトーレーチャペルを借用してこれも各派協調の教会を組織し後に他に会堂を購入して移った。レーキサイド日本人基督教会がそれである。一九四六年に第四長老教会に集会していた各派協調のシカゴ基督教会は二つに分れ大山牧師を擁する各派協調派はエルムラサール聖書教会を借用して独立しシカゴイエスキリスト教会を組織し、長老教会組織を希望する人々は第四長老教会にそのままあって武田牧師を中心として長老教会を組織した。かくて次々に各派の教会が組織さるるに至り一九五〇年の初め頃にはレーキサイド基督教会、長老教会、イエスキリスト教会、シカゴ組合教会、メソヂスト教会、聖公会、ウッドローン基督教会（後ホーリネス教会となる）の七教会が存在する様になった。その間に沙市、北加、南加の様に基督教会聯盟を結成しようとの意見が起ったが或教会がこれに反対した。これは教会の性質上、信仰上中々困難の問題であるから結局聯盟という様な組織ではなく協議会というような緩漫な組織体として発足し、出来得べくんばこれを聯盟にまで発展するよう努力しようということになって話が進んだ。一九五〇年五月八日（月）に各教会代表者が協議会設立の準備委員会を開き種々意見を交換したが、最も重要なるものは協議会と聯盟の区別であって、協議会たる以上、各教会は協議会に於て決定する所と雖も賛成し得ざる時は拒否し得る権能を有するということであった。一九五〇年六月十二日第一回代表者会を催し会則を決定可決して今日に至っている。役員の選挙に関して、現在不文律の内約を以て、処理している、即ち「議長は各教会牧師が交替に（A・B・C順にて）之に当ること、副議長は平信徒の中より選ぶこと、書記会計は一般投票但し同一教会より二人の役員を選ぶを得ず。」である。其後或教会は二つに分れ新しく組織された教会が起って一九五六年十月末現在に於て協議会加盟の教会アドレス及その牧師は左の通りである。

シカゴ基督組合教会
701 W. Buckingham Ave. SU 4-9674
牧師　牧野虎次　二世牧師　安萁ジョージ

シカゴ基督教会（長老）
3516 N. Sheffield Ave. LI 9-4420
牧師　武田公平（死亡）　二世牧師　尾形一郎

日本人組合教会　牧師　石川　清
（集会所）30 W. Chicago Ave.
（事務所）1307 S. Sunnyside Ave. UP 8-3338

シカゴイエスキリスト教会（各派協調）
1400 W. Chicago Ave. Mo 6-3852
牧師　大山義松　二世牧師　戸田ジョージ

日本人聖公会　主管　北川　三夫
（集会所北）621 W. Belmont Ave.
（集会所南）5601 S. Harper Ave.
（事務所）5512S. Woodlawn Ave. BU 8-4610

フェローシップメソヂスト教会
（集会所）Armitage & Dayton AR 1-8287
（事務所）1435 Winnemac Ave.
牧師　藤生ビクター

シカゴ日本人メソヂスト教会
（集会所）1441 N. Cleveland Ave.
（事務所）4506 N. Magnolia Ave. RA 8-3008
執事　高　田　格　司

レーキサイド日本人基督教会
952 W. Wellington Ave. BU 1-7236
牧師　葛原定市、牧師　葛原千秋、
牧師　スタン・ジョンソン

日本人ホーリネス教会　牧師　佐久間　英
（集会所）46th St. & Greenwood Ave.
（事務所）7335 S. Dorchester Ave. DO 3-5864

日本人浸礼教会　牧師　舟喜　信
（集会所）5244 N. Lakewood Ave.
（事務所）158 W. Huron Street WH 4-8783

祝在米日系人興信録発刊

NISEI CLEANER
857 N. CLARK ST
CHICAGO 10. ILL
RES. 517. W. AMITAGE ST.

国松憲三
（ワシントン州ポートブレックリー市生れ）

政子
（愛媛県西宇和郡八幡浜市出身）

趣味　日本演芸

祝在米日系人興信録発刊

シカゴ各仏教会
連合会

中西部仏教会
開教使　河野行道
MIDWEST
BUDDHIST CHURCH
1763 North Park Ave
Chicago 14, Ill
MIchigan 2-4381

シカゴ仏教会
開教使　久保瀬暁明
CHICAGO
BUDDHIST CHURCH
5487 S. Dorchester Ave.
PHONE PLaza 2-0966

禅宗仏教会
開教使　松岡操雄
ZEN
BUDDHIST CHURCH
1316 N. Clark St.
Tel. WH 3-1074
WH 4-8336

北米日蓮仏教団開教本部
シカゴ日蓮仏教会
開教総長　荒川要博
CHICAGO NICHIREN
BUDDHIST CHURCH
1620 N. La Salle Street
Phone DElaware 7-9427

高野山仏教会
開教使　井上智光
SHINGON BUDDHIST
CHURCH OF CHICAGO
4911 Lake Park Ave.
ATl. 5-8832

真言宗善通寺
開教師　木村寛光
SHINGON
BUDDHIST CHURCH
73 W. Delaware Place
WHitehall 4-4078

シカゴ浄土宗仏教会
開教使　無垢品在真
CHICAGO JODO
BUDDHIST CHURCH
1737 W. Rascher Ave.
RA 8-9835

MR. AKINO KUMAO

秋野熊夫 （米国籍）

出身地　佐賀県小城郡三日月村字長神田
現住所　Rt. 1, Box 91B Galveston, Tex

明治二十一年七月二十二日生、惟命氏長男、渡米は一九〇六年七月九日沙港へ上陸した。

氏は佐賀県立小城中学を卒業して留学したが、加州へ南下しサンノゼ附近の農園に、故鷲津尺魔を援けて、日本人労働者のボスを勤めた。一九〇八年より九年の交、桑港の日米新聞に執筆した。同郷の島の内良延専務を援けて、当時日米紙制覇を築いた。

その内桑港の故小池実太郎翁の日本美術工芸品の対米進出の壮図に共鳴して、一九一〇年テキサス州ダラスに日本美術店を開設し、自らも全米の都市を巡回オークションを営み、各地のカーニバルに参加して、キング秋野の名を売った。

一九一七年にテキサス州ガルベストンの貿易港の将来に注目して美術店を開いたのが、初まりで、此処は遂に氏の根拠地になった。

其間に一九二七年テキサス東部の木材の豊富なるに気附き、製材業を興して主に鉄道枕木を供給した。しかし太平洋戦争の勃発により、一九四一年十二月十日、開戦三日目にインターンされ、サンアントニオ、ダラス、ケネデイ、等の収容所を転々して、四十三年八月からニューメキシコ州サンタ・フェ収容所にあったが一九四六年二月釈放された。

そしてガルベストンの海辺に帰って、貸ボート・ゴム船を貸し傍ら夏遊び客相手に、土産品を売る店を開いて繁昌している。

氏は遂に結婚の機会を逸したが、土地に於いては、孤独の淋しさはない。市民に売っている顔は実に広く先年の大暴風雨で氏の住家も店も高波に傷められた際の如きは、市はクレインを持ち出して再建を援助した氏は禅門に帰依している。趣味としては撞球、野球、蹴球に深い関心を持つが。読書三昧こそは、氏の最も打ち込むところ、住居には愛犬を相手に万巻の書の中に埋れ浪の音を聴き乍ら深夜まで読書して飽くことを知らぬ、その奇人的生活をもって　ガルベストンの仙人と呼ぶ、　（一九五六、五、十六）

650古物日本鎧冑と71才の小僧

海の仙人

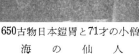

MR. SAIBARA KIYOAKI

西原清顕（米国籍）

出身地　高知県高知市新町田淵
現住所　P. O. Box 136 Webster, Texas.

西原清顕氏

一八八四年十二月十二日、西原清東長男として生れ、一九〇二年東京築地立教中学卒業。同期生には、元文部大臣たりし前田多門氏がある。一九〇三年、青雲の志を抱き、七高入学試験にパスした。恰もその際、日本人海外発展の先駆者たりし、父清東の渡米の命により、母、多以子及び雇員数名と共に横浜港を出発した。船はアメリカ丸正月元旦であった。一九〇四年一月十七日桑港上陸。更らにS・P鉄道で、テキサス州ウェブスターに到着。父を助け、それ以来氏のアメリカ生活が始まる。

氏の父清東は第四代同志社社長政友会代議士として、若くして天下の名士であった。しかし、清東は将来の日本が、必ず人口過剰になり、食糧問題でなやむ時が来るであろうと考へて、日本人は一人でも多く海外へ発展すべきであると常に力説していた。清東は、日本に於ける個人的の栄達の如きは、物の数ではないとし、すべて、国家愛の為めに一生を奉げたテキサス移住の先駆者である。のみならず全米パイオニア中のパイオニアであった。氏は、此の偉大な父の指導のもとに、先づ農閑期には、ギャルベストンハイスクールに通学、英語を学ぶ。

一九〇四年、米作を実地に研究して以来、すでに五十有余年を倦む事なく続行している。西原清東、清顕二代の努力は、テキサス州をしてアメリカの米作州たらしめる素地を作ったと言ってよい。西原家がウェブスターに移住する際の事だが、清東氏はクリスチャンでありインテリである故え日本紳士として大和コロニーの指導者となる事を希望され且つ資本家として、当時のヒューストン商工会議所、及びS・P鉄道会社より歓迎されて移住の決意を実行したのである。この点は一般日系人移住者との中で特異の点であった。

氏の家庭には、一九五五年、東京で結婚した多賀子夫人がある。女流詩人として聞えた人。家事を切り廻す一方、常に民間領事館的用件の多い清顕氏を助け、よく世話をしている。又、多忙な生活の中で文筆も捨てる事はない。ウェブスター白人教会婦人会に出席し、又ガーデンクラブのメンバーとして、日本の華道紹介につくし、新風を注ぎ活躍している。多賀子夫人は又、生花インタナショナルのメンバーでもある。

西原多賀子夫人は、一九五九年二月二十六日ヒューストン市の市庁を訪問の際、市長代理ジョージモントゴメリー氏より、ヒューストンシティキィを贈与された。此の地方の日本婦人としては最初の名誉であった。

ヒューストンシティキィを贈られた理由は、此の地方の数多い米人名士と肩を並べ得る唯一人の日系人名士としての西原清顕の妻としての傍ら日米親善と文化向上の為に尽している事にあると思はれる。モントゴメリー氏は此について次のよう言っている。

米国から日本への輸出品の四割迄はこのヒューストン港より日本へ行くのです。その貿易の関係で益々米国と日本とは親善の度を深めて行くでしょう。そう云う大切な日本の文化の一つとしての活花をテキサスに紹介して下さる事は何より嬉れしい事です。あなたのようなお方がテキサスに移住して下さった事は嬉れしい事です

氏の亡妻との間には、長男ロバート（一九一〇年七月一二日生）がある。（その夫人ローラはウェブスター渡部豊蔵三女）三女あり。長女フェリスは、一九五七年九月六日、ヒューストン附近日系人三世として、最初の結婚式を挙げた。ロバートは予備陸軍中佐。目下ヒューストン市に於いて、電気応用器具商のビヂネスに従事。

長女、メーブル（一九一二年三月一八日生）は久富ジェームス氏と結婚。ロスアンゼルス在住一男あり。

次男エドワード（一九二〇年二月一五日生）はジエッシー夫人（羅府故渡辺牧師息女）一男二女あり。父清顕と共に米作、肉牛蓄に従事。

三男ワーレン（一九二一年九月一三日生）マリ子夫人（シナゴ荒尾家の出）との間に一女あり、兄ロバートのビヂネスをヘルプ。四男ハービー（一九二四年四月一〇日生）空軍士官として訓練を受け、卒業を目前にして、不幸一九五一年五月二十一日乗機墜落殉職す。

清顕氏は、熱心なクリスチャンで、現在も白人ウェブスターパレスピテリアン教会の五十四年のメンバーでその二十二年間の長老をつとめている。

一九五七年八月九日、多賀子夫人同伴、空路三回目の訪日の際日本政府は、氏の功績を賞し、同年八月二日附を以って、勲五等瑞宝章を贈った。同年九月六日には天皇陛下に破格の単独拝謁をたまわる。この拝謁の光栄は全米日系人中最初のことであった。

西原清顕略歴

一、父清東は、ヒューストン市と、ギャルベストン市の殆んど中間の位地を選定して、住宅を建て、米作地を購入した。一九〇三年の事である。温暖地方の日本米、山城、神力、愛国などの種子籾を持参して使用した。一九二〇年頃迄、その西原農場産米は、すべて米人米作者に種子米用として売却した。依ってテキサスの米作の今日の基礎を築いた。それは期せずして、日本の米を通じて日米親善のくさびを深く打ち込んだのであった。

一、一九一九年前後、日本の国交が、漸次悪化のきざしが現われた。そこで氏の家庭は挙って米人間に、日本及び日本人の好さを理解させるべく努力した。折も折、ブレッシングで米作以外に棉作も試みた。好成績をたのみにしていたが、一夜の大水害によって全滅。殆んど二十五万ドルの損害をこうむった。従って、米人銀行に多額の借金を作った。氏は家庭人たちの協力

を得て、九年の長い間奮闘の結果、借金全額を支払う事が出来た。それによって、米人間に、日本人の人格と信用を充分認めさせる事を得た。

一、一九二四年、アメリカの移民法が確立し、日本人は自由に入国不可能となった。それ以来十六年の間一人の日本人もテキサスにはこなかった為め、ウェブスターに一大日本人殖民地を実現し度いと言う父の大理想は失望に終った。その為め父は南米ブラジルへも、行って見るべく決意をさせた。

一、当時、日本人は市民権を得る資格が無い為め、生存するのに団体の協力が必要であった。一九二四年日本人会を創立。

一、一九二五年、日本人の共同墓地（七十五人分）の講入。同胞を葬る際、米人側から苦情が起きた為め、氏は当時の日本人会長の立場で、墓地講入の接渉及び墓地の基礎工事等に尽力。

一、氏は、二世、三世が将来、米人社会に信用を得て発展する方向について心を砕き、先づ自分の長男ロバートを軍人に育成その後中佐迄進級したのは、日系二世中最初であった。又、二世の結婚は民族の発展の上に極めて重大事故、媒介の労を取ること九組。いづれも立派な家庭を営み幸福である。

一、一九三六年、三十有余年間日本の名誉領事をお願いした親日米人ラングベン氏が、日本より、勲四等旭日章を贈与されたが、ラ氏の功績を讃へその勧告をし、かげの力となったのは氏であった。

一、一九三二年、カリフォルニアに於いて、排日土地法案が実行された。氏は、テキサス州各地の同胞に呼びかけ、資金を募集して、ヒューストンの有力な弁護士数名の法律家に依頼し、洲議会に日本人会を代表して接渉させた結果、在、テキサス州日本人は既得権を完全に確保した。更らに、米人と同様に所有権及借地権を有する事に成功した。

一、一九三五年、サンアントニオ市、及び全テキサス州内より市民権のない東洋人種を追い出す法律案が洲議会へ提出された。洲議会聴問会の期日切迫の為め氏は、同胞と協議の時期がないそこで氏は、自費を投じて、米人法律家に依頼し、洲議会聴問会に出席させ、その立法案の接渉にあたって貰った。善戦二回にして、遂いに日本人は州内各市に生存保護する事が出来得た。在来の土地所有権及び借地権は其の儘認められた。以上の事柄は、全米中で特別扱いで、テキサス州の特権となった。

一、一九四一年、ヒューストン市に日本国領事館設立の際は、氏は、日本人会長として、テキサス州南部在留日本人諸氏より寄附を仰ぎ、一切の諸設備の為め尽力。

一、日米戦争中、ケネデーキャンプに収容されたが氏は四週間位の後、西原農場収穫期の為め、特に解除された。

一、一九四二年六月ヒューストン放送局の依頼により、対日放送を試みた。この結果、テキサス州民に、在留日系人を理解させ、戦争ヒステリーの被害を防いだ。

一、一九四六年、ヒューストン市の、英字新聞、クロニクル、及びポストに、帰化法を改正して、日系人にも市民権賦与する必要を説き、帰化改正法通過を支持する旨の社説を書くに至らしめた。これわテキサス州の中央政界に於ける地位から見て、甚大な影響を与えた。

一、一九五〇年九月。日系市民協会、反差委員会、帰化権獲得期成同盟は、氏が日系人福祉増進に貢献し、日系人社会を善導した事に感謝状を贈呈した。

一、一九五三年七月三日。氏はテキサス州で日系人として始めての米国市民権第一号を獲得した。これは父清東の大理想の一つであった。日本人が米人同様の資格に於いて、米国に堂々生存出来る所以だからである。
一、一九三〇年頃、五ケ年を要して、優秀日本種の米の品種を創作し、（サイバラアサヒ）と命名した。此の品種は、アメリカ各州の米作地に栽培された。併し、日米戦争中、日本名の故に、米人商人の敵愾心を蒙り其の名は消滅した。しかし、現在ワシントンの農務省発行の報告書には、アーカンサス州に一標本的存在となって、曽っての（サイバラアサヒ）米は、単に（アサヒ）の名に於いて、作られている。
一、一九五三年、東京孤児院の要請を入れ、白米二十三俵寄贈。渡米以来五十年目で始めて日本訪問。カラーフイルム十六ミリ映画による西原農場の米作を各所に紹介。又三笠宮殿下もそれを御覧下さった。三時間半にわたり、米国の日系人及び米作事情を講話申上げた。而して、日本民族海外進展を希望してやまなかった父清東の精神を伝えた。
一、一九五四年九月。氏は、テキサスの一米作協会から推されて、テキサス州下院議員であり、且つ院内農業部委員のクラークトムソン氏と共にワシントンにおもむき、一九五三年度の過剰米二百万俵をもって、米の不足な日本へ援助する運動に尽力した。
再度日本訪問。十一月。市民権所有者は日本婦人と結婚が出来る理由で、且つ、人口過剰の日本から一人でも海外へ進展を希望する清東精神の共鳴を得て、多賀子と結婚する。

此の際も亦、テキサス米作の方法紹介の為め、西原農場作業一切、及び肉牛牧畜状況をカラー十六ミリフイルム八百尺に収めて持参した。各方面へ日米民族海外発展の奨励とした。

一、一九五六年二月。西原農場産米六パウンドを皇室へ献上。御嘉納となる。之は、北米に於いて最初の光栄であった。
一、一九五六年一月。北海道冷害地に白米三十俵を寄贈した。理由は、遠く日清戦争の頃、父清東が同志の者と移民会社北光社を、北海道野付牛（現在の北見市）につくり、北海道の開発をはじめていたその歴史による。
一、一九五七年八月。氏は夫人同伴三回目の日本訪問をした。その際、日本政府は、八月二十一日附を以って、氏の長年月功績を認め、勲五等瑞宝章を贈呈。外務省に於いて、八月二十三日、政務次官の手により伝達式行われた。
九月六日。天皇陛下に単独拝謁を許るされた。之は、全く破格の光栄であり、北米、日系人中最初の事である。当日は又別室に於いて煙草が下賜され、宮内庁玄関にて、氏は御礼の記帳を許るされた。
一、同年九月二日はラジオ東京TV九月四日は日本テレビに出演依頼を受けた。多くの雑誌及新聞は、氏の米国観及び五十有余年間の氏の米作体験談を紙上に大きく興味深く取り扱った。氏は又旧友、知己親戚と訪日三回目の旧情を温め故郷に墓参を行う。
一、一九五八年は恰も西原農場創業以来五十五年目にあたる。苦難多い長年月は氏の血と汗の物語りであるが、テキサス日系人の代表者として立派に面目を維持し、よく孤軍奮闘に耐えたそれも亦、日本民族海外発展の実行者として、父清東が個人的物質的成功を目標とする一般移住者の観念を、絶対に持つことなく、あく迄も米国に一家が骨を埋めると言う一貫した高邁な移住精神に徹した信念の生活をつづけている為めである。

MR. KATO, TOM TEIJI

加藤定治 (日本籍)

出身地　徳島県名西郡市楽村
現住所　2608 Mackinney Ave. Houston 3, Tex.

一八八九年五月二十一日生、故伴吉氏長男、母はたかさん。渡米したのは一九一四年八月十四日、テキサス州ガルベストンへ上陸した。以来テキサス州に腰を据えて今日に及んだ。

氏は郷里の高小を卒え、二十五歳の時、雄心を抱いて渡米した。初めは各地の米作農園に働きナースリーや綿花も経営した。その内レストラントの経験をつみ一九一九年より現在のタムスカフエを経営して今日に到り、当地唯一のレストラント成功者である。

氏には二男あり、長男タム二世氏は一九二七年生、幼より向学心強く、大学では医科を卒業したが、父を助けてレストランを経営。次男フランク氏は、一九三二年生。一九五三年に朝鮮戦線で名誉の戦死を遂ぐ。

氏は熱心な仏教信者であり。公共にも尽すこと大であった。一九二二年以来、テキサス東南日本人会の役員。一九三〇年に日系人によるローン　スター　クラブ組織にあたり尽力して、現在も重要地位の役員である。趣味には碁、将棋、撞球を楽しむ。（一九五六、五、一四）

MR. WATANABE TOYOZO

渡部豊藏 (米国籍)

出身地　愛媛県周桑郡徳田村得能
現住所　P. O. Box 123 Webster, Tex

一八八五年一月十九日生、渡米したのは一九〇四年、同郷の大西理平氏に引卒されて、テキサス州ウェブスターの米田二百英加の地に初めて入植、以来現在の地に定着して五十年である。此の大西氏はその頃ニューヨーク森村組の差配として重要な仕事に携っていたが、テキサス米作は、森村組支配人故村井保固氏の試みであった。

氏はきさよ夫人との間に、二男五女あり、長女メイさんは一九一二年一月十八日生、ウェブスター和木ジョージ氏と結婚、次女メリーさんは、一九一六年九月十五日生、内藤毅氏と結婚、ロスアンゼルス住居、三女ローラさんは一九一八年九月十六日生ヒューストンの西原ロバート氏と結婚、四女エラーさんは一九二〇年九月二十六日生、加州サンノゼの中村氏と結婚、長男健氏は一九二三年九月七日生、ウェブスター居住、夫人は白人ヘレンさん、五女アラスさんは一九二六年十一月二十六日生、未婚、羅府居住、次男リチャード氏は一九三一年九月四日生、ウェブスター住居、三道氏の令嬢ワンダさんと結婚、氏は基督教信者で、読書を趣味とす。（一九五六、五、一九）

MR. KAWAMOTO BUNICHI

川本文一

（米国籍）
農園経営

出身地　広島県高田郡白木町
現住所　**2201 Connervale, Huston Tex.**

一八九一年五月二十三日、広島県高田郡白木町、川本増吉の長男として生れた。

渡米後、一九〇七年より十一年迄加州サンタポラに於てレモン園に就働し、その後、羅府近郊にて農業に従事した。

川本文一氏夫妻

一九一三年、独立して農地を求めてベルガーデン及びガーデナにて野菜耕作の農園を経営し、その後カンプトンに転住し引つづいて野菜農園を経営した。

今次大戦勃発とともに、アリゾナ州ポストンキャンプに入り三ケ年のキャンプ生活の後に、再起の地をテキサス州ヒューストンに求めて転住し、野菜野園を経営し主としてトメト耕作を為し今日に至っている。

氏は幼少の頃から海外発展の野望に燃えていたが長男の為め親の許しを得られなかったが、熱心なその希望に父親も動かされ、遂に渡米が実現したもので、今日も尚少年時代の熱烈な海外発展の理想に生き、人生終始、青年時代の希望そのままに生くる喜びに燃えて潑溂として活躍しつつある。

最近再度の日本訪問を為し祖先の墓参と旧知旧友との会見もしている。

宗教は仏教。趣味は旅行。

妻みや子（一八九九年生＝米国籍）は広島県高田郡八千代村本慶森造の三女で、家族に一男四女あり。

長男俊相（一九二〇年生）はハイ卒、農業に従事し同人妻しづえは広島県出身酒井修平長女で三女あり。長女きくえ（一九二四年生）はハイ卒で在ヒューストン、農業家大村茂次に嫁し二男一女あり。二女節美（一九二六年生）はハイ卒で在ヒューストンの農業家高知県系岡林務に嫁し二男二女あり。三女辰美（一九二八年生）はハイ卒で農業家愛媛県系今井茂に嫁し一男一女あり。四女正子（一九三〇年生）はハイ卒で、農業家福岡県系寺崎三郎に嫁し二男二女がある。いづれも一家を為し家門繁栄しつつある。

MR. KAWAZOE TONY TAKEO

川添武夫 （米国籍）

レストラン経営

出身地　高知県長岡郡岡豊村

現住所　238 Greenlaw DR, San Antonio, Texas.

一九〇七年八月三十日、高知県長岡郡岡豊村常通寺島、川添治吉の三男として生れた。

高知工業修業の後、海外発展の希望に燃えて渡米、一九二三年、テキサス州ギャルベストンに於てレストランに就働を初めとして以来、ルイジアナ州、アーカンソー州、ニューヨーク、シカゴ其他中西部諸州各地を転々として家庭に働きその他あらゆる苦業をつづけ、米国事情に精通すると共に事業着手への資金を蓄積した。この間実に十三年に亘ったが、一九三五年テキサス州ボーモント市に於てチャパニース・レストランを開業し一九三九年まで経営したが之が事業の非常なる成功を博し巨利を得たが一九四〇年廃業して、他の事業に転向せんとした際失敗しほとんど無一物となるの境地に陥った。

川添武夫氏

しかしながら生来の勝気を奮い起し、再起の地をサンアントニオに求めて一九四一年転住し市内にレストランを開業することに成功、再建の努力見事に報いられ現在経営するレストランは西コンマース街の繁華街に於て二十四時間サービスを以て非常な繁栄を見るに至った。同店はミズリー・パシフイック鉄道会社員との契約指定食堂ともなり顧客は常に同店を賑わしている。

氏は資性豪放、仁侠の精神強く、『取って使う』の積極的事業の精神が今日成功の原因ともいえよう。

青年時代、文字通りアメリカ無宿の生活に鍛え上げた体力と精神は逞しく、今後の事業ぶりは刮目に価すべきものがある。

最近市内に豪壮な邸宅を購入し、多趣味な人生を展開している。宗教は仏教。

妻愛子（一九二一年生）は羅府生れ、広島県人東家より嫁し四男二女あり。

長男バビー（一九三八年生）長女ジャーネット（一九四〇年生）次男リチャード（一九四三年生）三男ハワード（一九四五年生）二女ナンシー（一九四七年生）四男ダニー（一九四九年生）はいづれも通学中である。

小山徳次郎（米国籍）

MR. OYAMA TOKUJIRO

小山父子農園経営

出身地　福岡県粕屋郡山田村

現住所　**Rt. 1 Box 198 San Benito, Texas.**

一八八三年六月十六日、福岡県粕屋郡山田村大字山田、小山安兵衛の長男として生れた。

一九〇五年渡米、加州スメルザに於て二ケ年農業に従事した後、ハワイより転向の農園労働者のキャンプボスとなり、其の後サンピドロに於て農業をしたが南テキサスを目指して転住、一九二〇年よりリオグランデバレーのサンベニトに於てブラッシュランドを開拓し、耕地を順次増加し、綿、各種野菜の耕作を続け、当初はシッパーをも兼ね現在では三人の子息の協力を得、小山父子農園の耕作面積は約一千英加にのぼり同地方の豪農として声名を馳せている。

資性、円満の人徳高く、同地方の在留日系人社会の元老として公共に尽すこと厚く敬意をはらわれている。

宗教は基督教。趣味は碁、花造り等で、元サンベニト日系人農業生産販売組合副会長。

妻たき（一八九四年生＝米国籍）は福岡県鞍手郡吉川村水上友吉長女で、社交に富み内助の功高い。

長男丈夫（一九一四年生）はハイ卒で同農園を協力経営中、同人妻シズは在ヒューストン岡林家より嫁し二女あり。次男重徳（一九一八年生）はハイ卒で同農園を経営、同人妻つゆは在ヒューストン岡林家より嫁し一男三女あり。三男ジョージ（一九二一年生）はハイ卒、四四二部隊に従軍し独乙に進駐、戦傷により除隊後、農園経営に従事すると共に日系人農業組合のセールスマンとして活動中、同人妻クリスチーンとの間に二男二女あり。長女メリー（一九二五年生）はカレッヂ修業し広島県糸羽田ジョージに嫁し二女がある。右子女いづれも孝養あつく一族円満のうちに家運は益々隆盛しつつある。

小山徳次郎氏夫人と妹のひでのさん

写真中は小山徳次郎氏

MR. KURITA SAM MANSAKU

栗田万作

（米国籍）農園経営

出身地　山梨県南都留郡船津村
現住所　**500 Sangabril RD, El Paso, Texas.**

一八八七年八月十五日、山梨県南都留郡船津村、小田乙吉の次男として生れた。

少年時代から日本民族の海外発展の必要と意義を感じていたが機を得て一九〇八年渡米し、カンサス州カンサス市に赴き同地のサンタフェ鉄道会社の職工となり、カンサス市、ウイチタ市、ウイリングトン市等にて勤労し、資金を蓄積して一九一二年コロラド州に転住し農業に転向した。

最初はフォートラプトンに於て農地を求めてシュガビーツ耕作、次でブライトンに於て農園を経営し当時の好収穫によって巨利を得たが次で経営せるウイルビーの農園は降雹の大被害を受けて大失敗に終り、それまでの資財を全く消失し尽し難境に立った。

しかしながらこの危機に一家総力を挙げて再建の努力を傾倒すべく、再起を米国のサゥスウエストに求めて南下ニューメキシコ州に入りメシヤに於て一ケ年余農業に従事したが、更にテキサス州エルパソ市近郊に適地を求めて転住し一九三九年四十英加の農地を購入し、綿及び野菜を耕作し勤勉努力しつつ今日の成功を見るに至った。

氏は資性重厚、不言実行、の道を進む稀にみる篤農家であるが、敬神崇祖の念厚く、故国日本の実家の興隆の為め物心ともに努力を傾注し故郷の模範となっている。宗教は基督教、

妻テル（一八八九年生＝米国籍）は静岡県加茂郡三浜村妻良栗田基の次女で高女卒、コロラド州及びテキサス州公認の産婆の業を有し賢夫人として知られているが夫を扶け、且つまた子女の教育に全力を尽し、その内助の功は大きい。

同家の所有する農地四十英加は、エルパソ市地区に在り同市のアスカラテイ公園に隣接し住宅区域としても利用出来得る土地となっていることも大きな財産といえよう。

家族に二男一女あり。

長男ジョージ・勲（一九一四年生）はコロラド大学卒の薬剤師で、エルパソ市に於てドラッグストア開業中、同人妻初子は在テキサス州イスレタの和歌山県人塩地辰平長女で三男あり。

長女久子（一九一七年生）はテキサス大学卒で在加州サンタバーバラの医師、長野県系田中明に嫁し二男二女あり。次男ケネス・滋治郎（一九一九年生）はコロラド大学及びネブラスカ州オマハ医科大学卒でエルパソ市に於て産婦人科医院を開業併せてドラグストア経営中、同人妻マルタ（米人）との間に一男一女がある。

かくて子女はいずれも高等教育を施され、そろって医学界に於て活躍し一門平和のうちに繁栄しつつある。

MR. SHIMOTSU HUGH UICHI

下津卯一

（米国籍）
下津父子農園経営

出身地　大阪府岸和田市
現住所　**Rt. 4 San Benito, Texas.**

一八七九年一月十日、大阪府岸和田市、下津終始の長男として生れた。

六才にして父を亡い母の手により養育され、明治学院高等学部を卒業した後渡米、コロラド州フォートコリンスのAM（アグリカルチュア・メカニカル・カレッヂを一九〇九年優秀な成績で卒業し、同年十二月、活躍の天地をテキサス州に求めて、リオグランデ・バレーのサンオンに第一歩を印して同地で農業に従事すること二ケ年。次で現在の地に転住し野菜、キャンタロープ、綿業の耕作を開始し同農園は長男、次男の協力を得て隆盛の一途をたどり、現在では耕作面積は約一千英加に及んでいる。

下津卯一氏夫妻

氏は明徹な頭脳の篤農家で慎重なその農園経営方針により常に成功を見て今日に至っている。

寡言にして誠実に富むその人格は在留民社会の長老として信望極めて高い。

妻高子（一八八七年生＝米国籍）は東京都辻高範の長女で東京女子学院卒、賢夫人として知られている。

家族に三男二女あり。

長女雪子（一九一七年生）はテキサス州テクニカル・カレッヂ卒、在ヒューストンの永井ジョージに嫁し一男三女あり。

長男ケネス・健一（一九一九年生）はハイ卒、父と共に農園経営に従事、同人妻まさ子（在デンバー末広茂郎九氏長女）との間に二男二女あり。次男ハリー・春雄（一九二〇年生）はハイ卒で父と共に農園経営中で大戦中は陸軍独乙進駐部隊として従軍した。同人妻まち子は在サンベニト壇新太郎長女で二男あり。次女恵美子（一九二一年生）は、テキサス州ジョンシーリー看護婦学校卒でヒューストン市ベテラン・ホスピタル勤務中。三男キャルビン・実（一九二三年生）はテキサス州ベラ大学卒、丸紅飯田株式会社勤務でメキシコ支店在勤中。四男昭雄（一九二五年生）は一九三一年死没した。

氏の宗教は基督教。趣味は囲碁、読書。

元サンベニト日系人農業生産販売組合副会長。

DR. FURUGOCHI SADAKAZU

古河内貞一

（米国籍）医業

出身地　千葉市寒川

現住所　3101 Douglas St. El Paso, Texas.

一八八七年九月十一日、千葉県千葉市寒川、古河内貞一の長男として生れた。

正則中学卒業後、岡山医学専門学校助手として医学修業、一九二三年一月桑港上陸渡米し、テキサス州立医科大学研究生となり、修業後、テキサス州の開業試験パス。一九二四年四月エルパソに於て医院開業し今日に至っている。

氏は豊かにして幅広き人格で、仁侠の精神に富み、エルパソを訪れる日本人にして氏の世話にならざる者なしと評され、その温情あふるる世話役ぶりは有名である。

また博学、研究心に富み、科学、文学各般に精通し、その智識は学者間からも高く評価されている。

氏の経営する医院は、連日患者に満たされ、其の適切なる治療は、評判高く、特にメキシコ人は、氏の治療を求めて来院する患者あとを絶たず、その人気は他に比類を見られぬものがある。

古　河　氏

大戦勃発と同時に収容されたが収容所内に於ても収容同胞の肉体精神の健康保持に尽し絶対の信頼と人気を寄せられていた。

エルパソの古河内ドクターの名は、その輝かしい過去の業績と相まって益々高く、蓋し在来日系人社会の一名物的存在というべきであろう。

米国医学会々員、米国商業会議所会員。

宗教仏教、

妻イセとの間に長男一男（一九一三年生）二男忠（一九二〇年生）次女英子（一九二一年生）あり。長女満子（一九一八年生は死亡）

岸　吉松　氏

MR. KISHI TARO

岸　太郎 （米国籍）農園経営

現住所 Rt. 1, Box 200 Orange, Texas.

一九〇三年一月四日、新潟県長岡市、岸吉松の長男として生まれた。

一九〇九年父と共に渡米しオレンヂ市のハイスクール卒後、アグリカルチュアル・エンド・メカニカル・カレッヂ（AM）卒後、父の農園経営に協力した。

其の後三井物産の金属部の事業で米国に於けるスクラップスチールの荷積及びその調査関係の事務を担当し、また同社の船舶部にも関与し、多大の活躍を為したが大戦勃発のため一九四五年再び農業に復帰しジエファソン郡に於て米作を主作として、今日に至っている。

氏は、父吉松氏の厳格な家庭教育と、雄大なる事業家の素質を受継ぎ、将来を期待されている。

氏はまたスポーツマンとして優れた素質を有しハイスクール時代は野球チームの主将としてまた大学時代はフットボールの名ハーフバックとして名選手の名を轟かせた。

一九二六年世界一周の旅行を為し見聞広い人でもある。

宗教は基督教。趣味はスポーツ。

尚父吉松氏は東京高商（現商大）の出身で在米日系人のうち屈指の大事業家として知られ日露戦役はに主計大尉として出征し金鳥勲章を受けている。一九〇六年渡米後、テキサス州に於て米作や油の事業に多額の資本を投じ、テキサス州の米人社会に於ても広くその名を知られている。

一時は米作面積は九千英加の広さに亘り、今も尚、当時の大活躍は語り草となっている。

また同氏経営の畑に油が出てこれが運営には松方氏と提携し国家的事業として一時は日本の業界にも知られた。

型破りの大物であったが運悪くこの事業は大成しなかったが日本民族海外発展の偉材としてその名は永久に残るパイオニアである。

一九五六年七月十五日オレンヂの自邸で逝去した。享年八十四才であった。

香川氏夫妻

MR. KAGAWA YONEKICHI

香川米吉

（米国籍）農園経営

出身地　愛媛県周桑郡壬生川町

現住所　P. O. Box 125 Webster, Texas.

一八八九年八月十五日、愛媛県周桑郡壬生川町北条、香川今平の五男として生れた。郷里の農産学校を卒業後、一九〇七年、大西理平氏と共に渡米後米国の実情を知る為め各地を旅行し、その後ヒューストンの大西農園にフォーマンとして就業し十二ケ年間同農園に勤務した。

大西農園はテキサスの開拓農園として多大の功績を挙げたか一九二三年、米価の暴落が起因となり解散となり、氏は独立して農園を経営したが失敗に終った為め、方針を改め五十英加の土地に縮少して、堅実主義をとって野菜耕作に転向し、以来着々として成功し、現在ではオクラ専門の農園経営を為し同農園産出のオクラはヒューストンに於ては最も優秀品として折紙をつけられている。

氏は健康に留意し今日も尚壮者を凌ぐ元気で活動をつづけている。

妻喜知（一八九八年生＝米国籍）は主人と同村の村上義雄の妹で家族は六男六女の子福者でいずれも一家を為している。

宗教は基督教で一家信仰が深い、また氏はウェブスターの在留民物故者の共同墓地の世話役として永年務めている。

MR. NAKAMURA SHINGO

中村新吾

（米国籍）ベンソン土地会社勤務

出身地　福岡市今津町

現住所　P. O. Box 333 Mission. Texas.

一八八八年五月二日、福岡市今津町中村重太郎の二男として生れた。一九〇九年渡米、コロラド州に入り、東コロラドのスターリング及びアイリフ地方にて農園を経営したが、一九五二年テキサスに転住し、ミッションにて農園を経営した。

一九五四年、農業から転向しベンソン土地会社に入り、ベンソン・クラブハウスに夫人と共に勤務し今日に及んでいる。

資性仁侠の気風高く、子女の教育に総力を尽し、夫人また家庭教育に内助の功高い。きち夫人（一八九九年生＝米国籍）は福岡市今津町中村鶴吉二女で、家族に一男六女あり。長男マイキ（一九一八年生）はコロラド州アグリカルチュア・メカニカル・カレッヂ卒でリアルステーツ業、妻大川妙子。長女まさ子（一九二二年生）はコロラド州アグリカルチュア・メカニカル・カレッヂ卒で在コロラド州西村ジョンに嫁し一女あり。次女えみ子（一九二六年生）はコロラド大学卒で在羅府薬剤師栗原六郎に嫁し一女あり。三女つる子（一九二九年生）はコロラド州アグリカルチュア・メカニカルカレッヂ修業、在コロラド州ギヤソリンステーション業小西ヘンリーに嫁し一男二女あり。四女ひで子（一九三五年生）は加州グレンデール・ビジネス・カレッヂ在学中。五女すえ子（一九三八年生）はテキサス州、エレンバーグのパンアメリカン・カレッヂ在学中。六女とし子（一九四三年生）はグランマースクール在学中。宗教基督教。趣味造園。

MR. OKABAYASHI MINORU

岡林　実　（米国籍）

出身地　高知県吾川郡小川村川又
現住所　**330 West Gulf Bank Road. Houston, 9. Texas.**

明治三十年七月六日生、義吉氏次男、渡米は一九一七年三月二十三日で桑港へ上陸した。県立高知農林学校を卒業し、農業を目的として渡米して、ずっと今日までそれを貫いた人、上陸後直ちに南加に赴きサウスメンで農園を経営した。

岡林　実　氏

一九二〇年にテキサス農業の有望なるに注目して、サンアントニオに移り、更に同州テーリーの岸農園に入って一九二三年に及びそれより州内ビーモントに移り、農業、一九三一年にヒューストンに来て、農園二、三を変ったが、同一九三四年以来、現在の土地に二百五十英加を経営して来た。トマト、スイートピ、ナス胡爪等の野菜耕作を主としている。

家庭は良美夫人との間に五男四女に恵まれ、何れも成長して賑やかである。

長男寛氏は一九一九年生、その夫人英子さんは、ヒューストン沢村八郎氏長女にして男ばかりの三孫ありヒュストン住居、次男勉氏は一九二五年二月七日生、ヒューストンに住み、父と共に従農、その節子夫人との間に二男二女あり、三男薫氏は一九二九年六月十三日生、父の農園を助く、その夫人はすみ子さん孫なし、四男城治氏は一九三一年二月二十二日生、父と共に従農独身、五男清氏は一九三三年三月十九日生、父の農園をヘルプ、長女静さんは、一九二一年三月八日生、州内サンベニトの小山武雄氏と結婚、二女あり、次女露さんは一九二三年一月二十三日生同じくサンベニトの小山重則氏と結婚三女一男を挙ぐ。三女翠さんは一九二七年二月二十四日生、ヒューストンの大西リー氏と結婚、一男二女あり、四女和子さんは一九三七年一月十二日生、未婚。

氏は基督教信者で日系人会の役員として公共につくし、一方デンバーの格州時事ヒューストン通信を担当す。趣味は釣魚と読書。　（一九五六、五、一四）

（追記）　氏は公共に尽すこと篤く、日本政府は一九五九年に氏に黄綬褒章を贈った。

MR. SHIOJI JOE TATSUHEI

塩地辰平 （米国籍）農園経営

出身地　和歌山県東牟婁郡下里町浦上

現住所　P. O. Box 12 Ysleta, Texas.

塩地辰平氏

一八八一年一月一日、和歌山県東牟婁郡下里町浦上、塩地丑松の長男として生れた。一九〇四年ハワイより転航し羅府に於て竹細工業に従事しつつ夜学校に通い語学の研究につとめた。その後サンタフェ鉄道会社に於て大工業及びカー・クリーナーの業務に従事し同社勤務十二年。フォーマンとして優遇された。これにより資金を蓄積したが、この間、テキサス州に赴き同地方の事業有望なることを認識し農地を求め、またエルパソ市内に玉場の経営等を為し同地に地歩を固めた。一九一七年テキサス州フェーベンスに転住、五十英加の農地を開拓し綿及び野菜の耕作に従事したが、其の後エルパソ市近くのイスレタに転住し同地に五十二英加半の所有地と五十余英加の農園を借地し綿及び野菜の耕作に従事し今日に至った。また野菜仲買業の経歴もある。

資性明朗活達、社交性に富み勤勉力行の人として信望が高い。

一九五四年愛妻すぐえに死別されたが家族いずれも孝養心あつく幸福円満な日を送りつつある。長女初子（一九一九年生）はハイ卒、在エルパソの薬剤師、山梨県系栗田ジョージに嫁し三男あり。長男タム初男（一九二三年生）はハイ卒、父と共に農園経営中で同人妻和子はコロラド州ロッキーフォードの和歌山県人中山音松家より嫁し二女あり。二男幸昌（一九二八年生）はテキサス州ウエストランド・カレッジの化学科教師として奉職中である。氏は宗教的信念厚く宗教研究では卓抜せる見識を有している。

DR. SOMA YONEKICHI

相馬米吉 （米国籍）医院経営

出身地　栃木県那須郡狩野村

現住所　102 S. Rosillo St. San Antonio, Texas.

相　馬　氏

一八九〇年五月二日、栃木県那須郡狩野村、相馬幸吉の三男として生れた。大田原中学卒業の後、一九〇七年渡米、英語勉強の為めワシントン州に於て鉄道工事、製材業等の荒仕事に従事した後、モンタナ州を経てシカゴに赴きレストラン就働家庭働き等あらゆる苦学の道を辿りつつ同市のホイートン・カレッジに入学し同校を卒業し、次でオクラホマ州立大学医学部に入学し一九二〇年同大学を卒業した。卒業後、直ちにメキシコに入り、タンピコ市に於て医院を開業し一九二二年まで経営したが一九二三年、テキサス州サンアントニオに転住し、同地で医院を開業し今日に至っている。患者は主としてメキシコ人であるが、医は仁術を文字通り実践し、貧者は無料にて施療し、『ウエスト・サイドの聖者』として尊敬されている。

貧しき病者を救うことに挺身する氏は極めて質素なる私生活に甘んじ文字通り聖者の風格たる人生に徹している。蓋し品格高き士というべく在米日系人のうち異彩ある人である。

宗教は基督教。趣味は射撃。

妻ヴェラ（米人一八九一年生）との間には子供は無いが夫人の妹の子女四人を育ていずれも大学を卒業し一家を為している。

DR. FURUICHI KENKICHI

古市謙吉

歯科医院経営

原籍　千葉県長生郡西村

現住所　988 N. 5th St. Kansas City, Kansas.

一八八四年十二月、千葉県長生郡西村、古市源三郎を父とし、クニを母として生れた。

父は地方の公共に家産を傾倒し、この為め氏は少年時代から苦学し千葉県立中学を卒業、東京正則英語学校を卒業した後、志を海外に求めて一九〇七年渡米した。

古中謙吉氏

渡米後は刻苦精励あらゆる苦学の道を辿りつゝ一九二一年カンサス・シテイ大学歯科医学部を卒業し、同時に紐育州ロッチエスター市イーストマン歯科大学の助教授となり、一九二五年カンサス市に於て歯科医院を開業した。

爾来、氏はカンサス市に於ける日本人歯科医としてその名を知られると共に、その人格は、三十有余年、幾多の功績を残し、在米日系人社会に不滅の歴史を綴っている。

氏は天性、天衣無縫、己れを飾らず、平々凡々の姿の裡に汲みてつきざる人情をたたえ、人は氏に接して自然に敬意と信頼を持するの優れたる人徳を有している。

カンサス市を訪ねる日本人にして氏の世話にならぬ者はほとんど無いといわれる程、氏の存在は高く評価されており常に氏の事務所は梁山伯となり、日本人クラブの観を呈している。従って氏の物心ともの奉仕犠牲は挙げて数限りない。

今日まで独身を通し、歯科医業を唯一無二の伴侶として、ひたむきに進むその熱心な施療は、数多くの患者に人気を集め、同医院は連日多数の患者で氏は少時の休む暇無く、且つ米国では類例なく土曜日も日曜日も患者に対応し、金の無い患者に未払金を請求せず、最低料金で施療するという氏の仁術は、蓋しまた他の業者に比類すべくもなく、カンサス市の一名物とさえ言われている。

金銭に捉われず、ただ一筋に其の技術を以て患者の悩みを救うために無我奉仕的の氏の医院経営は従って経済的には恵まれぬが、其の事務所は古色蒼然、一世紀前を思わせるが、それがかへって訪れる人に氏の人格を敬仰させる所以とさえなっている。

功名は、氏の人生観からは遠く離れた存在であり、他人の喜びを愉しみ、他人の苦しみを共苦し、精神的豊かに潤いある人の世の創造の為め一生を終ろうとする氏の精神は、その天心らんまんの童顔にあふれ、深き信仰心と相まって老いて尚青年の如き元気と若々しさである。氏の存在は在米日系人社会の人物としてハート・オブ・アメリカのカンサス市に立つ巨像といえよう。

公職はカンサス市商業会議所東洋部顧問。戦時中は敵国外人対策調定委員日本人部主任で、日系人福祉擁護の為めその尽力と功績は多大であった。

宗教は基督教、趣味は読書。

尚現在の事務所には松下秀一氏と同静枝夫人（福井県人）あり氏の事業に協力している。

野口誠一

MR. NOGUCHI SEIICHI

（米国籍）
野口農園経営

出身地　香川県坂出市
現住所　Rt. 4 Box 133 San Benito, Texas.

一八八六年七月二十一日、香川県坂出市、野口高次郎の二男として生れた。

一九〇四年渡米、シャトル、桑港を経て一九〇五年コロラド州に入りデンバー及び同市附近にて約九年間、家庭働き、農業等に従事し、資金を蓄積して、テキサス州に農園を経営すべく一九一三年南下して現地に転住した。

直ちに耕地を購入し、開墾し勤勉一路、次第に農園を拡張し、今日では綿の花、野菜各種を耕作し、耕地は約四百英加に及び同地方の篤農家として知られている。

氏は謙虚な人格者で人情に厚く、公共に尽すこと深く在留日系人からの信望極めて高い。

宗教、基督教、趣味は囲碁。サンベニト日系人農業生産販売組合会計。

妻修（一八九四年生＝米国籍）は高知市布師田森沢鎌次の二女で、敬虔な基督教信者でありイエス友の会の創立者の一人として同地在留日系人社会の宗教、文化活動に尽しているが、一九三四年から同三八年まで、サンベニト二世日本語教育の為め尽している。

MR. SUDO KAKU

須藤かく（米国籍）

出身地　青森県弘前市

現住所　**1100 Conn, Ave, St. Cloud, Fla.**

生れは文久二年という。一九五九年には九十八歳という訳、

須藤かくさん

アメリカに於ける最初の女医である。

十三の年に東京へ出て、当時女学校がなく、男装して中学校へ入ったという話であるが、アメリカの宣教師で女医だったケルシー嬢に伴われて、一八九一年に渡米し、紐育州フエアポートや費府で学び、シンシナチ市のローランメモリアル女子医大を卒業したという。一生独身で通しその後何回か日本を訪問したが、一九〇七年に渡米して以来、ずっとフロリダ州に落ついている。

その最後の渡米の時に、弟にあたる成田一家を日本から伴れて来た。その成田の五人の子供を、みんな養子にして、須藤姓で渡米させている。その長男孝一は、デトロイトに住み、長女ジーンは現在いま須藤氏の同居せる吉田源五郎氏と結婚し、次女マヤは看護婦になっていて一九二三年に死し、三番目のレンときは、現在格州時事発行人小笠原謙三と結婚し、一九四四年に死去、末娘はスエといい現在ニューヨーク州マウントマクグレゴのグラント大統領記念館の管理人をしている。

筆者一九五七年一月に、この人を訪い初めて会ったが、しっかりしているのに驚いた。最近小生次女の便りによると、かくオバーサンは未だ元気といってきた。

在米日系最初の女医でもあるが、百歳近くなっても、元気なのも、日系女性に珍らしい。

（一九五九・四・五）

MR. BUTSUYEN SACHIHIKO

仏円幸彦

（米国籍）メリフイルト農園主

出身地　広島県安芸郡熊野町
現住所　White Oak Georgia.

明治二十年一月一日出生。一九〇六年五月桑港上陸、直ちにオレゴン州ポートランドに赴き学僕三年、一九〇九年ダラス在のボイドに二千九百英加を沖田彦一、西崎庄八両故人と購入し、之をコロンビア殖産会社と言う当時太平洋沿岸最初の日本人の組織した公認土地株式会社を起して、三十余名と共に入植し活躍中に、ワイオミング州キヤマ炭坑に鷲津尺魔の後任として招聘され、日本人二百四十名の事務を執ること一年余にして、コロラド州スターリングの製糖会社の糖分検査員を一冬して後ち、数十名の同胞を卒いて西格に入り、砂糖大根仕事や、フルーツ摘み又土木工事即ち潅漑工事等の請負をなし、デルタのグランドメサ山上にドウスップンと言うデッチを築きモンロズと「リジウエ」間のアンコンパグレ平原カナルも造って後ちモントロズで百姓となり、大根芋、アニオン等何れも数百英加大規模に耕作し、就中アップルの如きは当時格州最大の林檎園と言われた。アセンフイルタを借地経営して一九二〇年中西部に移住するまで、十カ年間西格にありて、一九一六年に西格日本人会を組織し最初の会長となり、又連絡日本人会の西格地方委員を連続し勤め、其間一九一三年格州ワルセンバグ炭坑にユニオンのストライキ起き、其れに日本人坑夫も加わり居り、州は兵をくり出し炭坑を守る内に、一州兵の射殺事件が起り、松本豊三郎が其の下手人の嫌疑を受けて検挙されたが、当時はユニオンの勢力も未だ弱く、州を相手の裁判には幾度やっても敗訴し、日本人会も微力で松本の雪寃の途もないのに、仏円氏の義侠心は遂いに挺身し州知事に松本の放免を直訴して、知事は此の松本に嫌疑を掛ける根拠なきを見て、直ちに釈放を命じたものである。又ワイオミング州オクレ炭坑に長浜種吉なるもの、バクチの喧嘩が元で、一日本人を殺し郡裁判に死刑の宣告を受け、ワイオミング州ラーミ州監獄に死刑執行の日を待って居た長浜も、前記同様知事に直接面談して、二カ年間監視附の条件で釈放させたものである。

一九二〇より一九三一年アイオワ州モデルに於て元ウイスコンシン州知事のアトマン氏の土地四千二百英加を借地して、其処を本拠としてポテトやコーン、麦等を耕作すると同時に、四、五百哩離れたミネソタ州ホランデルには毎年二、三百英加のアニオンを耕作し、又同時にインデヤナ州サウスベンドでも数百英加の野菜を作るなど、大々的に生産したものである。又其の間シカゴで田原斐雄、福田二清と共同で日米農産会社を組織して、農産物仲買商もした事あり。

一九三一年ジョージア州ブランスウイクに移り、数百英加の水瓜やアニオン等耕作すると同時に、又フロリダ州にもトマトを毎年二百貨車も産出し、一九三七年兵庫県人の大前一郎氏と共同にてメリフイルドを購入し、主としてレタスを作り、戦後尾崎健三氏も加わり又後ち尾崎雪雄氏も入りジョージア州に於ける一大模範農園との評を受けている。

この農園はジョージア州南部サチラ河に接し、広大なるサイプラスのスワンプに七哩の大堤防を築き潅漑排水を設備し、パキングハウスから製氷所も建て居り極めて理想的である。

氏は農業家としての傍ら又公共に尽すこと多く、殊に在米同胞にとりて運命的なマソカランーウルター移民帰化法の成立に重要な一役を買った。

一九五二年議会でジョージア州選出のラッセル上議が反対して上院で同案審議に出してくれぬので、正岡マイク氏より依頼され、仏円氏政治力を発揮して華府に乗り込み、ラッセル上議を説服すると同時にウォタジョージをも賛成に導き、更らにフロリダ選出のスマダースとホラント両上議の賛成も得る事に成功して、僅か此の四票に依り上議を通過したが、更らに大統領ツルーマンに拒否された時、前記の四上議は勿論のこと其れにジョージア州選出の下院議員全部に、其等の親戚や友人より二百本も電報を打たして両院三分の二を得て、大統領拒否を乗り越えたのであり、この際どい政治的勝利の裏に仏円氏の力のあったことは、今は何人も否定はしない。

仏円幸彦氏

　其他氏は大和民族発展のためには太平洋沿岸のみに同胞のかじりつくを非とし、一九二四年にはアイオワ、南ダコタ、ミズーリの三州に日系の殖民地つくらんと、西海岸の指導者を説き歩いたが、当時の日本人は耳を傾けずして成立しなかった。又一九二六年にはシヤトルの古屋商店の総支配人、松見大八氏と語らいミシシッピ州グリンスヴイルに同州選出のパットハリス上議の義母の土地七万余英加を一大ヤマト殖民地に作らんと運動したが、之れも又日本人に聴かれなかった。又氏は戦時中ジョージア州に居て職を失うた同胞を皆なメリフイルドに引きとりて世話をした。又終戦後アーカンソーのキャンプに居た日本人も、キャンプ閉鎖するに付き帰還先きのないものゝ為めに、成田政秋氏と共にジョージア、フロリダの両州に転住口を探し廻ったものである。

　氏は一九一七年あい夫人と結婚し僅か一人令嬢しかなく、その令嬢も日本で医者となったが、遂に若くして逝き今は子供もなく、夫人は人も知る如く敷島の道に造詣ふかく一九五二年の新年には御題「船出して」で左の一首が入選され、在米同胞としても面目を施こした。「船出して三十年あまりをアメリカに祖国思はぬ日とてなかりき」。

　又夫人は子供がないので、終戦後日本の自衛隊の将校がジョージア州フォトベンニングに毎年十名乃至五十名位い来て居る陸軍の将校や又フロリダ州ジャクソンヴイルの海軍基地に来て居る海軍の将士を絶えず自宅に招いて御馳走したり、又此の附近に来て居る軍人花嫁や留学生などを集めて日本食を出して慰めて居る。

　氏の公共に尽した功を、日本政府の認めるところとなり、一九五八年十月三十一日附をもって、勲五等瑞宝章に叙せられた。それにつき仏円氏は斯う語った。

　老生が(三年前)南カロライナ州に日本の織物を売る商店の店頭に此の店には日本の織物を販売し居る看板が掲げる事になりました翌年ジョージアでも同様の法案を作るという事になりました時に、老生そのもみ消し運動をニューオルリンスの佐藤領事に頼まれ漸く喰い止めましたので、今度の叙勲は唯単に大農と言う丈ではないのでしょう。

須藤幸太郎氏とまさ子夫人

須藤幸太郎 （米国籍）

MR. SUDO KOTARO

出身地　神奈川県足柄上郡上秦野村
現住所　4495 N. W. 14th St. Miami 35, Fla.

明治十七年生。渡米したのは千九百年で、桑港附近で一九一六年まで送っていたが、当時大陸横断道路を造って有名だった紐育の土木業者カール・フィッシャー氏が、フロリダ州マイアミビーチを埋立ての世紀の大事業を起したとき初めて当地に入り、以来今日まで五十年を送った。

マイアミビーチは、青砂の綺麗なもので、ヤシの巨木が立ち、そこに近代式なホテルが島上に九哩をぴっしり建って、冬ともなると三百万人の避寒客がつめかける不夜城であるが、この島が人工の埋立て地なのであり、その大土木工事に日本人が三百名余参加した。須藤氏は主に造園方面の仕事に携わり、砂を盛った島に土を運び込み、ヤシの種子を撒いて、今日見るような立派な林を造りあげた。以来、当地にスドウナースリーを経営して、市の発展と共に樹木や草花を供給して繁栄して来た。

また一九三二年の不況時代には市長カトゼンチン氏の請を容れ全市路傍に草花を寄付して一躍知名になった。恐らくマイアミ市民で氏を知らぬ人はあるまい。一九五三年に一まず在米生活を切りあげて、日本へ赴いた。六月十七日横浜に上陸し、憧憬の故郷を訪れると、すべては予期に反し、完全に幻滅を感じた。そして同年十二月に再びアメリカへ帰った。その時に、マイアミ市民が如何に氏を迎え入れたか、そのストリーが当時新聞に雑誌に伝えられ、遂に映画化して之れを知らぬ人とてもない。今は第二故郷で、まさ子夫人と共に静かに老後を送って居られる姿は、如何にも幸福そうである。

丸山郡次郎 （日本籍）

MR. MARUYAMA GUNJIRO

出身地　山梨県東山梨郡牧丘町中牧
現住所　3024 N. W. 28th St. Miami 42, Fla.

明治十九年十一月二十三日生。一九一〇年一月十日紐育に上陸した。当時は写真術に打込み、専門学校に学んだが、学資を得るために、労働に従う内、主人に伴われて、一九二三年初めてマイアミへ来た。そして一九二七年に当地に、冬のベケーションに主人と共に来て、此処が好きになり定着した。一方氏は飛行機の技術を覚えて日本人として初めてフロリダ州から、パイロット及びメカニックのライセンスを得るに至った。

一九三三年には、飛行機五台を買入れ、日本へ渡って、太平洋横断を計画したが、不成功に終った。

太平洋戦争勃発により、当局から日系人が睨まれた時、氏は余り精巧な写真機を幾つも持ち、その上飛行機に関する書籍や器械をもつため、濡衣をきせられ、弁明に閉口したと笑っていた。遂にインターンされ、二年四ケ月を収容所に送った。

一九五〇年に現在の和洋料理店オリエンタルガーデンを開業したが、自分で材料を集めて、立派に建築した。　飛行機に較べると、家を建てるのは訳はない、と語っている。

家庭には、まつえ夫人と養女菊枝さんがある。　興味は今でも写真や機械いぢりである。

MR. OZAKI FUJIKUSU

尾崎藤楠 （米国籍）

出身地　和歌山県日高郡日高町
現住所　White Oak, Ga.

明治十四年八月三十日生。一九〇六年三月に布哇より転航して桑港へ上陸した。

米大陸に上ると共に、南加州へ移り、農業に従事する内、一九一三年に茂木清吾氏がフロリダ州開拓に日本人を募集したのに応じて、大和コロニーに入植した。更にジャクソンビル附近にオレンジを耕作して二十八年を送った。

一九四八年に仏円幸彦氏のホワイトオークのメイフラワー農園に入って今日に及んだ。氏はさく夫人との間に五男あり。長男フレッド平尾氏は三八歳、次男フランク雪雄氏は三六歳、三男ヘンリー芳男氏は三四歳、四男チャレー武男氏は三一歳、五男ジョン勇男氏は二八歳であり、内芳男氏と武男氏は農学博士である。

MR. KOBAYASHI HIDEO

小林秀雄 （日本籍）

出身地　兵庫県城崎郡竹野村
現住所　705 N. E. 3nd Ave, Ft. Lauderdale, Fla.

明治十六年十二月十六日生。一九〇七年にシャトルに上陸し、直ちにフロリダ州やまと植民地に入植した。そして一九四二年まで頑張り通して、現在の地に引退して余生を楽しんで居られるが、やまとコロニーに於ける氏の旧農園は、マイアミ市の発展と共に、住宅地として高値を呼んでいる。

やまとコロニーの歴史に就いて、氏の語るところによると、創立者の酒井譲氏は紐育の大学在学中一夏ベケーションでフロリダへ来て農業を思い立ったものであり、酒井氏は一旦帰国して、令弟の神谷為益氏や姉婿の沖満三郎氏を伴い、一九〇五年に再渡米した。その一行に加った人の内に、小林氏の親戚の辻井愛介という人があり、その縁故で小林氏は、一九〇七年に渡米入植した。その頃奥平という伯爵の令弟も来て農業に従事していた。

やまと植民地は元来生果としてのパイナップル耕作に有望と思って初めたものであったが、布哇のものと同じ品種を作って見ても、此処では株になってしまい、布哇のように一本に一個実らぬため、品質が劣る上に、キューバから立派な生パイナップルが来て、競争にならず、二百英加を試作して全然失敗した。そして野菜三千英加を作ってどうにか経営したが、折々フロリダは暴風が来て困った。一九二五年の夏の如きは、惨害を受けたという。

斯くてやまとコロニーは、農業では成功者を生まなかったが最後まで頑張った人は、土地が住宅地として高値を呼び、晩年富を築く結果になったもののようである。

小林氏はうめ夫人（伊予道後の人）との間に三男一女があり長男栄氏（三〇）は父と共に住み、長女とみさん（二六）は当地北ブルワド病院の看護婦として活躍、次男保氏（二三）はマイアミ大学在学、三男喜代志（二〇）氏は父母の下にあり円満な家庭である。（一九三七・一・一）

MR. YAMAUCHI JINZO

山内甚蔵 （日本籍）

出身地　京都府府中郡峯山町橋本
現住所　8129 N. W. 12th Ct. Miami 38, Fla.

明治十八年五月十五日生。一九〇六年にシャトルへ上陸し、フロリダ州やまとコロニーに入植された。そして一九二五年まで敢闘をつづけ、その年マイアミ市へ移り、以来十年間をガーデナーを業とし、現在は引退し余生を楽しまる。

なか夫人との間に長男良一氏（三〇）あり、デトロイトに居住さる。

田代重三氏

MR. TASHIRO SHIGEZO

田代重三（他界）

出身地　神奈川県足柄上郡南足柄村狩野
現住所　17150 N. E. 6th Ave, No. Miami Beach, Fla.

明治十三年四月四日生。渡米したのは、一八九九年で桑港へ上陸した。暫らく北加各地で就働していたが、一九一六年に同郷の須藤幸太郎氏らと相携えてフロリダ州マイアミビーチ埋立ての大事業に参加した。

氏も亦須藤氏と同じく埋立て地緑化の仕事に携わり、砂山の上に土を運んでヤシの林を繁茂させ、花やローンを造って美しいピーチを仕上げた。斯くて冬の遊覧地マイアミは、今日の如く全米の名所になった。

一九二〇年にフィッシャース・アルトンピーチ・リアルテイ会社に重用され、自らも花園業を経営して、アイアミ市の発展とともに、氏の事業も繁栄した。

氏はかよ夫人との間に二男一女あり、長男ジェームス栄二氏は現在二七歳、次男ハーバート礼三氏は二五歳、ともに未婚、長女ジュンさんは安田氏と結婚して現在ニューヨークに居住。

氏の住宅は、フロリダでも珍らしい立派なものであり、余生を楽しむ内、遂に一九五四年十月二十七日他界された。

（一九五七・一・二）

MR. MATSUNAGA SHIRO

松永四郎（米国籍）

出身地　熊本県宇土郡花園村
現住所　617 S. Perl St. East Point, Ga.

明治二十一年八月十五日出生。一九一二年に布哇より転航してシャトル港に上陸した。西沿岸に暫らく転々と仕事に就いていたが、思い切って紐育市へ赴き、世界最大の都会の生活を享楽する内、一九二一年にフロリダ州セントピータースバーグへ移り、遂に常夏の国に居ついてしまったと語っている。二年後にはフロリダ州のデトナビーチに赴き、更に一九二六年にマイアミに転じた。

此処で山田義一氏を知り、田中知敏氏と三人で、楽しくオリエンタルフード商会を運営中である。家庭は北方ジョージャに置き、家には子女が生活して、父は折々帰るという生活である。長女花子さん（三〇）は、ハーデング氏と結婚し、次女菊子さん（二六）もすでに結婚し、長男太郎、次男四郎氏が家を守っているという訳である。

氏は熱心なクリスチャンであり、興味はガーデンで、四季花を絶えさぬよう、家の周囲は美しく装られている。

（一九五六・一二・三〇）

嬉野氏

MR. URESHINO TOMISAKU

嬉野富作（米国籍）

出身地　佐賀県神崎郡中津
現住所　908 N. W. 8th St. Rd. Miami 36, Fla.

明治二十二年十一月二十七日生。郷里で仏教中学を卒え留学のため、一九〇八年十一月に桑港に上陸した。鉄道工夫をしながら東部へ移動し、シカゴにも二年を送った。

その間にステツリン大学にも学び、ボストン市に移り、更にフロリダ州に来て、遂に四十三年を送った。その間に氏はレストラントを二十年間経営した。それは黒人を専ら客とするが、恐ろしい勢いで繁昌して氏の巨富を築いた。今は引退して、立派なバンガローに住み、モーターボートを浮べて釣魚を楽しむという生活である。

ハツ夫人との間に長男輝明氏があり、一九二七年十二月二十八日生である。一家は仏教信者である。

高見重雄氏

MR. TAKAMI SHIGEO
高見重雄 （米国籍）

出身地　フロリダ州ジャクソンビル
現住所　591 Cherry Dr. Atlantic Beach, Fla.

一九一五年生。氏は純然たる二世であるが、戦前には日本へ赴き、早稲田予備校に学び、大の日本びいきである。第二大戦にも欧洲で転戦して功あり。帰郷後は地方郷軍団で重きをなし、アトランクビーチ商業区で一ブロックの土地建物を所有し、財的にも信用は大きい。何時でも市長になれるという噂である。氏は大学でエンジニヤを習め、建築家としても同地の一流である。氏の父徳太郎氏は、日本で物故されたが、加州フレスノ、倭州ロックスプリング、ボストン、紐育を経て一九〇八年にジャクソンビルに移住し、ビーチで射的場を経営し、第一大戦で店が繁昌して、産をなした人。重雄氏には姉が四人ある。氏の父徳太郎氏に逸話がある。氏は若き日に公爵西園寺公望邸に仕えていたが、定紋附提灯をつけて吉原へお伴したという話。渡米後は苦労を重ねて、アメリカを転々して、遂にジャクソンビルで成功されたという。その記録を二世の重雄氏が今も保存して居るのには感心した。

（一九五七・一・三）

MR. TANAKA TOMOTOSHI
田中知敏 （日本籍）

出身地　愛媛県西宇和郡喜須木村
現住所　3663 N. W. 47th 8t. Miami 37, Florida.

明治二十年七月十七日、原籍地で出生した。愛媛県立松山商業学校を卒えて、英語をよくしたので渡米せんと雄志を抱き、郷関を飛びだした。

一九〇七年五月にバルチモア市に上陸し、紐育市に約二十年を送ったが、機械いじりは幼時よりの習わしであったので、米国のメカニックを修業するようになり、如何なる機械も苦もなく分解組立して楽しむようになった。一九二五年に誘われてフロリダへ来たが、マイアミ市で山田義一氏と意気投合して、共にオリエンタルフード、サプライ商会を創業経営誼しき得て、今日の繁昌に及んだ。此のビジネスは、チャプスイの資材を主に供給しているが、日本食料品も取扱い、全フロリダ同胞に味噌、醤油、豆腐までも供給して、遠い異境にあって、日本の味に不自由させないので感謝されている。

氏はまだ独身であり、仕事に精魂を打込んで、遂に結婚することも忘れたと語っている。殊に機械いぢりは何よりも楽しみで、どんな必要な機具も、自ら造りあげて、工場内は完全に機械化されている。

（一九五六・一二・三）

野　呂　氏　夫　妻

MR. NORO SHINYU
野呂伸佑 （米国籍）

出身地　三重県多気郡荻原村
現住所　4550 48th Ave. North. St. Petersburg 4, Fla.

明治二十三年九月十日生。氏は郷里で中学を卒えると共に、青雲の志を抱いて海員になり、紐育港に上陸したのは、一九一五年であり、スクールボーイとして働く内、その米人のフロリダ避寒に一冬伴われて来て以来、此処に住みついて遂に今日に及んだ。氏は現在花園業を手広く営んでいる。その花園地は住宅地の発展のため高価を呼んでいて、将来の巨富を約束されている。氏の住宅は南国特有の樹木、草花が咲き乱れ、パパイヤの実が房々となっている。

またベランダに異様な鉄管がガラス屋根の中に見えると思ったが、それが太陽熱で湯を沸かす設備だと聞かされて驚いた。テキサスも南国ではあるが、フロリダに至っては、もっと南国的であり、スペイン文化を思わすものがある。殊に氏の住むセントピータースバーグは、メキシコ湾に臨み、なまぬるい風が頬を撫で冬の真中に百花瞭乱である。氏は磯子夫人と円満な家庭をもち余暇には読書三昧にふけり、基督教信者であり、日曜にはバプテスト教会で礼拝を楽しむ。

（一九三七・一・三）

MR. MORIKAMI, GEORGE SUKEJI

森上助次 （日本籍）

出身地　京都府与謝郡宮津市滝馬
現住所　Delray Beach, Fla. or 751 N. State Rd. 7 Fort Landerdale, Fla.

明治十九年十一月五日生。郷里の小学校を卒え、一九〇六年四月十八日シャトル上陸、直ちにフロリダ州に入植、今日に至った。三年間をパイナップル農園に就働した。当時州内農園は多くパイナップル畠であり、新鮮のまゝシップしていたが、キューバ産に押されて遂に立ゆかなくなり、盛時百人以上の日本人が、それぞれ転業を余儀なくされ、氏は農産物仲買の経営もしたが、今日その所有せる土地が、マイアミ市の膨脹により、住宅地として高価を呼ぶに至った。二年前氏は事業より引退して余生を楽しんでいる。

氏は熱心なる基督教信者であり、花の栽培を趣味としている。氏の語るところによると、渡米の動機は、海外発展に憧がれたのだが、この頃はアメリカへ来るのが、すこしも困難はなかった。営々として働いて、遂に結婚も忘れてしまったという。

MR. OMAYE ICHIRO

大前一郎 （米国籍）

出身地　兵庫県氷上郡上久下村
現住所　3244 Parental Home Road, Jacksonville, Fla.

明治三十二年四月三十日生。一九一七年十二月三日桑港に上陸した。氏は郷里で県立柏原中学を卒え、渡米後はぢっとジャクソンビルに住み今日に至った。

現在は仏円幸彦氏と共同して、ジョージャ州ホワイトオークのメイフィールド農園を経営し、専ら冬のレタスを耕作して繁栄している。

静子夫人との間に、一男五女あり。長女久子さんは二十四歳ブラジルへミッショナリーとして赴任し、専ら日本移民の教化に当る。

次女恵以子さんは二十歳、三女エミさんは十四、四女スゥさんは十二、五女ネオミさんは二ツである。

長男皓さんは十七歳、ハイスクール時代より秀才の聞え高く、一九五八年の議会に、日系始めて給仕に選任の栄に浴し、秋よりは奨学金によって大学へ進む。

MR. SASAKI HIROKA

佐々木博佳 （米国籍）

出身地　広島県佐伯郡地御前村
現住所　726 N. W. 10th St. Miami 36, Fla.

氏は一九二一年七月十七日アメリカ生れ、父の郷里で生長して広島市の宗徳中学を卒え、一九四〇年に帰米した。

加州オークランド・ハイスクールに通学中に四十一年暮、太平洋戦争の勃発により、ツーレーキ館府に収容せられ、一九四五年まで館府内で柔道師範をした。

四五年、紐育市へ転住して同四九年まで宝石商に働く内、一九五〇年キャンパスグリルを共同経営したが、一九五三年マイアミへ移り、現在オリエンタルカフエを所有し、繁盛を極めている。此の店は嘗ては、嬉野富作氏が経営して産をなした有名なものであり、氏の成功間違なしと噂されている。

安子夫人は紐育在住の三重県人杉本宗吉氏の令嬢で、内助の功は大きい。

（一九五七・一・二）

MR. YAMADA YOSHIKAZU

山田義一 （日本籍）

出身地　愛知県愛知郡幡山村大字山田
現住所　3663 N. W. 47th St. Miami 37, Florida.

明治十九年二月十七日原籍地で出生。明治大学法科を卒業し一九一五年に米国へ留学を志し、その年の八月二十六日シヤトル港に上陸した。恰度夏休みの際であり、大学へ進む前に、鉄道の仕事があって、コロラド州リードビルへ来た。更にカンサスシチーのアーマー罐詰会社の募集に応じ、ミシシッピー大平原に足を入れた。

一九一八年には、オハイオ州トレードにて、料理店でクックを修業した。翌一九一九年に紐育に赴き、居ること三年、一九二二年に誘われて、一冬をフロリダ州セントピータースバーグへ赴いたのが、当州との縁となり、以来デイトナピーチでホテルを買収して経営した。一九二九年にはマイアミ市に移り、同市の発展と共に氏の事業も伸びオリエンタルフードサプライ商会を起して、今日の隆盛を見ている。

氏はマイアミ市で、日本人社会で重きをなし、よく他人の世話にあたって来た。家庭は夫人に先だたれ、長男は戦死し、次男は幼にして失い、三男直秋氏（四二）のみ、愛知県瀬戸市平町八二番に、明石貿易会社の代表社員として活動している。

氏は仏教を信じて、仏典を親しんでいるが、常夏の国フロリダの夜を、読書を唯一の楽しみとしている。

（一九五六・一二・三〇）

MR. MATSUBARA SHIGEO

松原繁雄

（米国籍）農園並に野菜市場経営

出身地　山口県熊毛郡上の関村祝島

現住所　7017 North 4th St. Albuquerque, New Mexico.

一八八四年六月二十七日、山口県熊毛郡上ノ関村祝島、松原清吉の四男として生れた。

一九〇四年渡米、桑港に於てはスクールボーイを為し、その後味噌製造等の事業の傍ら在留民社会の公共問題にも関与し活潑な壮年時代を送ったが、在桑二十三年間の後、羅府に転住し花園業を経営、一九三五年には日本に帰り約一ヵ年滞在し故郷各地で講演、再び渡米し、グレンデールに於てナーセリーを開業、繁盛したが、時に今次大戦勃発となり自由立退を以て現地に転住した。

松原繁雄氏

転住後は農業に転じ、再建に努力し、五十英加の耕地を購入、一九四七年には野菜マーケット Rancho Farm Mar-ekt をも開設し、子息の協力を得て着々として事業の地盤を固めた。

氏は生れながらにして気骨に富み、剛毅にして熱情家であり其の少年時代は政治家を志向しただけに談論風発、其の活気ある性格は異彩を放ち、論客として其の名を知られている。

特に一九二〇年桑港に在留当時、時の写真結婚禁止問題で在留民社会騒然たる際、氏は勇敢なる議論を以て善処し、官民の論争を鎮静せしめたことは当時、氏の声名を高からしめたことであり今も尚語り草となっている。

また氏は崇祖、慰霊の信念深く、在桑港当時は一九〇〇年までに同地方に埋葬せる同胞物故者の慰霊並に在留同胞えの紹介等に努力したことあり、また現在の在住地アルバカーキに於ける先歿同胞慰霊の為めにも尽力し其の墓地えの定例墓参の挙などもその人情深い信仰心をうかがえるものといえよう。

また氏は一九一八年、故国日本の出身地に忠魂碑並びに崇祖碑をも建立している。

かくて数々の在米生活の行績を挙げて、氏の在米生活は精神力に富んだ、生彩ある生涯であり、少年時代の政治家たらんとせる夢を、米国に於て活気ある事業に置き替えて其の野心を実現した成功者といえよう。

妻とし子（一八九二年＝米国籍）は山口県熊毛郡上の関村、立畠良蔵三女で内助の功高く、家庭には長男武男（一九一三年生）二男春樹（一九一八年生）三男三郎（一九二〇年生）長女綾子（一九二五年生）の三男一女がある。

宗教は仏教。趣味は宗教研究。

MR. YONEMOTO IWAO

米元　巌

(米国籍)
米元ブラザース商会経営

出身地　山口県玖珂郡和木村
現住所　8725 4th St. Albuqueque, New Mexico.

一八八八年八月十七日、山口県玖珂郡和木村、米元弘の二男として生れた。

一九〇六年渡米、桑港に於て花園業に従事し、一九〇八年羅府に転住、レストランの経営等を為し次で一九一八年、アリゾナ州フエニックスに転住し、キャンタロープ、レタス、キャロツ等の耕作を初め最盛時は耕作面積壱千英加に及び、シッパーを兼営したが今次大戦の勃発により、ニューメキシコ州に移住、最初はグラントに於てキャロツの耕作を為したが健康を害したため一九四三年アルバカーキに転住し、農業の傍らグロセリーの経営に主力を注ぐことゝなった。

以来氏は、此の地に日系人として多角経営の営業を企画し、家庭総力を以て之が事業を完遂すべく四男一女に各々その責任を分担させ兄弟一致協力の態勢を整へ、グロサリーの外ナーサリー、ギフトショップ、アプライアンス等次々に営業面を拡大し、清、三幸、正己、芥川太郎(長女の夫)輝男の五兄弟は父の意を体し、共に力を合せて米元ブラザース商会の経営に総力を傾けるに至った。

米元巌氏

同商会はアルバカーキ市を貫通するUSハイウエイ八五号に添い、凡そ一ブラックにつらなる広大な近代的店舗を有し、各部門とも商品充実し、在米日系人経営の事業としては屈指のものといえる。

氏は一九五五年より同地米人の希望に応じて、日本庭園の造園を請負い、女婿芥川太郎の協力を得て熱心に努力しつゝあるが、この造園師としての事業は、戦後米人の日本趣味愛好の傾向に適応し、各方面よりの依頼を受けアルバカーキ市の各所に見事な日本庭園の出現を見るに至った。蓋し日米文化国際交流の為めその功績極めて深いものといえよう。

資性温厚、外柔内剛、洗練された社交家で、「和」を以て「力」とするの信条に徹し、その優れたる家長としての采配ぶりは卓抜せるものといえよう。

宗教は仏教、趣味は造園、碁。

氏はアリゾナ州在留当時は、アリゾナ州日本人会副会長、同日本語学園長、農業組合役員等で公共の為め尽力した。

妻民代(一八九五年生＝米国籍)は、広島県佐伯郡木野村今田静江の三女で、今日の米元家総力の力発揮の蔭の力としてその内助の功多い賢夫人である。

家庭に四男一女あり。長男清(一九一六年生)はハイ卒広島中卒、同商会アプライアンセス部担当、妻孝子は在アリゾナ州熊本県人山本等の長女で二男一女あり。次男三幸(一九一九年生)はハイ卒、グロセリー部担当、妻登志子は在羅府栃木県人石川偉十郎二女で一男あり。三男正己(一九二一年生)はハイ卒、ナーサリー部担当、妻正江は東京都人山林正利長女で一男あり。長女多津江(一九二三年生)アルバカーキ・ビジネス・カレッヂ卒で広島県系芥川太郎(広島一中卒)に嫁す。四男輝男(一九二七年生)はアルバカーキ大学卒。食肉部担当を為し、かくて兄弟揃って協力し事業の繁栄に資している。

MR. TASHIRO HARRY HATSUKI

田代初喜 （米国籍）農園経営

出身地　熊本県菊池郡清泉村
現住所　**P. O. Box 98 Mesilla, New Mexico.**

一九〇〇年八月二十六日、熊本県菊池郡清泉村、田代国治の長男として生れた。

一九〇四年父と共に布哇に渡航し、次で一九〇六年大陸に転航し、コロラド州ロッキーフォードに於て農業に従事し、デンバーに於てハイスクールを卒業した。

一九三一年、ニューメキシコ州メシヤに転住、以来父と共に農園を経営し、この田代農園は年と共に発展し現在では、綿、野菜、キャンタロープ、等耕地は四百五十英加に亘り、同地方の豪農として声名を馳せている。

資性温厚、勤勉な篤農家として知られ、その優れたる農事智識と実力は在米日系人の農業家中でも屈指の逸材といえよう。

一九五六年厳父国治は死去したが母たつえ、弟ジョージと共に益々積極的の経営振りを展開し華々しき事業を展開しつゝある。

また同家農園中央には十六室をようする豪奢なるホームを建築し、文字通りの豪農として偉容を示しつゝある。妻とし子は一九四一年死亡したが三女あり。

長女静子（一九二九年生）はコロラド州グリーリー・テイィーチャース・カレッヂ卒で、在加州サクラメント市の大工請負業新潟県系坂上洋一に嫁し一女あり。次女芳子（一九三一年生）はハイ卒で在羅府のガーデナー新谷タッド（福岡県系）に嫁し一女あり。三女みどり（一九三六年生）はニューメキシコ農科大学修、在羅府のバンク・オブ・アメリカに勤務中である。

氏の宗教は仏教で、趣味は釣、スポーツ等。

コロラド在住時代はラスアニマス日本人農業組合の幹事として活躍した。

田代初喜氏

MR. SASAKI NAOHIRO

佐々木直広

レストラン経営

原　籍　愛媛県八幡浜市穴井
現住所　Rt 1 Scribner Ave, So. Norwalk, Connecticut.

佐々木直広氏

栄子夫人

一九〇五年九月五日、愛媛県八幡浜市穴井、佐々木忠蔵の三男として生れた。

愛媛県真穴井農産学校修学の後、朝鮮永同に於て運送業に従事の後、一九二四年渡米、シャトルに於て修学、一九二六年一時日本に帰国、その後船員として南米及び欧洲各地を廻り一九二七年紐育に上陸した。

紐育に於ては紐育州知事邸に於て勤務二ケ年半、其の他家庭働き等を為し資金蓄積し、一九三六年に結婚。一九四〇年にはノーウォークに転住し、現在のオウルレストランを開業したが人気を集め、一路隆盛を辿りつゝ今日に至っている。

一九四七年には住宅周囲五英加に亘るオウルファームの地を購入し、巨費を投じて和洋折衷の庭園として造園に努力し、庭内には百余種の草木を育てるほか、蕗、みようが、さんしょう等も繁茂し、特に陽春には八重桜が爛漫として咲き乱れ、オリエンタルガーデンとして米人の来園する者あとを絶たず、一名所となっている。蓋し国際文化の為め大きな功績を挙げているものといえよう。

氏は同胞愛に深く、在米同胞のうち不幸なる落伍者として異郷に死歿した無縁者に対する救済慰霊の為め真の愛情を以って世話を為し、紐育救済会の組織に参画し、一九四七年より六年間に亘り会長として奉仕に努めたが、其の物心両面の犠牲は大である。

また紐育日系人会の副会長をも勤めた(現在顧問)、ほか各公共団体に尽すこと厚い。

氏は温情家の一面大胆卒直な言行に徹する剛直な理論家でもあり、紐育日系人社会の重鎮である。

宗教は基督教、趣味は釣、日本映画。

妻栄子(一九一七年生＝米国籍)は羅府生れ、和歌山県人東勝太郎長女で家庭に一男四女あり。

長男直隆(一九三七年生)はセントローレンス大学在学中。長女妙子・グレチン(一九四二年生)、次女千代子・ルーシー(一九四四年生)はハイスクールに、三女栄子・ポーリン(一九四六年生)四女直美・ナンシー(一九五〇年生)は共にグランマーに通学中である。

松岡藤吉

紐育日系人会々長
貿易業

MR. MATSUOKA TOKICHI

原籍　兵庫県朝来郡生野町
現住所　12 W. 27th St. New York 1. N. Y.

松岡藤吉氏

一八八八年二月二日、兵庫県朝来郡生野町、松岡作之助次男として生れた。

兵庫県に於て教育界に活躍した後、移民問題が将来の日本にとって最も重大なることを認めその実地踏査を志し、一九一五年、日本を出発し、朝鮮、満洲、支那、馬来、印度、アフリカ等を経て欧洲各国を旅行中、第一次大戦に遭遇し、米国に上陸した。米国を永住の地と定めた。

最初シカゴに於て一九二一年より三〇年までの日本品雑貨卸小売業を経営、この間一九二七年より三〇年まで在留日本人会の会長をつとめ、在留民の福祉増進と発展の為め多額の私財を傾倒して努力した。

一九三〇年シカゴより紐育に転住し貿易業を開始、業務に専心し、紐育に於ける地盤の確立の為め努力した。

時に今次大戦の勃発となり、在留日本人の職場を解雇さるゝ者増加し、之等失業者に対し宗教団体の救援よりほかなき当時の実情を黙視出来ず、公共活動の必要を痛感し、在留民社会の公共事業に卒先挺身し当面の必要事業に着手した。

終戦と共に日本難民救援会を同志と共に組織し、安井関次、本間岩次郎氏に次で一九四八年之が会長となり、会長の任に在ること三ヵ年に及んだが、一九五〇年、右の団体は改組され紐育日系人会として創立、同会は一九五一年には日本人紐育共済会との合同も成り、名実共に在留日系人の中心団体として基盤が確立されたが、氏は一貫して在留日系人より信頼されて之が会長として今日に及んでいる。

紐育日系人会は宗派その他一切の系統を一本として組織されている中央団体であり、従ってその機能は極めて強力であり有効適切なる運営を推進し、在留日系人社会には無くてはならぬ団体であるが、この中心人物として会員の信望を一身に集めつゝある氏の人格と手腕は在米日系人社会の代表的人物といえよう。

氏は一九五五年十二月、海外に於ける同胞の福祉増進に貢献し貿易の助長につとめ兼て日米親善に功績顕著なりとして勲五等に叙勲された。

氏はまた紐育ジャパン・ソサイティ理事（会長ロックフェラ

ー三世）であり、近く紐育に設立される日本倶楽部創立発起人として活動している。

趣味はスポーツで、あらゆるスポーツに優れ、その為め健康に恵まれ今尚青年の如き逞しき体力を以て、氏の信念とする明朗にして悔なき人生の道を進みつゝ縦横の活躍をなしつゝある。

家庭は妻静子（一八九七年生＝長崎県出身）を一九五三年に亡ったが、長男雄・タケシ（一九二二年生）はコロンビア大学卒、マスター・オブ・アーツ。現在氏の経営するイースト・ウエスト・マーチャンダイス会社に勤務中。同人妻清子・ドロシーはコロンビア大学卒で在ハワイ藤田宇一郎氏長女。家庭に長女ローイス・ゆき子、長男アレン・武がある。（一九五七・八）

（追加）　氏の功績を日本政府は高く評価し、一九五八年勲五等瑞宝章を贈って表彰した。

MR. HONMA, ROBERT IWAJIRO

本間岩次郎

輸入商ラングフエルダー・ホンマ・エンド・キャロル商会取締役社長

原　籍　千葉県安孫子町一九九〇

現住所　163 5th Ave, New York 10, N. Y.

一八八五年四月十五日、栃木県足利町、本間芳蔵の次男として生れた。

横浜商業卒業後一九〇四年渡米し、森村ブラザースに入社し雑器部門を担当、爾来一九二一年まで同社に在勤した。

一九二一年独立してラングフエルダー・ホンマ・エンド・ヘイワード商会を創立し日本玩具、瀬戸物、その他日本雑貨の輸入商として着々隆盛をみたが大戦と共に閉店の止むなきに至った。

一九四九年営業を再開しラングフエルダー・ホンマ・エンド・キャロル商会の商号を以て再び往年の信用を地盤に商況は一途繁栄し、現在取引先は全米、カナダ、中南米に及び紐育に於ける玩具その他の代表的輸入商社として声名を高からしめている。

氏は勤勉誠実の士として知られ信用即財産の実践家で、同氏の将来は益々隆昌を辿るものと期待される。妻アメリヤとの間に二男あり。長男ロバート（一九一八年生）はブラウン大学卒、現在父の事業に協力しつゝあり妻マリヨンとの間に一男二女があり同人は陸軍大尉で除隊されている。次男ウイリアム（一九二二年生）はブレヤー・アカデミー卒で陸軍々曹で除隊後、令兄と共に父の事業に協力している。

氏は在留日系人社会に尽すことも厚く、元、日本難民救済会々長、元、紐育日本人基督教会々長（現役員）で現在は紐育日系人会財務部長を担当している。

また一九三九年より四六年まで紐育日系人クリスチャン・インスチチュート会長。一九五二年より五六年まで日米基督教会の役員に任ぜられている。宗教は基督教。

MR. MASAI KENKICHI

政井謙吉 （米国籍）

ナーサリー経営 Landscape Contractors

出身地 鹿児島県大島郡早町村

現住所 58-77 Maurice Ave, Maspeth 78, L. I., N. Y.

政井謙吉氏

一八九七年五月二十七日、鹿児島県大島郡早町村、政井定豊の三男として生れた。

一九一九年紐育のアーバック・キャンデイ会社に勤務した後、メーシー百貨店のバイヤーと知り合い、之が縁となってメーシー百貨店のコンセッションとして約五カ年従事し、一九三〇年、独立して現在の地を求めて「日本ナーサリー」を開業した。

開業当時は市場開拓に苦心し幾度か経営の危機に直面したが、健闘忍堪して粒々辛苦の幾歳を経て営々地盤を築き、漸くにして順調なる営業に達した時、大戦勃発となり苦境に立ったが、良くこの苦境を切りぬけ、名称を「ケンマー・ナーサリー Kenmar Nurseries」と改名し、時局に対応し賢明な商法と優秀な栽培技術によって年と共に業界に有力な地歩を築き、今日ではデコレーテイブ・プラントの有名な栽培業者としてその生産品は全紐育、ニュージャーシー、遠く華府方面にまで販路を有するに至っている。

氏は研究心深く常に新らしき構想の植木鉢に創作的植物を配合し新らしきものを好む米国人の趣味に添って、その生産は年々増加しつゝある。

氏は自己のデザインによる植木鉢輸入の為め日本に赴き自ら製造業者を監督しその製品を大量に輸入し、独特の商品として市場に売出すことを唯一の趣味とし、趣味とビジネスの両面を全く一致し、大紐育を背景に明朗な活躍をつづけている点は異色ある存在といえよう。

また仁俠の気慨に富み、よく人を援けるが終戦後は日本留学生後援の為め物心ともに尽した功績は大きい。

宗教は基督教、趣味は釣。

妻マーガレット（米人）は創業時代より共甘共苦、内助の功大である。

MR. TERUYA ZENSHIRO

照屋善四郎

（米国籍）レストラン経営

出身地　沖縄南風原村神里

現住所　63 W. 107th St. New York 26, N. Y.

一八八九年十一月十五日、沖縄の南風原村、照屋善二郎三男として生れた。

一九〇四年布哇に渡航し、その後一九〇六年大陸に転航し、ワイオミング州に於て鉄道工事、コロラド州に於て農園働らき等を為しデンバーにては家庭働きをはじめ種々の労働に従事し資金を貯えてレストランの経営にも当ったが之は失敗し、一九一一年紐育に転住し、コーニーアイランドの夏場の商売経営に入った。

氏は性来多芸多能の士であるが、特に発明機智に富み、紐育に転住後はコーニーアイランドの夏場に自己の発明に成るボールゲーム、ビューテイゲームその他の興味ある遊戯機を普及させたので大衆の人気を博し、夏場経営の商売は一九三五年まで続き、コーニーアイランドに於ける氏の声名は高かった。

照屋善四郎氏

氏はまた硝子窓清拭、及びミルク瓶洗いの発明をも加えいづれも米国の専売特許として、シカゴに於ける現代生活展覧会に出品するほか、発明雑誌に大々的に発表される等有名であり、現在は之等の発明品の企業化を進めつゝある傍らレストランを盛大に経営中である。

資性豪快、人情に富み、精神家であり、特に宗教に深く傾倒し、関法善、玉井好孝両開教使発起の紐育仏教大学建設に際してはその基礎的活動を全面的に支持し、名実ともに創立の功労者である。また私財を投じて紐育郊外キャスルマウンテンの風致区に山荘を建設し、訪れる人々の避暑、観光、保養の為め提供したが、之は「テルヤ・ハウス」として著名である。

このほか一九五〇年には紐育に於て初めての仏教会の盆踊りを初めるなど、明るく愉しい運動に力を尽すことは氏の明朗な人物の一面を物語るものであろう。

文筆に優れ蘊蓄ある随筆、論文を良くし、在留日系新聞雑誌の紙上に多年その名を知られているが、一面また音楽の才能にも恵まれ三味線、尺八、バイオリン等和洋音楽の技も豊かな文化人である。

妻うと（一九〇〇年生）は沖縄の金城徳太郎二女で家族に四男三女あり。長男善助（一九二〇年生）はハイ卒後、沖縄中学、青島医専卒、沖縄で中央病院長勤務、妻つるとの間に四男あり。長女かみ子（一九二一年生）はハイ卒後、沖縄高女卒、在紐育の金城専吉に嫁し三男二女あり。二女てる子（一九二二年生）は沖縄で教員奉職中、大戦の為め行方不明となった。二男弘盛（一九二三年生）は沖縄中卒後、紐育大学を卒業し陸軍伍長として除隊後、桑港に於て日本商社代表として駐在。三女千代子（一九二四年生）は沖縄女子師範卒後同地で教員奉職中。三男栄松（一九二五年生）は沖縄中卒、沖縄の保健所勤務中。妻春子。四男善二郎（一九三六年生）は勉学中である。

氏は、米国仏教大学建設委員長、紐育仏教会社会部長兼会計監査、紐育日系人会商務部長、日米レストラント業者組合長、在米沖縄聯盟紐育支部長等をつとめ、現在は紐育日系人会理事として重きを為している。

塚田数平（米国籍）

MR. TSUKADA KAZUHEI

日本食料理業、紐育『都』経営

出身地　新潟県西頸城郡能生町

現住所　20 W. 56th St. New York 19, N. Y.

一八七六年十一月二十日、新潟県西頸城郡能生町、塚田久八郎の次男として生れた。

日本の発展は民族の結合にあり且つ其の海外発展に在りとの信念を以て一九〇三年十二月紐育に上陸した。

以来数限りなき苦心を重ねつゝ家庭働き其他の勤労十余年、営々として目的に向って努力し資金を蓄へた。

当時紐育に於ては支那料理が盛んで米人の客が多いことを詳しく研究し、一九一七年より日本食レストランの「都」を西五十八街に開業した。

第一次大戦当時は日本人の紐育に来訪する者多く、従って氏の経営する「都」は日本人にとっては懐しい寄り処となり、日本人倶楽部の観を呈し、次第に有名となった。

一九三四年頃から氏は、この店に外人の顧客を引くことに自信を深め、一九四〇年、現在の場所に移転し巨額の経費を投じて家屋修理を為し、紐育に於ては異彩ある日本趣味の食堂として開業した。

間もなく今次大戦の勃発となり、漸くにして新装成りし店も内外大打撃を受けたが、良く健闘し適切な時局対処の商法を以て繁盛をつづけ、特に欧洲戦線に出征する日系人兵士達にとっては米国最後の日本食として店は悲壮なうちにも和やかな賑わいを示した。

この間に於ける氏の奉仕的な態度は今に尚語り草となってい

塚田和平氏

る。

かくして起伏万丈の経営のうちに着々として信用を獲得し、ニューヨークの「都」の名は広く米人社会にも知悉され、特に戦後は、日本を知る米人の増加に伴い顧客は増加の一途を辿り、第五街に近き高級レストランの中心地に於ける異色傑出の店として連日満員の繁盛を示している。

塚田和平氏経営のスキ焼「都」

氏は頑強な意志と、愛国の熱情溢るゝ国士の風格を備え、日米国際関係の正常化と親善の為めに挺身、犠牲を惜しまぬ人であるが、数々の行為のうちで世人の記憶に残ることは、日米国際親善の為め、一九五〇年故尾崎行雄氏を米国に全部私費を以て招待したことで、之に要した費用は巨額に上り米人をも感動せしめ、この義挙は全米の新聞に報道された。

戦後は日本留学生の為め積極的に援助し、日本再建は青年の双肩に在りと激励する、事業にも物心ともに多大の犠牲を払っている。

氏は在米五十余年、全く米人社会に溶けこみ、日本食レストランの経営一本に徹して今日に至っているが、当事業を通じて氏の果した日米国際文化の功績は偉大である。

また米国人の気質を良く識る日本人としても国際的人物史に残る人であろう。

家庭をもたず独身で一貫し、事業即妻の連日、老いて尚壮者を凌ぐの気慨を以て店頭に立って四十余人の従業員の陣頭指揮にあたっている。

紐育日系人社会の公共活動の為め尽力すること永年に亘っており、その業績はまた多大である。

宗教は仏教。

MR. OKUNO BUNSHICHI

奥野文七

Twixt Inc 社長

原籍 三重県志摩郡志摩町片田

現住所 215-18 46th Ave, Bayside, LI. N. Y.
52-10 37th St. Long Island 1, N. Y.

一八九五年三月二十三日、三重県志摩郡志摩町片田、浜野七助二男として生れた。

一九二三年、羅府に於て、せんべい製造業を開業し菊屋を開店し、次で梅屋を合併して、梅屋の商号にて米人向の辻うら入りのせんべい製造を開始し、需要に投じ成功した。次で餅菓子舗三河屋の経営も併せ、業界に強力な地歩を確立した。また貿易業ユニオン・インポーテイング会社も創立したが今次大戦勃発となり、ミゾラ、フォートシール、リビングストン、サンタフエ各収容所、ローア転住所を経て紐育に転住した。

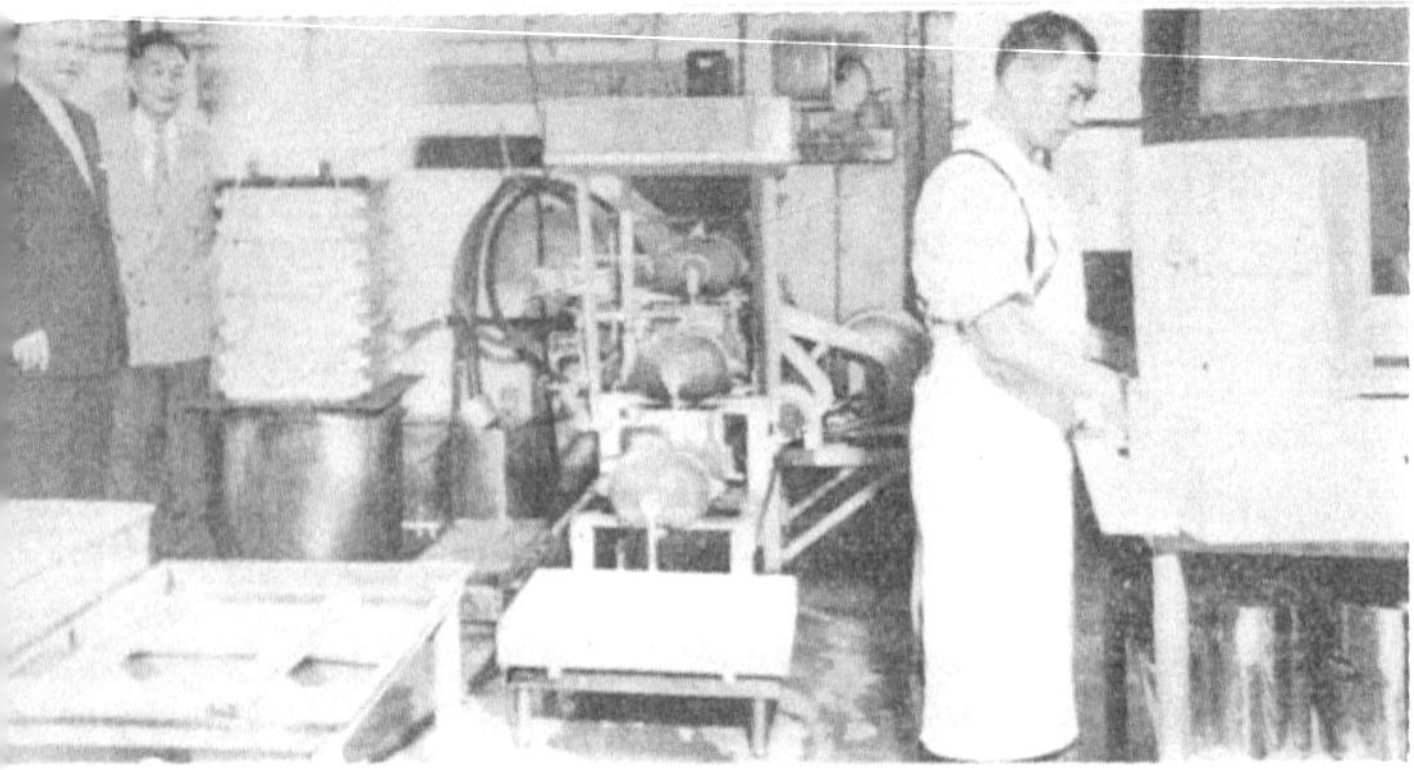

工場内に於ける奥野氏

紐育に於ては一九四四年、フルトン、フイッシュ・マーケット内にイースタン・フイッシュ・マーケットを開業し併せて鰻罐詰製造販売業等をもなしたが終戦とともに右の業務を中止し、再び前業のせんべい、あられ製造業に復帰し一九四六年、梅屋を開業した。

氏はこの製品の外国人の嗜好に適応するよう品質の研究を深め、一方、その製造過程を万事機械化することに努力し、自己の発明になる製造機により極めて能力的な生産に成功した。

氏は梅屋を Twixt Inc に改組し、現在は紐育ロングアイラ

奥野文七氏

ンドの一角に広大完備せる工場を設立し、多数の工員を雇傭し近代的生産のその製品は全米は勿論、中南米、カナダ、オーストラリア、キューバ等にまで販路を拡大している。

氏は資性明朗、社交性に富み研究心極めて深く、熱意を事業に打ち込んで逞しい活動力を強く押し進めつゝあり、氏の事業の将来性は期待されること大きい。

また氏は紐育日系人会 社会部長として在留日系人の公共事業に尽す外、日本より渡米の人々に対する世話役として多くの人に其の名を知られている。

宗教は仏教、趣味はテニス、囲碁(二段)。

妻信(一九〇一年生)は三重県志摩郡志摩町片田、竹内房吉長女で家庭に長男登(一九二五年生)あり。コロンビア大学並にオハイオ州デイソン大学卒、陸軍砲兵中尉にて除隊し、現在高峰海外貿易会社副社長兼東京支店長、Twixt Inc 副社長を兼ね東京に在住、同人妻京子(和歌山県人 三尾善松末女)との間に二女がある。

杉 本 宗 吉

養殖真珠輸入卸商

MR. SUGIMOTO SOKICHI

原　籍　三重県志摩郡志摩町片田
現住所　**16 E. 52nd St, New York 22, N. Y.**

一八九四年十一月十日、三重県志摩郡志摩町片田、杉本弥三松の長男として生れた。

一九一七年加州サンタバーバラ市に於てレモンのパッキングハウスを経営、一九一八年羅府富尾商店に入社、一九二一年より修学の為め紐育に出てニューヨーク大学に入学し一九二四年卒業、再び富尾商店に復帰し、一九三四年まで在勤した、
次で野菜市場の経営もしたが、遠文商店に入社し今次大戦勃発まで同店に勤務した。

大戦と共にマンザナ転住所に入り、同キャンプではコープのジェネラルマネーヂャーをつとめたが一九四五年八月出所し、羅府の遠文商店に復帰すると共に山泉味噌醤油製造所を買収し之が経営にも当った。

一九五〇年、養殖真珠の輸入卸商を開業するため紐育に出で、営業を開始今日に至っている。

資性重厚、着実、商機に敏、将来の大成が期待されている。

妻いく(一九〇一年生)は岡山県吉備郡宍粟村、平田春次郎長女で高女卒並に羅府ミッチエル裁縫大学卒で家族に三男一女あり。

長男吉男(一九二五年生)は三重水産大学卒、志摩に於て養殖真珠業経営、同人妻ひで子との間に一男一女あり。次男昭雄(一九二八年生)は三重水産大学卒、日本に於て養殖真珠仲買輸出業に従事し。三男博信(一九三〇年生)は、羅府のハイスクール卒、陸軍に服役し日本駐在、同人妻泰子との間に一女あり。長女安子(一九三一年生)はコロンビア大学卒で在マイアミのレストラン業広島県系、佐々木博佳に嫁している。

SEKI HOZEN

関　法　善

紐育仏教会主任関教師
米国仏教大学総長

原　籍　鹿児島県出水郡米之津町
僧　籍　西本願寺
現住所　331 Riverside Dr. New York, 25 N. Y.

一九〇三年十二月十五日、鹿児島県出水郡米之津町、関法随の長男として生れた。

京都平安中学、龍谷大学国文学科を卒業し、本願寺研究科卒業の後、一九三〇年九月渡米した。

羅府西本願寺別院開教使として一ヶ年駐在、次でアリゾナ州フェニックスに赴き同地方で初めてのアリゾナ仏教会を建立すべく一九三一年より三七年に至る間、アリゾナ、テキサス、ニューメキシコ等各地で布教の傍ら、建設の努力をつづけ遂に今日見る仏教会の基盤を確立した。

次で一九三八年より紐育に駐在し、同地に初めての仏教会を建立したが大戦勃発となり、メリーランドキャンプに収容され、アイダホ、サンタフエを経て一九四六年退舎、紐育に復帰した。

紐育に復帰するや、かねてから計画中の米国仏教大学の建立に依り日本文化特に仏教を米人社会に紹介し、文化親善に依って世界平和に寄与せんとする目的のもとに、同志の山東三州仏教会開教使玉井好孝師と共に布哇及び全米を行脚し一九五五年の春、紐育ハドソン河畔の景勝の地に新聞王ランドルフ・ハースト、映画女優マリオン・デビスの居宅として有名なハウスを入手し、ここを仏教大学と定めて開設した。

同大学構内には同年秋、広島市に安置しありたる親鸞上人の大銅像（高さ十五呎重量二屯半）を大阪の実業家広瀬精一氏と西本願寺の協力により運搬、安置した。

師はこれよりさき一九四六年、日本に帰り天皇陛下に拝謁し、陛下より日本とアメリカの心を結ぶ意味に於て、仏教大学建設に御喜びの御言葉を拝し、その後各大学、各本山を訪問し約一万巻の文化図書の寄贈を受くることに成功した。

一九五六年より同大学は、支那、印度、ビルマ、セイロン、日本、アメリカ等各国の仏教学者並に文化方面の権威者よりの講座を開始し、学生は米人が九〇パーセントを占め、スポンサーは今年末には約千名にのぼる予定であり、目下、その完成に向って各地を巡歴し全力を傾倒しつゝある。

師は堅忍不抜、開拓者の精神に燃え、逞しき実行力をもつ、宗教家として、その縦横の活躍ぶりは各方面から尊敬されている。

妻里見（一九一二年生）は在米、広島市出身の塩桝為五郎氏長女で米国生れ、南加大学出身にて、夫君の今日を築いた蔭の人として有名である。

長男法見（一九三五年生）はコロンビア大学在学中。二男法真（一九四一年生）はハイスクール在学中である。

JAPANESE AMERICAN

WHO'S WHO

THE COLORAD TIMES
Denver, Colorado
1959

PREFACE

As a Coloradoan by preference, having first visited Colorado twenty years ago and later returning in 1944 to make Denver a permanent home and to rear a family of native Coloradoans, we are pleased to note that the historical materials compiled by Fumio Ozawa concerning the in-coming of the first Japanese settlers to Colorado during the early 1900's have now been preserved in book form.

Ozawa's scholarly study, following hereafter, reports the facts and figures of the many trials and tribulations of the first Japanese immigrants to the Colorado scene from 1900-1910. From the cold statistical figures and bare historical Facts, with sensitivity inherent in familiarity with our own parents, backgrounds, one can sense and deeply feel the broad drama, the exhilarating courage, the persevering tenacity, the sweeping scope of dreams, the bleak frustrations of our early Japanese pioneers in this region — as was true in all other regions of America. ... It is a lasting service to our posterity that this careful study is now preserved.

As exhaustive as Ozawa's study is, of the early period of Japanese settlement in Colorado, a compilation of the later history of the Japanese in this Rocky Mountain area is still an unfilled need. We fervently hope that this lack can be remedied before all of the old-time Japanese pioneers finally fade completely from the scene.

We frankly acknowledge that we are not adequately informed concerning the period from 1910 to 1940. Nor have we conducted necessary research to write authoritatively concerning this later period.

However, briefly, we do know that during this period a permanent settlement of several hundred Japanese, numbering from about 300 to more than 500, became permanently established in Denver, Colorado. It is interesting to note that prior to 1942, Denver was not the largest population center of Japanese in Colorado, but that Weld county led in numbers of Japanese.

We have vaguely heard of Tadaatsu Matsudaira, the civil

engineer who was reportedly the scion of a noble family in Japan, and who cut awide swath in the social circles of Denver; we have heard of the exploits of Nahoichi Hokasono, the labor contractor whose 1,000 men crews allegedly built the road over Trail Ridge at more than 14,000 feet elevation in Rocky Mountain National Park, and who undertook other vast labor projects; we have heard of the S. Ban Company operations in Denver, and of the general managers who exercised power and influence in the community.

Of later years, we knew of Dr. N. Kunitomo, the two prominent dentists, Dr. K. K. Miyamoto and Dr. F. E. Hayano; we know something of the establishment of a Buddhist Church on Market Street, and about the two Japanese vernacular newspapers, and particularly of The Colorado Times, published by the late Fred I. Kaihara. We know of the two jewelers, N. Joryo and Harry Osumi, and we have heard of the farming operations of S. Otsuki and later of Minejiro Nakasugi. We know that A. F. Takamine built a potato shipping empire. Naturally, we do not know of all the old-time pioneers and leaders, but we believe there is a dramatic and most interesting story to be told of these, and other Japanese pioneers to the Denver scene.

Meanwhile, in the rural areas, the energetic young Issei with an adventurous spirit and a daring to strike out into strange areas during the early 1900's were moving into the broad northern valley of the North Platte River, especially into the fertile river bottoms near Brighton, Ft. Lupton, Platteville, Greeley, and on east to Ft. Morgan, Sterling, Sedgwick and Julesburg. Starting in Littleton, south of Denver, we have heard of the Iida families, of Joe H. Iritani, Seishiro Nakamura, and going just north of Denver, near Welby and Henderson, and on into Brighton, we have heard of the Katsubei Sakaguchi family, the Masaji Tashiro family, the H. Tochihara's, and into Ft. Lupton with the Matajiro Watada family, the Koshios, the Kiyotas and on north into Greeley, of the Hoshikos, and other families; out towards Longmont, we know of Kikutaro Mayeda and the Kanemoto family; and on east to the Nebraska border we have heard of the Nakamura's in the Sterling area, and the Otsuka's, Kinoshita's in the Sedgwick-Julesburg area. It is interesting to note that by 1920 there were more than 1,000 Japanese on farms along

the South Platte River, while in Denver there were less than 500 Japanese.

By 1920 too, there were more than 300 Japanese along the lower Arkansas River valley, eastward from Rocky Ford, La Junta, Las Animas, and Lamar to the Kansas border. We have heard of the names of the Harada family, of the Taguchi's, and others in the cantaloupe industry.

Even the high valley of the San Luis area of the Rio Grande River attracted a 100 or more Japanese, and we have heard of the Yoshida family and S. Yoritomo at Blanca who led in the cabbage and cauliflower industry.

In the distant valleys of the Colorado River on the Western Slope, near Grand Junction and Delta, there were almost a 100 Japanese. We have heard of the Saruwatari's, and we knew of J. K. Joichi, now of Chicago, who tried to farm that area. With all of the fruit growing the Grand Junction-Fruits area is famous for, we have wondered why the Japanese did not go into horticulture as they did in the Hood River valley of Oregon.

We have heard too of the Japanese miners in the coal mines near Trinidad and Walsenburg, which petered out early, but also knew of the Japanese in the Oak Creek area. We have heard of Japanese going into the steel and iron mills at Pueblo, but know that only one or perhaps none remain today.

When we first visited Colorado in 1940, the late Rev. S. Uyemura of the Japanese Methodist Church took us on a tour of Denver. Even then, with a small population of about 325 persons, we noted that the Japanese population in this region was dwindling, with most of the Japanese moving back to the willow-wisp allurements of Southern California, with especially Los Angeles as their primary objective, with a smaller group of adventurous individuals moving eastward towards Chicago.

We wondered then, as we do now, what the future of Japanese in this magnificent mountain-girt State would be? Surely there is inspiration enough, with snow-capped peaks reaching for the sky! And, too, with a vital, expanding economic boom in this region, there is a promise of a bright tomorrow. Would the Japanese, in the second, third and future generations, assimilate and become a part

of the larger community? Will the American of Japanese ancestry be able to contribute to the growth and the greatness of this region? We did not know the answer then, and we do not know the answer now. But, to give us sign-posts into the future, we strongly feel that the continuing story of the Japanese in this region should be compiled and preserved.

With the advent of World War II and the mass evacuation of persons of Japanese ancestry from the West Coast in 1942, the Colorado region saw a great migration of probably more than 20,000 voluntary evacuees and relocatees into this area, together with a WRA camp of some 8,000 Japanese at Amache on the lower Arkansas River valley.

Attracting some relocatees from the Heart Mountain WRA camp in Wyoming, and a sprinkling from the Minidoka WRA camp in Idaho, together with the seasonal or temporary leave holders drifting to and from across this region, at one time, Denver probably had a peak Japanese population of some 8,000 or more.

And in this connection, we remember with pride, and with affection, the late Governor Ralph L. Carr of Colorado, who alone among the governors of the nine western states stood up to proclaim that the State of Colorado would protect the American rights of the evacuees, despite the war with Japan.

In those turbulent times, we remember too the agitation started by 110% super-patriots in the Brighton and Arkansas valley areas to enact an "antijap land law". We wryly recall the poisonous hate poured out in the scare headlines of The Denver Post, proclaiming us to be "rats" who should be dumped into the Pacific Ocean, and we remember the quiet courage of gentle Lee Casey of The Rocky Mountain News, in speaking out in defense of our legitimate rights and aspirations. We remember with gratitude how, under the leadership of Rev. Clark P. Garman, a former missionary to Japan, the fair-minded people of good will rallied to our cause to defeat the hate legislation against the Japanese in Colorado in 1944.

We can call back to mind, vividly, the "Nihonjin-machi" section of Denver along Larimer Street at 20th Street, when virtually every other business establishment was operated by a Japanese. We remember genial George Furuta, the unofficial "Mayor of Nihonjin-

machi" and the Los Angeles group that enlivened the community affairs.

Those days of excessive Japanese concentrations are probably gone forever, and good, we say, because we firmly believe that the future of the Japanese American in this region, as elsewhere, must lie in becoming an integral part of the larger community in which we live.

With the lifting of the exclusion restrictions on the West Coast, during December, 1946, evacuees and relocatees streamed back to the West Coast, again with Los Angeles and southern California as their primary destination. By 1950, the Japanese American population in Denver had dropped drastically from a high of probably 8,000 to about 2,500—a figure which remains fairly constant to today.

The outlying farm areas too suffered huge population losses. During the war years, the Japanese farmer in Colorado did well. But, with the end of the war, the uncertainties of the Colorado growing season, with its suddenly devastating hail storms, early over-night freezing, long lingering drouths, and other vagaries of weather and elements served to discourage Japanese American farmers who had been accustomed in California to raising a crop without the destructive hazards of nature. It is interesting to note, too, that the Japanese farmers in this area generally concentrated on truck farming, and did not go into cattle or grains, which are the agricultural backbones of this region.

Moreover, from a sociological standpoint, it is interesting to note that the evacuees brought with them an entirely different viewpoint from the West Coast. We would not attempt to evaluate social values, but it does appear that younger Colorado Nisei and Sansei are now scattering across the breadth and length of the land.

Some of these latter observations and conclusions were compiled by Toshio Yatsushiro, a sociologist with the W. R. A., in a post-evacuation study during about 1948. But, actually, nothing comprehensive or authoritative as a complete history of this region has been written. We hope that with journalistic writers of top calibre, such as Bill Hosokawa and Larry Tajiri, both of The Denver Post, in this area, such a complete history of the Japanese in this region will someday be written.

In this woefully incomplete preface we have mentioned names and families, and we certainly realize that the list is regretfully incomplete. Each family history in the Colorado area is a dramatic chapter in the total story of Japanese in Colorado. We apologize for our lack of knowledge to present even a fragmentary sketch, which would be fair to all concerned and in proper perspective. We hope we have indicated something of the story that can be told of the Japanese in Colorado, and that someone will write that complete story.

As to Ozawa's study, we commend his report: read it and study it, and you will perhaps more fully appreciate the background of the Japanese people in Colorado. Perhaps too you will be able to draw significant inferences for the future of all of us, as Coloradoans. As for ourselves, we are proud to be Coloradoans by voluntary choice, and we enthusiastically believe that "Colorful Colorado" holds a glowing promise for the future. But, we counsel that the lessons of the past be studied well, for those signposts may well guide our footsteps into tomorrow.

Having been first associated with The Colorado Times since 1947, under the editorship of the late Fred I. Kaihara, it has been with pleasure and with keen interest that we have written these few words as a preface to the English section of the 40th Anniversary Year Book of The Colorado Times.

Minoru Yasui

JAPANESE IN COLORADO

By

Fumio Ozawa

June, 1954

TABLE OF CONTENTS

LIST OF TABLES

LIST OF CHARTS

CHAPTER I

INTRODUCTION

Purpose of this thesis. The purpose of this thesis is to trace the history from 1900 to 1910 of the immigration of the Japanese into Colorado and to analyze the relationships between Japanese and other people of Colorado during this period. The problems of the Japanese in Colorado were representative of the large-scale problems that appeared in the Western United States when the Japanese migrated to this country and attempted to work and live among a predominantly white population. It is hoped that a study of the situation in Colorado, reviewed with as sharp a focus as the fragmentary records will permit, will illustrate in human terms some of the critical problems of Japanese migration and settlement that are all too often covered by broad generalizations.

The period of the study. 1900-1910. The writer has limited his study of the history of the Japanese in Colorado to the years between 1900 and 1910 for several reasons.

First, during this period the volume of Japanese immigration into the United States reached its peak and intensified problems of relationship between the native and European immigrant population and the Oriental minority.

Secondly, this decade was one of the most severe and bloody periods in the conflict between labor and capital, and the employment of Japanese laborers as strike breakers led organized labor to throw its strength behind anti-Japanese agitation.

Thirdly, during this period, the many controversial issues growing out of Japanese migration culminated in discriminatory actions against the Japanese population in the United States and in the stoppage of Japanese immigration.

Concurrently, relations between the United States and Japan deteriorated. From the time of Commodore Perry's historic mission of 1853-54 down to the Japanese victory of 1895 over China, the United States had taken an almost parental pride in the amazing

transformation of her Far Eastern protege. The astonishing victory of Japan over Russia (1904-1905) and the emergence of Japan as a world power, however, seriously affected the traditional friendship between Japan and the United States. This change in their international relationships, in addition to racial prejudice against the Japanese immigrants, aggravated a growing friction between the Japanese and the other peoples on the Pacific Coast and in other western states.

Review of previous studies. Certain aspects of the history of Japanese immigration and of the Japanese problems in the United States already have been treated exhaustively. In 1891, Inazo Nitobe wrote the book, *Intercourse Between the United States and Japan*,[1] which was followed in 1899 by a report[2] by W. M. Rice, U. S. Immigration Commissioner, who attempted to warn the American people of the danger (as he considered it) of Japanese immigration. In 1909, *The Annals* of the American Academy of Political and Social Science issued a special study: "Chinese and Japanese in America."[3] In 1911, the United States Immigration Commission published an extensive investigation of the Japanese immigrants in the western states in 1909, in the *Reports of the Immigration Commission*.[4] The international aspects of the Japanese problems were studied by Dr. Payson J. Treat in 1928; and Dr. Thomas A. Bailey published his investigation of the Japanese problems in California in 1934.[5] In 1932, Dr. Yamato Ichihashi published his excellent study: *Japanese in the United States*.[6] Up to the present time, however, only a few attempts have been made to produce any detailed study of the Japanese in Colorado, and these studies were confined to local areas.

This thesis is based in great part on two Japanese books and

---

[1]Inazo Nitobe, *Intercourse Between the United States and Japan* (Baltimore: The Johns Hopkins Press, 1891)

[2]W. M. Rice, "Immigration of Japanese," *House Documents* 686. 56th Cong., 1st Sess. (Washington: Government Printing Office, 1899).

[3]Chester H. Rowell and others, "Chinese and Japanese in America," *The Annals*, September, 1909.

[4]U. S. Immigration Commission, *Reports of the Immigration Commission*, I, II, XXII, XXIII, XXIV, XXV. (Washington: Government Printing Office, 1911).

[5]Payson J. Treat, *Japan and the United States* (Calif.: Stanford University Press, 1928). Also see Thomas J. Bailey, *Theodore Roosevelt and the Japanese-American Crisis* (Palo Alto, Calif.: Stanford University Press, 1934).

[6]Yamato Ichihashi, *Japanese in the United States* (Palo Alto, Calif.: Stanford University Press, 1932).

on public documents. One of these books is *The Development of the Inter-Mountain Japanese colonies*[7] (*Inter-Mountain Dobo Hattatsu Shi*), which was edited in 1910 by several Japanese under the auspices of the *Denver Shimpo Sha* (the only Japanese newspaper press in Colorado at the time). This book is a Year Book which reveals the conditions among the Japanese colonists who were scattered throughout the great central district from Colorado to Utah and from Wyoming to New Mexico. Through this book, the Japanese living in this region attempted to become acquainted better with each other and to give an accurate idea of conditions in this part of America to the people in the home land. The value of the book is enhanced by the inclusion of biographical sketches of more than three hundred Japanese in Colorado.

The other Japanese book, called *The History of Japanese in America* (*Zaibei Nipponzin Shi*),[8] has been useful in providing a good historical background of the Japanese activities in the United States, from the viewpoint of the Japanese themselves. The book was produced by several Japanese under the auspices of the Japanese Association in America, and was published in 1940.

The third important source is *Reports of the Immigration Commission* which covered most of the Japanese activities during the decade. These reports furnish, probably, the most reliable and impartial record about the Japanese in the United States.

Those basic works have been supplemented by research in the archives of Colorado, in the newspapers of Denver and of other Colorado towns, and by interviews with elderly Japanese of long residence in Colorado. These researches have yielded some information, but have been only moderately rewarding.

Coming of the Japanese to Colorado. Japanese immigrants were most inconspicuous in the life of Colorado prior to the first decade of this century. The U.S. Census of 1890 (see Table I, p. 6) indicated that only ten Japanese were living in Colorado at that time, and the number grew to only forty-eight in 1900. During the following

---

[7]Rokuhiko Suzuki and others (ed.), *The Development of the Inter-Mountain Japanese Colonies* (Denver, Colo.: The Denver Shimpo Sha, 1910).

[8]Toyoharu Abe and others (ed.), *The History of Japanese in America* (San Francisco: The Japanese Association in America, 1940).

decade, however, the first appreciable influx of Japanese into the state occurred, and the census of 1910 showed that 2,300 of Colorado's residents were Japanese. There was a modest increase over that number during the following three decades, but the Japanese population of the state remained fairly static until the relocation of West Coast

TABLE I

JAPANESE POPULATION IN COLORADO AND THE UNITED STATES (1870-1950)*

Year	Japanese Population in Colo.	Japanese Population in U.S.	Percent of Japanese Population In Colo.
1870	—	55	—
1880	—	148	—
1890	10	2,039	0.5%
1900	48	24,326	0.2%
1910	2,300	72,159	3.2%
1920	2,464	111,010	2.2%
1930	3,213	138,834	2.3%
1940	2,734	126,947	2.2%
1950	5,413	141,768	3.8%

**U. S. Census Reports*

Japanese during the Second World War period caused a second noticeable move of Japanese migration into the state. The census of 1950 showed 5,413 Japanese as residents of Colorado (See Maps 1 and 2, pp. 8 and 9).

It is not surprising that Japanese immigrants reached Colorado in appreciable numbers only at the relatively late time of 1900-1910, since the total Japanese population of the United States was a mere 2,039 in 1890 and the annual influx of Japanese immigrants exceeded 1,000 for the first time in 1891. In the closing years of the decade, 1898 and 1899, the annual influx finally passed the 2,000 mark, and then suddenly spurted to 12,000 in 1900. It consequently appears evident that during most of the decade of the 1890's, the Japanese population was so small and so gradually enlarged, that it could be absorbed in the states of the Pacific Coast. Furthermore, during several years of the decade, Colorado had little or nothing to offer the new immigrants and job-hunters, for the state was severely affected by the panic of 1893 with the repeal of the Sherman Silver Purchase Act, mining dropped off sharply, banks closed, businesses went into bankruptcy, unemployment was widespread. and, to add to

the depression and misery, a series of drought years brought hard times to the agricultural areas. However, the effects of the depression were gradually overcome and the stimulation of the mounting gold production at Cripple Creek led Colorado into rising prosperity during the closing years of 1890 and the opening years of the twentieth century.

As need for cheap labor was revived on the railroads, in the coal mines, on the farms and in the cities, and supply of Chinese labor had been choked off by the Exclusion Acts of the 80's, Japanese labor began to be brought in to meet the demand.

Organization of the thesis. Following a general account of Japanese immigration and dispersion in the United States up to 1910, succeeding chapters of this study will be concerned with the introduction of Japanese labor to the railroads, the mines, the agricultural areas, and the cities of Colorado, and the problems that the Japanese people encountered in this state during the decade between 1900 and 1910.

CHAPTER II

GENERAL ACCOUNT OF JAPANESE IMMIGRATION IN THE UNITED STATES TO 1910

The first Japanese who came to the Pacific Coast after the American occupation of California were some seamen who, in 1850, were shipwrecked along the West Coast and taken to San Francisco, where they were treated with kindness.[1] A few others subsequently arrived in similar fashion. After the repeal, in 1867, of the seclusion laws which had, for three centuries, prohibited Japanese emigration and travel abroad, a few Japanese came to the United States.[2] In 1870, the census reported fifty-five Japanese in the United States; in 1880, the number was 148; and in 1890, 2,039. In 1885, Japan permitted her laborers to emigrate and, the following year, Japan made a convention with Hawaii that permitted Japanese to go to those islands as contract laborers. This agreement soon led large numbers of Japanese laborers to emigrate to Hawaii. However, dissatisfaction with economic conditions there impelled many Japanese to go on to California where there was a demand for labor because the Exclusion Acts of 1882 and 1888 had cut off the supply of Chinese laborers.

In 1891, a total of 1,136 Japanese entered the United States (See Table II, p. 13) ; in 1898 the influx was 2,230. In 1900 Japanese immigration reached the unprecedented figure of 12,635.[3] After the annexation of Hawaii in 1900, Japanese laborers in large numbers came to the mainland, but no exact figures of this internal migration have been recorded. In 1900, the census reported 24,326 Japanese living in the United States and by 1910 the number had grown to 72,157. Since 1910 this substantial figure has remained relatively stationary, except for the natural increase of second and third generations.

---

[1] Abe, *op cit.*, pp. 4-9.
[2] Ichihashi, *op. cit.*, p. 48,
[3] *Reports of the Immigration Commission* I, 113.

TABLE II

THE NUMBER OF JAPANESE ENTERING THE UNITED STATES FROM 1861 TO 1910

Years	Total	Male	Female
1861	1		
1866	7		
1867	67		
1868	6		
1869	63	53	10
1870	48	46	2
1871	78	77	1
1872	17	17	
1873	9	9	
1874	17	9	8
1875	3	3	
1876	4	4	
1877	7	4	3
1878	2	2	
1879	4	3	1
1880	4	4	
1881	11	11	
1882	5	5	
1883	27	19	8
1884	20	19	1
1885	49	42	7
1886	194	160	34
1887	229	218	11
1888	404	366	38
1889	640	558	82
1890	691	601	90
1891	1,136	1,023	113
1892			
1893	1,380		
1894	1,931		
1895	1,150		
1896	1,110	1,007	103
1897	1,526	1,420	106
1898	2,230	2,115	115
1899	2,844		
1900	12,635	12,265	370
1901	5,269	4,902	367
1902	14,270	10,414	3,856
1903	19,968	15,909	4,059
1904	14,264	12,613	1,651
1905	10,331	9,105	1,226
1906	13,835	12,344	1,491
1907	30,226	27,240	2,986
1908	15,303	11,660	4,143
1909	3,111	1,291	1,820
1910	2,720	823	1,892

Total to 1910 158.344

**Reports of the Immigration Commission*, I, 113.

Reasons for Japanese emigration to the United States. There was one major reason for Japanese emigration to the United States. The fact that most of those immigrants were peasants from overcrowded districts with a low standard of living and a high birth rate indicates that the main factor which influenced them was economic. The inducements and attractions of this country lay chiefly in the simple fact that labor could earn more in America than in Japan.[4] Wages of workers in Japan were very low, as shown by the following data set forth by the U. S. Industrial Commission in 1901:[5]

TABLE III

Occupation	Per Day Yen	Per Day $	Occupation	Per Day Yen	Per Day $
Carpenters	0.55	0.26	Blacksmiths	0.75	0.36
Plasterers	.55	.26	Printers	.40	.19
Stone cutters	.65	.31	Ship carpenters	.60	.29
Paper hangers	.50	.24	Compositors	.60	.29
Joiners	.60	.29	Common laborers	.40	.19
Tailors for Japanese clothing	.50	.24	Confectioners	.35	.17
Tailors for foreign clothing	1.00	.48	Farm laborers (permonth)	3.00	1.44

In contrast to those wages, Japanese earned $1.25 a day as railroad workers in this country.[6] In other words, the Japanese who emigrated to this country were "impelled by the desire for improvement rather than by the necessity of escaping misery at home......"[7]

The opportunities for employment, made all the greater by the prevention of Chinese immigration by the Exclusive Acts of 1882 and 1888, and the possibility of earning wages that were unheard of in their native land, enabled the energetic and frugal Japanese immigrants to advance economically. Their advancement provided the Japanese emigration agents with an arsenal of success stories that induced increasing numbers to join the stream of immigration to the land of hope and plenty.[8]

The geographical distribution of Japanese in the United States.

[4]Yasusaburo Yoshida, "Sources and Causes of Japanese Emigration," *The Annals,* op. cit., p. 164.

[5]U. S. Industrial Commission, *Industrial Commission Reports* (Washington: Government Printing Office, 1901) XV, 757.

[6]*Reports of the Immigration Commission,* XXV, 19.

[7]Ichihashi, *op. cit.,* p. 9.

[8]Rice, *op. cit.,* p. 18.

The Japanese, like other immigrant peoples, had a tendency to concentrate in certain localities that were determined, in large part, by geographical factors and by economic opportunities.[9] The concentration of Japanese on the Pacific Coast was due to the geographical relation of the Pacific Coast to Japan,[10] while the major settlements of Japanese in and around San Francisco, Portland and Seattle followed as the natural result of those cities being the chief ports of entry for Oriental shipping and immigration.[11] From those ports many of the immigrants gradually moved inland in California, Oregon, and Washington, largely within a climatic belt similar to that which the majority of them had known in the neighborhood of Nagasaki, Kobe, and Yokohama.[12] It was only when especially attractive opportunities for employment appeared farther inland that many immigrants ventured very far from the Pacific Coast. The movement of Japanese into the Rocky Mountain States, including Colorado, almost entirely depended upon alluring opportunities for employment offered by the mines and the spreading railroads of the West.

In 1900, there were 18,269 Japanese residing in the Pacific states and 5,107 in the Rocky Mountain area (mostly in four states: Utah, Colorado, Idaho and Wyoming). In 1910, there were 57,703 in the Pacific states and 10,447 in the Rocky Mountain area.[13] Because of the Gentlemen's Agreement of 1907, which became effective in 1908, Japanese emigration to this country actually stopped. The Japanese population in the mountain area remained practically unchanged from 1910 to the beginning of World War II when the Japanese on the West coast were forced to move into the War Relocation Camps.

Vocational classification of Japanese immigrants. The Japanese immigrants, like most immigrants, found it necessary to take whatever employment lay ready and open to him upon his arrival in America. After he had become accustomed to his new surroundings and had gained greater familiarity with American ways, knowledge of chances for employment, and maybe some savings, he was better able to move

---

[9]Ichihashi, *op. cit.*, p. 93.
[10]*Ibid.*
[11]*Ibid.*, p. 94.
[12]Rice, *op. cit.*, p. 18.
[13]Ichihashi, *op. cit.*, pp. 94-95.

into the type of work that he preferred.

One of the first occupations in which Japanese immigrants found an opportunity to earn a living was that of domestic service. Many of them started as "school boys" in the 1880's and 1890's, then gradually evolved into professionals on the one hand, and, on the other, into "day workers," who did not live with the families which they served. Domestic work was a very important occupation for the Japanese in this country and has continued, until quite recently, to be one of their most stable modes of earning a living. In 1909, the Immigration Commission reported as follows on this important aspect of Japanese employment:

The 12,000 or 15,000 Japanese engaged in domestic service in its broad sense are chiefly in a few cities of the Pacific Coast States, the largest number being in Seattle, San Francisco, and Los Angeles. The greater number are domestics in private families, dishwashers and "general help" in restaurants, hotels, and "day workers," i.e., persons who do work about the house or premises and are paid so much per hour or day. A rather large percentage of the domestics in private families are "school boys," who work short hours for which they receive board and lodging and a small wage, depending upon the number of hours per day they work. The student class, the farmers' sons, those who had not been gainfully occupied at home, (furnish) the larger percentage of those engaging in these occupations. The work is less arduous than in the industrial employments, the conditions of living are much better, and the opportunity to learn English and certain American methods are present. To some extent they have taken the places of the Chinese, who are gradually decreasing in numbers and are seldom available except as comparatively high-priced cooks. In a few instances have they increased in number rapidly enough to displace white female servants, and though the Japanese have been regarded as the cheapest labor, until recently there has been a scarcity of servants even at increasing wages, and it should be added that the wages of Japanese servants increased rapidly during the decade of the nineties and in subsequent years when the largest number were arriving in this country.[14]

[14]*Reports of the Immigration Commission*, I, 673.

Sooner or later, some of the Japanese immigrants who started out as domestic workers established small businesses, largely in the big cities of the Pacific Coast and mountain states. Important among those businesses were the stores that supplied Japanese food products and daily goods to Japanese who, whether residents of cities or of rural districts, continued to desire food and other commodities to which they were accustomed.

Other businesses that appeared early in the history of Japanese immigration and increased with the growth of the Japanese population in the United States were the restaurants, boarding houses, barbershops and bath houses that were fostered both by the natural inclination of the Japanese immigrant to desire familiar services and surroundings, and by the discrimination that closed many white establishments to him. Some businesses, such as curio shops and some restaurants, were able to gain white, as well as Japanese, patronage.

The origin of Japanese city businesses may be traced as far back as 1884.[15] These enterprises did not assume any importance until about 1898, but after 1904 they began to expand rapidly, reaching their highest development in 1909 or thereabouts.[16] Because of the enforcement of the restrictive immigration measures from 1908 on, the enterprises in most instances failed to grow normally. A survey conducted by the Immigration Commission in 1909 revealed that the number of Japanese establishments in the western States was between 10,000 and 11,000, and there were 2,277 establishments in twenty-six towns and cities of the western states (see Table IV, p. 20).

Another important segment of Japanese immigrants was employed by railroads for construction and maintenance work. The main railroads which employed Japanese were the Southern Pacific; the Atchison, Topeka, and Santa Fe; the San Pedro, Los Angeles and Salt Lake; the Union Pacific; the Oregon Short Line; the Denver and Rio Grande; the Oregon Railroad and Navigation Co.,; the North Pacific; and the Great Northern.[17] In 1900 about 6,350 Japanese were reported as employed by the railroads. The number increased

---

15 Nitobe, *op. cit.*, pp. 187–88.
16 *Reports of the Immigration Commission*, XXV, 3–62.
17 *Ibid.*, pp. 4, 17.

TABLE IV

NUMBER OF JAPANESE ESTABLISHMENTS ENGAGED IN EACH SPECIFIED KIND OF BUSINESS IN SELECTED LOCALITIES IN 1909

Kind of Business	Seattle	Tacoma	Spokane	Portland	San Francisco	Los Angeles	Sacramento	Fresno	Salt Lake City	Ogden	Denver	Total
(a) STORES & SHOPS												
Art and curio	12	5	2	4	42	15	1	...	3	...	1	86
Book & drug stores	4	...	...	...	14	8	4	2	...	...	1	33
Fruit and vegetables	...	3	...	...	8	20	...	...	...	...	...	31
Furnishing	...	...	...	...	13	...	9	...	...	...	...	22
Importing & exporting	...	...	...	...	5	...	...	...	...	...	...	5
Meat and fish	5	...	...	1	5	3	3	4	...	...	1	22
Provision & supply	26	...	5	8	22	27	12	4	4	2	2	124
Sake (liquor)	2	...	...	...	7	5	...	...	...	...	...	14
Watch & jewelry	7	...	...	1	8	5	4	6	...	...	1	32
(b) PERSONAL SERVICE												
Barber shops	46	9	5	10	18	44	26	12	3	4	4	187
Bath houses	26	5	...	13	13	26	7	4	2	2	3	105
Hotels, boarding & lodging houses	72	8	7	12	51	90	37	12	9	10	10	337
Laundries	37	6	4	2	19	7	6	5	1	1	3	97
Restaurants (Am. meals)	36	5	11	14	17	25	8	5	5	1	...	149
Restaurants (Jap. meals)	51	7	4	11	33	58	28	15	3	8	10	232
Tailoring, dyeing & dress-making	45	3	2	2	52	16	6	...	3	1	2	136
(c) AMUSEMENTS												
Moving picture shows	...	...	...	...	...	1	1	2	...	...	...	4
Pool & billiard parlors	25	4	2	4	28	33	15	10	3	6	3	144
(d) OTHER												
Bamboo shops	...	...	...	...	7	1	...	...	1	...	1	10
Banks	3	...	...	...	1	2	1	2	...	1	1	12
Confectioners	5	...	...	1	4	...	4	...	...	...	4	22
Contractors	...	...	...	2	12	...	...	...	7	4	7	32
Employment agents	17	1	...	2	12	7	4	...	...	...	1	44
Embroidery	...	...	...	...	3	...	...	...	...	...	...	3
Expressmen	10	3	...	2	5	10	6	...	...	2	2	43
Florists	...	...	...	...	4	...	...	...	...	...	...	4
Job printing shops	7	...	...	...	5	2	2	...	...	...	...	16
Magazines & newspapers	12	...	...	1	6	7	1	...	1	...	...	28
Photograph galleries	5	1	...	...	8	6	3	...	1	1	1	26
Rice mills	...	...	...	...	2	...	...	...	...	...	...	2
Shoe stores & cobbler shops	5	...	...	1	76	17	3	2	...	...	...	105
Tofu makers	...	...	...	1	2	3	3	...	...	...	1	10
Miscellaneous	20	3	3	5	43	35	15	22	...	...	8	160
Total	478	63	45	97	545	473	209	107	46	43	67	2,277

f Includes the number of establishments in 26 towns and cities in the West.

* *Reports of the Immigration Commission*, XXIII, 100.

appreciably during the next few years and then began to fall off. In writing about this trend, Dr. Millis stated in 1915:

> In 1906 some 13,000 were employed as common laborers about railroad shops and in maintenance of way......In 1909, largely because of the strong tendency of the number of this race to seek the most remunerative and most agreeable employment, the total number employed by the railroad companies, in spite of an increasing number in the shops, had fallen to about 10,000. At present the number is considerably smaller.[18]

A significant aspect of the employment of Japanese labor by the railroads was its effect upon the mobility of the Japanese immigrants. Railroad employment greatly enlarged their area of activity and settlement, and induced considerable numbers of them to leave the Pacific Coast and move into the mountain states.

Through railroads, also, the Japanese had the opportunity to enter the mine fields, especially the coal mines of Wyoming and Colorado. Few Japanese laborers engaged in metalliferous mining except in some copper mines of Nevada and Utah, but they were employed in smelting in Nevada, Utah and Colorado.[19] The Immigration Commission estimated that in 1909 there were some 2,000 Japanese employed in mining.[20]

Farming was, also, one of the first occupations of the Japanese in the United States and it eventually became their most important occupation. This marked development was primarily due to the fact that most of the Japanese came from the farms-in their native country-and many of them returned to the land in America as soon as they could do so. During the 1890's the Japanese appeared in the agricultural fields of California; by 1910, the Japanese farm laborers had reached and had crossed the Rocky Mountains. The employment of Japanese farm laborers in the mountain states began about 1903 with the introduction of the beet-sugar industry in Idaho, Utah and Colorado.[21] The Immigration Commission reported in 1909:

> During the last ten years many have left their employment as section hands to find work as agricultural laborers or to lease

---

[18]H. A. Millis, *The Japanese Problem in the United States* (New York: The MacMillan Company, 1915), p. 32.

[19]Abe, *op. cit.*, pp. 916-918, 927. Also see Suzuki, *op. cit.*, pp. 333-338.

[20]*Reports of the Immigration Commission*, XXIII, 52.

[21]*Ibid.*, p. 18. Also see Abe, op. cit., pp. 914-941, 944-945.

land, and there has been a smaller move nent of the same kind on the part of the Japanese employed in other occupations.[22]

By the summer of 1909. Japanese farmers and agricultural hand laborers exceeded 40,000,[23] out of a total Japanese population in the United States of approximately 70,000. Of the 40,000 engaged in agriculture, 30,000 were in California, 3,000 in Washington, 3,000 in Colorado, 1,026 in Utah, 1,000 in Oregon, and about 1,500 in other states.

Japanese problem in the United States. The decade of 1900-1910 is of greatest importance in the history of Japanese immigration, because this decade saw the rise of definite efforts to curtail Japanese immigration.

In the fifty years of following 1854, when Commodore Perry made a treaty with Japan, relations between the United States and Japan had been uniformly friendly. This was true, not merely of the governments, but of the people as well. During those decades which marked the rise of new Japan there were many occasions when the United States manifested its good-will for Japan and its desire to see her stand forth as a great independent and progressive power.

This favorable and friendly attitude was evident especially when Japan was involved in the Ryukyu controversy with China and in difficult negotiations with the treaty powers over questions of tariff autonomy and extraterritorial jurisdiction, and when she was engaged in the Sino-Japanese and Russo-Japanese wars. The gratitude of Japan was expressed in many ways, as when exceptional honors were paid General Ulyses S. Grant at the time of his visit to Japan in 1879. Despite some friction, it may be safely said that there existed between the United States and Japan, from the beginning of their intercourse to the close of the Russo-Japanese War, a closer friendship than between Japan and any other nation.[24]

However, signs of a change of attitude on both sides of the Pacific began to appear at the close of the Russo-Japanese War. In Japan there was great indignation against the peace terms that

---

22 *Reports of the Immigration Commission*, XXIII, 69.
23 *Ibid.*, p. 61.
24 Treat, *op. cit.*, pp. 107-160.

concluded the war, while in the United States there appeared the beginnings of suspicion regarding the foreign policies of Japan. From 1905 onward, the immigration problem in California and other western states rapidly worsened.

During the decade prior to 1905, criticisms of Japanese immigration had been heard in the West. In 1898 W. M. Rice, an American commissioner of immigration, was sent to Japan to study the sources and causes of the immigration. His report to the commissioner-general of immigration, expressed an attitude that was increasingly prevalent in the United States:

> I came to the conclusion that the average Japanese, by intelligence, is incapable of appreciating the motive behind the United States. The friendliness of the mass of the people for the policy of the United States and respect in which it is held is unmistakable, but this sentiment is childlike in its character, and is not based upon knowledge or a familiarity (with) the harmony between the principles upon which the government of the United States is based and the laws carrying out those principles. Hence the immigration laws of the United States irritate them, because the motive is to them incomprehensible. All have an intensive longing to visit the United States or to come for the purpose of labor.[25]

Although California was the original center of anti-Japanese agitation, similar attitudes had been expressed, prior to 1905, in other western states. For example, in 1901, a *Rocky Mountain News* editorial urged that "the Japs be included in terms of the Chinese exclusion act,"[26] even though there were not more than fifty Japanese living in Colorado at the time.

But it was at the close of the Russo-Japanese War in 1905, that the anti-Japanese feeling exploded in California. During that year, the *San Francisco Chronicle* printed a series of aggressive articles against the Japanese,[27] and in May of that year, the Asian Exclusion League was organized at San Francisco. In October, 1906, the Board of Education of San Francisco adopted the resolution to segregate Japanese children from whites in school.[28] The segregation resolution

---

[25]Rice, *op. cit.*, p. 19.

[26]*The Rocky Mountain News*, December 3, 1901.

[27]Carey McWilliams, *Prejudice: Japanese-Americans - Symbol of Racial Intolerance* (Boston: Little Brown & Co., 1944), p. 18.

[28]*Ibid.*, pp. 26-27.

in San Francisco inflamed Japanese opinion and the Japanese press protested vigorously. As Thomas A. Bailey has recorded:

> The more excitable newspapers expressed themselves with great bitterness against what was commonly spoken of as both a treaty violation and an insult at the United States.[29]

The agitation fed by prejudice and economic interest and heated by the emotions of conflict between labor and capital with the Japanese immigrants caught between those two forces led to the presidential proclamation of 1907 that prohibited Japanese immigration from Hawaii, Canada and Mexico. The following year, the famous gentleman's Agreement stopped direct fresh labor immigration from Japan. The fundamental question of Japanese immigration, however, was to remain a vexatious question for many years to come and to color the international relations of Japan and the United States.

[29]Bailey, *op. cit.*, p. 49.

CHAPTER III

THE JAPANESE AND THE RAILROADS OF COLORADO

In the East the settlement of people helped to introduce railroads, but in the West the railroads helped the settlement. The greatest movement of people in the United States during the waning years of the nineteenth century was directed by the efforts of railway companies to introduce considerable numbers of European immigrants to the West. Many of them drifted westward as railroad workers and stayed to till the soil.[1] In like manner, it was work on the railroads that lured many Orientals, first the Chinese and later the Japanese, away from the west coast and eastward into the Rocky Mountain states.

By the time that Japanese workers appeared on the Colorado railroads, shortly after the turn of the century, the state had already experienced almost forty years of complex railroad history that had produced conditions summarized by H. O. Brayer in these words:

> The nineteenth century ended with the Colorado carriers almost completely in the control of the larger transcontinental lines, with the problem of regulation in the public interest still unsolved, with a very weakened financial structure still unrecovered from the panic and crash of 1893, and still laboring under crushing security burdens.[2]

Out of the trials, tribulations, and rivalries of this turbulent period had, however, come 4,587 miles of railroad that were in operation in the state at the opening of the twentieth century and required considerable numbers of laborers for maintenance work,[3] And more laborers were needed for the railway expansion of the decade (1900-1910) that saw the construction of Colorado's last major railroad-the Denver, Northwestern and Pacific Railway ("The Moffat

---

[1]R. A. Billington, *Western Expansion* (New York: The MacMillan Company, 1949), p. 705.

[2]Herbert O. Brayer, "History of Colorado Railroad," in Hafen (ed.) *Colorado and Its People*, V, 677.

[3]*Ibid.*

Road") - from Denver to Steamboat Springs between 1903 and 1908, and its extension to Craig by 1913,[4] and that also saw extension of several small lines or branches in various parts of the state.[5]

All told, the total mileage of the railroads of the state was increased by 775 miles during the decade,[6] and the stimulation of such developments, coinciding with the gradual disappearance of the Chinese from railroad work in Colorado, opened the way for the introduction of Japanese workers. In general, there was fairly strong demand for Japanese labor on railroads throughout the West after 1898, except in the Southwest, where the cheaper Mexican labor was available. In commenting on the replacement of other laborers by Japanese, Millis remarked:

> Enlarging opportunity for employment in cities, in mills, and in the mines and smelters caused the laborers who had been employed to drift away from their section work with its relatively low wages and hard living conditions. The Japanese were very extensively substituted for other men who had disappeared because of unwillingness to remain at the stationary or slowly increasing wages. One reason why the railroad companies employed the Japanese was the fact that in the majority of cases the Japanese were paid a lower rate per hour than was paid to other section hands, including European immigrants such as Italians, Greeks, and Slavs.[7]

An investigation by the Immigration Commission in 1909 confirmed the fact that the Japanese were paid lower wages than other railroad workers. The Immigration Commission's report stated:

Wages paid to the Japanese advanced from 10 and 12 cents per

---

[4]*Ibid.*, pp. 680-681.

[5]*Ibid.*, pp. 683-684.

Extensions or branches of railroads of Colorado, 1900-1910:

Date	*Company*	*Extension*
1900	Chicago-Burlington & Quincy	Colorado-Nebraska
1903	Colorado & Wyoming Railroad	Trinidad-Cuatro
1905	Uintah Railroad	Mack-Gilsonit beds (Utah)
1906	Argentine Central Railroad	Silver Plume-Mt. McClellan
1906	Colorado & Northwestern	Ward-El Dora & Sunset
1909-10	Denver, Laramie & Northwestern	Denver-Greeley
1910	Great Western Railway	Denver-Northern Colorado
1910	San Lius Southern Railway	Blanca-Garosa

[6]State of Colorado Railroad Commission, *Biennial Reports*, 1900-1910 (Denver, Colorado: 1901-1911).

[7]Millis, *op. cit.*, p. 32.

hour in 1898 and 12¢ in 1900, to 13 and 15¢ per hour paid for some years prior to 1907. Then because of panic, the wages were reduced to 11½ and 13c. At present (1909), (their wages were) $1.20-1.40 per day. At all times the Japanese received the lowest wages paid by these companies excepting the few Chinese who have remained.[8]

However, the wage rates paid to Japanese railroad workers by five main railroad companies in 1909 appear to have been a little higher in Colorado than in other parts of the country. For example, the Chicago, Burlington and Quincy Railroad Company paid $1.35 to $1.45 per day to section hands, while four other companies - the Union Pacific, the Denver and Rio Grande, the Colorado and Southern, and the Chicago, Rock Island and Pacific railroad companies paid $1.40 per day. All five companies paid $1.45 to $1.50 per day for gang labor and $1.40 to $2.00 for round house labor. Foremen were usually paid $60.00 to $70.00 per month.[9] Therefore, the average wages paid for railroad labor in Colorado in 1909 ran from $1.40 to $1.50, in contrast to the $1.20 to $1.40 per day that was being paid for the same type of employment in California and other sections of the country at that time.

Moreover, Japanese workers were attractive to the railroad companies, not only because they could be paid lower wages, but also because they could be secured with remarkably little difficulty. Millis stated in regard to this advantage:

> A factor of greater importance than wages paid is found...in the convenience with which the Japanese were secured through 'contractors' of their own race. Except for the Greeks, in some instances, most of the laborers in unskilled work had to be secured through ordinary employment agencies which involved much uncertainty and, at times, some expense on the part of the railroad companies. Not so the Japanese. The arrangement between two railway companies operating in the Northwest and a Japanese supply company with its main office in Seattle were essentially the same as the arrangement between other 'railway companies and the contractors' through whom Japanese laborers were secured. In return for the opportunity to provide its men with such supplies as they did not purchase locally and the free transportation of these, the company supplied to the best of its ability these two railroad companies with the number of section

[8] *Reports of the Immigration Commission*, XXV, p. 19.
[9] Suzuki, *op. cit.*, p. 50.

men and other laborers needed from time to time. It supplied necessary interpreters and paid off the men. Its remuneration came from the profit on supplies sold and an interpreter's fee of $1.00 per month and a second fee of five cents per day for each man, these fees, of course, being deducted from the earnings of the men.[10]

Thus, the introduction of the Japanese into railroad work was almost entirely accomplished by these contractors. For example, the Oriental Trading Company in Seattle supplied more than 15,000 Japanese to various railroad companies, during the years 1898-1908.[11]

The exact date for the employment of the first Japanese workers on a Colorado railroad line cannot be established conclusively. It is apparent, however, that Japanese railroad workers were brought into Wyoming in the Spring of 1900, when about four hundred Japanese laborers were transferred from the Oregon Short Line to the Wyoming and Utah lines of the Union Pacific through a Japanese contractor.[12] On May 5, 1900, the *Denver Times,* under the heading of "Wyoming News," reported this introduction of Japanese railroad workers into the neighboring state:

> The Union Pacific has a large number of Japanese employed as sectiòn hands on its line between Rawlings and Ogden and is believed to (be planning to use) them all the way east as far as Omaha. There is a great deal of feeling in the state on this matter. The Japanese are brought to this country by a padrone, to whom the company pays $1.25 a day for each man. He keeps 10 cents a day for himself and pays the men $1.15. The white laborers are paid $1.50 (and) upwards, a day.[13]

Later, in March of 1901, the *Denver Times* reported that the Union Pacific was apparently planning to extend its use of Japanese labor:

> The Union Pacific Railroad is making arrangements to (hire) Japanese to act as section men at various points on the line. Section houses at Otto, Borie and Burford are being remodeled and constructed for use of the Japanese and (when) the changes are completed the importation of the Orientals will begin.[14]

---

[10]Millis, *op. cit.*, pp. 33-34.
[11]*Reports of the Immigration Commission*, XXV, 16.
[12]Suzuki, *op. cit.*, pp. 66-67.
[13]*The Denver Times*, May 5, 1900.
[14]*Ibid.*, March 24, 1901,

Therefore, from 1900 on, the Japanese railroad workers gradually moved down southeastward in Wyoming toward Cheyenne and toward Colorado. As a matter of fact, the labor contractors, Wakimoto and Nishimura began to supply Japanese workers, in 1903, to the Union Pacific lines around Cheyenne.[15]

During the following year, 1904, the labor contractors, Kiyama and Takatsuka, moved more than one hundred Japanese workers from the Oregon Short Line to the Moffat railroad in Colorado.[16] This is the earliest introduction of Japanese railroad workers into Colorado that it has been possible to establish. Once the use of Japanese labor had begun, however, contracts for the supply of more Japanese workers were rapidly concluded. In March, 1905, Wakimoto and Nishimura extended their labor contract business to the Union Pacific lines in the Colorado district.[17] Almost at the same time, Kiyama and Takatsuka made a contract with the Denver and Rio Grande to supply Japanese workers for its lines; and Okumura made a similar contract with the Colorado and Southern.[18] In 1906, when the Ban Company established its branch office at Denver, its labor contract with the Burlington Railroad in Wyoming was extended to include the Colorado district.[19] (See Chart 1, p. 36).

It has not been possible to determine how many Japanese laborers were supplied to the Colorado railroads under these contracts, but it is not probable that the number was exceptionally great or that Japanese were used to the exclusion of laborers of other origin. It will be noted, by reference to the data of the Immigration Commission concerning the racial and national origins of common laborers employed in the maintenance-of-way departments of eight major western railway companies in 1909 (see Table V, p. 37) that the 4,055 Japanese and Korean laborers listed constituted a relatively modest fraction (approximately one eighth of the total) of 32,250 common laborers employed. The Japanese Association of Colorado estimated that the number of Japanese workers employed by the railroads of Colorado in 1909 was four hundred.[20]

---

[15]Suzuki, *op. cit.*, p. 567.
[16]*Ibid.*, p. 84.
[17]*Ibid.*, p. 567.
[18]*Ibid.*, p. 100.
[19]*Ibid.*, p. 88.
[20]*Ibid.*, p. 67.

Although the Japanese railroad workers were apparently not great in number, they were sufficiently conspicuous to attract the attention of some newspapers. The *Denver Post* noted their presence in the Spring of 1907:

> The Denver and Rio Grande Railway is said to have several dozens Japs, and the Colorado and Southern has about the same number......The work

Chart 1

Contracts between Colorado railroads and Japanese contractors for supply of laborers (Date indicates first known contract between indicated contractor and railroad company)*

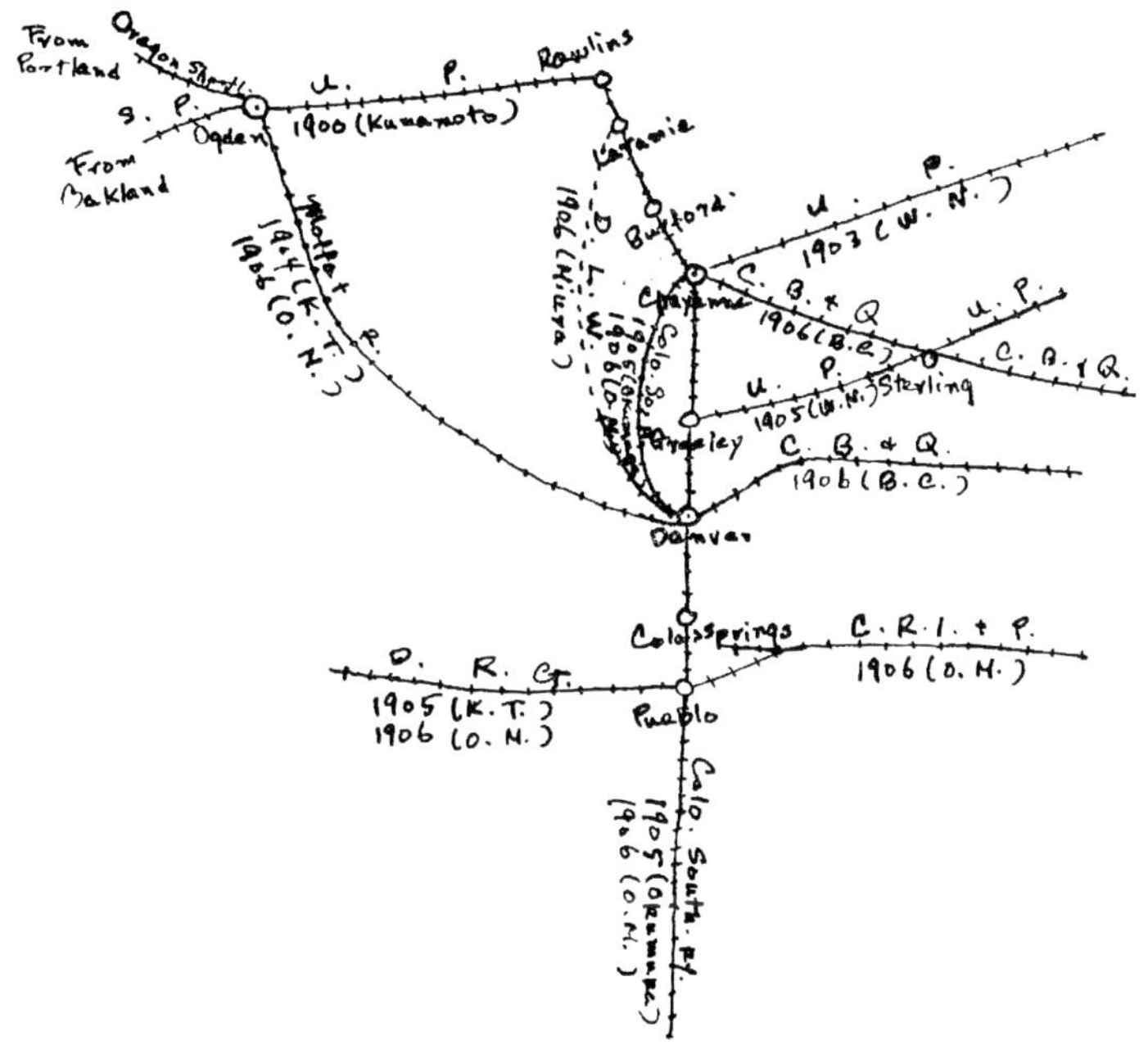

U.P.	The Union Pacific R.
C.B. & Q.	The Chicago Burlington and Quincy R.
C.R.I. & P.	The Chicago Rock Island and Pacific R.
D.L.W.	The Denver, Laramie and Western R.
D.R.G.	The Denver and Rio Grande R.

W.N. Labor contractor - Wakimoto and Nishimura
K.T. Labor contractor - Kiyama and Takatsuka
O.M. Labor contractor - Okumura and Miura
B.C. Labor contractor - The Ban Company

*Compiled from Suzuki, *op. cit.*, pp. 84, 88, 100 ,566-567.

TABLE V

COMMON LABORERS EMPLOYED IN THE MAINTENANCE-OF-WAY DEPARTMENT OF EIGHT RAILWAY COMPANIES IN 1909*

	Southern Pacific May, 1909 A	San Pedro, Los Angeles, and Salt Lake May, 1909	Union Pacific July, 1909	Oregon Short Line May, 1909	Denver and Rio Grande July, 1909	Oregon Railroad & Navigation Co. April, 1909	Northern Pacific June, 1909 c	Great Northern July, 1909 d
American	1,877	(e)	431	399	262	(e)	(e)	(e)
American Indian	2	—	—	—	—	—	—	—
Chinese	206	—	—	68	—	—	135	—
East Indian	24	—	—	30	—	41	5	—
Greek	2,465	75	2.769	794	771	(f)	45	743
Italian	1,815	15	716	357	363	f 930	894	851
Japanese and Korean	896	459	606	779	99	397	444	275
Mexican	2,714	397	53	3	206	—	—	—
Miscellaneous	2,602	760	860	310	90	587	1,656	1,070
Total	12,592	1,706	5,435	2.740	1,791	1,928	3,179	2 879

a. Includes lines in Oregon and Salt Lake divisions.
b. West of Albuquerque.
c. West of Paradise, Montana.
d. On Spokane and Cascade division only.
e. Included in 'miscellaneous white'.
f. North and South Italians and Greeks not separately reported.

* *Reports of the Immigration Commission*, XXV, 16.

of laying the tracks of The Union Pacific Railway on Blake Street is being done almost exclusively by Japanese......[21]

Then, having noted the fact that Japanese workers were employed by the railways, the *Post* expressed concern for the security of white labor: "Such hordes are coming that the livelihood of thousands of Denver citizens is threatened, and drastic steps will have to be taken to prevent serious trouble." Such an attitude boded no good for the relations of the Japanese workers and the predominantly white population, and fostered the problems that will be examined at greater length in a later chapter of this study.

---

[21] *The Denver Post*, May 23, 1907.

CHAPTER IV

JAPANESE IN THE MINES OF COLORADO

Mining was another important industry that offered jobs to the Japanese immigrants and drew them from the Pacific coastal areas into the Rocky Mountain region and into Colorado.

Although the industry had suffered serious reverses as a result of the panic of 1893 and the repeal of the Sherman Silver Purchase Act, the discovery and rapid rise in production of gold at Cripple Creek stimulated recovery in the industry and in Colorado's economy. "The total annual metal production of the state mounted from 32 millions in 1895 to 50 millions in 1900 - the figure for 1900 being the highest in the history of the state."[1] Mineral production of the state continued strong through the decade of 1900-1910, although the total production declined,[2] with gold production falling gradually, silver declining rapidly, copper holding a steady and high level of production, lead declining, zinc rising strongly, and tungsten making its appearance during the decade. It was a strong period for coal, with production rising to more than 5 million tons in 1900, and increasing to about 12 million tons in 1910.

It is important to note that the activities of the Japanese miners in Colorado were strictly limited to coal mines. The metalliferous mines were closed to them, apparently because the Western Federation of Miners, the union of the metal miners, was strong enough to prohibit their employment. An editorial of the *Daily Mining Record* stated in 1908 that:

> There is one line of western labor, however, in which neither Chinese nor Japanese can find employment, and in which no code of diplomatic ethics is required. That line is mining. In the old days, when the placer rushes were on, the yellow men (perhaps referring to the Chinese) worked in the diggings. Even now, they take old, discarded placers and willingly pan for the pittance they can wring from depleted sands. But in the camps, the presence

[1]Hafen, *Colorado and Its People*, I, 472.
[2]*Ibid.*, II, "Appendix," pp. 691-93.

of the yellow peril might mean an American lynching bee, with the almond-eyed son hanging on the dangerous end of a rope. That, let us thankfully say, has never occurred under the plea of necessity. Some of the districts are so bitter in their feelings that no Oriental is even permitted in other lines, and the Chinese laundry is usually a minus quantity in those regions.

Harsh words may often be directed against the Western Federation, but it is probably one of the few unions that have succeeded in keeping out the yellow or brown man from the affairs of the white laborer.[3]

If the union that was operative in coal mining in Colorado - The United Mine Workers of America - had been as strong as the Western Federation of Miners, there is small likelihood that the Japanese would have gained any foothold in the industry in the state. As it was, the United Mine Workers was appreciably stronger in northern Colorado than in the coal mines of southern Colorado. Consequently, most of the Japanese engaged in mining were employed in mines located in the southern part of the state where the union was weak. The Immigration Commission stated on this point:

In 1903-4 the most severe strike in the history of Western coal mining occurred. The northern Colorado field, however, was less affected than other parts of the Western field, the differences being adjusted within a month. No strike breakers were introduced and no racial change of importance resulted. District 15 of the United Mine Workers of America has since been recognized by the operators of northern Colorado, and a definite agreement with the union entered into. The thorough unionizing of this district, which led up to and maintains their agreement, has been an important barrier to the influx of new immigrants considered undesirable by members of the union.[4]

As in their work in railroads, many of the Japanese miners apparently came into the coal mines of Colorado from the coal mines of Wyoming. Before the Japanese appeared in the mines of Colorado, many Japanese had been found in the coal mines around Rock Springs in Wyoming. The oldest coal mine in Wyoming began with the completion of the construction of the Union Pacific railroad in 1869. Many Chinese miners were introduced to the coal mines from

[3] *The Daily Mining Record*, February 7, 1908.
[4] *Reports of the Immigration Commission*. XXV, p. 243.

the railroad construction. With the growth of the anti Chinese movement, including a bloody incident at Rock Springs in which more than forty Chinese were massacred in 1876, they had gradually disappeared in this field. In 1898, when the coal mine operators had difficulties in getting miners, General Nishiyama introduced Japanese laborers to mines at Rock Springs. From 1898 onward it appears that between 500 and 1,000 Japanese miners continued to work in Wyoming.[5]

When the Japanese began coming to Colorado as miners, they came as a result of correspondence between the operators and Japanese employment agencies during times when labor was scarce. Table VI, p. 43, shows how representative Japanese miners came to Colorado. A group of editors of the book, *The Development of Inter-Mountain Japanese Colonies,* listed eleven Japanese as the most influential or active miners in the southern Colorado's coal mines, some of whom were labor contractors or "bosses". Of those eleven Japanese miners, eight had had some experience in the coal mines of Wyoming. Most of them came from Seattle or San Francisco through Wyoming, but none of them came directly to Colorado from the Pacific Coast ports. Seven of the eleven entered the coal mine fields of Colorado during the strikes of 1903-1904. Although it is dangerous to generalize the whole picture of the Japanese miners of Colorado from these facts, these examples suggest that experience in the coal mine fields of Wyoming was an important factor in bringing Japanese into the coal fields of southern Colorado.

In February, 1902, *The Denver Republican* reported the arrival at Florence, Colorado, of the first group of Japanese coal miners of which we have record:

> Thirty-two Japanese coal miners from Fresno, (Calif.), and Rock Springs, (Wyoming), arrived here (Florence) tonight in a special car and will go tomorrow to the coal mines at Chandler. Sam Jones, who is in charge of the miners, said tonight that the men were brought here by the Victor Fuel Company, which operates the Chandler Mine, and that they expect to go to work tomorrow...[6]

---

[5]Abe, *op. cit.*, pp. 914-915.

[6]*The Denver Republican*, February 11, 1902.

TABLE VI

CAREERS OF SOME JAPANESE COAL MINERS IN SOUTHERN COLORADO*

Name of Miner	The Year and Name of Coal Mine in Colo. in which Japanese worked	Year and port Japanese entered U. S.	Career before coming to coal mine in Southern Colorado
Kawakami a	1904 Walson	1904 Seattle	Section hand in Great Northern Ry. Miner in Wyoming
Matsumoto	1903 MacNary	1903 Seattle	Domestic worker in Washington Miner in Wyoming
Takagi a	1905 MacNary	1899 San Francisco	Section hand in Portland Miner at Rock Springs, Wyoming
Takahashi	1904 Rugby	1901 Seattle	Section hand in Great Northern Ry. Domestic worker, and miner in Wyoming
Takeuchi a	1907 Green Canyon	1894 Vancouver	Miner in Canada Miner at Rock Springs, Wyoming
Nakano a	1903 Dulago	1902 San Francisco	Gang in San Pedro Ry.; Hand worker of sugar-beet field at Greeley, Colo., Miner in Wyoming
Shibata	1903 Dulago	1901 Canada	Section hand in Montana Miner of Wyoming
Nakanishi	1905 Hastings	1885 San Francisco	Restaurant keeper; Bamboo furniture store operator; Labor contractor at Santa Fe, New Mexico
Okuta	1904 Birdwing	1904 San Francisco	Miner in Wyoming
Ishii	1904 Cokedale	1904 San Francisco	Section hand in Wyoming (Union Pacific Ry.)
Yuwataui a	1909 Moreley	1906 San Francisco	Section hand in U.P. line; hand worker in Nebraska's beet field: restaurant keeper

*Compiled from Suzuki, *op. cit.*, pp. 445-65.

a- "boss" or labor contractor.

The arrival of the Japanese led to immediate difficulties. The 175 white miners employed by the Victor Fuel Company at Chandler boycotted the mine and refused to work, because of the importation of the Japanese. The *Denver Republican*, on February 13, carried a report from Florence to the effect that:

> Another batch of 75 Japanese are enroute to the mine. Therefore, 1,300 coal miners, mostly Italians, employed in various coal camps of Fremont County ... assert that it is the first move to displace the miners of the Victor (Fuel) Company with the Japanese miners. This statement the mine managers deny and say they do not intend to discriminate as to (the) nationality of the miners at work in these properties.[7]

On the same day a mass meeting was held and the American flag and the banner of the United Mine Workers of America were displayed. The incensed miners threatened the lives of the Japanese if the latter were not immediately removed from the county. A call for the Victor Fuel Company's Employees in the southern district to join the strike was also advocated. On this incident, Mr. Chapell, president and manager of the company was reported by a Denver newspaper as commenting:

> Thirty-two Japanese had been taken from the Florence field to Walsenburg. They were brought first from Fresno, (California), and put into the Florence mines, simply from a desire to increase the output of the mines, and not to supplant the miners in any way. The company ... was behind in its orders, and found it impossible to get men enough to catch up with the demand. These Japanese were then taken to Florence and set to work at exactly the same wages as the other miners were receiving and the company...had no idea of inducing them to work for less.... (I) do not intimate that the company (will) listen to any proposition to take the Japanese away.[8]

The incident was not a simple boycott of the white laborers against the Orientals, but was part of a much more complicated picture. According to the Colorado Commissioner of Labor, James T. Smith, a number of miners employed by the Victor Fuel Company prior to the introduction of the Japanese had a controversy with the company over the title to the land upon which they had erected their

---

[7] *Ibid.*, February 13, 1902.
[8] *Ibid.*, February 19, 1902.

dwellings. The land had been purchased of the old company and had been partially paid for by the miners who held receipts for the payments made. No deeds, however, had been given. The new company, the Victor Fuel Company, wished to return the money received in order to force the miners to relinquish all claim to the land, but the miners who had purchased lots and erected houses upon them did not agree with the company's proposal. As a result, most of them who did not agree were discharged by the company. The United Mine Workers of America demanded that the discharged men be reinstated, but the company refused to do so.[9] Soon after this development, the Japanese miners were brought in, and it was not surprising that the white miners naturally regarded the arrival of the Japanese as a sign that the company wanted to displace the whites with the Japanese miners.

Whatever the truthful reason may have been for the importation of the Japanese miners in this occasion, the fact remains that the Japanese remained in the coal fields of southern Colorado, despite the opposition of the labor unions, because the coal mines in these districts were under the control of the big mine companies such as the Colorado Fuel and Iron Company, the Victor Fuel Company, and the Union Pacific Fuel Company, and effective labor union organizations did not exist.

Although no clear connection has been established between the episode and the strikes of 1903-1904, it is possible that the owners of coal mines learned by their episode that Japanese workers were available and could be secured through contractors, and proceeded to make use of this information when the strikes of 1903-1904 broke out.

The first strike in 1903 was largely for organizational purposes. When most of the mine owners refused to attend a conference, called by the governor of Colorado at the request of the United Mine Workers, and subsequently ignored specific demands issued by a U.M.W. convention at Pueblo, a general strike in the Colorado coal fields was called, effective on November 9, 1903.[10] Difficulties were

---

[9]The State of Colorado, Bureau of Labor Statistics. *Biennial Report, 1901-1902* (Denver, Colorado: The State of Colorado, 1902), p. 302.
[10]Hafen, *op. cit.*, II, 320.

quickly adjusted in the northern field, but in the southern field "the mine operators resorted to tactics that had just succeeded in the metal mines: imported strike breakers, armed guards and action by court". [11] The strike involved much violence and troops were sent into the mining areas for several months early in 1904. The strike dragged on; but the use of strike breakers was successful and the union finally had to release its members to find work whenever it could be found.

As a result of these strikes, the racial composition of the labor supply became distinctly different from what it had been formerly. During the period of the early development of coal mining in these districts, the labor supply had been drawn entirely from the northern European races, Mexicans, and Americans. About 1890, however, the first group of Italians and Slavs entered the fields and found employment at one of the older mines. With the outbreak of the strike in 1903 considerable numbers of Japanese and Mexicans were brought in as strike breakers.[12]

> As a result of this displacement the races employed were radically changed. For strike breakers the races used in largest number were Japanese and Mexicans. South and east Europeans were also used to some extent, but not so effectively as the others, because many numbers of their own races were on strike and a bond of sympathy existed.[13]

The exact number of Japanese imported to the fields as strike breakers during the strikes is unknown. An elderly Japanese dentist, Dr. Konai Miyamoto, who practiced dentistry in Trinidad for a few years after the strikes, informed the writer that he estimated that 1,500 Japanese were imported into the southern Colorado coal fields during the strikes.[14] It has not been possible to check this estimate.

Although some Japanese continued to work in the mines after the strikes were over, many of them gradually left coal mining for other industrial or agricultural work even though a general scarcity of mine labor existed in Colorado for some years to come. For even after the strikes of 1903-1904, "conditions in the coal mines remained

---

[11] *Ibid.*, 321

[12] *Reports of the Immigration Commission*, XXV, 259.

[13] *Ibid.*

[14] Interview with Dr. Konai Miyamoto.

unsettled. Probably the real difficulty was that the price received for coal was insufficient to pay adequate wages and to make the improvements about the mines that should have been made."[15] In addition to the low wages and poor conditions that affected all the miners, the Japanese miners encountered the special obstacle of discrimination. wherever the minors' union was strong, as in northern Colorado, the Japanese were ineligible for membership.[16] In southern Colorado where the United Mine Workers were weak, the Japanese miners suffered other forms of discrimination. They were usually segregated from other races in their work. In some instances, their camps were located outside of town limits, although "the Japanese were well spoken of, especially as skilled workmen," by their employers.[17]

Under these circumstances, the number of Japanese miners in Colorado decreased to about three hundred by 1909, according to the estimate of the Japanese Association of Colorado.[18] The Japanese were concentrated in Huerfano, Las Animas, Fremont and Routt Counties. According to the census of 1910, there were 58 Japanese in Huerfano, 205 in Las Animas, 23 in Fremont and 64 in Routt. The total number of Japanese in these counties was 350, which might include a few other Japanese who were not working in the mines.[19]

Most of the Japanese who left the coal mines apparently entered the agricultural fields which opened opportunities for work and for higher wages under better conditions.

[15]*Ibid.* [16] *Ibid.*, 256.
[17]*Ibid.*, 243, 269-270.
[18]Suzuki, *op. cit.*, p. 67.
[19]*Ibid.*, pp. 466-67. In Trinidad, for example, twenty-four Japanese were engaged in various small businesses in 1909.

CHAPTER V

JAPANESE IN COLORADO'S AGRICULTURE

Agriculture was a third major field that offered employment and opportunity to the Japanese immigrants.

Agriculture in Colorado was promoted chiefly by many projects of conservation and reclamation that were carried out during the decade, 1900-1910. The first project of the Reclamation Service in Colorado, and the second in the nation, the Uncompahagre Project, was undertaken in 1904. Many other projects were undertaken and were backed up by the United States Government in accordance with the Reclamation Act of 1902 which put the National Government in the business of reclaiming the vast arid regions of the West.[1]

In addition to advancements in irrigation, dry farming methods were greatly improved and greatly benefitted the agriculture of Colorado. The first decade of this century witnessed a lively interest in dry farming. In 1905, the United States Government created the Office of Dry-Land Agriculture Investigations. In 1907, the first International Dry Farming Congress was held in Denver. These years coincided with the greatly increased migration of farmers into eastern Colorado.[2]

The sugar-beet industry in Colorado, which was most importantly connected with the Japanese in the state, originated on the Western Slope, where the first sugar factory was built at Grand Junction in 1899. After that, the cultivation of sugar beets developed along the South Platte River and the Arkansas River to such an extent that, by 1910, Colorado had become the leading beet-sugar producing state in the union.[3]

One of the most serious problems confronting the rapidly growing sugar industry was the need for laborers. Intensive farming methods and the comparatively short season for beet growing forced the sugar

[1]Hafen, *op. cit.*, II, 130.
[2]*Ibid.*, 131-137.
[3]*Ibid.*, 141-142.

companies to pay higher wages than other industries. Those wages attracted the Japanese, most of whom had come from agricultural communities and had a natural inclination to return to the soil. Consequently, Japanese appeared in the Colorado agricultural fields at almost the same time when they began to work on the railroads and in the mines of the state. With the growth of the sugar industry in Colorado, the Japanese population in the sugar-beet fields of northern and southern Colorado rapidly increased.

According to the census of 1900 there were fewer than thirty Japanese working in those fields; but in 1909 more than 3,000 Japanese were engaged in farming in Colorado, and of these 2,627 were hand workers in the sugar-beet fields.[4]

The Japanese began coming into the agricultural field in Colorado as early as 1902, when several of them who came from California tried to raise cantaloupes in the neighborhood of Rocky Ford.[5]

Nahoichi Hokasono, the most powerful Japanese labor contractor in Colorado during the early part of this century, claimed that he was the first man who predicted a bright future for Colorado agriculture and encouraged the Japanese to come to the state. He expressed his opinions on these subjects in a Japanese newspaper, the *Shin Sekai* (The New World) published in San Francisco at the time.[6] He came to Colorado in the winter of 1898. Experienced in various businesses, Hokasono began his career as labor contractor at Greeley in 1903 when he brought about seventy Japanese from Rock Springs, Wyoming, and contracted about 1,200 acres for sugar-beet growing. Later, he supplied many Japanese for mines and various irrigation projects in Colorado. In 1908, he constructed the Georgetown-Denver power transmission line. Besides his labor contract business, he was a prominent leader of the Japanese communities in Colorado. As the president of a printing company, he published a Japanese newspaper, the *Denver Shimpo*, in Denver. Also he was the president of the Japanese Business Men's Association in Denver.[7] He died in September, 1927, at the age of fifty-four and in rather

---

[4] *Reports of the Immigration Commission*, XXIII, 61.
[5] Suzuki, *op. cit.*, p. 84.
[6] *Ibid.*
[7] *Ibid.*, pp. 82-87.
[8] *The Rocky Mountain News*, September 2, 1927.

poor circumstances.[8]

Although the early attempts at farming by Hokasono and other Japanese were not especially encouraging, they did not discourage others from trying, for about three hundred Japanese appeared in the sugar-beet fields in northern Colorado in 1903.

> Two hundred of them were secured in one district to increase the supply of laborers and to afford competition against the German-Russians. During the same year (1903) about 100 appeared in other northern Colorado communities.[9]

This was the real beginning of the activities of the Japanese in the sugar-beet fields in Colorado. By 1909 the number of Japanese farm laborers in these fields of northern Colorado had increased to 2,160, as against 5,870 German-Russians, 1,002 Mexicans, and 1,692 miscellaneous whites. In southern Colorado, the number of Japanese workers had increased to 442. as compared with 1,630 Mexicans.[10] That same year (1909) only twenty-four Japanese hand laborers were reported as working in the agriculture of the Western Slope of Colorado.[11]

The Japanese in northern Colorado were concentrated into the areas around Brighton. Fort Lupton. Platteville, Greeley, Fort Collins, Fort Morgan, Sterling and Julesburg along the South Platte River (see Table VII, p. 56). The first Japanese engaged in farming in the northern Colorado districts were those who were brought to the Greeley district in 1903 by a labor contractor, Hokasono, as has been mentioned. The failure of some Japanese ventures in sugar-beet growing in northern Colorado in 1903 and 1904, coupled with a strong hostility of the white people in some sections of northern Colorado toward the Japanese new-comers, served to prevent any marked increase in the number of Jananese in this area until 1907.

Although the number of the Japanese in northern Colorado did not increase greatly until 1907, the Japanese[12] gradually penetrated into the sugar-beet fields in northern Colorado. In 1904 the first Japanese appeared in the Sterling district, in 1905 in the Julesburg district, in 1907 in the Sedgwick district.[13] By 1908 the importation

[9]*Reports of the Immigration Commission,* XXIV, 535.
[10]*Reports of the Immigration Commission,* XXIII, 114.
[11]*Ibid.,* XXIV, 72.
[12]*The Brighton Blade,* February 28, 1908.
[13]Suzuki, *op. cit.,* pp. 306-330.

TABLE VII

JAPANESE POPULATION IN NORTHERN COLORADO*

Years / Counties	1900	1910	1920	1930	1940	1950
Adams	—	20	263	439	336	630
Arapahoe	20	3	3	53	91	100
Boulder	1	45	63	133	72	207
Denver	19	585	465	349	324	2,578
Elburt	—	—	3	—	—	—
Jefferson	—	82	27	—	—	33
Larimer	1	42	22	—	—	16
Logan	—	79	67	97	10	36
Morgan	—	68	46	—	—	46
Pitkins	—	3	3	—	—	—
Routt	—	64	23	65	53	—
Sedgwick	—	56	73	91	80	68
Summit	1	—	1	—	—	—
Washington	—	—	—	16	17	—
Weld	—	326	726	712	660	757
Yuma	1	—	—	—	—	—
Total	43	1,373	1,785	1,955	1,653	4,471

**U. S. Census Reports.*

of Japanese farm laborers to the northern districts had reached its highest point and the total acreage occupied by Japanese farmers in these districts increased correspondingly. Table VIII, p. 58, shows the location and the extent of Japanese holdings in the main districts of northern Colorado. The land was devoted mostly to sugar-beet and vegetable growing. The total acreage leased by Japanese in 1909 in the northern Colorado districts exceeded 14,000 acres.[14]

[14]Table VIII does not include the acreage leased by Japanese in the Sterling, Julesburg and Sedgwick districts According to the *Development of the Inter-Mountain Japanese Colonies,* 120 acres in the Sterling district, and 919 acres in the Julesburg district were leased by the Japanese in 1909. Therefore, the total acreage estimated at the time in the northern districts was about 14,500 acres.

TABLE VIII

LAND LEASED BY JAPANESE IN NORTHERN COLORADO IN 1909*

Locality	Cash rental acres (1909)	Share rental acres (1909)	Total acres (1909)	Total acres (1908)	Date Japanese came to locality
Brighton	1,000	600	1,600	350	1903
Lupton	1,610	1,155	2,765	1,197	1903
Greeley	100	60	160	—	1903
Longmont	335	95	430	310	1905
Loveland	1,200	—	160	—	1905
Fort Collins	—	95	1,290	—	1905
Windsor	125	—	b 686	400	1903
Eaton	—	340	b 465	370	1902
Fort Morgan	—	—	300	250	1906
Brush	900	1,100	2,000	1,735	1906
Merio	—	—	c 2,780	?	f (1904)
Atwood	—	—	c 930	?	f (1905)
Total	d 5,270	d 3,345	c 13,566		—

a. Only one farm—120 acres—is owned by a Japanese in northern Colorado.
b. Land leased for beet growing only.
c. Nearly all leased for cash.
d. Not including five districts.
e. Not including land used for other purposes than beet-growing in two localities noted in b.
f. Added by the writer.

*_Reports of the Immigration Commission_, XXIV, 534.

TABLE IX

JAPANESE POPULATION IN SOUTHERN COLORADO*

Years / Counties	1900	1910	1920	1930	1940	1950
Alamosa	—	—	16	21	28	125
Bent	—	27	104	163	79	46
Chaffee	1	3	—	—	—	—
Conejos	—	11	—	41	81	61
Costilla	—	—	—	171	172	76
Crowley	—	—	29	92	79	112
Custer	—	10	—	—	—	—
El Paso	—	32	5	—	—	29
Fremont	1	23	7	—	—	—
Huerfano	—	58	15	—	—	—
Las Animas	—	205	2	5	5	11
Lincoln	—	—	—	—	—	—
Otero	—	100	232	332	242	173
Prowers	—	40	—	5	15	58
Pueblo	4	170	103	91	103	96
Rio Grande	—	—	—	—	—	10
Total	6	669	513	921	804	797

**U. S. Census Reports.*

Japanese farming in southern Colorado was not so conspicuous as it was in northern Colorado. Although the Japanese in the mine fields of southern Colorado disappeared during the decade, following 1910, the figure of Japanese population in southern Colorado today has not changed substantially from that of 1910. This would appear to indicate that most of the Japanese farmers in this area became permanent and settled residents during the two decades between 1900 and 1920 (see Table IX, p. 59).

Although some Japanese were brought into this area directly from other states as farm hands, most of them drifted into agriculture from the coal mines in southern Colorado and an iron mill at Pueblo.

They concentrated along the Arkansas River. Rocky Ford, Ordway, Swink, Las Animas, Lamar, Wiley, Granada and Holly were the main districts of southern Colorado where most of the Japanese engaged in farming during the decade of 1900-1910. Table X, p. 61, shows the location and extent of the Japanese holdings in the southern Colorado districts.

The total acreage leased by the Japanese in this area in 1908 was about 1,600 acres, and in 1909 about 4,500 acres. They raised cantaloupes and alfalfa as well as sugar-beets. The smaller holdings by the Japanese in this area compared with that of the northern districts was obviously due to the smallness of the number of the Japanese farmers in this area. One reason for that was that most of the Japanese came to southern Colorado after 1905, although the first Japanese appeared at Rocky Ford as early as 1902.

The main reasons why Japanese did not come into this area in great numbers were probably the following: First, numerous instances of mismanagement on the part of the Japanese labor contractors discouraged Japanese farm hands.[15] Second, the Japanese were outnumbered by other races, especially Mexicans; it was reported in 1909 that several Japanese labor contractors in the Lamar, Wiley and La Junta districts were compelled to give up their business as Mexicans came in greater numbers and underdid the Japanese in regard to wages.[16] Third, in southern Colorado, agriculture was more diversified, with cantaloupes and alfalfa sharing prominence with sugar-beets and reducing the labor requirements that would be characteristic in an area devoted more completely to sugar-beet cultivation.[17]

Therefore, the degree of demand for farm hands in this area was weaker than it was in northern Colorado.

There were a few Japanese residing in the Western Slope during the decade, 1900-1910. They worked in the sugar-beet fields, in the

---

[15]At Swink some Japanese could not accomplish his contract with the American Sugar Company in 1907. Some contractor stole the money of his boys and ran out. (Suzuki, *op. cit.*, pp. 396-397. In 1906 and 1907, at Granada and Holly districts some Japanese contractors supplied Japanese labor to the sugar-beet fields, but they did not pay their wages, and also ran out (*Ibid.*, pp. 434-38).

[16]*Ibid.*, p. 419.

[17]Hafen, *op. cit.*, II, 143.

TABLE X

LAND LEASED BY JAPANESE IN SOUTHERN COLORADO, 1909*

Locality	Cash rental acres (1909)	Share rental acres (1909)	Total acres (1909)	Total acres (1908)	Date Japanese came to locality
Rocky Ford	?	?	855.5	837	1902
Ordway	66	337	403	199	1906
Swink	—	220	220	?	1905
Las Animas	—	1,250	1,250	620	1906
Lamar and Wiley	600	650	1,250	?	1906
Granada and Holly	—	453	453	?	1905
Total	666	2,910	4,431.5	1,656	—

*Compiled from Suzuki, *op. cit.*, pp. 356-444.

orchards, and in the construction of irrigation ditches. However, their number never exceeded 160 or 170 (see Table XI, p. 63). Although there may have been various reasons why the Japanese

TABLE XI

JAPANESE POPULATION IN WESTERN COLORADO*

Years / Counties	1900	1910	1920	1930	1940	1950
Delta	—	22	60	49	16	40
Eagle	—	17	4	—	—	2
Gunnison	—	—	2	—	—	—
La Plata	—	61	31	7	8	4
Mesa	15	38	22	35	63	59
Montezuma	—	1	—	—	—	—
Montrose	—	35	39	56	21	—
Ouray	—	4	—	—	—	—
Rio Blanco	2	—	—	—	—	—
San Miguel	—	2	7	—	—	—
Total	17	160	165	147	108	105

**U. S. Census Reports.*

population of this region was so small, the only definite obstacle that has been established to any degree was that of hostility on the part of the white population. When the Immigration Commission recorded in 1909 that twenty-five Japanese were working in the sugar-beet fields in this area, the Commission took the occasion to report evidences of a very strong racial prejudice against the Japanese in the region.[18] The hostile attitude of the white population was shown in the instances of the reception given some Japanese who arrived at Paonia for fruit picking in the summer of 1906. The story as carried in a Greeley paper, was the following:

> Encouraged by fruit growers who feared they would not have help to save peach crops, thirty-five Japanese arrived at Paonia yesterday from Utah. There were immediate objections from packing plants and, backed up by some of the prominent merchants of the town, these people decided to force the foreigners to leave. Those responsible for the coming of the Japanese claim that not enough white labor can be obtained and that thousands of dollars worth of fruits will go to waste, (because of) want of help to handle it......Twenty of the Japanese left this morning and the rest remained under threats of bodily harm.[19]

The history of Japanese farmers in the sugar-beet fields of Colorado consisted of four stages, namely: farm labor, share tenancy, cash tenancy, and, finally, ownership. Beginning as laborers, the Japanese immigrants did hand work, such as thinning, hoeing, and topping. Under contract system, these workers were usually paid by the acre. Although contract prices varied with market and labor conditions, a flat rate of $18.00 - $20.00 per acre was paid from 1902 to 1909.[20] Table XII, p. 65, shows wage rates of hand workers in the southern Colorado sugar-beet fields from 1902 to 1909.

The wage rate in southern Colorado was slightly lower than in northern Colorado. The average Japanese in Colorado was reported by the Immigration Commission to be able to care for from ten to fifteen acres of beets throughout the season, while the German-Russian and Mexican who worked for hire could not attend to

---

[18] *Reports of the Immigration Commission,* XXIV, 72.
[19] *The Greeley Sun,* August 24, 1906.
[20] *Reports of the Immigration Commission,* XXIV, 115.

TABLE XII

WAGE RATES OF JAPANESE HAND WORKERS IN SOUTHERN COLORADO'S SUGAR-BEET FIELDS, 1902-1909*

Year	Contract (All operation)	Thinning	Hoeing	Topping
1902	—	$6.00 (per acre)	$0.15 (per hour)	$7.00 (per acre)
1903	—	$7.00 (per acre)	$1.00-2.00 (per acre)	$7.00-7.50 (per acre)
1904	—	$7.00-7.50 (per acre)	$1.00 (per acre)	$8.00 (per acre)
1905	$18.00 (per acre)	$7.00-7.50 (per acre)	$1.75 (per acre)	$8.00 (per acre)
1906	$18.00 (per acre)	$7.00-7.50 (per acre)	$1.75 (per acre)	$8.00 (per acre)
1907	$18.00 (per acre)	$7.00-7.50 (per acre)	$1.75 (per acre)	$8.00 (per acre)
1908	—	$3.50-4.00 (per acre)	$1.75 (per acre)	$6.00-7.00 (per acre)
1909	—	$6.50 (per acre)	$1.75-2.00 (per acre)	$6.50-7.50 (per acre)

*Suzuki, *op. cit.*, p. 362.

much more than seven acres.[21]

When the Japanese farm hands wanted to become real farmers, they usually took the second step: share tenancy. In this case the landowner provided all the necessary capital, made advances from time to time as the crop matured, and shared all risks and profits of the crop with the share tenants.

Then, when the tenant accumulated some capital, he frequently provided his own team and implements, and still later, with more capital at his command, became a cash tenant and independent farmer. By 1909, cash rental acreage leased by the Japanese in northern Colorado exceeded share rental acreage. The Japanese in the region leased 5,270 acres on a cash rental basis and farmed 3,445 acres on share rental. Moreover, one Japanese was reported as owning 120 acres in 1909.[22]

In southern Colorado, however, Japanese farmers' share rental acreage (2,910 acres) exceeded the cash rental acreage (666 acres) in 1909.[23] This condition reflects the fact that the Japanese arrived

[21]*Ibid.*
[22]See Table VIII, p. 58; *Reports of the Immigration Commission,* XXIV, 534.
[23]See Table X, P. 61.

in the southern districts in the latter part of the decade. The largest holdings of the Japanese in southern Colorado in 1909 were in the Las Animas and Lamar-Wiley districts which the Japanese had settled only recently. The first Japanese appeared in these districts in 1906, but most of their settlers arrived in 1908 and 1909.[24]

Average cash rental per acre for sugar-beets and cantaloupes had been fifteen dollars throughout the state since around 1905, but cash rental per acre for hay (or alfalfa) had been no more than six dollars.[25]

The editors of the *Development of the Inter-Mountain Japanese Colonies* in 1910 included in the book an informative analysis of the budget of a Japanese farmer who raised sugar-beets on 25 acres as a cash tenant in 1908. He used $667.25 as original capital to buy three horses with harness, a wagon and other implements for farming. Then, he spent $1,045.00 as farming expense including land rent, irrigation fee, seeds and labor. He sold his sugar-beets at the end of the season for $1,500.00 (12 tons per acre at $5.00 per ton), and his beet pulps for $12.50 (50 tons at $0.25 per ton). His gross income was $1,512.50 and his net income was $467.50.[26] This income marked some advance over the average yearly earning in 1909 of the Japanese farm laborer in Colorado - $390.00.[27] However, in order to avoid high labor cost and to make original capital easily, Japanese farmers in the stages of share and cash tenancies farmed usually in teams of from two to four or five Japanese according to their leased acreage.

Until 1909 there was a great rush on the part of Japanese to be tenant farmers. This created keen competition among themselves and was to their own detriment. The Japanese Association of Brighton, Lupton and Platteville, which was organized in these districts in 1908, was forced to fix a maximum rental for land by ruling that no Japanese should pay a cash rent of more then $18.00 per acre for beet land.[28] With the growth of the Japanese population in northern Colorado, the various problems became acute within and

---

[24]Suzuki, *op. cit.*, pp. 405-406: 418-419.
[25]*Ibid.*, p. 362. [26]*Ibid.*, pp. 365-366.
[27]See Table XIII, p. 69.
[28]*Reports of the Immigration Commission*, XXIV, 125-26.

outside their own communities. The Brighton Japanese Agricultural Association was organized in May, 1909. The main purpose of such organizations was to promote the welfare, to prevent mutual conflict among themselves, and to protect the rights of the Japanese farmers in the region. In addition to these organizations, another organization called the Northern Colorado Contractors' Union was established at Greeley in February, 1908. Its main purpose was to check underbidding, to make prices uniform for contracted land, and

TABLE XIII

APPROXIMATE EARNINGS DURING THE YEAR 1908 OF 375 JAPANESE FARM LABORERS, 18 YEARS OF AGE OR OVER*

with Board

States	Number working for wages and reporting them	Average earnings	Number earning–										
			Under $100.	$100. and under $150.	$150. and under $200.	$200. and under $250.	$250. and under $300.	$300. and under $400.	$400. and under $500.	$500. and under $600.	$600. and under $700.	$700. and under $800.	$800 and under $1,000.
California	25	$327.72	1	1	1	2	1	11	8	—	—	—	—
Colorado & Utah	2	390.00	—	—	—	—	—	1	1	—	—	—	—
Washington & Oregon	44	405.32	—	—	—	—	1	20	19	3	1	—	—
Without Board													
California	260	$379.03	1	—	1	19	18	96	102	19	3	—	1
Colorado & Utah	22	386.64	—	1	1	1	—	9	7	1	2	—	—
Washington & Oregon	22	439.86	—	1	—	—	—	3	14	3	1	—	—

*Compiled from *Reports of the Immigration Commission,* XXIII, 74.

to set a standard rate for "boys" wages. As a result of its activities, the Immigration Commission noted that "fewer contractors have failed and fewer employees have been cheated out of their wages."[29] But the Japanese Association of Brighton, Lupton and Platteville

[29] *Ibid.*, 125–126.

refused to recognize this union unless it fixed the boys' wages at $18.50 and $19.00. The union refused and the loss of support of this Japanese Association caused the union's practical dissolution.[30]

These problems within the Japanese communities were related to the keen competition for land. The reason for this competition may be explained as follows: first, most of the Japanese had a strong inclination to return to the soil from which they came; second, farming gave them relatively stable living conditions. In other words, if they got a little capital, they could easily lease or own land, so that they could settle in some place, and they did not have to move from one place to another, as most of the common laborers did. Therefore, after 1907, the Japanese holdings of land increased rapidly. The total acreage leased by the Japanese throughout the state in 1907 was 8,000 acres, 12,000 acres in 1908, and 18,500 acres in 1909.[31] Out of the total acreage of 1909, 8,726 acres were devoted to sugar-beet growing, 4,181 to vegetables, 2,612.5 to hay, 2,247.5 to wheat, 597 to cantaloupes and 100 to corn.[32]

In general, the Japanese were considered as efficient farmers, but they were not always entirely favored by the sugar companies because most of them were men without families. The Immigration Commission pointed out:

> Throughout the state as a whole the German-Russian appears to be preferred by beet growers to either the Japanese or the Mexican. The chief reason for this preference seems to be that the German-Russian usually comes with his family and eventually becomes a permanent resident, thereby affording both a dependable labor supply, and, as time goes on, a reliable class of tenant farmer.[33]

Although the Japanese were anxious to be tenant farmers or independent farmers, it is not deniable that most of the Japanese farm laborers were young and ambitious and their tendency to change jobs whenever they saw an opportunity to make more money, gave them something of a reputation for instability.[34]

---

[30] *Ibid.*

[31] Suzuki, *op. cit.*, p. 58.

[32] *Ibid.*

[33] *Reports of the Immigration Commission*, XXIV, 121.

[34] *Ibid.*, 24. It was reported in 1909 that 61.9 percent of 5,709 Japanese farm hands in the U.S. were single as against 36.7 percent married, and 1.5 percent widowed.

Another reason for this preference of the German-Russian might be due to the fact that the German-Russian was a white man who was considered as easily assimilable into the American way of life.

Unlike the Japanese farmers in California, those on farms in Colorado had always been outnumbered by other races. In California, two-thirds of the hand workers in the sugar-beet fields were Japanese, but in Colorado only one sixth were Japanese, while over two-fifths were German-Russian and Mexican.[35] However, the Japanese farmers in Colorado stood higher in the esteem of the beet growers as farmers in the state than in California, and they kept their friendly relations with the other races and the white communities. I. Ibata, Vice President of Japanese Association of Colorado had some encouraging foundation for his statement in 1908 that "matters are becoming more intimate between Japanese and American people in their relations."[36]

---

[35] *Ibid.*, 115.
[36] *The Brighton Blade*, February 28, 1908.

CHAPTER VI

JAPANESE IN DENVER AND PUEBLO

Japanese in Denver. According to the census, there were only ten Japanese in Colorado in 1890, nine of whom lived in Denver. It is very difficult to determine who was the first Japanese to settle in Colorado. It is believed, however, that the first Japanese arrival was Tadaatsu Matsudaira.[1] He was reputed to be the scion of a noble clan in the central part of Honshu, Japan, and one of the earliest Japanese to study in an American University. After gaining his degree in civil engineering from Rutgers University, Matsudaira came to Colorado as an engineer for the Union Pacific in 1879, and he later engaged in mining engineering. In 1886, he was appointed assistant to John MacNeil, Chief Inspector of Mines for the State of Colorado. He married a white woman, the daughter of General Sampson, a retired United States Army officer who was then the head of the State Reformatory for Boys in Denver. After serving as Inspector of Mines for the State of Colorado for two years, Matsudaira died at the age of thirty-three, and was buried in Riverside Cemetery.[2]

After the death of Matsudaira, a few Japanese came into Denver to live, but the real development of the Japanese community in Denver began with the influx of Japanese laborers into various fields outside of the city in 1903. With the growth of the Japanese population in Colorado, the numbers of the Japanese residents and of the small business establishments in Denver gradually increased. In 1903, there were one boarding house, two restaurants and one bamboo furniture store operated by Japanese in Denver.[3] In 1904, two Japanese lodging houses, one supply store and one house-cleaning agency were added to the list of Japanese businesses in

[1] Abe, *op. cit.*, pp. 946-947.

[2] In 1952, the Japanese people dedicated a monument to him, under the auspices of the Oriental Cultural Society in Denver, at his resting place.

[3] *Reports of the Immigration Commission*, XXIII, 307.

Denver.[4] The *Denver Post* reported in 1907:

> The Japanese population is increasing rapidly, and boarding houses are being established between Eighteenth and Twenty-First on Blake Street to accommodate new arrivals...... The houses at 1920, 1922, and 1928 Blake Street are used as boarding houses by Japanese.[5]

Also the *Post* stated that a Japanese boarding house, a pool room and a barber shop were located at 2028, 2023 and 2044 Market street, and that between Blake and Wazee Streets on Eighteenth Street there was a three-story building - a Japanese supply house and employment agency.

By 1909, the number of establishments increased to sixty-seven and the number of those who worked for the establishments to 153, not counting the employees of four house-cleaning agencies, two physicians, two dentists and several others.[6] The number of their establishments and that of persons gainfully occupied in each establishment are shown in Table XIV, p. 76.

During the decade, 1901-1910, the Japanese business center changed from the section between Blake and Market Streets to the area along Larimer Street.[7]

There were ten boarding and lodging houses chiefly operated by the Japanese in Denver in 1909. The Immigration Commission reported:

> The seven boarding and lodging houses are patronized exclusively by Japanese, chiefly farm and railroad laborers. These provide board as well as lodging. Besides these seven, there are three lodging houses which provide lodgings only and are patronized to some extent by white persons of the lower class. These 10 boarding and lodging houses are organized into a boarding house association, primary object of which is to prevent any unnecessary competition. At the time of the investigation each member was contributing $5.00 per month to a fund for the purpose of establishing a cooperative supply house.

Ten Japanese restaurants which served Japanese meals and "noodles" only were reported to be operating in Denver.

[4]Suzuki, *op. cit.*, p. 66.
[5]*The Denver Post*, May 23, 1907.
[6]*Reports of the Immigration Commission*, XXIII, 309.
[7]Suzuki, *op. cit.*, Appendix: Japanese Directory, pp. 1-2.
[8]*Reports of the Immigration Commission*, XXIII, 309.

TABLE XIV

KINDS OF JAPANESE ESTABLISHMENTS IN DENVER. COLORADO. JUNE. 1909*

Kind of Business	Number of establish-ments	No. Persons occupied by same no. establish-ments	Kind of Business	Number of establish-ments	No. Persons occupied by same no. establish-ments
Bank	a 1	2	Ice cream parlors	2	2
Bamboo furniture store	a 1	1	Japanese confectionery	a 2	2
Barber shops	4	4	Japanese drug store	a 1	2
Bath houses (in barber shops)	3	0	Jewelry shop	1	1
Boarding and lodging houses	a 7	20	Labor contractors	a 7	8
Curio shop	1	2	Laundries	3	9
Dairies	2	3	Lodging houses	3	4
Dry Goods Stores (also 2 carrying provisions)	4	18	Massage parlors	a 1	1
Employment office	1	2	Pool rooms	3	6
Expresses	2	2	Restaurants (Japanese meals)	10	33
Fish market	1	2	Tailor shops	2	2
Grocery stores	2	2	Tea garden	1	3
			Tofu manufacturer	a 1	1
			Total b	67	133

a. patronized by Japanese only.
b. Not including 5 newspaper men with branch offices, 4 house-cleaning agencies with 130 men, 2 physicians, 2 dentists, a hospital, a bamboo worker, a carpenter, a job painter, and 2 prostitutes.

**Reports of the Immigration Commission*, XXIII, 308,

There were some Japanese dry good stores or supply stores, which provided Japanese goods and all kinds of articles needed by farm and railroad workers. These stores usually were so closely connected with the labor contract business that they sometimes functioned as employment agencies and recruited laborers for mines, railroads, and for construction of dams, reservoirs and other irrigation projects.

Most of the labor contractors in Denver were among the prominent and influential Japanese in their communities. For example, Bunjiro Kashino was the general manager of the Denver branch of the Ban Company, a leading supply and labor contracting firm, the main office of which was in Portland. He came to the United States in 1897. After serving for three years as manager of the branch office of the Ban Company, Wyoming, he came to Denver in 1906 as general manager of the same company.

In addition to supervising the two other branch offices in Wyoming and Nebraska, he was manager of the new Denver branch store, which was the biggest business establishment in the Japanese community. He became the first president of the Japanese Business Men's Association in Denver.[12]

Apart from those engaged in the small businesses, the most conspicuous occupation of the Japanese was domestic service. In addition to one hundred thirty men who who were employed by four house-cleaning agencies, some one hundred Japanese were said to be regularly employed as domestics in private families.[13]

Although the number of Japanese businesses established in Denver increased between 1903 and 1910, that number remained relatively small, since the purpose of those establishments was to provide for the needs of the Japanese laborers and that clientele was limited. The establishments were generally quite small, with the exception of the supply stores and some of the lodging houses. Although a comparatively large number of the small shops and some of the larger stores had non-Japanese patrons, such establishments occupied "such an unimportant place in the trade of Denver that their existence (was) of no particular consequence to business men

---

[12]Suzuki, *op. cit.*, pp. 87-89.

of other races."[14]

Besides the purely business organizations - the restaurant keepers' and the boarding and lodging house keepers' associations-, there were other important organizations of the Japanese in Denver. They were the Japanese Association of Colorado, the Business Men's Association, and two "prefectural" societies.[15]

The Japanese Association of Colorado, which had a membership of 639 in 1909, was organized in 1907, when the anti-Japanese feeling grew stronger among the labor union. When the Japanese and Korean Exclusion League was organized in Colorado in 1908, the quick action of this association prevented the serious development of the anti-Japanese sentiment.[16] The first president of this organization was Takesuke Okubo, who was also the president of the boarding and lodging house keepers' association. Okubo arrived in Seattle in 1902, and worked as a clerk of the Oriental Trading Company for one year and four months. He came to Denver in 1906 and began a house-cleaning business on Stout Street. In 1907 when the Japanese Association of Colorado was organized, he was elected the initial president of the organization. In 1908, he developed a lodging house business.[17]

The Japanese Business Men's Association was organized when a factional fight occurred in the Japanese Association of Colorado over the requirements made by contractors of a deposit of $10.00 by each of their Japanese laborers when beginning work. This requirement resulted in hardship and exploitation, and the association resolved that the practice was unjust and should be discontinued. Thereupon, some of the members withdrew from the association and organized a rival institution under the name of the Japanese Business men's Association.[18] In 1909, this organization had twenty-five members.

There was also a Japanese labor union in Denver, but it has not been possible to secure any information about it. In 1909 there were

---

13

14 *Ibid.*, 310.

15 *Ibid.*, 310-311.

16 Suzuki, *op. cit.*, pp. 7-14.

17 *Ibid.*, pp. 92-93.

18 *Reports of the Immigration Commission*, XXIII, 310-311.

two prefectural societies - the Fukuoka Kenjin Kai (25 members) and the Fukushima Kenjin Kai (66 members). These were organized for the primary purpose of fostering friendship and mutual assistance among the members who came from the same prefectures in Japan.[19]

On August 18, 1909, the Japanese consulate was established in Denver, which continued for three years. The first and last honorary consul was an English-born American, Dr. Albert L. Bennett, who visited in Japan, Korea, China and East Siberia in 1893-1894 and was a devoted medical doctor of the Japanese people.[20]

Japanese in Pueblo. Most of the Japanese in Pueblo worked for the iron mill operated by the Colorado Fuel and Iron Company; a few engaged in the small businesses which provided for the needs of the Japanese community. A letter from an unidentified Japanese to the editors of the *Development of the Inter-Mountain Japanese Colonies* reported that in July, 1904, the Japanese Construction Company, which mainly handled labor supply, introduced sixteen Japanese into the iron mill in Pueblo and several months later, about one hundred, and sixty Japanese railroad workers from Ogden, Utah, were employed by the iron mill.[21] However, because of the lack of an effective leader among the Japanese workers, the company had difficulty controlling the Japanese workers, so Man Koike was employed as a foreman for the Japanese. Koike later opened a labor contract business for the company and a supply store for the Japanese workers. Thereafter, the number of Japanese workers increased, and reached 500-by 1907. They were reported to be paid $1.90 to $2.50 for a ten to twelve-hour day.[22]

Because of the difficulties of the company during the panic of 1907, and because of the preference of the Japanese for other occupations, the Japanese gradually left the mill for other employment, especially in agriculture. The census of 1910 shows that there were 170 Japanese residing in Pueblo.

This community had its Methodist Church, as well as one supply company, two grocery stores, two pool rooms, one labor contracting

---

[19]*Ibid.*; and see Suzuki, *op. cit.*, p. 81.
[20]Suzuki, *op. cit.*, pp. 72-76.
[21]*Ibid.*, pp. 333-338.
[22]*Ibid.*, p. 335.

company and one lodging house in 1909.[23] The census of 1950 shows that seventy-one Japanese were residing in Pueblo, but, according to the Colorado Fuel and Iron Company, only one Japanese has remained in the mill.[24]

In addition to Denver and Pueblo, a few Japanese lived in Colorado Springs and other towns, but their activities in the towns were inconspicuous, except in Trinidad. Twenty-four Japanese engaged in various small businesses in Trinidad in 1909: A Japanese food restaurant, an American food restaurant, a grocery store, a lodging house. Five Japanese worked as domestics, and ten in miscellaneous occupations.[25] Trinidad apparently served as a supply center for Japanese miners in the southern coal fields.

The Methodist Mission in Colorado. The relations between the Japanese immigrants and Christianity were comparatively old. The first Japanese Christian Association, called "The Gospel Society," was organized as far back as 1877 in San Francisco, with most of the members said to be students. Some of the members of that society who belonged to the Methodist Church, under the guidance of a Dr. Gibson, and later, of a Dr. and Mrs. Harris, organized the first Japanese Methodist Church in 1886, later called the Oakland Japanese Methodist Church. Then, in 1892, another new Methodist Church was erected in San Francisco. The missionary interest of the Methodist Church in the Japanese immigrants was outstanding among the various Christian denominations.[26]

It was about 1902 that a Japanese voluntary missionary first appeared in Denver, Colorado, though his mission was apparently not notably successful.[27] However, in August, 1907, the Japanese Methodist Mission was recognized by the State Annual Conference of the Methodist Episcopal Church and a pastor, Hachiro Shiroto, was sent to the Pueblo district(Northern Avenue Church in Pueblo). The *Minutes* of the 1907 Conference on the Japanese mission in the Pueblo district reported as follows:

---

[23] *Ibid.*, pp. 338-356.

[24] A letter from Mr. M. B. Andrew, Employment Manager, Colorado Fuel and Iron Company, April 9, 1953.

[25] Suzuki, *op. cit.*, pp. 466-467.

[26] Abe, *op. cit.*, pp. 340-367.

[27] *Ibid.*, p. 393.

By virtue of its location, our Northern Avenue Church is doing regular church work in a regular way, and at the same time it is an institutional church. This is an ideal plan and meets through its night schools, industrial training and deaconess and other agencies, a wide need of Italian, Japanese and others. Two deaconesses employed all the time and a Japanese minister now in the field are features of present and prospective work.[28]

The Japanese mission in Denver was begun almost at the same time by a Japanese Christian Hamanosuke Shigeta.[29] The Japanese Association of Colorado contributed $400.00 to the church when a Japanese official of the Department of Commerce of Japan, Kikujiro Ishii visited Denver and the Japanese Association gave him an honorary dinner.[30] In 1909, Pastor Shiroto was transferred to the Denver Japanese Methodist Church from Pueblo by the resolution of the Pacific Conference of the Japanese Methodist Church.[31] The church members were said to be a few.[32]

Information about early Buddhist activities among the Japanese of Colorado remains obscure and fragmentary. It appeared that a Buddhist church was erected in Denver in 1915.[33] The reasons why Buddhist activities appeared so late in Colorado may be explained as follows: the Buddhist did not have the enthusiastic leaders that the Methodist Church did, and their missionary activities in the Mountain States were begun only-in 1912;[34] second, in order to adjust themselves to American society, many Japanese immigrants became Christians; third, the Christian mission, especially that of the Methodist Church, was very active, and attempted to secure the Japanese in many ways, as by providing lodging and instruction

---

[28]*Minutes* of the Forty-Fifth Session of the Colorado Annual Conference of the Methodist Episcopal Church, 1907, p. 539.

[29]Suzuki, *op. cit.*, pp. 98-99.

[30]Interview with Mr. Shoichi Otsuki, Japanese elder of the Japanese Methodist Church (California Street and 24th Street).

[31]Suzuki, *op. cit.*, p. 338. From 1909 the Denver Japanese Methodist Church belonged to the Pacific Conference of the Japanese Methodist Church to which the Japanese mission in Pueblo belonged.

[32]Interview with Mr. Shoichi Otsuki. The Japanese Methodist Church in Denver had 96 members in 1929, and 507 in 1950, according to *Official Journal of the Pacific Japanese Provisional Annual Conference of the Methodist Church.*

[33]Abe, *op. cit.*, pp. 436-437.

[34]*Ibid.*, pp. 434-435.

in the English language. Methodism is still predominant in the Japanese community; and its only rival today is Buddhism.

CHAPTER VII

JAPANESE PROBLEMS IN COLORADO

Chinese problems in Colorado and their effect upon the Japanese immigrants. Japanese and Chinese immigrants faced similar problems in Colorado, particularly in their relations with white laborers. Therefore, a brief description of the difficulties encountered by the Chinese in Colorado may help in analyzing the Japanese problems in the state.

According to the census reports, no Chinese had appeared in the state up to 1860. There were seven Chinese in Colorado in 1870, and 601 in 1880. The Chinese population reached its highest point of 1,447 in 1890. Thereafter the Chinese population declined to 320 in 1910 and since then, there have been between 300 and 500 Chinese in the state. The decrease apparently resulted from severe anti-Chinese sentiment.

Chinese laborers first worked on the road-beds of the new railroads and some were hired as gulch miners or as wood cutters around the mines and smelters.[1] Their first troubles with the whites apparently occurred in the mining district in 1874, when some Chinese were brought in by the Nederland Mining Company to work for the Caribou Mine in Boulder Country. They were driven out of the camp by the whites.[2] This act was followed by another boycott against the Chinese miners in Leadville in 1879, when the South Park Company tried to replace Italians with Chinese. The white miners organized a boycott against the Chinese, claiming that "no 'Chinaman' should be allowed within the city limits."[3]

In the following year, 1880, a riot against the Chinese occurred in Denver's "Chinatown" on Sixteenth, between Wazee and Blake Streets and one Chinese was killed.[4] The main complaint made by the white laborers against the Chinese was that they were incapable

---

[1]Hafen, *op. cit.*, II, 115.
[2]*The Rocky Mountain News*, April 24, 1874.
[3]*Ibid.*, September 24, 1879; November 22-27, 1879.
[4]*Ibid.*, October 23, 27, 29, 1880.

apparently of assimilating with American society. The Bureau of Labor Statistics of Colorado reported in 1900:

> Here they have their own saloons, stores, boarding houses, societies, churches and institutions peculiar to the land from whence they came. Leadville, Pueblo, Denver and other cities in Colorado have colonies in their midst of this description. This antagonism of race, mode of living and language, fed by isolation and ignorance, and unwillingness to assimilate with the balance of our population, an indifference to assuming the duties of citizenship, an evident inability to intelligently 'exercise,' understand and appreciate the privileges of the ballot and spirit of free, progressive government, all cause the localities where these people live to be looked upon as plague spots and their presence to excite the gravest apprehension.[5]

Even though most of the Chinese had gradually left the mines and other labor fields by 1900 and had set up small establishments, such as restaurants and laundries, around the mines and in small towns, anti-Chinese sentiment did not disappear. In 1902 some labor unions started a boycott against the businesses of the Chinese. The *Rocky Mountain News* reported in February, 1902:

> At Silverton, San Juan County, the executive committee of the Western Federation of Miners' Union and Cooks' and Waiters' Union asked the people's support in placing a boycott upon the Chinese of this section. About 50 Chinamen have been employed here engaged in running restaurants, laundries and doing porter work around saloons......The Chinese as citizens are a failure and do not assimilate like other people, and their habits are obnoxious to the people of this community......[6]

The dissatisfaction of the white laborers with the newcomers was not only directed toward the Chinese, but also toward the other new immigrants as well, and restriction of immigration from the other countries was advocated by the white laborers in general. The Bureau of Labor Statistics reported:

> Even here in Colorado there is a very strong sentiment developing in favor of more stringent immigration laws...... As long as men are crowding and jostling each other for a job, opposition to the introduction of foreigners will be loud in the land.[7]

---

[5] *Biennial Reports,* Bureau of Labor Statistics, Colorado, 1899-1900, p. 407.

[6] *The Rocky Mountain News,* February 13, 1902; also see the State of Colorado, Bureau of Labor Statistics, *Biennial Reports,* 1901-1902 (Denver, 1902), pp. 297-301.

[7] *Ibid.,* 1899-1900, pp. 403-404.

Since such strong antipathy toward all immigrants existed, it was inevitable that the Oriental should provide an easy and obvious target. However, Chinese exclusion had already been effected by two acts of the Federal Congress in 1880 and 1888, some time before labor unions became worried about the competition of Japanese workers. The flow of Chinese immigration had stopped, but Japanese immigration was at full tide. It was consequently not surprising that feeling turned against the late-comers from the Orient. "Opposition to Japanese immigration," Dr. Gulick wrote, "is not a sudden antipathy. It is the heir of decades of antipathy. It is the heir of decades of antipathy to Chinese."[8]

The first outcry against the Japanese in Colorado appears to have been voiced by the *Rocky Mountain News* as early as December, 1901, when the following editorial, entitled "Include the Japs Also," appeared in its pages:

> If President McDonald of the Western Labor Union be correct in his figures that within three years 30,000 Japanese have been landed at Pacific ports for work in various parts of the country, the fact furnishes ample basis for the demand of organized labor that the Japs be included in the terms of the Chinese exclusion act. While it is true that the Japs are more intelligent than the Chinese, and that the Japanese government is opposed to the immigration of its subjects, it is also true that any form of Asiatic labor is a menace to American labor. The landing of Japanese at the average of 10,000 a year shows a steady stream of immigration that is undesirable, and would reach an enormous total in a few years. The proper thing to do is to put up the bars at once, since there are already too many Japanese in the country. The exclusion act should be amended so as to include Japanese and all Asiatics, its provisions strengthened and placed upon the statute book not for a definite, but an indefinite period. Such legislation is not grounded on race prejudice, but on self-preservation, which is the first law of nature. In view of the more extended commerce and intimate relations growing between the Pacific Coast and the Orient, a perfect flood of Asiatic immigration would follow the termination of the exclusion act, attended with the most disastrous results to American working men.[9]

---

[8] Sidney L. Gulick, *The American-Japanese Problem* (New York: Charles Scribner's Sons, 1914), p. 21.

[9] *The Rocky Mountain News*, December 3, 1901.

It is interesting to note that the writer of the editorial insisted that his argument was not based upon anti-Oriental prejudice, but upon "self-preservation" and protection of "American working-men." This argument seems hardly consistent, in view of the fact that European immigrants were coming to the United States on much larger scale than were the Asiatics. The numbers of European immigrants in 1899, 1900 and 1901 were as follows: 301,785 (1899), 428,662 (1900) and 475,019 (1901). The numbers of Asiatic immigrants in the corresponding years were 8,972, 17,946 and 16,339.[10]

Anti-Japanese sentiment in Colorado and its effect upon the Japanese. There were several minor incidents against Japanese after 1901 when, it will be remembered, the Cooks' and Waiters' Union, in Denver, boycotted the Japanese restaurants. However, an issue of this strike remained unsettled, and that was whether or not picketing of a business house was legal or illegal. In a similar case, brought by Harry Hirano, another Japanese restaurant keeper, the judge of the district court decided that picketing could be carried on without violation of the law, while in an exactly similar case brought by a Larimer Street dry goods house against the Retail Clerks' Union, the district court decided exactly the opposite-that picketing was illegal-and granted an injunction restraining the union from further picketing.[11]

There were other boycotts or strikes against Japanese businesses after the boycotts against the Japanese restaurants in Denver. In some cases the Japanese were able to survive the actions taken against them. For example, in Trinidad, in 1904, when some Japanese opened a restaurant, the restaurant keepers' union in that city offered strong opposition. The union members interfered with delivery of supplies to the restaurant and, for three months, prevented the owner of the building from giving the Japanese a lease. However, the Japanese restaurant proprietor won out, in spite of the unions' opposition, with great sympathy of the other people.[12] However, in other cases Japanese were forced to suspend their businesses. In 1908, a Japanese restaurant owner in La Junta was compelled to give up his business because of strong anti-Japanese sentiment there.[13]

[10]*Reports of the Immigration Commission,* I, 62; 93.
[11]*The Denver Times,* December 6, 1901.
[12]Suzuki, *op. cit.,* pp. 469-471.
[13]*Ibid.,* pp. 404-405.

One of these incidents merits our attention, because it appears to have been directly related to the adoption of an anti-Japanese resolution - by the Colorado state legislature. The event, discussed in a preceeding chapter, was the white miners' boycott of the Japanese miners at Florence, which occurred in 1902 when the Victor Fuel Company employed thirty-two Japanese there. Since the incident at the Chandler Mines created no little comment throughout the state, Max Morris who represented Arapahoe County in the State House of Representatives, and also was a member of a labor union, proposed the following resolution for consideration and action by the Thirteenth General Assembly of the State of Colorado:

> House Joint Resolution No. 2, by Mr. Morris, of Arapahoe County.
> Whereas, there appears from reports in the newspapers that a well defined movement is on foot among corporations operating in the southern part of this State on employing Japanese labor in preference to the labor of American citizens; and, Whereas, thirty-two Japanese who were recently employed at the Chandler Mine in Fremont County have been removed to Huerfano County, where it is reported they are to take the places of white labor; and,
> Whereas, such action on the part of corporations who are deriving all their income within the confines of this State is not in keeping with the protection as afforded the corporations by the laws of this State; and,
> Whereas, the interests of the Colorado working man are being seriously jeopardized by the employment of this class of foreigners; therefore, be it
> Resolved, by the House of Representatives of the State of Colorado, the Senate concurring, that it is the sense of the Thirteenth General Assembly that the Congress of the United States shall take steps to exclude from this country all of this class of Asiatic labor.[14]

The resolution was approved by the General Assembly on March 12, 1902. The Bureau of Labor Statistics of Colorado commented on this matter:

> This joint resolution reflecting the opinion of 95 per cent of the voters of Colorado was without effect so far as its influence upon Congress was concerned, as the Japanese were not included

[14]The State of Colorado, *Session Laws of Colorado* (Denver, Colo.: 1902), p. 181.

in the act relating to the subject which was passed by congress a few weeks later.[15]

The approval of the resolution, however, shows that there was a strong anti-Japanese sentiment in Colorado at the time. Especially during the strikes of 1903 and 1904 the importation of a considerable number of Japanese miners to the southern coal mine fields undoubtedly raised more severe feeling against Japanese among the white laborers. The author of *Out of the Depths,* Barron B. Beshoar, stated:

> The Scotch, the Welsh and the Irish miners, who had seen thousands of their blood brothers driven from the coal fields after the strike of 1903, loathed the hordes of foreigners who were gathered by enterprising labor agents of the coal barons from the Mediterranean countries and the far corners of Europe and Asia, to take the places of the rebels of 1903. The newcomers, in turn, despised each other, according to race. The Italians looked down on the Greeks, the Greeks scorned the Poles as social inferiors, and the latter had only contempt for the skinny-armed Mexicans. They were united only in their hatred for their employers and their belief that Japanese were scum of the worst sort.[16]

Although it is undeniable that such a feeling existed to some extent throughout the state, there were also some opinions which were in favor of Japanese laborers at the time. For example, *The Daily Advertiser* of Trinidad expressed its opinion on the Japanese in Colorado;

> In the importation from Wyoming and other points of nearly a hundred Japanese laborers to work in the beet fields of northern Colorado, certain people profess to see a great menace to free America, says the Greeley Tribune......(But) the little brown men from the land of the Mikado are faithful, quiet and good workers, and their trade is worth to the community fully as much as that of the hobo, which is practically nothing. There is work for them here that the American laborer will not do, and their presence in northern Colorado is a menace to nobody.[17]

---

[15]*Biennial Reports,* The State of Colorado, Bureau of Labor Statistics (Denver, Colo.: 1902), p. 108.

[16]Barron B. Beshoar, *Out of the Depths* (Denver, Colo.: The Colorado Labor Historical Committee of the Denver Trades and Labor Assembly, 1942), p. 1.

[17]*The Daily Advertiser*, May 2, 1903.

The anti-Japanese movement in general did not take organized form, however, until 1905 when the Japanese victory over Russia signified the fact that Japan had emerged as a world power in the Pacific. Thereupon, a general change in the relationships of Japan and the United States occurred and the shift in public opinion against Japan brought forth an outburst of anti-Japanese feeling, first in California, and later throughout the nation.

The campaign in California was launched on February 23, 1905, by "a series of sensational and highly inflammatory articles in the San Francisco Chronicle," Dr. McWilliams wrote. Some of the captions on these articles, he noted, were: "Crime and Poverty Go Hand in Hand with Asiatic Labor; Brown Men Are An Evil in the Public Schools; Japanese a Menace to American Women; Brown Asiatics Steal Brains of Whites."[18]

Following the appearance of the *Chronicle* articles, the California legislature, on March 1, 1905, passed a resolution urging Congress to exclude the Japanese. Two months later, the Japanese and Korean Exclusion League was formed in San Francisco. Stimulated by the anti-Japanese movement in California, the President of the Denver Trades and Labor Assembly, Frank J. Pulver, advocated in his report at its convention in Denver in January, 1907, that the Japanese exclusion question be taken up. A Walsenburg newspaper reported:

> Many interesting facts were presented by him for the consideration of the assembly. The Japanese, he said, can live on less than any race on earth. Even the Chinese cannot compete with them. He quoted figures to show that the highest classes of Japanese labor receive no more than 25 to 50 cents a day...... Mr. Pulver wants a Japanese and Korean exclusion act and urged the assembly to do all in its power to exclude the Japanese.[19]

The tone of the newspapers in Colorado toward the Japanese immigrants became generally worse. Harsh words against the Japanese appeared on the first pages of the *Denver Post*, in May, 1907:

> Between 4,000 and 5,000 Japanese have become established in Denver within the last eighteen months and crowding white men out of employment so rapidly that Denver Trades and Labor Assembly has come alarmed......Such hordes are coming that the

[18]McWilliams, *op. cit.*, p. 18.
[19]*The Walsenburg World*, January 18, 1907.

livelihood of thousands of Denver citizens is threatened, and drastic steps will have to be taken to prevent serious trouble... The Japanese spend the little money they do part with in their own colony. The money that they have taken from white men is spent sparingly in the Japanese store...the Japs are not keeping to common hard labor, but are trying to do all kinds of work. They have almost succeeded in supplanting the negroes as porters, and are rapidly taking the place of skilled workmen in shops and factories.[20]

However, some newspapers were more moderate in the statement of their opinions. The *Sterling Democrat* expressed its view in the following editorial:

Reasonless prejudice and passion leading to lawlessness, indignation and insult are quite other things and the entire American nation will have trouble enough settling the real questions endangered by local outrages......The country will have to face squarely the question of inflowing cheap labor and it will find that discrimination against the Japanese will now be increasingly difficult, just as barriers against European cheap labor have always been found impractical, but outrages against individual Japanese on the Pacific coast should not be tolerated for a moment.[21]

The opinion of the *Walsenburg World* on Japanese immigration was more sympathetic:

Viewed from the economic side this immigration would not alarm the country, although it might incite new hysterics in San Francisco. Japanese immigration even if it were allowed to come without interruption, would hardly make much of a difference in the labor market, except in San Francisco cases and that town's conduct and morals are not calculated to win it much consideration from the balance of mankind. Japan is too small in population to be ever able to spare enough immigrants for the United States to do much damage to this country.

The labor market in San Francisco is depressed but it is Schmidt and his fellow bandits and the men who elected them who have halted the work of rebuilding the city and who set up a quarantine against it for the rest of the country. Still as a violation of a United States law this Japanese immigration question will have to be looked into. It raises an issue which must be dealt with firmly but delicately. American laws must govern America.[22]

20 *The Denver Post*, May 23, 1907.
21 *The Sterling Democrat*, June 13, 1907.
22 *The Walsenburg World*, June 28, 1907.

When Baron Ishii, a representative of the Japanese government, visited Denver, in his Western tour, on September 24, 1907, he replied to reporters' questions about the Japanese labor troubles in Colorado, by saying that "those are things which adjust themselves - I have no fear of that."[23]

But, in spite of his optimism, a mass meeting for the formation of a local Japanese and Korean Exclusion League was held, on February 2, 1908, at the Cooks' Hall of the Club Building in Denver. The *Rocky Mountain News* carried the following headlines over its account of the meeting: "Bar All Japs Demand of Labor - Who Are Fooling the West-Must be Driven Out, No Matter What Cost-Claim that Hordes come from Mexico to Colorado as safest Place."[24]

According to the same newspaper, the mass meeting united on the opinion that the yellow laborer must be driven from the American shores, and that if legislation was not effective in treating the situation, violence should be used. R. E. Crosky who acted as secretary of the mass meeting said:

> An appeal to congress, or a petition to congress will not bring about the necessary ends......, for we have petitioned and we have entered pleas and they have been turned down. The argument is not sufficiently strong. There must be bloodshed. It is beginning to seem that bloodshed alone will bring the Chinese and Japanese question to the attention of congress. We must take the matter in our hands, as has been done on the Pacific coast.[23]

The leaders of the mass meeting were reported to be the radicals of the labor movement.[26] They claimed that soon-they would have a membership of one-thousand, and they denounced the Japanese, saying that a crisis had arrived in the relation of the American and the yellow laborers in Colorado.

Alarmed by the mass meeting for the Exclusion League, a Japanese special committee was set up and held an emergency conference with the officers of the Japanese Association of Colorado and of the Japanese Business Men's Association on February 4. A program of action was agreed upon. The committee members were

---

23 *The Denver Post*, September 24, 1907.
24 *The Rocky Mountain News*, September 24, 1907.
25 *Ibid.*
26 *Ibid.*

to caution their fellow countrymen immediately about the seriousness of the trouble with the Exclusion League, and the committee was to raise a special fund.[27] At the same time, the committee asked the Japanese General-Consulate of San Francisco to take steps to secure protection for the Japanese. Through the committee, the books of Dr. Herbert B. Johnson, superintendent of the Methodist Japanese Missions throughout the West, were distributed among influential American people in Colorado. Dr. Johnson's writings expressed a point of view favorable to the Japanese.[28]

In accordance with the committee's program of action, cautionary pamphlets were circulated among the Japanese community on February 6. These pamphlets contained the following advice:

> The white labor union organized the Japanese Exclusion League which is trying to drive our countrymen out of Colorado as well as California. It is a very serious time for the Japanese. Every Japanese should pay very careful attention to his own behavior. With close cooperation with each other, we should not lose our pride as Yamato Minzoku (Japanese Race) and should make every effort to gain genuine sympathy - from the good Americans. The following articles should be observed by each of us with care in order to avoid giving bad impressions to the white people:
>
> (1) You should not enter immoral places, such as gambling houses, prostitution houses and the like.
>
> (2) When walking on the streets, you should keep your figure straight, and avoid loud conversation or laughter.
>
> (3) You should not enter dangerous places in large groups without any particular purpose.
>
> (4) You should not drink excessively or be seen by the whites when you are drunk.
>
> (5) Hotels and restaurants should be closed by 11:00 p.m. and noisy singing or playing of Japanese instruments which might disturb neighbors should be prevented.
>
> (6) You should not take aggressive action against the whites.
>
> (7) You should keep your clothes clean, and avoid carrying dirty materials.
>
> (8) You should not carry a pistol or knife with you at any time.
>
> (9) You should carry a whistle for use in an emergency.[29]

---

[27]Suzuki, *op. cit.*, pp. 9-10.
[28]*Ibid.*
[29]*Ibid.*

Since the *Denver Post* professed alarm that the tremendous influx of unskilled Japanese labor was responsible for the hundreds of unemployed men in Colorado, and demanded that the Denver Chamber of Commerce take action,[30] the Japanese committee members, on February 8, met with E. L. Schartz, the president of the Denver Chamber of Commerce, and W. F. R. Smith, the general secretary. The Japanese committee presented to the Chamber of Commerce officials an appeal from Mrs. E. C. Gilbert, principal of the Gilbert Home School of Business, in which she asked the Chamber of Commerce to move for protection for the Japanese.[31] About a month later, on March 5, the Denver Chamber of Commerce finally announced its conclusion that the Japanese were not cheap laborers, that they were diligent and were not going to displace the white laborers.[32]

Meanwhile, in spite of the intensive effort of the Japanese to prevent the further development of the anti-Japanese movement, the agitation against the Japanese culminated in the formation of the Exclusion League on February 16, 1908, at which George A. Halley, president of the Colorado State Federation of Labor, was the speaker, and a constitution modeled after that of the San Francisco League was adopted.[33]

The San Francisco League was described by the Secretary of Commerce and Labor, V. H. Metcalf, as:

> An organization formed for the purpose of securing the enactment by the Congress of the United States of a law extending the provisions of the existing Chinese exclusion act so as to exclude Japanese and Koreans. The league claims a membership in the State of California of 78,500, three-fourths of which membership is said to be in the city of San Francisco. The membership is composed almost entirely of the members of labor organizations. Section 2, Article 2, of the league is as follows: The league as such shall not adopt any measures of discrimination against any Chinese, Japanese or Koreans now or hereafter lawfully resident in the United States.[34]

---

30 *The Denver Post*, February 3, 1908.

31 Suzuki, *op. cit.*, p. 10.

32 *Ibid.*

33 *The Rocky Mountain News*, February 17, 1908.

34 *U. S. Senate Documents*, 147, 59th Cong., 2d. Sess., pp. 3-4. The Article 2 of the Constitution of the San Francisco League was never observed by the League.

The constitution of the Colorado League was reported to differ from that of the San Francisco League only in respect to the omission of a clause which advocated Japanese deportation.[35]

At the Denver meeting of February 16, the following officers were elected: president, B. R. Howard; vice president, I. A. Brittan; secretary-treasurer, W. H. Montgomery; door keeper, J. H. Hudson; executive committee J. Q. Bulger, Peter Johns, Daniel Parker, J. R. Newcome, Thomas Taylor, F. R. Smith, T. M. Hyder, J. D. Spann, George McLachlan, R. E. Crosky and Rhody Kenehar. It is interesting to note that Messrs. Hyder and McLachlan were Denver city councilmen, and, Mr Crosky was secretary-treasurer of the Colorado State Federation of Labor. Most of the members were also members of the Colorado State Federation of Labor. To stimulate interest in the League it was decided, at the organizational meeting of February 16, that general meetings should be held on the first and third Sundays of every month.[36]

On March 3, a similar Japanese and Korean Exclusion League was reported as organized in Pueblo at a meeting which, according to the *Pueblo Chieftain,*[37] was well attended. The committee in charge of the work of obtaining more members reported that it was having considerable success and that some business men were among the applicants. It was decided that the next meeting should be secret and only members would be allowed to attend. Thereafter the meetings would be open to the public. Fred Morgan was elected warden and George Dalton sentinel.

Meanwhile, there was a disturbing rumor that about three hundred workers from Pueblo and Leadville were going to attack the Japanese in Denver. Therefore, the Japanese committee asked the Denver police for protection and five special detectives were employed.[38] The Denver newspapers, however, contained no indication that anything happened in this instance.

Following upon the formation of the Japanese and Korean Exclusion Leagues in Colorado, the Aryan Brotherhood, another secret society, was apparently organized by Oscar V. Thomas (Denver),

---

[35] *The Rocky Mountain News*, February 17, 1908.
[36] *Ibid.*
[37] *The Pueblo Chieftain*, March 3, 1908.
[38] Suzuki, *op. cit.*, p. 11.

James L. Merick (Pueblo) and Thomas J. Burne (New Mexico) on March 17. The ostensible purpose of this organization was reported to be that of working for the exclusion of cheap foreign labor from any and all sources and therefore, protect the livelihood of American workers; however, the actual purpose was reputedly that of aiding the Exclusion Leagues in their efforts to keep Orientals out of the country. However, because of financial difficulties and because of strong opposition from the big companies which employed the members, the Brotherhood does not appear to have been effective. Actually, this organization was dissolved on April 27.[39]

The tension appears to have died down rapidly. After May, 1908, articles concerning the Exclusion Leagues disappeared from the newspapers in Colorado, and evidences of friendly gatherings of Japanese and American peoples appeared.

In January, 1909, a Japanese dinner party was given in Brighton for some American businessmen and ranchers by the Japanese Association of Brighton, Lupton and Platteville. The Brighton Blade reported at the time that the white guests testified to "the generous hospitality and splendid reception tendered them by the Japanese, all of whom seemed to take special delight in making everybody feel at home and welcome."[40]

In November of the same year, the *Denver Municipal Facts* reported the visit of a party of commercial leaders from Japan:

> The visit of representatives from the leading commercial bodies of Japan to the city of Denver this week is an event of historic significance. Denver extended its hospitality in lavish fashion, and its officials as well as its leading merchants and professional men gave ample and pleasing evidence of their deep interest in the "international call." Visits were paid to the governor, to the mayor, to the House of the Good Shepherd, to the Blake Street fire station, to the Y.M.C.A., to the Auditorium, to the Agnes Memorial Sanitarium and to other places of note... Over a year ago when the Japanese agitation in this country was still active and alarmists were talking of the possibility of war, five Japanese Chambers of Commerce united in an invitation to the Chambers of Commerce of the Pacific coast cities to send representatives to Japan, in order to promote the closer acquaintance of the

[39] *Ibid.*, pp. 12-13.
[40] *The Brighton Blade*, January 22, 1909.

American and Japanese people and increase the friendships that already existed between them. Thirty representatives, businessmen of the coast... made a tour of the principal cities of the island empire... Upon the invitation of the Coast Chambers of Commerce, a party left Japan, last August, composed of some of the great leaders of the modern industrial development of the country.[41]

The Japanese dinner at Brighton and the visit of the commercial representatives from Japan to Denver all coincided with the decline of the anti-Japanese movement in Colorado and the revival of the friendships between the Japanese and the American peoples in the state.[42]

It may be interesting and profitable to examine some of the criticism levelled at the Japanese during this brief period of agitation and tension.

One of the main points stressed by the members of the Exclusion Leagues was that between 4,000 and 5,000 Japanese had established themselves in Denver,[43] However, the *Denver Republican* reported on February, 1908, that only 800 Japanese had been found as permanent residents in Denver at the time,[44] and the census of 1910 reported that there were only 585 Japanese in Denver and 2,300 throughout the state.

The *Denver Republican* also printed an interview with a member of the Japanese community on this matter:

> 1. Saito, a student living at the Ozawa agency, was inclined to put down the formation of the exclusion society to race feeling rather than any economic necessity for protecting the white laboring man...'I do not think there is any reason the laboring men here should wish to drive out my countrymen,' he said. 'There are not enough Japanese here to take away their jobs. Most of my people are doing domestic work, cleaning houses, waiting on table and cooking. Most of the Japanese that

[41] *The Denver Municipal Facts*, XXXX (November 20, 1909), pp. 3-4.

[42] The names of American people or organizations who protested honestly the anti-Japanese movement in Colorado and helped to create the friendly atmosphere between the Japanese and American peoples, should be remembered. The *Denver Republican* newspaper; C.H. Moriss, President of the Juniper Coal Company; Emma C. Gilbert, Principal of the Gilbert Home School of Business; Eugene Parsons, Lecturer on Colorado History in the Public Sohools of Denver; and Albert L. Bennett, later Japanese Honorary Consul in Denver were among them. (Suzuki, *op. cit.*, p. 10).

[43] *The Denver Post*, May 23, 1907.

[44] *The Denver Republican*, February 3, 1908.

are seen here just come into town for a few days, and then go out on farms to work, or out on the railroads. I know they have taken the places of Italians and Greeks on some of the railroads, because they will work for cheaper money, but the workmen in town have no reason to be afraid of them. It is different in California, where there are so many Japanese, but here in the inter-mountain states, there are not enough to make any difference,'[45]

Relating to the Japanese population in the State, much had been said about the alleged smuggling of Japanese across the Mexican border. For instance, the *Rocky Mountain News* stated in 1908: "That thousands of Japanese and Chinese laborers are pouring into Colorado through the unprotected Mexican border is not questioned. Why (has) the border been left practically unprotected...(?)"[46] However, because of the nature of the subject, there has been no reliable information on this matter. As Dr. Jordan, Chancellor Emeritus of Stanford University, put it later:

> The current statement that 'thousands of Japanese enter each year from Mexico' is grossly exaggerated. The alleged runway from Yokohama to Honolulu, Guayma and Nogales, seems to be a figment of the imagination, as was the ridiculous Magdalena Bay scare of 1912. There were at the time about six Japanese at Magdalena Bay, crab and turtle fishers, employed at the cannery of my friend Sandoval of Los Angeles. The Japanese fishermen now at Magdalena Bay came from San Diego. The best information I can get indicates that there are from 2,000 to 4,000 Japanese in Mexico. No passports for Mexico have been granted to laborers since 1908.[47]

In all probability the number of Japanese who came to Colorado illegally through Mexico was small, but no sound evidence on this subject has been obtained.

Another complaint which was made by labor unions was that the Japanese did not buy American goods, but diverted American money to their own country. A. Swanson, Deputy Commissioner of the Bureau of Labor statistics for the State of Colorado, sent out

---

[45]*Ibid.*

[46]*The Rocky Mountain News*, February 3, 1908.

[47]Kawakami, K.K., *The Real Japanese Question* (New York: The Mac-Millan Company, 1921), p. 75; also see U.S. *Reports of the Department of Labor and Commerce* (Washington: Government Printing Office, 1907), pp. 148-49.

letters to a number of merchants of Colorado, on March 19, 1908, to ascertain what effect the foreign laborers might have upon the consumption of American products. Their answers varied from extremely favorable toward Japanese to fairly unfavorable. One merchant in Pueblo replied,: "I would put the English, German and Swedish in about the same class. They are people who own their own homes and industries, frugal and substantial citizens. Among the other foreign element, we find that the Japanese buy the very best goods we carry."[48] Another merchant in Denver said that "Austrian, Italian, Greek and Japanese (are) no good. The English are in the lead.[49] Although there were some such unfavorable reports, the answers did not uphold the labor unions' blanket accusation that Japanese did not buy American goods.

There was undoubtedly substantial foundation for the complaint that most of the Japanese immigrants were frugal and that some of them sent money to their own country.

In 1908 the Bureau of Labor Statistics for the State of Colorado published some information concerning the value of postal orders purchased during the months of August, September and October, 1907, to send out to foreign countries. At one of the post offices, money orders for Japan amounted to $14,987.00, as compared with slightly more than $10,000 for Greece, $8,776 for Austria and $8,395 for Sweden.[50] At the second post office, money orders for Japan, totalling $8,655, ranked in fourth place. More than $32,000.00 were purchased for Austria, $25,500.00 for Italy and slightly more than $20,000.00 for Hungary.[51] The Japanese immigrants undoubtedly sent money out of the country; however, it is evident that they were by no means the only immigrant group that did so.

In general, it appears that the accusations against the Japanese were not based upon fact, but upon racial prejudice.

There is also reason for believing that the Exclusion Leagues of Colorado were created in an effort to gain for the labor unions a political influence out of all proportion to their actual membership.

---

[48]*Biennial Reports*, The State of Colorado Bureau of Labor Statistics, 1907-1908 (Denver, Colorado: The State of Colorado, 1908), p. 91.

[49]*Ibid.*

[50]*Ibid.*, p. 92.

[51]*Ibid.*, p. 93.

Dr. McWilliam's suggestion was that the unions used "anti-Oriental feeling as a means of solidifying their membership; of uniting this membership by passing the existence of a common enemy; and of rallying their joint membership around a single issue."[52] The attitude of the Western Federation of Miners was possibly typical. In an editorial, the *Miners' Magazine* represented the opinion of the Western Federation on this matter in October, 1907:

> There are some members of the Western Federation of Miners who believe implicitly in the quotation from Marx: 'Workers of the world unite; you have nothing to lose but your claims,' but the vast percentage of the membership will feel a reluctance in remaining idle and silent, while corporate giants, through their agents, are endeavoring to innundate their land with the slaves from Asia. With but few exceptions, Chinese, Hindus and Japanese show meek and submissive obedience to a master class......[53]

The effect of the international relations of Japan and the United States also should not be overlooked in considering possible cause of the anti-Japanese sentiments in Colorado.[54] However, it is impossible to determine with any accuracy the extent to which the international tension between the two countries affected the anti-Japanese feeling in the state.

It appears evident, however, that there were no strong or lasting factors that created or sustained anything of an anti-Japanese movement in Colorado. From 1908 until the Second World War, there was no organized anti-Japanese movement in the state.

---

[52]McWilliams, *op. cit.*, p. 24.

[53]*The Miners' Magazine*, IX (October 31, 1907), 5; also see *Ibid.*, (November 28, 1907), 5.

[54]There had apparently been fear of war with Japan growing strongly in Colorado at about the time when the Japanese and Korean Exclusion Leagues were organized. For examples, see *The Rocky Mountain News*, February 20, March 6, March 29, 1908; *The Pueblo Star-Journal*, March 11, 1908, concerning the seizure by China of the Japanese steamer, Taku Mosu and the problem of Manchuria trade related to the Hay Treaty with Japan.

CHAPTER VIII

CONCLUSION

This study started with a broad account of Japanese activities and problems in the United States in general and the West Coast in particular, because the writer believed that such a background of knowledge was essential to an understanding of the Japanese in Colorado. In fact, we found that almost any activities and problems of the Japanese in Colorado were closely interrelated with those in California and other Pacific Coast States in which the great majority of the Japanese immigrants arrived, became rooted and remained.

Colorado began to have some Japanese in her history only as relatively small numbers of Japanese workers, lured by employment opportunities on western railroads and mines, began to leave the Pacific Coast and move gradually eastward. Some of them, coming by way of the railroads and mines of Wyoming, finally appeared as workers on the railroad, in the coal mines, on the farms. and a few in the cities of Colorado.

The major field of activity of the Japanese in Colorado was agriculture. The principal reason was that there were apparently better labor conditions in the agricultural field than in other labor fields. Wages were higher and the feeling of the white people toward Japanese was much better in this field than others. Opposition to Japanese settlement on the Western Slope was apparently strong enough to keep them out of that area, but conditions and attitudes were favorable for them in the South Platte and Arkansas River Valleys, and consequently it was in those areas that most of the Japanese immigrants in Colorado sooner or later found their work and their homes.

It is significant that, aside from this opposition on the Western Slope, the event threats to the peace and safety of the Japanese appear to have been confined to the mining areas and the cities-localities where theJapanese worker would encounter organized labor. It seems established that most of the boycotts and strikes against the

Japanese in the state were created by the United Mine Workers of America in the southern coal fields and the Cooks' and Waiters' unions in the towns. The Japanese and Korean Exclusion Leagues of Colorado were apparently largely composed of members of the Colorado State Federation of Labor. But even in the mining areas and in the cities, the anti-Japanese episodes were noticeably sporadic and short-lived. The question may be asked why the anti-Japanese movement did not grow up seriously in Colorado. The answer may be found in the following observations. First, that the anti-Japanese movement in Colorado was not a genuine product of fundamental and serious conditions in the economic, social and political life of the state, but was rather a superficial, temporary and artificially created outburst that was a reflection, or reverberation, of the more serious problem of the Pacific Coast. It is notable that the newspapers of the state, during the period, 1900-1910, gave more attention to the general aspects of the Japanese problem than they did to local and immediate evidences of it. And even when the Japanese and Korean Exclusion Leagues were organized in Denver and Pueblo in 1908, and a few newspapers in those cities were very active in reporting those incidents, the other local newspapers of the state hardly made any comments on this matter. It may be stated that no evidences have been found that indicate that the Exclusion Leagues of Colorado were considered seriously outside of a fairly restricted number of indicated persons (many of them members of labor unions), a few newspapers of Denver and Pueblo, and, of course, the Japanese immigrants.

A second probable reason why the anti-Japanese movement in Colorado did not dangerously develop was that the Japanese population in the state was so small. Despite such an outburst of some labor unions and newspapers that the numerous numbers of Japanese were threatening the livelihood of the working men in Colorado, the cold fact that the Japanese population in the state in 1910 was only 2,300, as compared with the total population of Colorado, 799,024, was powerful enough to prevent the serious development of reasonless hysteria against the Japanese immigrants in the state.

A third reason why the anti-Japanese movement did not attain serious proportion in the state was that most of the Japanese were

not city-dwellers, but were working in widely-scattered agricultural fields. Therefore, engaged in work for which they were fitted and which they did well, they could win, and keep, the high esteem of the people of the local communities. The loss of the Japanese laborers might mean a great loss to Colorado agriculture, especially in the sugar-beet fields. A statement in the *Brighton Blade* in 1907 probably summed up much of the explanation for the relatively happy settlement of the Japanese in Colorado:

> The question remains, what are the beet and potato and vegetable growers to do for help, if they cannot get the Japanese? The demand for labor is greater than the supply in this part of the country......[1]

---

[1] *The Brighton Blade*, May 3, 1907.

BIBLIOGRAPHY

A. BOOKS (SECONDARY SOURCES)

Abe, Toyoharu and others (ed.). *Zaibei Nippon Zin Shi* (The History of Japanese in America). San Francisco: The Japanese Association in America, 1940.

This is the only Japanese book which deals thoroughly with the history of Japanese in the United States from every aspect: economy, religion, culture, et cetera. The book also describes briefly the Japanese activities in Colorado (pp. 938-949).

Bailey, Thomas A. *Theodore Roosevelt and the Japanese-American Crisis.* Palo Alto, Calif.: The Stanford University Press, 1934.

The main purpose of the book is to show how the international tension between Japan and the United States during Theodore Roosevelt's administration aggravated the Japanese question in this country.

Beshoar, Barron B. *Out of the Depths.* Denver, Colorado: The Colorado Labor Historical Committee of the Denver Trades and Labor Assembly, 1942.

Billington, R. A. *Western Expansion.* New York: The MacMillan Company, 1949.

Gulick, S. L. *The American-Japanese Problem.* New York: Charles Scribner's Sons, 1914.

With rich experience and broad knowledge of Japanese people and their society, the author attempted sincerely to analyze the real problem of the Japanese immigrants in the United States and with deep sympathy for the Japanese, he tried to explain what the Japanese really contributed to the American society.

Hafen, L. R. (ed.). *Colorado and Its People.* Vols. I and II.

This book is the only one written in English, which contains a brief description of the early settlement of the Chinese and Japanese in Colorado.

Ichihashi, Yamato. *Japanese in the United States: A Critical Study of the Problems of the Japanese immigrants and Their Children.* Palo Alto, Calif.: The Stanford University Press, 1932.

The book is one of the best works on Japanese in the United States. The author's careful and extensive study offers healthy knowledge of the Japanese and their problems in the United States, covered from the beginning to 1924.

Kawakami, K. K. *The Real Japanese Question.* New York: The MacMillan Company, 1921.

Based upon the author's investigation on the Japanese problems in California, the anti-Japanese tradition in America, the various anti-Oriental legislative acts and problems of American citizenship are discussed.

McWilliams, Carey. *Prejudice - Japanese-American: Symbol of Racial Intolerance.* Boston: Little Brown and Company, 1944.

This book deals with racial prejudice through the Japanese problems and various incidents against the Japanese, from the beginning-to the Second World War, when the War Relocation problem occurred. The author's treatment is impartial and scholarly.

Mears, Eliot G. *Resident Orientals on the American Pacific Coast.* Palo Alto, Calif.: The Stanford University Press, 1927.

The Japanese problems in the Pacific coast states are discussed from legal standpoint, internationally and nationally.

Millis, H. A. *The Japanese Problem in the United States.* New York: The MacMillan Company, 1915.

Information concerning Japanese activities on railroads, in town business and in agriculture.

Nitobe, Inazo. *Intercourse Between the United States and Japan.* Baltimore: The John Hopkins University Press, 1891.

Smith, Bradford. *American From Japan.* Philadelphia: J. B. Lippincott Company, 1948.

Stone, Wilbur Fish. *History of Colorado.* New York: The S. J. Clarke Publishing Company, 1918.

Suzuki, Hikaroku and others (ed.). *The Development of the Inter-Mountain Japanese Colonies.* Denver, Colorado: The Denver Shimpo Sha, 1910.

This book, written in Japanese, contains valuable reports and facts on the Japanese activities in the mountain region: Colorado, Wyoming, Utah, Nebraska and New Mexico. The main purpose of the book is to present a brief biographical sketch about more than 300 Japanese in the region.

Treat, P. J. *Japan and the United States. 1853-1921.* Palo Alto, Calif.: The Stanford University Press, 1928.

This book is the result of reliable research on the diplomatic relations of Japan and the United States.

B. PUBLIC DOCUMENTS

State of Colorado, Bureau of Labor Statistics. *Biennial Reports. 1899-1900 : 1901-1902 : 1907-1908.* Denver, Colorado: The State of Colorado, 1900; 1902; 1908.

State of Colorado, Railroad Commission. *Biennial Reports. 1900-1910.* Denver, Colorado: The State of Colorado, 1901-1911.

State of Colorado, *Session Laws. 1902.* Denver, Colorado: The State of Colorado, 1902.

U. S. Congress, House. Immigration Commission. *House Documents,* 686. 56th Cong., 1st Sess. Washington: Government Printing Office, 1899. This contains M. M. Rice's report "Japanese Immigration" within, written after his tour to Japan.

U. S. Congress, Senate. *Senate Documents.,* 147. 59th Cong., 2d Sess. Washington: Government Printing Office, 1906. It contains "Final Report" of Secretary of Commerce and Labor, V. H. Metcalf, on the situation affecting the Japanese in the city of San Francisco.

U. S. Department of Labor and Commerce. *Annual Report of 1907.* Washington: Government Printing Office, 1907.

U. S. Industrial Commission. *Reports of the Industrial Commission,* XV. Washington: Government Printing Office, 1901.

U. S. Immigration Commission. *Reports of the Immigration Commission,* I, II, XXII, XXIII, XXIV, XXV. Washington: Government Printing Office, 1911. Vols. I and II are abstracts of *Reports of the Immigration Commission,* with conclusion and recommendation and views of the minority. Vols. XXIII and XXIV are reports of immigrants in agriculture. Especially the Japanese farm hands in the sugar-beet fields of Colorado are reported in detail. Vol. XXIII contains report on Japanese activities in Denver. Vol. XXV includes reports on Japanese on railroads and in mines. In general, reports are most accurate and extensive investigation ever made by U. S. Government about Japanese immigrants.

C. PERIODICAL ARTICLES

Denver Municipal Facts, XXXX (November 20, 1908) 3-5. "International Call by Japan."

Irish, Donald P. "Reaction of Caucasian Residents to Japanese-American Neighbors," *The Journal of Social Issues,* XIII (1952).

The Colorado Annual Conference of Methodist Episcopal Church, *Minutes,* 45th Sess., 1907.

The Miners Magazine, IX (October 31, 1907), 5.

The Miners Magazine, IX (November 28, 1907), 5.

Yoshida, Yasusaburo. "Sources and Causes of Japanese Emigration," *The Annals,* XXXIV (September, 1909), 157-168.

D. UNPUBLISHED MATERIALS

Ikuchi, Yukio, "Social Studies of the Japanese-American Community in Denver," Unpublished Master's Thesis, Department of Sociology, The University of Denver, 1953.

Jackson, C. W. (ed.). "A Study of the Japanese Population of the City and the County of Denver, February, 1944," Unpublished Joint Study conducted by the Denver Bureau of Public Welfare, 1944.

A study of the sudden change of the Japanese population in Denver during the Second World War and social, economic, and housing conditions. Data concerning classifications of occupations is included.

E. NEWSPAPERS

The Brighton Blade, May 3, 1907.

____________, February 28, 1908.

____________, January 22, 1909.

The Daily Advertiser, May 2, 1903.

The Daily Mining Record, February 7, 1908.

The Denver Post, May 23, 1907.

____________, September 24, 1907.

____________, February 5, 1908.

____________, February 17, 1908.

The Denver Republican, February 11, 1902.

____________, February 13, 1902.

____________, February 19, 1908.

____________, February 3, 1908.

The Denver Times, May 5, 1900.

____________, March 24, 1901.

__________, December 24, 1906.

The Greeley Sun, August 24, 1906.

The Pueblo Chieftain, March 3, 1908.

The Pueblo Star-Journal, March 10, 1908.

__________, March 11, 1908.

The Rocky Mountain News, April 24, 1874.

__________, September 24, 1879.

__________, November 22-27, 1879.

__________, October 23, 1880.

__________, October 27, 1880.

__________, October 29, 1880.

__________, December 3, 1901.

__________, February 13, 1902.

__________, February 17, 1908.

__________, February 20, 1908.

__________, March 6, 1908.

__________, September 2, 1927.

The Sterling Democrat, June 13, 1907.

The Walsenburg World, January 18, 1907.

__________, June 28, 1907.

JAPANESE IN COLORADO, 1900 - 1910

Abstract of a Thesis

Presented to

The Faculty of the Graduate College

University of Denver

In Partial Fulfillment

of the Requirements for the Degree

Master of Arts

---

by

Fumio Ozawa

June, 1954

ABSTRACT

1. A short statement of the problem:

The purpose of the present thesis is to present a picture of early Japanese settlement in Colorado and its problems. For this purpose, the period 1900-1910 has been chosen, because the Japanese influx into the United States was strong during most of that decade and the resulting problems were vexatious.

2. A brief exposition of the methods and procedures employed in gathering the data:

As the first step in gathering data for this study, the writer tried to find out what has already been written upon the subject. The secondary writings of the Japanese immigrants and their problems in the United States were found to be fairly abundant, but the data relating to the Japanese within the confines of Colorado appear to have been scarce, fragmentary and scattered. Materials used have been largely publications issued by public authorities or agencies of the U. S. Government, by state and municipal bodies and by organizations, such as labor unions, private companies, religious organizations, newspaper agencies, various Japanese organizations(The Japanese-American Association of Colorado, the Japanese-American Citizens league, et cetera).

However, it was found that few organizations have kept records concerning the early Japanese activities in Colorado. Fortunately, the U. S. Immigration Commission published its reports on immigrants from abroad, including Japanese, in 1911, and a group of Japanese published a Japanese book called *The Development of the Inter-Mountain Japanese Colonies* in 1910. With the help of these materials and of the U. S. Census, the writer has been able to outline the general picture of the early Japanese activities in Colorado. The local newspapers have been used frequently, in order to confirm facts and to supplement our knowledge on the subject.

3. A condensed summary of the study:

The principal cause of the Japanese coming to Colorado was almost entirely economic, and involved the expansion of Japanese activities eastward from the Pacific Coast, the expansion of the

railroads in the West, and the rapid growth of the Colorado economy.

Most of the Japanese came to Colorado as common laborers: railroad workers, miners, farm hands, factory workers and domestics.

The largest segment of those workers was composed of farm hands who concentrated along the South Platte and Arkansas Rivers in sugar-beet fields.

The largest number of Japanese came to Colorado during 1903-1908.

The relations between the Japanese and the other races in Colorado were better than those in the Pacific Coast, because the Japanese population in the state was small, and most of them were farm hands who were in great demand. The failure of the Japanese and Korean Exclusion Leagues of Colorado was due to the fact that the formation of the leagues was the product of labor movement and was not supported by public opinion.

Success or failure of Japanese settlement in this country was depended greatly upon the environment which surrounded the newcomers. Courteous treatment and consideration for their needs and welfare appear to have produced good results.

Japanese in the Rockies

By SOME KOSUGE and ROY MIKAWA

DENVER—The rays of a waning sun setting behind the towering Rockies shed their final gleam on a granite tombstone erected above the grave of **Tadaatsu Matsudaira** in Riverside Cemetary. The monument, purchased for $3,000 from funds raised by the Oriental Culture Society of Denver, was erected on May 28, 1952 in tribute to the first pioneer of Japanese ancestry in Colorado. But that is not Matsudaira's only claim to fame.

Coming to the United States in 1873 the scion of a feudal Lord of the Ueda Clan studied engineering at Rutgers University and at Massachusetts Institute of Technology.

Upon his graduation, he came to Colorado in 1886 to become a state inspector of mines, an assistant to a John McNeil. He served as professor at the School of Mines at Golden; and as the Denver city engineer, he designed the original plan for the town.

Son Becomes Mayor

He married a Virginia Sampson, who bore him a daughter and a son, Kinjiro, who later became mayor of Edmondston, Maryland. Matsudaira died in 1887, at the age of 33.

He was the first of many pioneers who came to this region from Japan to seek their fortune, leaving all that was dear and familiar to them. They came on foot and by wagon, carrying all their belongings in tattered suitcases; often the object of ridicule. But they stayed to become honored citizens of a state whose phenomenal growth is closely intertwined with the lives of the Issei.

If one were to record their struggles and their successes, their agonizing, back-breaking labor to hew a new life for themselves and their families, there would emerge a colorful and exciting saga of the West. This is not such a story — this is a brief chronicle of the Japanese in Colorado.

Labor Contractor Hokazono

In Riverside Cemetery, there also lies the mortal remains of

Naochi Hokazono. He is probably the man most instrumental in attracting Japanese to Colorado.

The gold rush in the late '80s had depleted the manpower supply from coal mines, railroad construction and farms, creating an urgent need for laborers. The Shin Sekai, a San Francisco newspaper, aware of this shortage, urged Japanese to seek their fortunes in the West.

Hokazono, coming to San Francisco from Japan in 1884, arrived in Colorado in 1894. Having previously studied English for four years, and having gained experience as a cook at Redlands and San Diego, he opened a restaurant with a Mr. Nishimura, who later went to Rocky Ford to raise cantaloupes.

At that time there were only 15 Japanese in Colorado. One of them, Mr. Nitta, operated a gift shop in the Brown Palace Hotel; and another, Mr. Ono, managed a restaurant. The rest were employed as house help.

Moffat Tunnel Workers

Hokazono became a labor contractor for companies seeking Japanese laborers in construction work. He was instrumental in providing 600 men for the Moffat Tunnel construction. Section hands were paid from $1.35 to $1.40 a day, and foremen earned $60 per month.

Among the many other jobs he contracted were the Longmont and Trinidad Waterways, and the Wheatland, Wyoming, tunnel. He supplied labor for 1,200 acres of sugar beets in the Greeley area.

His last labor contract was the huge Wind River Canyon project for the Rio Grande Railway. To maintain a steady supply line, he used 300 donkeys to haul in essential items from Casper, Wyo. Due to an engineering fiasco, he lost approximately $300,000 on this project and died a poor broken man. But the story of his life is carved indelibly in the mountains of Colorado and Wyoming.

Japanese employment agencies thrived on the West Coast in the early 1900's. Expanding steadily with the railroads, they sent managers to Cheyenne and Sheridan, Wyoming; Pocatello, Idaho; and Salt Lake City, as well as Denver, to set up branch offices to recruit workers and to supply their needs.

Pioneer Terasaki

One such agency was operated by Shinsaburo Ban in Portland, Oregon. He sent Masaemon Terasaki to Sheridan as his manager. Terasaki, still living, now makes his home in Denver with his eldest son, Yutaka, a pharmacist who manages the T. K. Pharmacy and owned by his brother-in-law, Dr. T. K. Kobayashi.

"Tak," as he is known to his many friends, is a JACL leader in the Denver community, having served as a national Vice-president, and is currently chairman of the Mtn. Plains JACL District Council.

The elder Terasaki came to Denver in 1906 to manage the Shinsaburo Ban Co., which opened its door to business at 2009 Larimer St. This company not only supplied the Japanese residents of the Rocky Mountains region with merchandise from Japan, but also served as a branch office for the Yokohama Specie Bank. Eventually the company folded, due to the huge debts owed by its many creditors.

By this time, Japanese in the Rockies numbered about 3,558. In Denver, there sprang up a number of new business establishments.

One was a hotel and restaurant owned and operated by a Mr. Takeda and a Mr. Watanabe. Located on Blake St., the proprietors had high hopes of making it the focal point of "Nihonmachi." There was also an employment agency operated by a Mr. Nakajo and Fusakichi Takamine.

Potato King Takamine

Takamine, who still lives in Denver with his eldest son, Tol, eventually started a potato wholesale business here in 1915. Takamine learned the potato business at Sugar City, Idaho, and came to Denver in 1902.

He studied law at the University of Denver, working on the railroad and as a domestic in order to achieve his aims. He started the A. F. Takamine Co. in a three-story building on Broadway, and employed between 80 and 90 workers.

In 1941, he incorporated the American Potato Co. at its present location in Denargo Market, and through the years flourished with Army and Navy contracts until he acquired the title of "Potato King of the Rocky Mountain."

Today his sons, Tol, Terrie and Ritchie, who operate the Empire Produce Co. in Greeley, have taken over but the elder Takamine has delved into new interests. Recently, he became the chief supporter of a predominantly Japanese insurance firm, the United Nations Insurance Co.

Denver Nipponmachi

In the early 1900's many businesses were opened on Larimer St. and adjacent streets, mainly 20th and 21st. There was a Japanese Cookie Co. operated by a Mr. Motooka at 1319—20th St; a barber shop and public bath operated by Suikichi Oda on Larimer St. Eastern Tailors was operated by T. Endo at 20th and Larimer; and Hotel Fukuokaya operated by H. Tani at 19th and Larimer.

This was the beginning of "Nipponmachi" originally planned to grow around Blake St. Nipponmachi flourished through the ensuing years boasting at one time a first-class restaurant, the Manshu Grill, owned and operated by George Furuta who had relocated to Denver during the World War II years.

Pioneer Issei Doctors

In 1907, the first Japanese doctor, Dr. Shimizu, came to Denver to set up practice at 1232—21st St. Coming from Japan, he studied for a year and a half in California, and later took postgraduate work at the University of Denver.

In July of 1913, Dr. Eizo Hayano came to Denver to start his dental practice. A graduate of Tokyo Dental College in 1911, and Northwestern Dental College in 1913, Dr. Hayano embarked on his philanthropic career to improve the position of the Japanese in Colorado.

Through the years, Dr. Hayano has continued to exert great influence in Japanese community affairs. Among his many other honors, he was elected president of the Colorado Japanese Assn. in-1955.

Dr. K. K. Miyamoto

His counterpart, Dr. Konai K. Miyamoto, is known and respected throughout Colorado for his humanitarianism. During the evacuation

period following the outbreak of World War II, he worked day and night seeking to alleviate distressed evacuees. He was decorated by the Japanese government in 1957 in recognition of his outstanding service to the Japanese people in Colorado.

Dr. Miyamoto arrived in Denver in 1916, after he received his degree from the Chicago College of Dental Surgery. He is an honorary member of the Colorado Historical Institute and adviser of Oriental Arts to the Denver Museum.

Although he is now in his eighties, Dr. Miyamoto still actively pursues his dental practice, and continues his work for the betterment of the Japanese community.

Japanese Newspapers

In 1908 the first Denver Japanese newspaper called the "Denver Shimpo" was published on mimeograph by Hokazono and edited by Toichi Ichikawa. It was through this media that the Japanese were informed of a campaign to chase them out of the state. This agitation against all Orientals had its origin on the West Coast where race-mongers were screaming that the Orientals were ruining the labor market, and undermining the wage structure by working for mere pittances.

Hokazono and Kakutaro Nakagawa led the fight against this discrimination. Appealing to the Rocky Mountain News for help, they resolved the situation within four months.

But from this experience, the Japanese began to realize the need for greater acceptance in community life. They adopted a code of behavior seeking to improve their general conduct in public places. The code stressed less drinking, better posture, and condemned loud talking. The Japanese were also urged to carry a whistle and use it in case of trouble.

In April of 1915, Nakagawa purchased the Denver Shimpo and changed its name to Santo Jiji (East of the Rocky Mountains). In 1918, he annexed the Colorado Shimbun and called the combined papers the Colorado Times.

Kakutaro Nakagawa

Pioneer Kakutaro Nakagawa was no ordinary man. A graduate

of Tokyo Law College in 1901, he was appointed chief prosecutor at Seoul, Korea. He came to America in 1905, and lived in Salt Lake City before coming to Denver in 1911.

After receiving a degree at the University of Denver, he became secretary of the Japanese Association east of the Rocky Mountains. With Hokazono, he fought the Japanese exclusion movement, traveling throughout Colorado from Steamboat Springs to Rocky Ford.

In 1932, Nakagawa sold the Colorado Times to Fred Kaihara, and moved to Longmont to engage in farming, and to write a history of the Japanese in Colorado. He devoted most of his time and money to Japanese community affairs, however, and died a poor man. He, too, is buried at Riverside Cemetery.

Fred Kaihara

Kaihara was a gradaute of the Commercial High School of Okayama, and served for a time as interpreter at the Kobe Customs House. After his arrival in the United States, he was sent to Denver by the S. Ban Co., to serve as a book keeper under Terasaki. He, too, became secretary of the Japanese Association and for many years served as adviser to the Japanese community in legal matters. He later served as president of the Colorado Japanese Assn.

Kaihara, with the financial aid of Minejiro Nakasugi, became the editor of the Colorado Times in 1932. Competition in the form of the Rocky Shimpo appeared during that year. Edited by Rev. Ouchi of the Tri-State Buddhist Church, it listed Mr. Toda as publisher. The two newspapers continued to flourish side by side until June 6, 1951, when the Rocky Shimpo ceased publication.

During Kaihara's period of ownership, the Colorado Times enjoyed its greatest period of prosperity. A four-page tri-weekly before Pearl Harbor, the sudden influx of evacuees and the termination of the West Coast vernaculars increased the circulation of the paper to 12,000.

During the war years, it expanded to a 12-page tri-weekly newspaper. Then on Dec. 10, 1945, the Colorado Times became an eight-page daily.

Ted Ogasawara

In 1955, Kaihara became seriously ill and increasingly weary of the tremendous burden of a newspaperman's life. On July 1, 1955, he transferred the paper to Ted Ogasawara. A month later Kaihara died, leaving a void in the hearts of his fellow countrymen which can never be filled.

Ogasawara, present editor and publisher, served as night editor of the Manchoho Daily in Tokyo while attending Waseda University. In 1925, he came to the United States as a correspondent for the Jiji Shimpo of Tokyo. From 1928 to 1930, he studied political science at Stanford University and meanwhile taught Japanese language school at Mountain View and Courtland, Calif. He started the Pacific Affair Weekly in 1939. He came to Denver from the Poston Relocation Camp in 1943 and became managing editor of the Colorado Times. In 1955, he attained his present position.

The Colorado Times became a vernacular during Kaihara's period of ownership with Bea Kaihara serving as the English Section editor. Succeeding editors have been Frank Tamura, Tay Kondo, Min Yasui, and Roy Mikawa.

Lettuce King Yoshida

Any history of the Japanese, primarily an agricultural people, would be incomplete without mention of the successful farmers in their midst. Southern Colorado Japanese have probably enjoyed the greatest success from agricultural operations and among them, two men are outstanding.

Frank Eiichi Yoshida, "Lettuce King of the San Luis Valley", settled in the valley in 1925, after serving as foreman for the Stockton and Tule Lake Farms. Moving to his present Alamosa farm in 1939, he farms a total of 1,300 acres.

So closely knit are the Japanese residents in the San Luis Valley through intermarriage that Yoshida is the "Big Daddy" to the community. The Mizokamis and Sumidas, prosperous lettuce growers, packers, and shippers, are among the members of this closely knit group.

Sadakichi Harada

On the eastern slope, in the land of the fabulous Rocky Ford

cantaloupes which he did so much to develop, Sadakichi Harada discovered the golden land of opportunity. Harada settled in Rocky Ford in 1909, via Mexico and El Paso, Texas.

Today, he owns and operates 1,100 acres in the Arkansas Valley, and an additional 900 acres in Lovington, New Mexico. His sons, Ugi and Shig, are prominent JACLers in their community.

No history of Colorado would be complete without mention of religious influences in the community. In Sept., 1907, Hamanosuke Shigeta, a devout Christian, held a meeting in his house. There were two young Issei present at this meeting, and it was the beginning of what is now the California St. Methodist Church. The pulpit used then is still in occasional use.

Methodist Ministers

Rev. Hachiro Shirato was the first pastor of the church, which was located at 1827 Park Avenue, and several other addresses, before moving to its present location at 25th and California Sts. in 1935 during the ministry of Rev. Seijiro Uemura. In 1913, the Ladies Aid Society of the church was organized, later becoming the Issei Women's Society of Christian Service, one of the strongest, most devout organizations in the church.

Succeeding pastors of the church were Revs. Kosaburo Baba, Katahide Yoshioka, now living in Chicago; Hirota, Arima, and Seijiro Uemura, who served for 18 years. During his pastorate, a series of Young People's Christian conferences were started and held annually during the Thanksgiving holiday weekend. The conferences were held through 1952, with the exception of four years during World War II.

Following Rev. Uemura's appointment to a California Church, Rev. K. Sasaki and Rev. Oyanagi served the congregation. At the present time, Rev. George Uyemura, nephew of Rev. S. Uemura, now deceased; and Rev. Masaji Goto are the pastors, serving the Issei and Nisei congregation respectively.

Tri-State Buddhists

Since the majority of the Issei were Buddhists, the Tri-State Buddhist Church was established at 20th and Market Sts. to admin-

ister to their needs, and to serve Colorado, Wyoming, and Nebraska by Rev. Ouchi. Many local churches were organized, but the Denver Church was regarded as the fountainhead of Buddhism in this area. At present, Rev. Yoshitaka Tamai and Rev. Noboru Tsunoda are the spiritual leaders of this far-flung organization.

In 1947, a magnificent new edifice was built at its present location at 19th and Lawrence St. This imposing structure is the local of all regional Buddhist activities including the annual Obon Festival, the Young Buddhist League Conference held during the latter part of December, and the Young Adult Buddhist League Conference.

This history is merely a brief resume, and the personalities mentioned, a scant handful of the men who participated most actively in the development of the Japanese welfare in Colorado. Reams of paper would have to be written to adequately portray each Issei contribution to his community.

Issei Leaders

In passing, we would like to pay special tribute to Dr. Genta Nakamura, Minejiro Nakasugi, Harry Osumi, and Rev. George S. Aso of the Seventh-Day Adventist Church, all of Denver; Katsubei Sakaguchi, community leader; and John T. Horie, who taught citizenship classes to the Issei in Brighton; Matajiro Watada and George Konishi of Ft. Lupton; Kazuma Hoshiko and Kazuma Mikawa, president of the Northern Colorado Growers Assn. in Greeley.

While the menfolk figured most prominently in the development of the Colorado Japanese population, womenfolk, in conformity with ancient Japanese tradition have devoted themselves to the rearing of their children, and instilling in them a code of honor and dedication which has been remarkably thorough. So thorough, in fact, that no Nisei in Colorado has ever been convicted of a major criminal offense!

The Nisei have gone on to larger and greener pastures, thanks to the educational advantages and financial aid their parents bestowed upon them. This has been true, not only in Colorado but throughout the United States.

Nisei Leaders

The Nisei's Who's Who in Colorado is a composite of East and West Coast; of Northern and Southern United States. There are two JACL "Nisei of the Biennium" winners in Denver—Min Yasui, attorney, and Bill Hosokawa, newspaperman; a national vice president of the United States Chamber of Commerce — Seiji Horiuchi of Brighton; a U. S. Chamber of Commerce outstanding young farmer —Bob Sakata of Brighton; an International Farm Youth Exchange delegate, president of the Weld County 4-H leaders' council, and holder of innumerable offices in farm organizations — Paul Hoshiko, Jr. of Kersey; perennial members of the Colorado State Potato Advisory Board — Terrie Takamine of Denver and Kish Otsuka of Sedgewick; Larry Tajiri, drama editor of the Denver Post. The list is endless.

The greatest tribute children can pay their parents is to succeed, and all indications show that the Nisei are not lacking in filial respect. Doctors, lawyers, engineers, teachers — they have achieved the dreams of their parents.

Through local civic and national organizations, such as the Japanese American Citizens League, the Nisei have strived to repay their parents for the faith placed in them.

We as Nisei have a great debt to pay to our parents, both socially and vocationally. Whether our aspirations will succeed, only the future can predict. Be that as it may, it is with justifiable pride that our parents, the Issei pioneers of Colorado can reminisce about their past and recall a life well worth living, and a future which only the heavens can limit.

INDEX OF "WHO'S WHO"

—A—

NAME	ADDRESS	PAGE
Aigaki, Mitsuzo	Monte Vista, Colo.	227
Akahoshi, Kunisaburo	Ault, Colo.	220
Akamatsu, Yasujiro	Denver, Colo.	161
Akino, Kumao	Galveston, Tex.	305
Akune, Ben, Masao	Denver, Colo.	135
Aoyagi, S. Shun	Denver, Colo.	155
Arai, Shigeji	Denver, Colo.	136
Asano, Yokichi	Denver, Colo.	139
Asaoka, Isaburo	Blanca, Colo.	257

—B—

Butsuyen, Sachihiko	White Oak, Ga.	324

—C—

Council of Japanese Churches	Chicago, Ill.	302

—D—

Doi, Yone	Denver, Colo.	137

—F—

Fujii, Katsusaburo	Alamosa, Colo.	258
Fujimoto, Yuji	La Jara, Colo.	227
Fukuda, F. Jisei	Chicago, Ill.	283
Fukuma, G. Takito	Denver, Colo.	138
Funakoshi, Hirokichi	Ft. Lupton, Colo.	250
Furugochi, Sadakazu	El Paso, Tex.	316
Furuichi, Kenkichi	Kansas City, Kan.	321
Furuya, Moto	Denver, Colo.	139

—H—

Hanaki, Eizo	Chicago, Ill.	274
Harada, Sadakichi	Rocky Ford, Colo.	211
Hasui, Kazuyoshi	Las Animas, Colo.	259

Hatasaka, F. Teizo	Denver, Colo.	154
Hayano, Eizo	Denver, Colo.	141
Hayashi, T. Tokushiro	Grand Junction, Colo.	253
Hayashida, Takematsu	Blanca, Colo.	234
Hidaka, K. Kenichi	Pueblo, Colo.	224
Hidaka, H. Torao	Chicago, Ill.	296
Hikida, Shintaro	Greeley, Colo.	246
Hiraki, Kanichi	La Junta, Colo.	223
Hirama, Soju	Granada, Colo.	214
Hirose, Sono	Granada, Colo.	216
Hisatsune, T. Tomejiro	Denver, Colo.	161
Hishinuma, Seiji	Blanca, Colo.	258
Hishinuma, Yaichi	Brighton, Colo.	254
Honma, R. Iwajiro	New York, N. Y.	337
Horiuchi, Bungo	Brighton, Colo.	210
Hoshijima, K. Kazuichi	Denver, Colo.	142
Hoshiko, Katsuma	Greeley, Colo.	235

—I—

Iguchi, Masakuni	Denver, Colo.	158
Inai, G. Yutaka	Denver, Colo.	144
Inouye, T. Teizo	Denver, Colo.	150
Inouye, Kuichi	Sedgwick, Colo,	247
Iwahashi, Michiko	Denver, Colo.	154
Iwamuro, Yoshiaki	Chicago, Ill.	272
Iwasaki, Arthur	Denver, Colo.	155

—J—

Joichi, J. Kiyoshi	Chicago, Ill.	290
Joryo, J. Narao	Denver, Colo.	145

—K—

Kagawa, Yonekichi	Webster, Tex.	318
Kajita, Tokuichi	Denver, Colo.	207
Kajiwara, H. Isao	Denver, Colo.	156
Kanatani, T. Kanshi	Denver, Colo.	158
Kanegaye, Zensuke	Denver, Colo.	153

Kaneko, Yagoro	Chicago, Ill.	294
Katagiri, F. Tanemi	Henderson, Colo.	252
Kanda, Hatsuyo	Nebraska	242
Kato, Kazuo	Grand Junction, Colo.	251
Kato, H. Kozaemon	Denver, Colo.	152
Kato, T. Teiji	Houston, Tex.	310
Katsumoto, Jintaro	Alamosa, Colo.	228
Kawaguchi Keizo	Chicago, Ill.	291
Kawamoto, Bunichi	Houston, Tex.	311
Kawamura, Eijiro	Denver, Colo.	148
Kawamura, W. Mamoru	Chicago, Ill.	299
Kawano, T. Tomihachi	Denver, Colo.	151
Kawazoe, T. Takeo	San Antonio, Tex.	312
Kido, Masasuke	Boulder, Colo.	157
Kimura, Kazuo	Denver, Colo.	157
Kinoshita, Sunao	Ault, Colo.	218
Kishi, Taro	Orange, Tex.	317
Kobayashi, Hideo	Ft. Lauderdale, Fla.	327
Kodama, B. Reiji	Denver, Colo.	198
Kojima, H. Takamaru	Denver, Colo.	162
Kondo, Ichikuro	Chicago, Ill.	270
Kubo, Rai	Denver, Colo.	160
Kumagai, Ikuji	Denver, Colo.	159
Kunugi, Choshichi	Blanca, Colo.	254
Kurashima, Toramatsu	Chicago, Ill.	266
Kurita, Mansaku	El Paso, Tex.	314
Kobayashi, Setsuji	Julesburg, Colo.	247

—M—

Mayeda, Kikutaro	Longmont, Colo.	238
Maruyama, Gunjiro	Miami, Fla.	326
Masai, Kenkichi	Maspeth, L.I., N. Y.	338
Masuda, Kiyomatsu	Denver, Colo.	165
Masunaga, Kamematsu	Ft. Lupton, Colo.	253
Matoba, H. Ginjiro	Denver, Colo.	263
Matsubara, Shigeo	Albuquerque, N. M.	332
Matsumoto, Inayoshi,	Brighton, Colo.	217

Matsumoto, S. Susumu	Denver, Colo.	164
Matsushima, Kihei	Ft. Lupton, Colo.	222
Matsunaga, Shiro	East Point, Ga.	328
Matsunaga, Tahei	Chicago, Ill.	284
Haeda Kikutaro	Longmont, Colo.	238
Matsuoka, Tokichi	New York, N. Y.	336
Mayeda, Mitsuhei	Brighton, Colo.	259
Menda, Hatsuko	Denver, Colo.	192
Mikawa, Kazuma	Greeley, Colo.	225
Mitamura, Miyomatsu	Ft. Lupton, Colo.	215
Mitsuchi, W. Tomosada	Chicago, Ill.	267
Miyake, Mitsumasa	Alamosa, Colo.	252
Miyamoto, Konai	Denver, Colo.	166
Miyoshi, Masasuye	Greeley, Colo.	250
Mizokami, Fukutaro	Blanca, Colo.	231
Mizoue, H. Kakuhei	Denver, Colo.	169
Mori, Kaichiro	Atwood, Colo.	256
Morikami, G. Sukeji	Ft. Lauderdale, Fla.	330

—N—

Nayematsu, Yahei	Hardin, Mont.	241
Nagano, Kaku	Chicago, Ill.	293
Nagata, W. Taichi	Worland, Wyo.	240
Nakagawaka, Kakutaro	Wiggins, Colo.	219
Nakagawa, Yorikaku	Chicago, Ill.	278
Nakamura, T. Seishiro	Englewood, Colo.	173
Nakamura, Shingo	Mission, Tex.	318
Nakane, Kenji	Chicago, Ill.	269
Nakasugi, Minejiro	Denver, Colo.	172
Nakata, Tadashi	Ft. Lupton, Colo.	216
Nakata, F. Takeshi	Brighton, Colo.	233
Nakata, G. Yonetaro	Denver, Colo.	165
Nakatsuka, J. Osamu	Denver, Colo.	170
Nanba, Seiichi	Denver, Colo.	206
Narasaki, Genzaburo	Greeley, Colo.	255
Noguchi, Seiichi	San Benito, Tex.	322
Noro, Shinyu	St. Petersburg, Fla.	329

—O—

Oba, Sadaichi	Alamosa, Colo.	257
Ogasawara, T. Kamazo	Denver, Colo.	177
Ogura, T. Toyosuke	Alamosa, Colo.	261
Ohashi, G. Ryuichi	Denver, Colo.	175
Ohno, H. Hideshichi	Chicago, Ill.	291
Okabayashi, Minoru	Houston, Tex.	319
Okuhara, T. Tadaichi	Chicago, Ill.	281
Okuno, Bunshichi	Bayside, L.I., N. Y.	342
Okuno,H. Daisuke	Denver, Colo.	174
Omaye, Ichiro	Jacksonville, Fla.	330
Omori, Juro	Chicago, Ill.	277
Ono, Kichigoro	La Jora, Colo.	226
Osumi, H. Takeo	Denver, Colo.	178
Otake, Ushitaro	Chicago, Ill.	286
Otsuki, H. Masaichi	Denver, Colo.	176
Oyama, Tokujiro	San Benito, Tex.	313
Ozaki, Fujikusu	White Oak, Ga.	327
Ozamoto, Isamu	Denver, Colo.	180
Ozawa, Shigetaro	Denver, Colo.	202
Ozaki, J. Motoichi	Denver, Colo.	179

—R—

Riuo, S. Shikazo	Denver, Colo.	179

—S—

Saibara, Kiyoaki	Webster, Tex.	306
Sakaguchi, Katsuhei	Brighton, Colo.	229
Sakaguchi, Morizo	Indiana.	271
Sakaue H. Sokuma	Chicago, Ill.	272
Sakurai, B. Hideichi	Denver, Colo.	182
Sasaki, Hiroka	Miami, Fla.	330
Sasaki, Inokichi	Blanca, Colo.	256
Sasaki, Naohiro	So. Norwalk, Conn.	335
Sato, M. Mikitaro	Chicago, Ill.	275
Sato, Tetsuro	Holly, Colo.	215
Sato, J. Zenyemon	Denver, Colo.	181

Seki, Hozen	New York, N. Y.	344
Shibayama, Yuzo	Chicago, Ill.	292
Shigeta, H. Kinji	Chicago, Ill.	269
Shigetome, Tomejiro	Chicago, Ill.	280
Sato, Harukichi	Nebraska,	244
Shimotsu, H. Uichi	San Benito, Tex.	315
Shioji, J. Tatsuhei	Ysleta, Tex.	320
Shioshita, Seiichiro	Blanca, Colo.	255
Shiraishi, Mannosuke	Chicago, Ill.	276
Soma, Yonekichi	San Antonio, Tex.	320
Sonoda, Heijiro	Whitefish, Mont.	251
Sonoda, Tomoji	Henderson, Colo.	224
Sudo, Kaku	St. Cloud, Fla.	323
Sudo, Kotaro	Miami, Fla.	326
Suyehiro, R. Moroku	Denver, Colo.	183
Suekama, S. Isamu	Denver, Colo.	200
Sugimoto, Kohachiro	Chicago, Ill.	301
Sugimoto, Sokichi	New York, N. Y.	343
Sugiura, Kiyoto	Denver, Colo.	187
Sumida, Miyokichi	Blanca, Colo.	236
Sunada, Taneji	Ft. Lupton, Colo.	222
Suzuki, Kenichi	Denver, Colo.	201

—T—

Tabuchi, H. Mitsuo	Denver, Colo.	188
Tagawa, F. Shigeo	Denver, Colo.	190
Takahashi, Taisuke	Chicago, Ill.	295
Takami, Shigeo	Atlantic Beach, Fla.	329
Takamine, A. Fusakichi	Denver, Colo.	184
Takano, Bunji	Chicago, Ill.	286
Tamai, Yoshitaka	Denver, Colo.	186
Tanaka, H. Heiichi	Denver, Colo.	189
Tanaka, Hisamitsu	Chicago, Ill.	279
Tanaka, Isoo	Erie, Colo.	221
Tanaka, Junzo	Henderson, Colo.	214
Tanabe, Kumaichi	Olney, Springs, Colo.	260
Tanaka, Tomotoshi	Miami, Fla.	329

Tanaka, Yoshio	Chicago, Ill.	300
Tani, Fumio	Denver, Colo.	208
Taniai, Yayoko	Bristol, Colo.	216
Tashiro, H. Hatsuki	Mesilla, N. M.	334
Tashiro, Shigezo	Miami, Fla.	328
Terasaki, Masayemon	Denver, Colo.	194
Teruya, Zenshiro	New York, N. Y.	339
Torii, A. Nakaji	Chicago, Ill.	282
Torizawa, F. Yasuna	Denver, Colo.	191
Totsugi, Tsuneyoshi	Denver, Colo.	192
Tsuchimoto, H. Harushi	Denver, Colo.	193
Tsukada, Kazuhei	New York, N. Y.	340
Tsukano, J. Jusaku	Norfolk, Va.	249
Tsumagari, Takeji	Chicago, Ill.	270
Tsunoda, N. Shodo	Denver, Colo.	190

—U—

Uyeda, F. Shigeru	Denver, Colo.	195
Uyeda, Yusaku	Alamosa, Colo.	210
Uyenishi, F. Yoshinaga	Denver, Colo.	200
Uyeno, Ichiyo	Denver, Colo.	196
Uyeno, Gosaku	Olney Springs, Colo.	260
Ujifusa, Shuichi	Worland, Wyo.	248
Ujifusa, Yuhei	Worland, Wyo.	249
Ureshino, Tomisaku	Miami, Fla.	328

—W—

Watada, Matajiro	Ft. Lupton, Colo.	232
Watanabe, Toyozo	Webster, Tex.	310

—Y—

Yamada, F. Shizuo	Denver, Colo.	201
Yamada, Sono	Denver, Colo.	206
Yamada, Yoshikazu	Miami, Fla.	331
Yamamoto, Teiichi	Chicago, Ill.	267
Yamasaki, Jiro	Denver, Colo.	193
Yamasaki, Yasuma	Chicago, Ill.	288

Yamashita, Himechika	Denver, Colo.	203
Yamashita, B. Sumio	Denver, Colo.	209
Yamauchi, Jinzo	Miami, Fla.	327
Yonehiro J. Saburo	Denver, Colo.	204
Yoshida Kohei	Denver, Colo.	205
Yoshida Eiichi	Alamosa, Colo.	212
Yanagihara Kiyoshi	Brighton, Colo.	217
Yoshihara, Yasutaro	Public Rd., Lafayett Colo.	237
Yonemoto Iwao	New Mexico.	333
Yoshikawa Tomiye	Chicago, Ill.	273

昭和三十四年（一九五九年十二月二十五日印刷
昭和三十四年（一九五九年十二月二十八日発行（非売品）

在米日系人興信録（山東篇）

編纂者　格州時事代表　小笠原鎌蔵
印刷所　名古屋市中区塚越町一の二　弘益印刷株式会社
発行所　名古屋市南区神松町二の一　小笠原修二郎方　格州時事中京代表部

MADE IN JAPAN

Published by
The Colorado Times
2017 Lawrence St.
Denver 5, Colorado
1959

【原書】
◇格州時事創刊四十周年記念　在北米日系人興信録　山東篇
（昭和３４年）22㎝
編　纂　　　：小笠原 鎌蔵
發行所　　　：格州時事中京代表部（名古屋）

【初期在北米日本人の記録】第四期：《北米編》第百三十五冊
格州時事創刊四十周年記念　在北米日系人興信録　山東篇：
Japanese American Who's Who: 40th anniversary of Colorado Times (States on the east of the Rockies)

Bunseishoin Digital Library

平成30年 6月14日　発行
定価はカバーに表示してあります

協　力　　　グッド長橋広行
編集・発行者　小沼　良成
印刷・発行所　株式会社　文生書院
〒113-0033 東京都文京区本郷６－１４－７
Tel（03）3811-1683　Fax（03）3811-0296
e-mail: info@bunsei.co.jp

乱丁・落丁はお取り替え致します。

ISBN978-4-89253-619-9